KB272088

쉽게 풀어 쓴
학교문법

초판 1쇄 발행   2026년 4월 15일

지은이 | 신승용

펴낸곳 | (주)태학사
등   록 | 제406-2020-000008호
주   소 | 경기도 파주시 광인사길 217
전   화 | 031-955-7580
전   송 | 031-955-0910
전자우편 | thspub@daum.net
홈페이지 | www.thaehaksa.com

편   집 | 조윤형 여미숙 김태훈
마케팅 | 김민선

© 신승용, 2026. Printed in Korea.

값 25,000원

ISBN 979-11-6810-437-2 (93710)

책임편집 | 조윤형
디자인 | 지소영

쉽게 풀어 쓴
학교문법
신승용 지음
태학사

　흔히들 개론을 수업하기가 가장 힘들다는 말을 한다. 국어학 개론에 대한 수업을 한 지가 어느덧 20년이 넘었지만, 개론 수업은 여전히 힘들다. 젊은 시절에는 가르쳐야 할 내용을 가르치면 된다고 비교적 쉽게 생각했는데, 가르쳐야 할 내용을 정하는 것에서부터 어떻게 가르쳐야 하는지를 고민하기 시작하면서부터 수업이 점점 무겁게 느껴졌다.

　'형태소는 최소의 유의적 단위'라고 가르치는 것은 형태소를 가르친 것이 아니라 단지 명제적 지식을 가르친 것에 지나지 않는다. 형태소가 무엇이냐고 학생들에게 물으면, 많은 학생들이 '최소의 유의적 단위'라고 대답은 한다. 그런데 그렇게 대답한 학생들에게 그러면 '미나리'는 형태소냐 아니냐고 물으면, 그 순간부터 '이게 뭐지?' 하는 표정들로 앉아 있다. 이런 일을 겪으면서 문법을 어떻게 가르쳐야 하는지 그 교수 방법에 대해 고민하게 되었다. 형태소를 가르칠 때 정작 중요한 것은 '최소의 유의적 단위'라는 명제적 지식이 아니라, '미나리'가 1개의 형태소인지 2개의 형태소인지, 그리고 1개의 형태소이면 왜 1개의 형태소이고, 2개의 형태소이면 왜 2개의 형태소인지를 이해하게 하는 것이다. 이런 생각이 축적되면서 젊은 시절에 쓴 『학교문법 산책』의 내용을 수정·보완해야겠다는 마음을 먹게 되었다.

　『학교문법 산책』을 집필한 지도 벌써 15년이 넘는 시간이 흘렀다. 그동안 『학교문법 산책』으로 수업을 하면서 부족한 내용, 미련이 남는 내용들이 눈에 띌 때마다 책을 다시 써야지 하면서도 섣불리 시작하지 못한 채 시간이 흘렀다. 그 사이에 문법하고 싶은 문법 시리즈(『문법하고 싶은 문법』, 『더 문법하고 싶은 문법』, 『문법하고 싶은 문법 마지막』)를 집필하면서, 학생들의 눈높이에 맞춰 글을 쓸 수 있을 것 같은 자신감이 생겼다. 여기에 『학교문법 산책』의 모자란 점들이 점점 크게 보이기 시작하면서, 더는 보완을 미룰 수 없었다. 처음에는 수정·보완하는 방향으로 작업을 시작했는데, 그렇게 해서는 만족할 만한 결과를 얻을 수 없을 것 같아 전면적인 재집필로 방향을 수정하였다. 그래서 이 책은 『학교문법 산책』의 연장선에 있기는 하지만, 또 『학교문법 산책』과는 다른 책이다. 『학교문법 산책』에 포함되어 있던 국어사 관련 내용은 빼고, 현대 국어 문법을 설명하는 데 집중하였다. 그리고 가능하면 분석적인 사고가 활성화될 수 있게 귀납적인 방식으로 내용을 구성하려고 노력하였다. 또한 논란이 되는 내용들은 어떤 지점, 어떤 부분이 논란이 되는지를 보여 주면서, 쟁점의 핵심을 학습자가 스스로 고민하고 이해할 수 있게 하였다.

이 책은 '쉽게 풀어 쓴 …' 시리즈의 마지막이기도 하다. 앞서 『쉽게 풀어 쓴 국어사 개론』, 『쉽게 풀어 쓴 국어 음운론』을 썼는데, 이 연장에서 이 책의 제목도 『쉽게 풀어 쓴 학교문법』으로 정하였다. 책을 쓰고 나면, 늘 무엇인가가 빠진 것 같은 허전함과 아쉬움이 든다. 이번에도 다르지 않다. '이 내용을 더 넣었어야 하나', '저 내용은 좀 더 깊이 있게 기술했어야 하나'와 같은 생각이 자꾸 들어 돌아보게 된다. 그렇지만 또 '이번 작업은 여기까지가 최선'이라고 스스로 합리화하면서 마무리를 한다. 공부에 끝이 없는 것처럼, 책을 쓰는 작업도 끝이 없는 듯하다.

　문법을 배우는 학생들이 책의 제목처럼 조금이라도 더 쉽게 문법을 공부하는 데 이 책이 도움이 되었으면 좋겠다. 문법은 암기의 대상이 아니라, 관찰하고, 탐구하고, 분석하는 대상이다. 언어 자료를 관찰하고, 탐구하고, 분석하여 언어 현상에 내재한 규칙을 찾아내는 것이 문법이다. 이런 과정을 통해 분석적 사고력과 논리적 사고력을 키울 수 있는 과목이 바로 문법이다. 이 책이 문법이 암기 과목이라는 잘못된 관념을 깨뜨리고, 학습자들로 하여금 문법이 재미있을 수 있는 학문이라고 생각할 수 있게 하는 데 조금이라도 기여할 수 있으면 좋겠다는 바람을 해 본다.

2026년 3월

저자

차례

제3장.
형태론

제4장.
통사론

제5장.
의미론(/화용론)

제1장.

언어와 국어

1.1. 언어와 기호

1.1.1. 언어의 정의

언어의 사전적 정의는 '생각이나 느낌을 전달하고 표현하는 기호 체계'이다. 그러니까 언어는 기호(sign)의 한 종류인데, 그냥 기호가 아니라 체계화된 기호이고, 체계화된 기호 중에서 가장 체계화된 기호이다. 언어에는 음성 언어와 문자 언어가 있다. 생각이나 느낌을 전달하고 표현하는 기호에는 음성과 문자 외에도 손동작, 몸짓, 눈짓 등도 있다. 특히 청각 장애인들이 사용하는 수어는 매우 체계화된 기호 체계이다. 하지만 언어학에서 언어라고 할 때는 기본적으로 음성 언어와 문자 언어를 가리킨다.

음성 언어와 문자 언어 외에도 소리의 길이(장단), 세기, 높낮이 등을 통해서도 우리는 생각이나 느낌을 전달하고 표현한다. 그런데 이들은 그 자체로 실현될 수는 없고, 반드시 음성 언어에 수반되어서만 실현될 수 있다. 그렇지만 또 의미를 구별하는 데 관여하기도 한다. 이러한 특성 때문에 소리의 길이, 세기, 높낮이를, 반 정도 언어라는 의미로 반언어(半言語)라고 한다. 이들 반언어도 언어학에서 말하는 언어의 외연에 포함된다.

문자 언어는 음성 언어를 시각적으로 나타내는 기호 체계이다. 이는 문자 언어가 음성 언어의 존재를 전제해야 함을 의미한다. 그래서 문자 언어 없이 음성 언어만 존재하는 경우는 실재하지만, 음성 언어 없이 문자 언어만 존재하는 경우는 적어도 자연 언어에서는 있을 수 없다. 실제 전 세계적으로 7,500여 개의 언어가 있다고 하는데, 현재 사용되고 있는 문자의 개수는 150여 개 정도에 불과하다. 이는 발달 순서에서 음성 언어가 문자 언어보다 앞선다는 것을 증언한다. 다만 자연 언어가 아닌, 인공적으로 만든 언어에서는 음성 언어가 없는 문자 언어도 있다. 프로그래밍 언어, 점자 언어, 모스 부호 등이 이에 해당한다. 라틴어의 경우도 음성 언어가 없는 문자 언어이기는 한데, 이는 원래 존재하던 음성 언어가 소멸한 결과이지 원래부터 음성 언어가 없는 문자 언어는 아니다.

음성 언어와 문자 언어는 아래 표에서 보듯이 몇 가지 점에서 차이가 있다.

문자 언어	음성 언어
시공간적 제약이 없다	시공간적 제약이 있다
수신자와 발신자 분리	수신자와 발신자 공존
보수적이고 정태적	진보적이고 동태적
격식적	비격식적

문자 언어는 시·공간적 제약이 거의 없고, 수신자와 발신자가 분리되어 있다. 하지만 음성 언어는 수신자와 발신자가 같은 시간에 같은 공간에 있어야만 한다. 같은 공간에서도 소리가 전달될 수 있는 거리 안에 있어야만 한다. 음성 언어의 이러한 제약은 문명의 발달로 많이 극복되었다. 예컨대 전화는 음성 언어가 가지고 있는 공간적 제약을 해소시켰으며, 녹음기의 발달은 시간적, 공간적 제약을 해소시켰다. 인터넷의 실시간 쌍방향 소통성은 음성 언어와 문자 언어의 경계를 모호하게 만들고 있다. 특히 실시간 채팅은 문자를 매개로 이루어지지만, 그 성격은 일상의 대화에서 사용하는 언어를 음성이 아닌 문자로 표현하고 있다는 점에서 딱히 음성 언어나 문자 언어라고 규정하기 어렵게

만든다.

　문자 언어는 음성 언어에 비해 보수적이고 정태적인 특성을 보인다. 예컨대 현재 국어 화자 중에서 [ㅔ]([e])와 [ㅐ]([ɛ]) 소리를 구별할 수 있는 화자는 얼마 되지 않는다. 젊은 세대에서는 거의 구별하지 못한다. 그럼에도 '개'와 '게'가 구별된다고 말하는 경우는 문자로 구별하는 것을 소리로 구별한다고 착각하는 것이다. 즉 소리 [ke]와 [kɛ]를 구별하는 것이 아니라, 표기 '게'와 '개'를 시각적으로 구분하는 것이다. 이처럼 음성 언어에서는 이미 [e]와 [ɛ]를 변별하지 못하는 변화가 일어났지만, 문자 언어는 아무런 변화가 없다. 이는 음성 언어에 비해 문자 언어가 보수적임을 보여 주는 전형적인 사례이다. 문자 언어에서는 'ㅔ'와 'ㅐ'가 시각적으로 다르기 때문에 여전히 엄격히 구분되어 쓰인다. 문자 언어의 보수성은 역사적인 사실에서도 쉽게 확인할 수 있다. 음운 /ㆍ/(아래 아)는 18세기 후반에 이미 소멸하였지만, 문자 'ㆍ'는 20세기 초까지 표기에 사용되었다.

　문자 언어의 보수적이고 정태적인 특성은 음성 언어에 비해 격식적인 특성으로 나타난다. 예컨대 '-다', '-습니다', '-습니까', '-십시오'와 같은 격식체 종결어미는 문자 언어에서는 일반적으로 사용되지만, 음성 언어에서는 잘 쓰이지 않는다. 음성 언어에서는 주로 '해', '해요'의 비격식체 종결어미가 사용된다.

　언어는 내용과 형식의 결합으로 이루어져 있다. 이때 내용은 의미에 해당한다. 음성 언어와 문자 언어 둘 다 내용에 해당하는 것은 '의미'이다. 형식의 경우, 음성 언어에서는 음성이 형식이고, 문자 언어에서는 문자가 형식이다.

언어				
내용		+	형식	
음성 언어	문자 언어		음성 언어	문자 언어
의미			음성	문자

 1.2.에서 자세히 살펴보겠지만, 내용과 형식의 결합은 자의적이다. 내용과 형식의 결합이 자의적이라는 것은 내용과 형식이 결합된 데에 어떤 이유나 인과관계가 있지 않다는 것을 뜻한다. 그렇기에 내용과 형식의 결합이 바뀔 수도 있다. 하지만 내용과 형식의 결합이 바뀌려면 언중들 사이에서 사회적 약속이 이루어져야 한다. 예컨대 '영감'이라는 형식은 조선시대에만 하더라도 '정삼품과 종이품의 벼슬아치'라는 내용(의미)과 결합하였는데, 현재는 주로 '나이가 많은 사람'이라는 내용과 결합되어 있다. 이처럼 '영감'의 경우, '영감'이라는 형식은 바뀌지 않았지만 그 내용은 바뀌었다. 이와 반대로 내용은 바뀌지 않고 형식이 바뀐 예로는 '뫼 〉 산'을 들 수 있다. '뫼'와 '산'은 지시 대상이 같으므로 내용은 바뀌지 않았고, 단지 형식이 '뫼'에서 '산'으로 바뀌었다. 이렇게 내용과 형식의 결합이 바뀔 수 있는 것은 근본적으로 내용과 형식의 결합이 자의적이기 때문이다. 그러나 사회적 약속은 한 번 약속이 이루어지면 쉽게 바뀌지 않는 속성이 있기 때문에, 바뀔 수는 있지만 쉽게 바뀌지는 않는다.

 언어는 문화적 산물이다. 문화를 정신문화와 물질문화로 나눌 때 언어는 정신문화의 하나이다. 언어가 문화적 산물이라는 것은 언어가 생득적으로 습득되고 전달되는 것이 아니라, 학습에 의해 습득되고 전달된다는 것을 통해 알 수 있다. 생득적으로 습득되는 것은 문화가 아니다. 태어나자마자 인간 사회에서 고립된 아이의 경우 언어를 사용하지 못했는데, 이러한 경험적 사례는 언어가 학습에 의해 습득되고 전달된다는 것을 증언한다.

언어가 문화적 산물이라는 것은 문화적 배경에 따라 어휘의 종류가 다르다는 것을 통해서도 증명된다. 예컨대 에스키모인들은 눈의 종류를 나타내는 어휘가 발달되어 있지만, 열대 지방에서는 눈의 종류를 나타내는 어휘가 발달해 있지 않다. 한 언어 내에서도 해안가 지방에는 조개류의 명칭이 세분화되어 있지만, 내륙 지방에는 조개류의 명칭이 단순하다. 이러한 사례들은 모두 언어가 문화적 산물임을 증언한다.

언어는 또한 사회적 산물이기도 하다. 우리는 한 개인이 사용하는 언어를 통해서 그 개인의 사회적 특징을 포착해 낼 수 있다. 예컨대 낯선 사람을 만났을 때 우리는 상대방의 말에서 그 사람의 출신 지역, 직업, 성격 등을 추론해 낼 수 있다. 이것이 가능한 이유는 한 사람의 말에 다양한 사회적 정보가 내포되어 있기 때문이다. 이는 언어가 사회적 산물임을 증언한다.

랑그(langue)와 파롤(parole)

언어는 규칙의 체계(system of rules)이다. 즉 우리는 아무렇게나 발음하는 것이 아니라 음운 규칙을 적용해서 발음하고, 아무렇게나 단어를 만드는 것이 아니라 단어를 형성하는 규칙에 따라 단어를 만들고, 아무렇게나 문장을 만드는 것이 아니라 문장을 형성하는 규칙에 따라 문장을 만든다. 이처럼 언어는 음운 규칙, 단어 형성 규칙, 문장 형성 규칙, 의미 해석 규칙 등의 규칙들의 체계인데, 소쉬르는 이를 랑그라고 하였다.

랭그는 동일 언어 공동체의 구성원의 머릿속에 내재화되어, 그들의 언어 행동을 지배하고 가능하게 하는 언어 규칙의 총체이다. 그러니까 동일한 언어 공동체는 동일한 랭그를 가지고 있다고 가정한다. 예컨대 한국어 화자라면 누구나 동일한 한국어의 랭그를 가지고 있다. 반면 한국어를 할 줄 아는 일본인은 한국어를 할 수는 있지만, 한국어의 랭그를 가지고 있지는 않다.

파롤은 랭그에 의해 실현된 발화이다. 다시 말해 랭그가 개개인의 발화를 통해 구현된 것이 파롤이다. 그래서 파롤은 어떠한 파롤도 물리적으로는 동일할 수 없다. 예컨대 100명의 사람이 [나라]라고 말할 때, 100명의 사람은 하나의 /나라/를 말한 것이지만, 그 발음 [나라]는 즉 파롤은 100개이다.

언어학자가 언어를 연구한다고 할 때의 언어는 파롤이 아니라 랭그이다. 즉 언어학자가 궁극적으로 규명하고자 하는 것은 랭그이다. 그런데 랭그는 머릿속에 있는 것이기 때문에 그 자체로는 관찰할 수 없다. 랭그는 파롤로 실현되어야만 비로소 관찰할 수 있다. 파롤로 실현되지 않은 랭그를 관찰할 수는 없다. 그래서 언어학자가 실제 관찰하고 분석하는 대상은 파롤이다. 하지만 언어학자가 궁극적으로 규명하고자 하는 것은 파롤로 실현된 랭그이다.

1.1.2. 언어의 보편성과 개별성

언어는 어떤 언어이든지 간에 언어라는 점에서 몇 가지 보편적인 특성을 공유하고 있다. 개별 언어는 이러한 보편성 안에서 개별 언어만의 특수성을 가지고 있다. 언어의 보편적 특성 중 특별한 이견 없이 일반적으로 받아들여지는 네 가지 특성을 소개하면 아래와 같다.

첫째, 모든 언어는 자음과 모음을 가지고 있다. 자음만 있거나 모음만 있는 언어는 없다. 다만 어떤 자음과 어떤 모음을 가지고 있는지, 그리고 몇 개의 자음과 몇 개의 모음을 가지고 있는지는 개별 언어마다 다르다. 즉 언어마다 자음의 종류와 개수, 그리고 모음의 종류와 개수는 서로 다르다. 당장 국어는 최대 10개의 모음이 있는데 비해 일본어는 5개이고, 아랍어 중에는 모음이 3개인 언어도 있다.

둘째, 어떤 언어이든 음절을 단위로 발화한다. 그렇지만 허용 가능한 음절의 유형은 언어마다 차이가 있다. 예컨대 국어는 초성과 종성에 자음이 하나밖에 올 수 없지만, 영어는 'spring', 'mask'처럼 초성과 종성에 두 개 이상의 자음이 올 수 있다. [spr—i—ŋ]은 초성에 'spr' 3개의 자음이 온 예이고, [m—a—sk]는 종성에 'sk' 2의 자음이 온 예이다. 그리고 한국어와 영어는 종성이 있는 음절이 허용되지만, 일본어와 중국어는 종성이 있는 음절이 제약된다. 일본어와 중국어에서 종성이 있는 음절은 종성 자음이 /n/, /ŋ/일 때만 가능하다.[1] 이 외에는 '가', '소', '너'처럼 종성이 없는 '자음—모음'의 음절만 허용된다.

셋째, 어떤 언어이든 단어가 존재하고, 단어의 조합으로 문장을 만든다. 단어의 수나 종류, 그리고 문장의 구조, 어순 등은 언어마다 다른, 개별 언어의 특성이다. 예컨대 영어는 관사와 관계대명사가 있지만 한국어에는 없다. 반면 한국어는 '친구가 집에 왔다 : 할아버지께서 집에 오셨다.'처럼 높임의 의미를 나타내는 '-(으)시-'와 같은 문법적인 장치가 있지만 영어에는 없다.

어순과 관련하여도 영어는 'I love you'처럼 '주어—동사—목적어'의 어순인데 비해, 한국어는 '나는 너를 사랑해'처럼 '주어—목적어—동사'의 어순으로 어순이 서로 다르다. 그리고 영어는 'I met him that you like.'에서처럼 수식하는 말 'that you like'가 뒤에서 'him'을 수식하는 후치 수식이 가능한데 비해, 국어는 '네가 좋아하는 그'처럼

1　/n/은 /ㄴ/, /ŋ/은 '강'처럼 종성의 /ㅇ/을 나타내는 국제음성기호이다.

수식하는 말이 항상 앞에서만 수식할 수 있다. 즉 전치 수식만 가능하다.

넷째, 어떤 언어이든 일정한 규칙의 체계로 이루어져 있다. 음소들이 결합하여 음절을 이룰 때도 음절을 형성하는 규칙에 따라 이루어지고, 새로운 단어를 만들 때도 일정한 단어 형성 규칙에 따라 만든다. 또한 문장을 만들 때도 문장을 만드는 통사 규칙에 따라 만든다.

이상에 살펴본 것처럼 한국어든 영어, 중국어, 일본어, 스페인어, 케냐어 등 어떤 언어이든 모든 개별 언어는 보편적으로 공유하는 특성을 가지고 있다. 개별 언어들은 이러한 보편적 특성에 자기 언어의 개별적인 특수성을 더해서 가지고 있다. 그러니까 한국어는 (1)처럼 언어의 보편적 특성에 더하여 한국어의 개별적 특수성을 가지고 있는 언어이다.

(1) 한국어

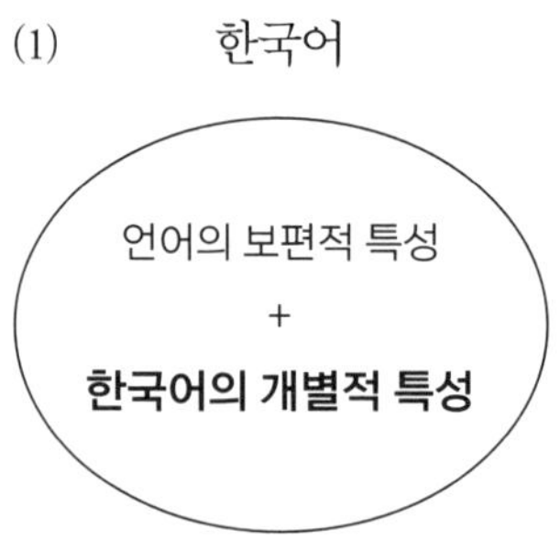

언어학이 언어의 보편적 특성을 밝히는 것을 중심으로 연구하는 학문이라면, 국어학은 국어라는 개별 언어의 특수성을 밝히는 것을 중심으로 연구하는 학문이다. 그런데 국어에는 언어의 보편적 특성도 있다. 그러니까 국어학은 언어학적 연구에서 이루어진 언어의 보편적 특성을 기반으로, 국어라는 개별 언어의 특수성을 연구하는 학문이다.

1.2. 언어 기호의 특성

앞서 언어는 기호의 하나이고, 기호 중에서 가장 고도로 체계화된 기호라고 하였다. 이러한 언어 기호의 특성으로 언급되는 대표적인 세 가지는 자의성, 사회성, 역사성이다. 이들의 개념적 정의는 다음과 같다.

- 자의성: 내용과 형식의 결합이 자의적이다. 즉 필연적 관계가 없다.
- 사회성: 내용과 형식의 결합은 사회적으로 약속된 것이다.
- 역사성: 내용과 형식의 결합이 시간이 흐름에 따라 변할 수 있다.

이 세 가지 특성은 각각 독자적으로 분리된 것이 아니라 상호 긴밀하게 연결되어 있다. 그래서 단순히 각각의 정의를 개별적으로 아는 것에서 그치면 안 되고, 자의성, 사회성, 역사성 간의 관계를 이해하는 것이 중요하다. 그럴 때 언어 기호의 특성을 제대로 이해할 수 있다.

먼저 자의성에 의하면 내용과 형식의 결합은 자의적이다. 그런데 그럼에도 내용과 형식의 결합이 쉽게 바뀌지 않는 까닭은 무엇일까? 그것은 사회성 때문이다. 사회성은 내용과 형식의 결합이 해당 언어 공동체 내에서 약속이 이루어지는, 즉 승인을 받는 것을 말하는데, 이는 사회 전체의 집단적 약속이기 때문에 개인이나 특정 집단이 쉽게 바꿀 수 없다. 그러나 내용과 형식의 결합이 본질적으로는 자의적이기 때문에 시간이 지나면서 사회적 약속이 바뀔 수도 있다. 이처럼 시간이 흐르면서 사회적 약속이 바뀌기도 하는 특성이 역사성이다. 그러니까 역사성은 자의성과 사회성으로 인해 야기되는 특성이다. 즉 내용과 형식의 결합이 본질적으로는 자의적이기 때문에, 그리고 내용과 형식의 결합이라는 사회적 약속이 불변적 약속은 아니기 때문에 일어날 수 있는 특성이다. 만일 내용과 형식의 결합이 필연적이라거나, 또는 사회적 약속이 불변적 약속이라면 역사성이라는 특성이 나타날 수 없다.

자의성, 사회성, 역사성 외에 중요한 언어 기호의 특성으로는 분절성을 들 수 있다. 분절성은 보다 작은 단위로 쪼갤 수 있는 특성을 이른다. 예컨대 '손발'은 '손-발'로 쪼갤 수 있다. 그리고 '손'은 다시 'ㅅ—ㅗ—ㄴ'로, '발'은 다시 '바—ㅏ—ㄹ'로 쪼갤 수 있다.

이밖에 언어의 특성으로 추상성, 규칙성, 창조성, 교환성, 문화적 전달 등을 더 들 수 있다. 언어가 지시하는 대상이 실제 구체적이라 하더라도 그 대상을 지시하는 언어는 이미 추상적인데, 이러한 특성을 추상성이라고 한다. 물론 언어가 개념이나 관념, 생각 등 그 자체로 이미 추상적인 것을 나타내기도 한다. 우리가 구체적인 대상이라고 생각하는 것도 사실은 실제 그 대상 자체가 아니라 추상화된 대상이다. 예컨대 '꽃'은 '개나리, 진달래, 무궁화, 코스모스······' 등을 아우르는 추상적인 개념이다. '개나리'는 '꽃'보다는 덜 추상적이지만, '개나리' 역시 실재하는 개나리는 아니다. 전국 곳곳에 피어 있는 개나리가 모두 같은 개나리가 아니라는 점에서 '개나리' 역시 실재하는 수많은 개나리의 추상이다.

언어는 음운 규칙, 형태소 결합 규칙, 단어 형성 규칙, 문장 형성 규칙 등에서 알 수 있듯이 고도로 규칙화된 체계이다. 이러한 특성을 규칙성이라고 한다. 언어가 규칙의 체계이기 때문에 우리는 필요한 문장을 그때그때 문장 형성 규칙을 사용하여 만들어 낼 수 있다. 만일 그렇지 않다면 우리는 우리가 사용하는 모든 문장을 암기해야 할 것이다.

창조성은 우리가 한 번도 들어보지 못한 새로운 단어를 만들 수 있고, 한 번도 들어보지 못한 문장을 만들 수도 있는 특성을 말한다. 언어가 모방의 결과라면 이처럼 한 번도 들어보지 못한 단어나 문장을 생성할 수 없다.

교환성은 화자와 청자가 수시로 전환될 수 있는 특성을 말한다. 화자는 화자이면서 동시에 청자이기도 하고, 청자 역시 청자이면서 동시에 화자이기도 하다. 언어가 의사소통의 수단이라는 정의에서 이미 상호교환의 특성을 전제하고 있다.

마지막으로 언어는 생득적으로 전달되는 것이 아니라 학습을 통해 전달되는데, 이러한 특성을 '문화적 전달'이라고 한다. 생득적이고 유전적으로 전달되는 특성, 예컨대 두 팔을 사용하고, 두 발로 직립보행을 하는 것은 문화적 전달이 아니다. 언어는 태어나서 후천적인 학습을 통해서만 습득되고 그렇게 후대로 이어진다는 점에서 문화적으로 전달되는 것이다. 문자 언어는 당연히 유형의 문화적 자산이므로 문화적으로 전달된다.

촘스키(Chomsky)는 동물과 달리 인간은 언어습득장치(Language Aquisition Device)를 생득적으로 갖고 태어난다고 설명하였다. 이 표현을 두고 언어가 마치 생득적으로 전달되는 것처럼 오해하는 경우도 있지만 이는 말 그대로 잘못된 이해이다. 촘스키는 언어습득장치가 작동하기 위해서는 반드시 언어 환경에 노출되어야만 한다고 하였다. 언어 환경에 노출되어야만 언어습득장치가 활성화되어 언어를 습득할 수 있다는 것은 결국 언어가 학습을 통해 전달된다는 것을 의미한다. 따라서 촘스키 역시 언어가 문화적으로 전달된다는 사실을 부정한 적이 없다. 인간과 달리 동물은 언어 환경에 노출시켜도 언어를 습득하지 못하는데, 이 차이를 촘스키가 언어습득장치의 유무로 설명한 것이다.

1.2.1. 자의성

    언어는 내용과 형식의 결합으로 이루어져 있는데, 내용과 형식의 결합은 그렇게 결합해야 하는 어떤 특별한 이유가 있는 것이 아니다. 즉 내용과 형식은 우연히 그렇게 결합된 것이다. 이러한 특성을 언어의 자의성이라고 한다. 달리 임의성이라고도 한다.

    예컨대 "사람이나 동물이 추위, 더위, 비바람 따위를 막고 그 속에 들어 살기 위하여 지은 건물"을 국어에서는 [집]이라고 하는데 비해, 영어에서는 [하우스], 중국어에서는 [지아], 일본어에서는 [이에], 프랑스어에서는 [메종]이라고 한다. 이는 한 언어 내에서도 마찬가지이다. '백합과의 여러해살이풀로 우리가 즐겨 먹는 채소'를 가리키는 형식이 지역에 따라서 '부추'라고도 하고 '정구지', '소불', '솔' 등 다양하다. 이처럼 동일한 내용(지시 대상)에 다른 형식이 결합해서 쓰일 수 있는 것은 내용과 형식의 결합이 자의적이기 때문이다.

    내용과 형식의 결합이 자의적이기 때문에 시간이 흐르면서 이 결합에 변화가 생길 수 있다. 예컨대 중세 국어에서는 오늘날의 '바위'을 '바회'라고 하였다. '바회'가 '바위'로 바뀔 수 있는 것은 내용과 형식의 결합이 본질적으로는 자의적이기 때문에 가능한 일이다.

    그런데 한 가지 주의할 점은 일단 내용과 형식이 결합되어 사회적으로 승인된 '내용+형식'의 결합은 사회적 약속이 바뀌기 전까지는 서로 떼려야 뗄 수 없는 것처럼, 즉 필연적인 것처럼 인식된다. 그래서 우리는 '강'이라는 형식과 '강'이라는 형식이 나타내는 의미가 마치 필연적인 것처럼 인식하게 되는 것이다. '내용+형식'의 결합이 자의적이라는 것은 최초의 결합 관계가 그렇다는 것이고, 결합이 되어 사회적 약속이 이루어지고 난 후에도 그렇다는 의미는 아니다. 그러나 그 사회적 약속이 시간이 흐르면서 바뀔 수도 있기 때문에 본질적으로는 '내용+형식'의 결합이 자의적이다.

기호의 세 가지 유형과 언어

기호(sign)는 의미(내용)와 형식 간의 유연성의 거리, 즉 자의성의 정도에 따라 도상, 지표, 기호로 나뉜다.

도상(icon)

의미와 의미를 전달하는 매체 즉, 내용과 형식 사이의 관계가 실제적인 유사성으로 연결된 기호이다. 다시 말해 기호의 모양(형식)과 그것이 가리키는 대상(내용) 사이에 물리적 유사성이 존재할 때 이를 도상이라고 한다. 대상을 찍은 사진이나, 대상을 그린 그림 등이 바로 도상의 전형적인 예에 해당한다. 이들 사진이나 그림은 그 자체가 곧 대상을 가리킨다. 즉 형식이 곧 내용인 경우이다.

지표(index)

의미와 형식 사이의 관계가 도상에 비해서 추상화되어 있기는 하지만, 어느 정도 인접되어 있는 기호이다. 내용과 형식 간의 유연성이 인접을 통해 유지되기는 하지만, 도상에 비해서는 상당히 멀어진 상태이다. 예컨대 '♨'은 온천을 나타내는데, '♨' 자체는 실제 온천과 관련이 없다. 하지만 '♨'이라는 기호의 형식과, 따뜻한 물에서 김이 피어오르는 온천의 특성이 어느 정도 인접되어 있다. 도로의 교통 표지판들도 대체로 지표의 특성을 보인다. 예컨대 '↰'는 좌회전, '↱'는 우회전, '↑'는 직진, '⤴'는 U−턴을 나타내는데, 기호의 형식과 기호가 나타내는 내용(의미) 간에 일정 정도 유사성이 있다고 할 수 있다.

기호(symbol)

지표 단계만 하더라도 도상에 비해 추상화된 상태이기는 하지만, 의미와 형식 간의 유연성이 완전히 없어진 상태는 아니다. 그러나 기호는 의미와 형식 간에 유연성이 완전히 상실된 단계이다. 다시 말해 내용과 형식 간의 관계가 완전히 자의적인 단계에 이른 것이 기호이다. 그렇기 때문에 기호는 반드시 학습을 통해서만 의미와 형식의 관계를 이해할 수 있다. '+, −, ×, ÷'과 같은 수학 기호나, 모스 부호 같은 것들이 이에 해당한다. 언어 역시 마찬가지이다. 기호 중에서 가장 고도로 체계화된 것이 언어이다.

1.2.2. 사회성

내용과 형식의 결합이 자의적이기는 하지만, 그 결합이 언어 공동체에서 통용이 되면, 즉 사회적으로 약속이 이루어져 승인이 되면 더 이상 자의적이지 않다. 우리가 사용하는 언어는 기본적으로 이러한 사회적 약속에 의해 승인이 이루어진 것인데, 이를 언어의 사회성이라고 한다. 언어 공동체 내에서 이루어진 사회적 약속이 깨지지 않고 유지되는 동안에는 내용과 형식의 결합이 안정적으로 유지된다. 그래서 우리는 '사과'라는 형식과, '사과'라는 형식이 가리키는 내용(대상)이 마치 필연적인 관계가 있는 것처럼 생각한다.

하지만 이러한 사회적 약속이 불변적인 것은 아니다. 내용과 형식의 결합이 필연적인 것도 아니고, 사회적 약속도 불변적인 것이 아니기 때문에 시간이 흐르면서 사회적 약속이 바뀌기도 한다. 그래서 앞서 살펴봤던 것처럼 '바회'가 '바위'로 변할 수 있는 것이다. 때로는 인위적으로 사회적 약속을 바꾸기도 한다. 인위적으로 사회적 약속을 바꾼 예로는 '국민학교 〉 초등학교'를 들 수 있다. '국민학교'가 일제식 용어여서 국가 차원에서 순화 운동을 벌여 그 이름을 '초등학교'로 바꾸었다. 지금 국어사전에서 '국민학교'를 찾으면, "초등학교의 전 용어"로 뜻풀이되어 있는데, 이는 인위적으로 사회적 약속을 바꾼 대표적인 예이다.

사회적인 약속이 이루어지지 않으면 언어로 기능할 수 없다. 그렇기 때문에 누군가가 또는 특정 집단이 임의로 언어를 변경하는 것은 불가능하다. 예컨대 누군가가 또는 특정 집단에서 오늘부터 '책상'을 '의자'라고 부를 수는 있지만, 다른 사람들이 이에 동의하지 않으면 절대로 '책상'이 '의자'로 변경될 수 없다. 언어가 언어로써 기능하기 위해서는 사회적 약속이 필수적이다. 사회적 약속이 이루어지지 않아 언어로 기능하지 못하고 소멸된 것들도 많다. 한 예로 국가가 차용어인 '인터체인지'를 '입체 교차로'로 사회적 약속을 변경하려고 했지만, 언중들이 이를 수용하지 않음으로써 죽은 어휘가 되었다. 오히려 '인터체인지'를 '나들목'이라고 부르는 사람들이 늘어나면서, '나들목'이 사회적 약속을 획득하여 지금은 '나들목'이 주로 사용된다.

한 언어 공동체의 구성원 모두가 사회적으로 약속을 하는 데까지는 꽤 오랜 시간이 걸린다. 그래서 강제적인 경우가 아니라면, 사회적 약속은 짧은 시간에 이루어지는 것이 아니라 오랜 시간에 걸쳐 서서히 이루어진다.

1.2.3. 역사성

언어는 고정불변하는 것이 아니라 시간의 흐름에 따라 변화한다. 이러한 특성을 언어의 역사성이라고 한다. 언어는 내용과 형식의 결합으로 이루어져 있고, 이 결합은 본질적으로 자의적이다. 그래서 '내용+형식'의 결합에서 내용은 그대로 있으면서 형식만 변할 수도 있고, 반대로 형식은 그대로 있으면 내용만 변할 수도 있다. (2)는 내용은 그대로 두고 형식만 변한 경우이고, (3)은 형식은 그대로 두고 내용만 변한 경우이다.

(2)

▶내용: 만 6세에 입학해서 6년 동안 의무 교육을 받는 학교.
▶형식: **국민학교 〉 초등학교**

(3)

▶형식: **양반**
▶내용: 조선시대 지배층을 이루던 신분. 〉 점잖고 예의 바른 사람.

내용과 형식의 결합이 자의적이기 때문에 내용과 형식의 결합이 '1:1'인 경우도 있지만, '다(多):1'인 경우나 '1:다(多)'인 경우가 더 많다. 동음이의어는 내용(의미)은 서로 다르지만 형식이 같은 경우이므로 내용과 형식의 결합이 '다(多):1'의 예에 해당하고, 유의어는 내용(의미)은 같지만 형식이 여러 개인 경우이므로 내용과 형식의 결합이 '1:다(多)'인 예에 해당한다.

언어의 역사성 역시 기본적으로 언어의 자의성과 사회성에 기반한 특성이다. '내용+형식'의 결합이 자의적이기 때문에 내용이나 형식이 바뀔 수 있고, 바뀐 결과를 언중들이 사회적으로 약속을 하게 되면 결국 변화가 일어나는 것이다.

1.2.4. 분절성

    언어 단위는 보다 작은 요소로 쪼깨질 수 있는 특성, 즉 분절될 수 있는 특성을 가지고 있다. 하나의 문장 '햇감자가 맛있다.'는 (4)처럼 분절될 수 있다.

(4)

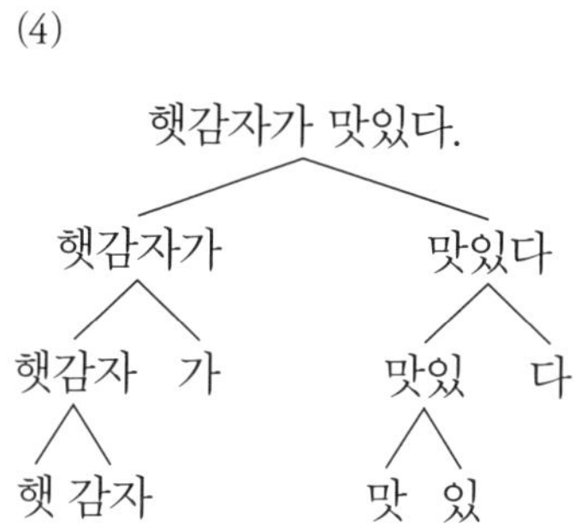

    (4)처럼 '햇감자가 맛있다'는 먼저 '햇감자가 ― 맛있다'로 쪼개지고, '햇감자가'는 다시 '햇감자 ― 가'로, '햇감자'는 다시 '햇 ― 감자'로 쪼갤 수 있다. '맛있다' 역시 '맛있 ― 다'로 쪼개지고, '맛있-'은 다시 '맛 ― 있-'으로 쪼개진다. 이처럼 하나의 언어 단위(구성)가 보다 작은 요소(구성 요소)로 쪼개질 수 있는 특성을 분절성이라고 한다.

    '감자'도 '감 ― 자'로 쪼갤 수는 있다. 하지만 그럴 경우 쪼개진 '감'과 '자'는 더 이상 의미를 가진 단위가 아니다. 이는 '감자'가 의미를 가지고 있는 최소의 단위임을 말해 준다. 이처럼 의미를 가지고 있는 최소의 단위까지 쪼개는 것을 1차 분절이라고 한다. 형태소의 정의가 뜻을 가지고 있는 최소의 단위이니까, 1차 분절의 말단 단위들이 바로 형태소이다. 그러니까 (4)에서는 말단 단위인 '햇-', '감자', '가', '맛', '있-', '-다'가 형태소이다.

'감자'를 더 쪼개면 의미를 알 수 없는 단위가 된다. 그러나 의미를 고려하지 않고 쪼개면, '감자'는 다시 '감―자'로, 그리고 '감'은 다시 'ㄱ―ㅏ―ㅁ'으로, '자' 역시 'ㅈ―ㅏ'로 쪼갤 수 있다. 이처럼 의미를 고려하지 않고, 1차 분절의 말단 요소를 다시 쪼갤 수 있는 데까지 쪼개는 것을 2차 분절이라고 한다.

(5)

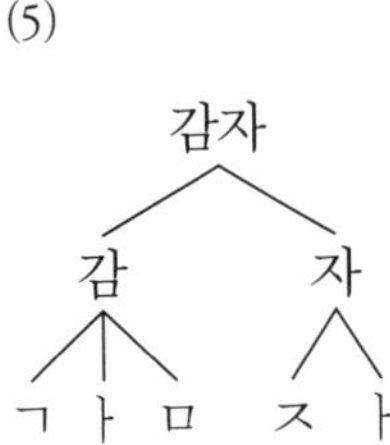

1차 분절을 끝까지 했을 때 마지막에 남은 단위, 즉 말단 단위가 형태소라고 하였는데, 2차 분절의 말단 단위는 음운이다.

1.3. 기술문법과 학교문법, 규범문법

언어를 학문적으로 연구하는 것을 기술문법 또는 학문문법이라고 한다. 그러니까 우리가 '국어학', '국어 문법'이라고 할 때의 문법이 바로 기술문법에 해당한다. 기술문법은 언어적 사실을 규명하는 것을 목표로 한다. 언어적 사실을 학문적으로 규명하는 과정에서는 필연적으로 논쟁이 활발하게 일어난다. 이러한 논쟁은 언어적 사실을 규명하기 위한 하나의 여정이기 때문에 기술문법에서의 논쟁은 자연스러운 과정이다.

이에 비해 학교문법은 교육적 필요에 의해 기술문법에서 그 내용을 취사선택한 문법이다. 다시 말해 학교문법은 기술문법에서 일반적으로 받아들여지고 있는 내용을 중심으로 교육적 필요에 맞게 정리한 문법이다. 그래서 학교문법이 기술문법과 같지는 않지만, 그렇다고 기술문법과 다르지도 않다. 단지 기술문법에서 취사선택한 문법이기 때문에 기술문법에 비해 그 외연이 좁을 뿐이다. 그리고 교육적 필요에 의해 그 내용이 선정되었기 때문에 기술문법과 달리 논쟁이 제한적이다. 제한적인 것이지 논쟁이 아예 닫혀 있는 것은 아니다. 그래서 학교문법의 내용도 교육과정에 따라 조금씩 바뀌기도 한다.

규범문법은 어문규범과 관련된 문법이다. 학자에 따라서는 학교문법도 규범문법의 하나로 보기도 하지만, 규범문법이라고 할 때는 어문규범처럼 정오를 판정하는 문법으로 제한적으로 정의하는 것이 일반적이다. 그래서 국어의 4대 어문규범인 〈한글맞춤법〉, 〈표준어규정〉, 〈외래어표기법〉, 〈국어의 로마자표기법〉이 규범문법이다. 〈표준어규정〉의 제2부 내용인 〈표준 발음법〉 역시 발음의 정오를 규정한 문법이므로 규범문법이다. 규범문법은 정오를 정해 놓은, 언어생활에서의 법과 같은 성격을 띠는 것이기 때문에 기본적으로 논쟁의 대상이 아니다.

규범문법의 대상 언어는 실재하는 언어가 아니라 인공어인 표준어이다.[2] 반면 기술문법이 연구 대상으로 하는 언어는 국어 화자들이 실

---

2 표준어는 실재하는 여러 단어들 중에서 이 단어가 표준어라고 인위적으로 정해 놓은 인공어이다. 인공어인 표준어를 대상으로 표기의 정오를 정해 놓은 것이 〈한글맞춤법〉이고, 발음의 정오를 정해 놓은 것이 〈표준발음법〉이다.

제 사용하고 있는 언어이다. 표준어와 표준 발음의 경우, 비록 인위적으로 정한 인공어, 인공 발음이기는 하지만, 실재하는 단어와 실재하는 발음 중에서 선택된 것이다. 그래서 표준어와 표준 발음도 기술문법의 연구 대상에 포함되기는 하지만, 기술문법의 주된 연구 대상은 아니다. 학교문법의 대상 언어는 기술문법과 마찬가지로 국어 화자들이 실제 사용하고 있는 언어인데, 학교문법의 내용에 규범문법도 포함되어 있어서 표준어와 표준 발음 역시 학교문법의 대상이다. 최근에는 학교문법이 표준어와 표준 발음 중심으로 이루어지는 경향이 강해지고 있다.

기술문법과 학교문법은 규범문법처럼 정오를 판정해 주는 문법이 아니다. 정오가 규정되어 있는 규범문법은 암기의 대상이지만, 기술문법과 학교문법은 관찰과 탐구의 대상이다. 그래서 '어느 것이 맞느냐/틀리느냐'와 같이 정오를 묻는 질문은 규범문법에 대한 질문이지, 기술문법에 대한 질문으로는 적절하지 않다. 기술문법은 언어적 사실을 규명하는 문법이므로 기술문법을 공부하는 사람의 바람직한 질문은 '왜?', '어떻게?'와 관련된 것이다. 학교문법 역시 마찬가지이다.

이 책의 내용은 기술문법을 염두에 두면서 학교문법의 내용을 중심으로 이루어져 있다. 그래서 그 외연이 학교문법보다는 조금 더 넓다. 언어 현상을 이해하고 사실을 파악하는 데 도움이 된다고 판단되는 경우에는 기술문법에서 논쟁이 되고 있는 내용도 함께 다루었다. 그래서 암기식으로 이 책을 공부하는 것은 바람직한 공부가 아니다. 제시된 언어 자료에 대한 관찰과 탐구를 통해 언어 자료를 분석하고, 이러한 분석을 토대로 내용을 이해하는 공부가 중요하다.

1.4. 공시적 연구와 통시적 연구

언어 현상을 연구할 때 시간의 흐름에 따른 언어의 변화를 연구할 수도 있고, 특정 시기에 한정해서 해당 시기의 언어의 상태를 연구할 수도 있다. 전자를 통시적 연구라고 하고, 후자를 공시적 연구라고 한다. 즉 통시적 연구는 시간의 흐름에 따른 언어 변화의 동적인 모습을 연구하는 것이고, 공시적 연구는 특정 시기의 언어의 정태적인 상태를 연구하는 것이다.

예컨대 구개음화의 발생 및 변화 과정을 연구한다거나, 15세기 국어에서 현대 국어에 이르는 시기 동안의 자음 체계의 변화를 연구한다면 이는 통시적 연구이다. 반면 15세기 국어의 자음 체계를 연구한다거나, 현대 국어의 구개음화 규칙의 특성을 연구한다면 이는 공시적 연구이다. 공시와 통시를 엄격하게 구분하기 시작한 것은 소쉬르(1916)에 와서의 일이다. 그 전에는 언어의 변화를 연구하는 통시적 연구가 주류였다. 그래서 소쉬르를 공시 언어학의 기틀을 세운 사람으로 평가한다.

우리가 무엇인가를 관찰하려면 관찰 대상이 움직이지 않는 정적인 상태로 존재해야 한다. 움직이는 것은 관찰하는 그 순간 이미 변화하기 때문에 관찰하기 어렵다. 소쉬르가 정적인 언어 상태라는 공시태의 개념을 정립함으로써 비로소 언어가 관찰 가능한 대상이 될 수 있었다. 이처럼 공시태라는 개념이 정립되면서 언어가 관찰 가능한 대상이 되었고, 이로 인해 언어를 과학적으로 연구할 수 있게 되었다는 평가를 받는다.

(6) 공시적 연구와 통시적 연구

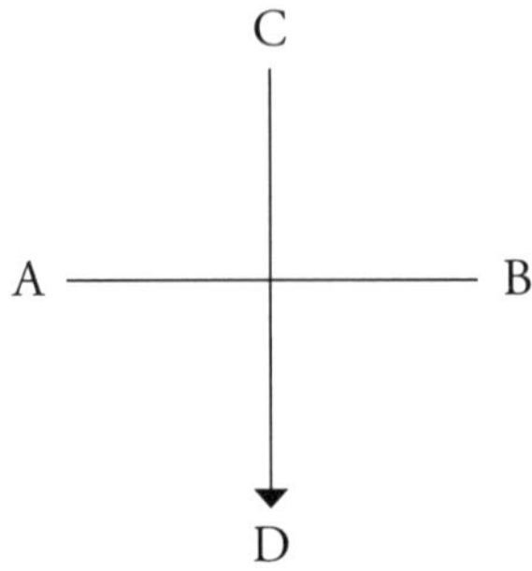

(6)에서 AB 축을 연구하는 것이 공시적 연구이고, CD 축을 연구하는 것이 통시적 연구이다. 특정 시기의 언어의 상태를 연구하는 것은 모두 공시적 연구이다. 즉 현대국어의 상태를 연구하는 것은 당연히 공시적 연구이고, 15세기 국어의 상태를 연구하는 것도 공시적 연구이고, 18세기 국어의 상태를 연구하는 것도 공시적 연구이다. 그러니까 과거의 언어를 연구한다고 해서 통시적 연구가 아니다. 과거의 언어이지만 과거의 특정 시기의 언어 상태를 연구하는 것은 공시적 연구이다. 이에 비해 중세국어에서 근대국어에 이르는 동안의 언어 변화를 연구하는 것, 근대국어에서 현대국어에 이르는 동안의 언어 변화를 연구하는 것 등은 통시적 연구이다. 현대국어에서도 세대 간의 언어 차이를 연구하는 것은 시간에 따른 언어 변화를 고찰하는 것이므로 통시적 연구이다.

소쉬르 이전에는 계통론 연구와, 언어 변화를 연구하는 역사 언어학이 언어학의 주류였다. 즉 통시적 연구가 주류였다. 그래서 일반적으로 공시 언어학의 출발을 소쉬르(1916)에서부터 잡는다. 통시적 연구를 위해서는 각 시기의 공시태에 대한 공시적 연구가 먼저 이루어져 있어야 한다. 각 시기의 공시태가 제대로 연구되어 있지 않은 상황에

서는 시간에 흐름에 따른 언어의 변화를 제대로 기술할 수 없기 때문
이다. 반면 현재의 언어를 제대로 알려면 과거의 언어에 대한 이해와,
과거의 언어로부터 어떤 과정을 거쳐 현재의 언어에 이르렀는지를 알
아야 한다. 현재의 언어는 과거의 언어로부터 유리되어 존재하는 것이
아니라, 과거의 언어의 유산이기 때문이다. 이런 점에서 공시적 연구
와 통시적 연구는 별개의 독립된 연구 방법이라기보다는 상호 보완적
인 연구 방법이다.

우리는 동일한 언어 자료를 공시적으로 연구할 수도 있고, 통시적으
로 연구할 수도 있다. 또한 동일한 언어 자료이지만 그 자료에 대한 공
시적인 사실과, 통시적인 사실이 다를 수 있다. 이해를 돕기 위해 (7)과
(8)을 비교해 보자.

(7) 암캐, 수탕나귀, 개펄

(8) 축하[추카], 입학[이팍], 박하[바카]

공시적으로 (7)에는 아무런 음운 변동이 일어나지 않았다. 즉 [암캐]
의 기저형은 /암캐/이므로, 기저형 /암캐/와 표면형 [암캐] 사이에는
음운 변동이 없다. 반면 (8)에는 /ㅎ/ 축약이 일어났다. 표면형 [추카]
의 기저형은 /축하/이다. 그러니까 '/축하/ → [추카]'처럼 기저형 /축
하/로부터 표면형 [추카]가 도출되는 과정에서 /ㅎ/ 축약이 일어났다.

그런데 (7)의 경우 공시적으로는 아무런 음운 변동이 일어나지 않았
지만, 통시적으로는 (7)에도 /ㅎ/ 축약이 있었다. '암캐'는 '암'이 /ㅎ/
종성 체언이었던 '암ㅎ'과 '개'가 결합하여 만들어진 합성어이다. 그러
니까 과거에 '암ㅎ+개 → 암캐'가 만들어질 때 /ㅎ/ 축약이 있었다. 하

지만 현재는 '암캐'가 기저형이므로, 공시적으로 '암캐'는 '/암캐/ →
[암캐]'에서 보듯이 아무런 음운 변동도 없다. 이처럼 (7)에서 /ㅎ/ 축
약을 분석해 낼 수는 있지만, 이 /ㅎ/ 축약은 현재 적용된, 즉 공시적으
로 일어난 /ㅎ/ 축약이 아니라 과거의 어느 시기에 일어났던 /ㅎ/ 축
약이다. 그러니까 (7)의 /ㅎ/ 축약은 공시적 사실이 아니라 과거의 어
느 시기에 있었던 사실, 즉 통시적 사실이다. 반면 (8)의 /ㅎ/ 축약은
현재 일어나고 있는 공시적 사실이다.

1.5. 문법의 구성

문법을 하위 분야로 나누면 (9)와 같다. 여기서 문법은 국어학과 같
은 개념이다.

(9)

음운론(음성학)	
형태론	**의미론**
통사론	

음운론, 형태론, 통사론의 구분은 연구 대상으로 하는 언어 단위의
크기에 따른 것이다. 음운론에서 다루는 언어 단위가 가장 작고, 통사
론에서 다루는 언어 단위가 가장 크다. 음운론에서 다루는 언어 단위
는 음운이고, 형태론에서 다루는 언어 단위는 형태소 및 단어이고, 통
사론에서 다루는 언어 단위는 문장이다. 의미론은 의미를 다루는 분야

인데, 의미론의 언어 단위는 어떤 하나로 특정되지는 않는다. 형태론, 통사론은 의미론과 분리되어서 연구될 수 없다. 의미를 가진 최소의 언어 단위가 형태소이므로 의미론은 형태소 단위에서부터 관여적이다. 그리고 형태소보다 큰 의미 단위인 단어, 문장은 당연히 의미론과 분리될 수 없다. 그래서 (9)의 표에서 의미론은 형태론 및 통사론과 연결되게 그려져 있다.

(9)의 표에서 음운론 옆에 괄호로 표시하기는 하였지만, 음성학도 음운론과 별도로 독립된 한 분야로 자리 잡고 있다. 다만 이 책에서는 음성학을 별도로 다루지는 않는다. 음성학은 말소리, 즉 음성을 대상으로 연구하는 분야이다. 이에 비해 음운론은 음성 중에서 우리가 변별적으로 인식 가능한 음성, 즉 음운을 대상으로 연구하는 분야이다. 그래서 음운론은 음성학과 밀접하게 연결되어 있지만, 그렇다고 음성학과 같지는 않다. 음운론은 음성학적 사실을 토대로 음운론적 사실을 연구하는 분야이다.

형태론은 형태소와 단어를 대상으로 한다. 품사를 다루는 품사론, 파생어와 합성어 등 단어의 형성을 다루는 조어론, 용언 어간과 어미의 결합 또는 체언 어간과 조사의 결합을 주로 다루는 굴절론이 형태론의 영역이다.

통사론은 기본적으로 문장을 대상으로 한다. 그래서 문장을 구성하는 구성 요소들인 주어, 목적어, 서술어 등 '○○어'는 통사론의 단위이다. 단어보다 큰 구와 같은 단위들도 통사론의 대상이다. 용언 어간에 어미가 결합한 활용형, 체언 어간에 조사가 결합한 곡용형들은 단어보다 큰 단위이므로 통사론의 대상이다. 그런데 활용형이나 곡용형을 구성하는 용언 어간이나 어미, 체언 어간이나 조사 자체에 초점을 두게 되면 형태론의 대상이 된다. 그래서 활용형과 곡용형은 형태론의 영역이면서 동시에 통사론의 영역이기도 하다. 이러한 점 때문에 형태론과 통사론을 묶어서 문법론이라고도 한다.

의미론은 20세기 초에 들어와서야 본격적으로 연구되기 시작한, 비교적 늦게 출발한 분야이다. 의미론은 어휘의 의미를 주로 다루는 어휘 의미론과, 문장의 의미를 다루는 문장 의미론으로 구분된다.

(9)의 표에는 제시되어 있지 않지만, 의미론보다 늦게 출발한 분야로 화용론이 있다. 화용론은 의미 해석에 화용적인 상황, 즉 맥락을 함께 고려한다는 점에서 의미론과 차이가 있다. 의미론에서 문장의 의미는 해당 문장을 구성하는 구성 요소들이 가지고 있는 의미의 합이다. 반면 화용론에서는 이 의미에 더하여 그 문장이 사용된 맥락에 의해 가지게 되는 의미까지 다룬다. 예컨대 '오늘 날씨가 좋다.'라는 문장의 경우, 의미론에서는 말 그대로 '오늘 날씨가 좋다.'는 의미만이 대상이다. 그런데 '오늘 날씨가 좋다.'의 경우, 어떤 맥락에서 사용되었느냐에 따라 여러 가지 의미를 가질 수 있다. 상대방에게 '여행을 가자.'는 요구의 의미를 가질 수도 있고, '집에만 있어서 불만'이라는 의미를 가질 수도 있고, '오늘은 비가 오지 않는다.'는 의미를 가질 수도 있다. 이처럼 하나의 문장이 어떤 맥락에서 사용되었느냐에 따라 수십, 수백 가지 의미로 해석될 수 있는데, 이처럼 맥락을 함께 고려한 문장의 의미를 다루는 분야가 화용론이다.

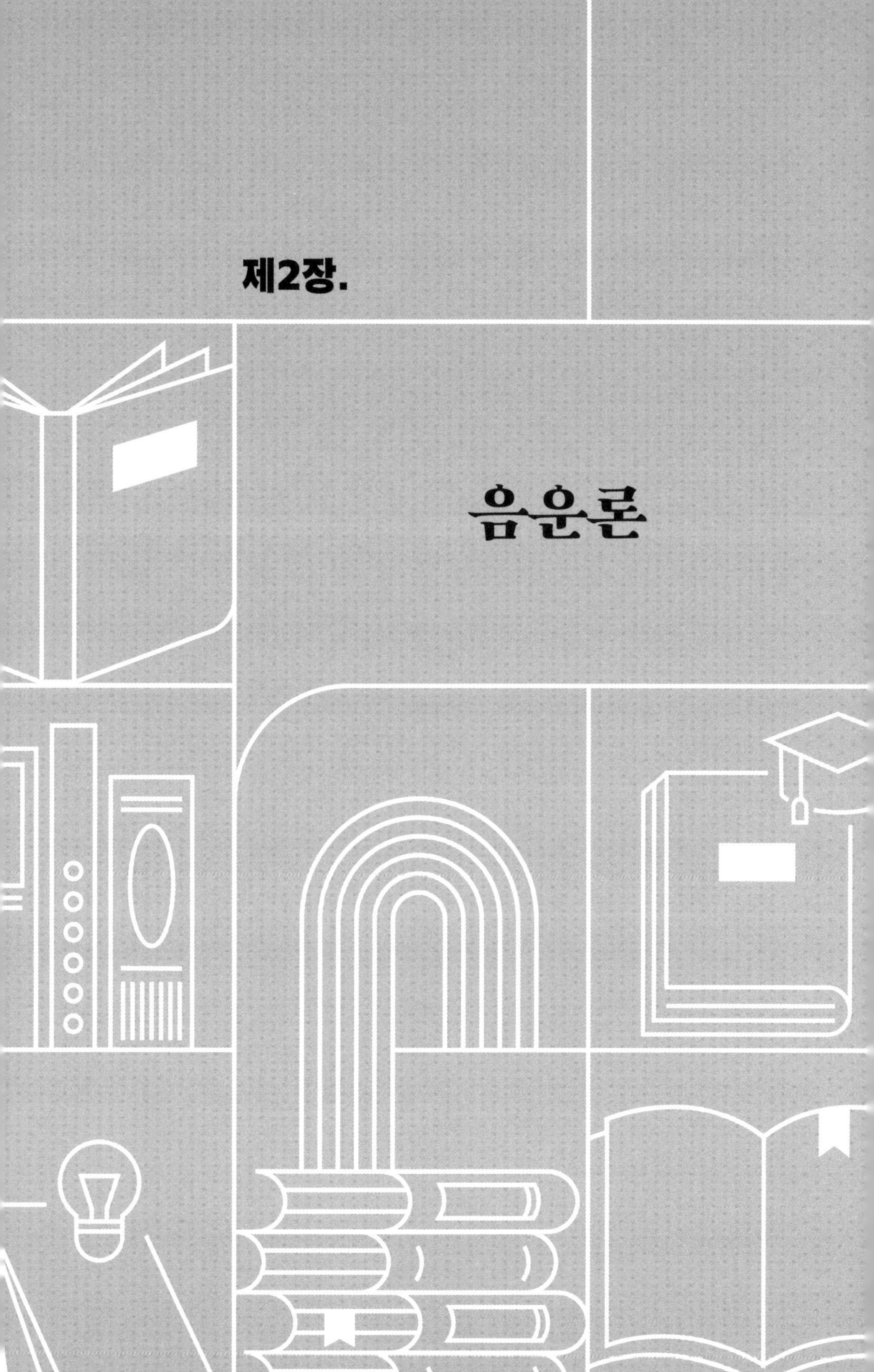

제2장.
음운론

2.1. 음성과 음운

    음성은 인간의 발성 기관을 통해서 낼 수 있는 소리를 이르는데, 언어학에서 음성은 이보다는 조금 좁은 의미로 정의한다. 즉 인간의 발성 기관을 통해서 낼 수 있는 소리 중에서 의사소통에 사용되는 소리를 음성이라고 한다. 이 음성 중에서 변별적으로 인식 가능한 음성을 음운(phoneme)이라고 한다. 달리 음소라고도 한다.[1] (1)에서 보듯이 음운은 음성의 부분 집합이다.

(1)

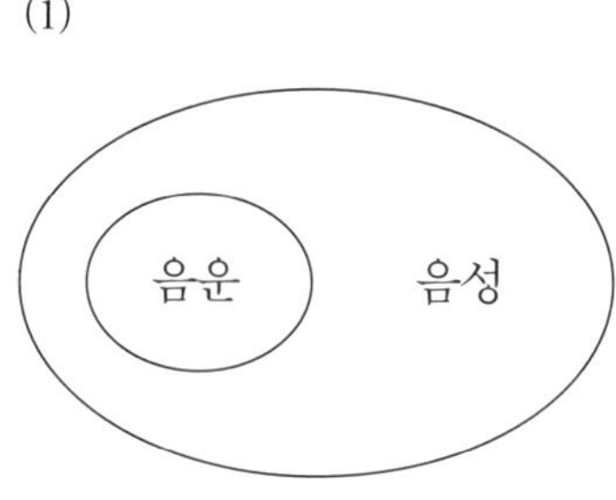

    그러면 변별적으로 인식 가능하다는 것은 무슨 말인가? 변별적으로 인식 가능하다는 것은, 물리적으로 다른 두 소리 x, y가 있을 때 이 두 소리가 실제 다르다고 인식한다는 뜻이다. 두 소리가 실제 다르다고 인식한다는 것은 두 소리 x, y가 뜻을 갈라내는 기능을 한다는 것을 의

---

[1] '음운', '음소' 모두 영어의 'phoneme'의 번역어이다. 그런데 'phoneme'을 음운으로, 그리고 'suprasegmental phoneme'을 운소로 번역하고, 'phoneme'과 'suprasegmental phoneme'을 아우르는 용어로 음소를 사용하여 '음운'과 '음소'를 구분하는 경우가 있으므로 주의할 필요가 있다.

미한다. 즉 x를 y로 대치했을 때 의미가 달라진다면, x와 y는 각각 음운이다. 그런데 물리적으로 x와 y가 다르기는 하지만, x를 y로 대치했을 때 의미가 달라지지 않는다면, 이때 y는 변별적으로 인식하지 못하는 소리라는 것을 의미하며 그래서 음운이 아니다.

2.1.1. 음운과 음운을 나타내는 기호

언어의 정의에 따르면 언어는 내용과 형식의 결합으로 이루어져 있고, 이때 내용은 '의미'이고, 형식은 '소리'이다. 그런데 음운론은 최소의 유의적 단위인 형태소보다 더 작은 단위인 소리, 즉 음운을 다루는 분야이다. 음운은 형태소보다 작은 단위이므로 당연히 의미를 가지고 있지 않다. 그래서 음운론에서 내용은 의미일 수 없다. '내용+형식'의 결합에서, 음운론에서 내용에 해당하는 것은 소리이다. 그리고 형식은 소리를 나타내는 기호이다.

내용과 형식의 결합은 자의적이므로 내용인 소리와, 그 소리를 나타내는 형식인 기호의 결합 역시 자의적이다. 그래서 동일한 소리를 여러 다른 기호로 나타낼 수 있다. 예컨대 음성 [a]를 나타내는 형식은 (2)에서 보듯이 문자마다 다르다.

(2)

한글	' ㅏ ' 또는 '아'
로마자(소문자/대문자)	a / A
히라가나/가타카나	あ / ア
데바나가리 문자	अ

(2)에서 보듯이 음성 [a]를 나타내는 한글 자모는 'ㅏ' 또는 '아'이다. 영어는 'a' 또는 'A', 일본어는 'あ(히라가나)' 또는 'ア(가타카나)'이고, 데 바나가리 문자는 'अ'이다.

내용에 해당하는 소리와, 형식에 해당하는 기호의 결합이 자의적이기 때문에 (3)에서 보듯이 하나의 소리에 두 개의 기호가 대응되기도 하고, 반대로 두 개의 소리에 하나의 기호가 대응되기도 한다.

(3)

ㄱ	[we] ∧ ㅚ ㅞ	: 하나의 소리 : 두 개의 기호
ㄴ	ㅟ ∧ [wi] [ü]	: 하나의 기호 : 두 개의 소리

(3ㄱ)에서 보듯이 국어에서 [we]에 대응되는 기호는 'ㅚ'와 'ㅞ' 두 개인데, 이는 하나의 소리에 두 개의 기호가 대응되는 예이다. 이에 비해 (3ㄴ)에서 보듯이 하나의 기호 'ㅟ'는 이중모음 [wi]를 나타내기도 하고 단모음 [ü]를 나타내기도 하여 하나의 기호에 두 개의 소리가 대응되는 예이다.

(2)에서 확인한 것처럼 소리를 나타내는 기호가 문자마다 다르면, 언어학적인 관점에서 음운론을 연구하기가 어렵다. 연구자가 소리를 나타내는 기호를 문자마다 모두 익힐 수는 없기 때문이다. 그래서 세계의 여러 언어학자들이 모여 소리와 기호가 1:1로 대응하는 기호 체계를 만들게 되는데, 이 기호 체계가 국제음성기호(International

Phonetic Alphabet)이다. 줄여서 IPA라고 한다. 문자학에서 한글은 소리와 기호가 1:1로 대응하는 비율이 가장 높은 문자로 알려져 있다. 그럼에도 (3)에서 보듯이 한글 자모도 소리와 문자가 1:1로 대응하지 않는 경우가 있는데, 이런 경우는 IPA를 사용하여 나타낼 수밖에 없다.

2.1.2. 음운 판별 기준

음성 중에서 어떤 소리가 음운인지 아닌지를 어떻게 아는가? 다시 말해 우리가 음성 중에서 어떤 소리를 변별적으로 인식하는지 아닌지를 어떻게 판별할 수 있는가? 어떤 소리가 음운인지 아닌지를 판별하는 데 사용하는 방법에는 세 가지가 정도가 있다. 그 세 가지는 최소대립어, 상보적 분포, 음성적 유사성이다.

2.1.2.1. 최소대립어

어떤 소리가 음운인지 아닌지를 판별하는 가장 명료하고 확실한 방법은 최소대립어를 확인하는 것이다.

(4)

ㄱ. 불 : 풀

ㄴ. 발 : 벌

ㄷ. 밤 : 방

최소대립어는 (4)에서처럼 하나의 소리가 서로 다름으로 인해 의미가 달라지게 되는 쌍을 이른다. 이렇게 최소대립어를 이루는 두 소리는 둘 다 음운이다. 그러니까 (4ㄱ)에서는 초성의 [ㅂ]와 [ㅍ]의 다름으로 인해 의미가 달라지므로 '불:풀'은 최소대립어이고, 최소대립어를 이루는 두 소리 /ㅂ/와 /ㅍ/는 둘 다 음운이다. (4ㄴ)에서는 중성의 [ㅏ]와 [ㅓ]의 다름으로 인해 의미가 달라지므로 '발:벌'은 최소대립어이고, 최소대립어를 이루는 두 소리 /ㅏ/와 /ㅓ/는 둘 다 음운이다. (4ㄷ)에서는 종성의 [ㅁ]와 [ㅇ]의 다름으로 인해 의미가 달라지므로 '밤:방'은 최소대립어이고, 최소대립어를 이루는 두 소리 /ㅁ/와 /ㅇ/은 둘 다 음운이다.

국어의 경우 음절말 불파[2]로 인해 음절말, 즉 종성에서 실현될 수 있는 자음이 /ㅂ, ㄷ, ㄱ, ㅁ, ㄴ, ㅇ, ㄹ/로 제약된다. 그래서 자음의 최소대립어는 종성보다는 초성에서 확인하는 것이 효율적이다. 다만 연구개 비음 /ŋ/의 경우 초성에서 실현되지 못하기 때문에 초성에서는 최소대립어를 확인할 수 없다. 이런 경우가 있기 때문에 보완적으로 종성에서도 최소대립어를 확인하는 것이 필요하다. (4ㄷ)에서 보듯이 종성에서 /ŋ/의 최소대립어를 확인할 수 있으므로 /ŋ/은 음운이다. 그리고 모음은 중성에 오기 때문에 모음의 최소대립어는 중성을 통해서 확인한다.

여기서 주의할 것은 최소대립어는 표기가 아닌, 음성 언어, 즉 발음을 대상으로 한다는 사실이다. 다시 말해 최소대립어는 표기형을 대상으로 하는 개념이 아니다. 그래서 (5)처럼 표기로만 제시된 상태에서는 '개:게'가 최소대립어인지 아닌지 판정할 수 없다.

---

2 음절말 불파에 대해서는 '2.3.3.2. 음절말 불파와 중화'에 가서 보기 바란다.

(5) 개ː게

　표기상 '개'와 '게'는 당연히 다르지만, '개ː게'가 최소대립어인지 아
닌지는 발음과 인식을 통해서 확인할 수 있다. '개[kɛ]'와 '게[ke]' 발음
을 들려주었을 때 변별해서 인식할 수 있는지, 그리고 '개'와 '게'를 변
별해서 발음할 수 있는지를 통해서 판정할 수 있다. 표기는 단지 시각
적인 차이를 나타낸 것일 뿐, 표기의 다름이 곧 최소대립어임을 말해
주는 것은 아니다.

(6)

	표기	개	게	
화자 A	인식	/kE/	/kE/	/ㅐ/와 /ㅔ/가 최소대립어를 이루지 못함.
	발음	[kE]	[kE]	
화자 B	인식	/kɛ/	/ke/	/ㅐ/와 /ㅔ/가 최소대립어를 이룸.
	발음	[kɛ]	[ke]	

　(6)의 A처럼 '개[kɛ]'와 '게[ke]' 두 발음을 들려주었을 때 동일한
[kE]로 인식한다면 A에게 [ɛ]와 [e]는 최소대립어가 아니다. 최소대
립어가 아니기 때문에 A에게는 /ɛ/와 /e/ 둘 다가 음운일 수 없고, 그
중 하나만 음운이다. '개[kɛ]'와 '게[ke]'를 변별해서 인식하지 못하는
화자는 '개[kɛ]'와 '게[ke]'의 발음도 구별해서 할 수 없다. 그래서 A는
'개'도 [kE]로 발음하고, '게'도 [kE]로 발음한다.
　반면 (6)의 B처럼 표기형 '개[kɛ]'와 '게[ke]'의 발음을 들려주었을
때, /kɛ/, /ke/로 변별하여 인식한다면 '개[kɛ]ː게[ke]'는 최소대립어
이고, 그렇기 때문에 B에게 /ɛ/와 /e/는 둘 다 음운이다. B는 /ɛ/와 /e/

를 변별해서 인식하기 때문에 발음도 '개'는 [kɛ]로, '게'는 [ke]로 구별해서 한다.

현재 〈표준발음법〉에서는 'ㅐ(/ɛ/)'와 'ㅔ(/e/)' 둘 다 음운이라고 되어 있지만, 실제 /ɛ/와 /e/ 둘을 변별하는 화자는 소수이다. 다시 말해 소수의 국어 화자를 제외하면 [ɛ]와 [e]를 같은 소리로 인식한다. [ɛ]와 [e]를 같은 소리로 인식한다는 것은 /ɛ/와 /e/가 최소대립어를 이루지 못한다는 것을 의미한다. 그래서 /ɛ/, /e/ 둘 다 음운일 수 없고 하나만 음운이다. 정확히는 /ɛ/도 아니고, /e/도 아닌 소리, 즉 /ɛ/보다는 높고 /e/보다는 낮은 위치에서 나는 소리인 [E]로 인식한다. 즉 /ɛ/도 /E/로 인식하고, /e/도 /E/로 인식한다.

2.1.2.2. 상보적 분포

최소대립어가 음운인지 아닌지를 판별하는 적극적 방법이라면, 상보적 분포는 소극적 방법에 해당한다. 우선 상보적 분포의 개념부터 확인해 보자.

(7) 상보적 분포(complementary distribution)

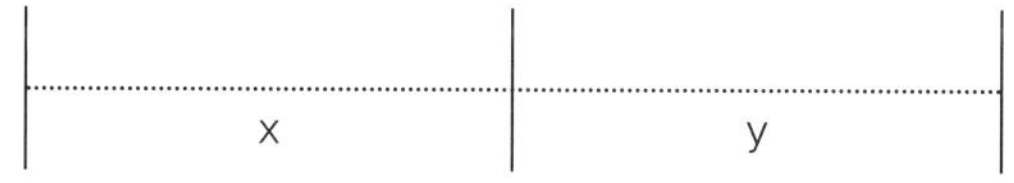

x가 나타나는 환경에 y가 나타날 수 없고,

y가 나타나는 환경에 x가 나타날 수 없는 분포.

(7)에서 보듯이 두 소리가 절대로 동일한 음성 환경에서 나타나지

않는 분포를 상보적 분포라고 한다. 달리 '배타적 분포'라고도 한다.

어떤 두 소리(또는 둘 이상의 소리)가 서로 상보적 분포를 이룬다면, 그 두 소리(또는 둘 이상의 소리)는 둘 다 음운일 수 없다. 상보적 분포를 이루는 두 소리는 그중 하나만 음운이다. 나머지 하나는 그 음운의 변이음이라고 한다. 만일 세 개의 소리가 서로 상보적 분포를 이룬다면, 그중 하나는 음운이고, 나머지 둘은 변이음이다. 예컨대 (7)에서 /x/가 음운이면 [y]는 /x/의 변이음이고, 반대로 /y/가 음운이면 [x]는 /y/의 변이음이다.

예를 통해서 구체적으로 살펴보기로 하자.

(8)
ㄱ. 나라[naɾa] : 달[tal]
ㄴ. 바[pa] : 나비[nabi], 갈비[kalbi] : 입[ip̚]

(8ㄱ)에서 보듯이 국어에서 /ㄹ/는 초성에서는 [ɾ]로, 종성에서는 [l]로 실현된다. 다시 말해 초성에서는 [l]가 나타날 수 없고, 종성에서는 [ɾ]가 나타날 수 없다. 그러니까 [l]와 [ɾ]가 서로 상보적 분포를 이룬다. 상보적 분포를 이루는 두 소리는 둘 다 음운일 수 없으므로, [l]와 [ɾ] 중 하나는 음운이고 나머지 하나는 변이음이다. 국어에서는 /l/를 음운으로 본다. 그러니까 [ɾ]는 /l/가 초성에 실현될 때의 변이음이다.

/ㅂ/도 (8ㄴ)에서 보듯이 초성에서는 [p]로, 모음 사이 및 유성 자음과 모음 사이에서는 [b]로, 그리고 종성에서는 불파된 [p̚] 실현된다. 초성에서는 [b], [p̚]가 나타날 수 없고, 모음 사이 그리고 유성 자음과 모음 사이에서는 [p], [p̚]가 나타나지 못하고, 종성에서는 [p], [b]가

나타나지 못한다. 그래서 분포상 [p]와 [b], [p˺]는 상보적 분포를 이룬다. 정의에 따라서 상보적 분포를 이루는 [p], [b], [p˺]는 그중 하나만 음운이고 나머지는 그 음운의 변이음이다. 국어에서는 /p/가 음운이고, [b]는 모음 사이 및 유성 자음과 모음 사이에서, 그리고 [p˺]는 종성에서 실현되는 /p/의 변이음이다.

2.1.2.3. 음성적 유사성

음성적 유사성은 어떤 두 소리가 상보적 분포를 이루더라도 음성적으로 유사하지 않다면 음운과 변이음의 관계로 판정해서는 안 된다는 것이다. 다시 말해 상보적 분포를 이루는 두 소리를 음운과 변이음의 관계로 판정하기 위해서는 두 소리가 음성적으로 유사해야 한다. 이런 점에서 '음성적 유사성'이라는 기준은 '상보적 분포'의 부칙 성격을 띤다. 일반적으로 상보적 분포를 이루는 두 소리는 음성적으로 유사한 경우가 대부분이기는 하다.

하지만 분포는 상보적이지만, 음성적으로 유사하지 않은 경우도 있다. 이때는 상보적 분포를 이룬다는 사실만으로 음운과 변이음의 관계로 바로 확정해서는 안 된다. 에컨대 국어에서 /h/와 /ŋ/은 분포상 상보적 분포를 이룬다.

(9)

/h/	종성에서 실현 불가
/ŋ/	초성에서 실현 불가

/h/는 종성에서 실현되지 못하고, /ŋ/은 초성에서 실현되지 못한다.

그래서 분포상으로 /h/와 /ŋ/은 상보적 분포를 이룬다. 하지만 /h/는 후음 위치에서 나는 마찰음이고, /ŋ/은 연구개 위치에서 나는 비음이다. 즉 /h/와 /ŋ/은 조음 위치와 조음 방식 모두에서 공통점이 전혀 없는, 이질적인 두 소리이다. 그래서 이 경우 상보적 분포를 이룬다는 사실만으로 /h/와 /ŋ/을 음운과 변이음의 관계로 섣불리 판정하면 안 된다.

(10)

ㄱ. 힘 : 김

ㄴ. 방 : 밤

/h/는 종성에서 실현될 수 없어서 종성에서는 최소대립어를 확인할 수 없다. 그렇지만 (10ㄱ)에서 보듯이 /h/는 초성에서 최소대립어를 확인할 수 있다. 최소대립어를 이루므로 /h/는 음운이다. /ŋ/ 역시 비록 초성에서는 실현될 수 없어서 초성에서 최소대립어를 확인할 수는 없지만, (10ㄴ)에서 보듯이 종성에서 최소대립어를 확인할 수 있다. 종성에서 최소대립어를 이루므로 /ŋ/ 역시 음운이다.

2.1.3. 비분절 음운 : 성조, 장단

자음과 모음은 분절될 수 있다. 그래서 자음과 모음을 분절음이라고 한다. (11)에서 보듯이 '산'은 'ㅅ—ㅏ—ㄴ'으로 분절될 수 있다. 분절음 중에서 변별적으로 인식되는 분절음이 곧 음운이다. 그래서 음운을 달리 분절 음운(segmental phoneme)이라고도 한다.

(11)

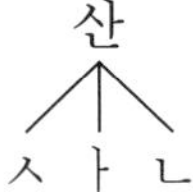

분절음과 달리 분절되지 않는 소리도 있다. 이러한 소리를 비분절음
이라고 한다. 비분절음은 달리 초분절음(suprasegmental phone)이라고
도 한다. 비분절음 중에는 음운처럼 뜻을 갈라내는 기능을 하는, 즉 변
별적 기능을 하는 비분절음이 있는데, 이러한 비분절음이 비분절 음운
(non-segmental phoneme) 또는 초분절 음운(suprasegmental phoneme)이
다. 운소(韻素)로 번역하기도 한다. 비분절음에는 음장, 성조, 강약, 악
센트 등이 있는데, 국어에서 변별적 기능을 하는 비분절 음운은 음장
과 성조이다.

(12)

ㄱ. 말(馬) : 말ː(語)

ㄴ. 이동(移動) : 이ː동(二洞)

(12)의 각 대응 쌍에서 음운의 연쇄는 정확히 같다. 즉 (12ㄱ)의 '말
(馬)'과 '말(語)' 그리고 (12ㄴ)의 '이동(移動)'과 '이동(二洞)'의 분절음
은 정확히 같다. 하지만 그럼에도 그 의미는 서로 다르다. 분절음의 연
쇄가 정확히 같기 때문에 두 단어의 의미를 변별해 주는 것이 분절음
일 수는 없다. 두 단어의 의미를 변별해 주는 것은 바로 비분절음인 소
리의 길이, 즉 음장이다. '말(馬)'은 단음이고 '말ː(語)'은 장음인데, 음
장이 '말(馬)'과 '말(語)'의 의미를 변별해 준다. '이동(移動)'과 '이동(二
洞)'의 경우에도 '이동(移動)'은 단음이고 '이ː동(二洞)'은 장음으로, 음

장이 '이동(移動)'과 '이동(二洞)'의 의미를 변별해 준다. 음운의 정의가
뜻을 갈라내는 기능을 하는 최소의 단위인데, (12)에서는 음장이 뜻을
갈라내는 기능을 하고 있으므로 음장이 음운이다. 음운인데 분절되지
않는 음운이므로 비분절 음운이다.

(13)

```
         L           H
ㄱ.    손(手)   :   손(客)


         L           H
ㄴ.    배(腹)   :   배(梨)
```


　(13)은 성조 방언인 경북 방언의 예인데, (13)에서 각 대응 쌍의 단
어들 역시 음운의 연쇄가 정확히 같다. 음운의 연쇄가 같기 때문에 대
응 쌍의 두 단어의 의미를 변별해 주는 것이 음운일 수는 없다. (13)에
서 의미를 변별해 주는 것은 성조이다. (13ㄱ)에서 '손(手)'은 저조(L)
이고, '손(客)'은 고조(H)인데, 이 성조의 차이가 '손(手)'과 '손(客)'의
의미를 변별해 준다. (13ㄴ)의 '배(復)'와 '배(梨)'의 경우도 마찬가지이
다. '배(復)'의 저조(L), '배(梨)'의 고조(H)의 차이가 '배(復)'와 '배(梨)'
두 단어의 의미를 변별해 준다. 음운의 정의가 뜻을 갈라내는 기능을
하는 최소의 단위이니까, 이 정의에 따라 (13)에서 성조는 음운이다.
음운인데 분절되지 않는 음운이므로 비분절 음운이다.
　전라도 방언이나 경기도 방언, 충청도 방언 등에서는 성조가 의미를
갈라내는 기능을 하지 못한다. 그래서 이들 방언에서는 성조가 비분절
음운이 아니다.

2.2. 소리 분류 기준과 음운 체계

2.2.1. 외파, 내파, 불파

소리를 내는 행위는 기본적으로 허파에서 나온 공기를 입 밖으로 내보내면서 이루어진다. 이러한 발음을 외파라고 한다. 그런데 허파에서 나온 공기를 입 밖으로 완전히 내보내기 전 어느 시점에 공기를 막으면서 조음을 하기도 하는데, 이러한 발음을 불파라고 한다. 예외적으로 공기를 들이마시면서 조음하는 경우도 없지 않은데, 이러한 발음은 내파라고 한다.

> 외파 : 허파에서 나온 공기를 입 밖으로 내보내면서 하는 조음.
> 불파 : 허파에서 나온 공기가 입 밖으로 나가기 전 어느 시점에 공기를 막으면서 하는 조음.
> 내파 : 허파로 공기를 들이마시면서 하는 조음.

소리를 내는 일반적인 방식은 외파이다. 즉 대부분의 소리는 허파에서 나온 공기가 입 밖으로 나가면서 조음된다. 외파의 반대가 내파이다. 내파는 숨을 들이마시면서 소리를 내는 방식이다. 숨이 막혀서 공기를 들이마시면서 내는 [헉]하는 소리가 내파 조음의 예에 해당한다. 언어에 따라서는 내파음이 있기는 하지만, 일반적인 조음 방식이 아니기 때문에 예외적인 소리이다. 불파는 조음의 시작은 외파이지만 조음의 마지막은 외파가 아닌, 즉 외파가 완전히 실현되기 전 어느 시점에서 외파되던 공기를 막으면서 소리를 내는 것이다. (14)는 외파, 내파,

불파를 도식화한 것이다.

(14)

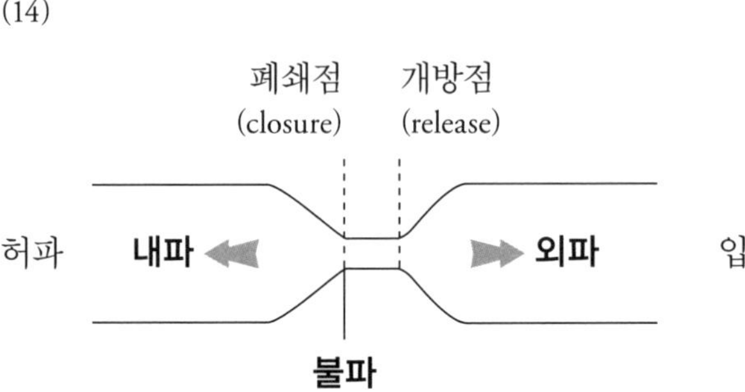

불파는 다른 언어에서는 보기 드문, 국어의 특징적인 조음 방식으로 국어를 다른 언어와 구별해 주는 중요한 특징 중의 하나이다. 외파되는 공기를 불파시키는 방식은 크게 세 가지이다.

(15)

	불파시키는 방식	결과된 소리	예
ㄱ	두 입술을 닫아서	[ㅂ]	잎[입]
ㄴ	혀끝을 윗잇몸에 붙여서	[ㄷ]	빛[빋]
ㄷ	혀뿌리로 목구멍을 막아서	[ㄱ]	부엌[부억]

/잎/을 발음해 보면 [입]처럼 원래 /ㅍ/였던 것이 [ㅂ]로 실현된다. /ㅍ/가 [ㅍ]로 실현되려면 외파되어야 하는데, 음절말은 불파되는 위치이기 때문에 음절말에서는 /ㅍ/가 실현될 수 없다. 그래서 /ㅍ/가 [ㅂ]로 바뀐다. /빛/에서 음절말 /ㅊ/, /부엌/에서 음절말 /ㅋ/ 역시 제 음가대로 실현되려면 외파되어야 하는데, 음절말은 불파되는 위치이기 때문에 제 음가대로 실현되지 못하고 각각 [ㄷ], [ㄱ]로 실현된다.

자음이 제 음가대로 실현되려면 외파되어야 한다. 그런데 불파는 외파가 되기 전 어느 시점에서 외파되는 공기를 막기 때문에, 이러한 불파 상태에서 실현될 수 있는 자음이 제약될 수밖에 없다. 그래서 음절말에서는 7개의 자음 ― [ㅂ, ㄷ, ㄱ, ㅁ, ㄴ, ㅇ, ㄹ] ― 만 실현될 수 있다. 이러한 현상을 '음절의 끝소리 규칙' 또는 '7종성 법칙' 등으로 부르기도 한다. 음절말 불파에 대한 자세한 설명은 '2.3.3.2. 음절말 불파와 중화'에 가서 보기 바란다.

2.2.2. 소리 분류 기준

조음기관을 통해 만들어지는 소리는 기본적으로 자신의 조음 위치가 상대적으로 정해져 있다. 또한 각자의 소리는 자신의 조음 방식을 가지고 있다. 예컨대 /ㄷ/는 상대적으로 /ㅂ/보다 뒤쪽에서 /ㅈ/보다 앞쪽에서 조음되고, /ㅈ/는 상대적으로 /ㄷ/보다 뒤쪽에서 /ㄱ/보다 앞쪽에서 조음된다. 그리고 /ㅍ/는 /ㅂ/와 조음 위치는 같지만, 조음 방식이 다르다. /ㅍ/는 /ㅂ/보다 상대적으로 성대를 더 이완시켜서 조음한다. 모음 역시 자음과 마찬가지로 자신의 조음 위치와 조음 방식이 정해져 있다. 모음 /ㅜ/는 상대적으로 /ㅣ/보다 뒤쪽에서 조음되고, /ㅓ/ 역시 /ㅣ/보다 뒤쪽에서 조음된다. /ㅜ/와 /ㅓ/는 전후 위치로는 뒤쪽에서 조음된다는 점에서 같지만, 높낮이가 다르다. 즉 /ㅓ/는 /ㅜ/보다 낮은 데서 조음된다. /ㅜ/와 /ㅓ/는 높낮이도 다르지만, 조음을 할 때 입술의 모양도 다르다. /ㅜ/는 입술을 둥글게 해서 조음하는데 비해 /ㅓ/는 입술을 평평하게 해서 조음한다. 이처럼 각각의 음운은 자신이 조음되는 조음 위치와 조음 방식이 상대적으로 정해져 있다.

그래서 소리를 조음 위치에 따라 분류할 수 있고, 또한 조음 방식에 따라서도 분류할 수 있다. 조음 위치가 같더라도 조음 방식을 다르게 하면 다른 소리를 만들어 낼 수 있다. 이처럼 모든 소리는 자신의 조음 위치와 조음 방식이 상대적으로 정해져 있기 때문에, 조음 위치와 조음 방식을 기준으로 소리를 분류할 수 있다. 자음을 조음 위치와 조음 방식에 따라 분류한 것을 자음 체계라고 하고, 모음을 조음 위치와 조음 방식에 따라 분류한 것을 모음 체계라고 한다.

소리 분류 기준을 본격적으로 살펴보기에 앞서 소리를 내는 조음기관을 확인하고 가자.

(16)

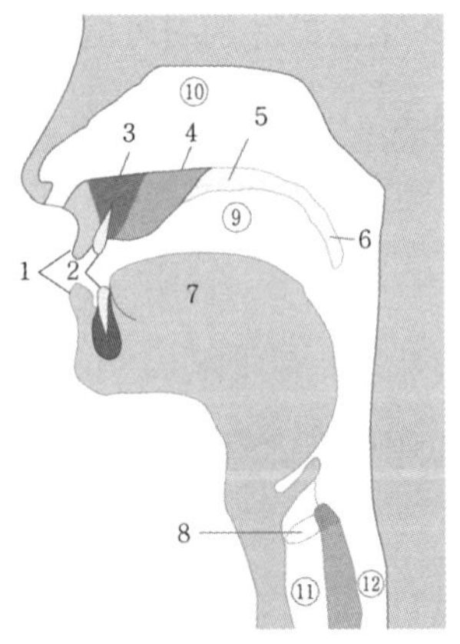

2.2.2.1. 조음 위치에 따른 소리 분류

모든 음운은 각자 소리가 나는 위치, 즉 조음 위치가 상대적으로 정해져 있다. 자음의 경우 맨 앞쪽에서 /ㅂ/가 조음되고, 맨 뒤쪽에서 /ㅎ/가 조음된다. 그 순서는 'ㅂ—ㄷ—ㅈ—ㄱ—ㅎ'이다. /ㅅ, ㄴ, ㄹ/는 /ㄷ/와 같은 위치에서 조음되는 소리이다. 위치의 명칭은 순서대로 '양순—치조—경구개—연구개—후'이다. 각 위치에서 조음되는 소리는 '양순음—치조음—경구개음—연구개음—후음'이라고 한다.

(17)

양순	치조	경구개	연구개	후
ㅂ	ㄷ ㅅ	ㅈ	ㄱ	
ㅍ	ㅌ	ㅊ	ㅋ	ㅎ
ㅃ	ㄸ ㅆ	ㅉ	ㄲ	
ㅁ	ㄴ		ㅇ	
	ㄹ			

모음 역시 상대적 위치가 정해져 있다. 모음의 위치는 전후 위치와 고저 위치에 의해 구분된다.

(18)

	전	후
고	ㅣ	ㅡ ㅜ
	ㅔ	ㅓ ㅗ
저	ㅐ	ㅏ

전후 위치의 경우 상대적으로 앞에서 조음되느냐 뒤에서 조음되느

냐에 의해 구분된다. 상대적으로 앞에서 조음되는 모음을 전설모음이라고 하고, 상대적으로 뒤에서 조음되는 모음을 후설모음이라고 한다. 고저 위치의 경우에는 '고―중―저'의 3단 대립을 이룬다. 그래서 가장 높은 곳에서 조음되는 모음을 고모음이라고 하고, 가장 낮은 곳에서 조음되는 모음을 저모음이라고 한다. 가운데서 조음되는 모음은 중모음이라고도 하는데, 가운데서 조음된다는 것은 높지도 않고 낮지도 않다는 말이기도 하다. 그래서 고모음을 [+고모음]이라고 하고, 저모음을 [+저모음]이라고 할 때, 중모음은 [-고모음, -저모음]이다.

2.2.2.2. 조음 방식에 따른 소리 분류

조음 방식에 따른 소리 구분은 다섯 가지 정도이다.

첫째, 공기를 내보내는 방식
둘째, 공기가 나갈 때 장애를 받는지 유무
셋째, 성대 긴장 유무
넷째, 공기가 나가는 경로
다섯째, 입술의 모양

순서대로 하나씩 살펴보자.

첫째, 공기를 내보는 방식에 따라 파열음(plosive), 마찰음(fricative), 파찰음(affricate)으로 구분한다.

파열음은 허파에서 나온 공기를 막았다가 한꺼번에 터트리는 소리로 /ㅂ, ㅍ, ㅃ, ㄷ, ㅌ, ㄸ, ㄱ, ㅋ, ㄲ/가 이에 해당한다. 파열음은 달리 폐쇄음이라고도 한다. 파열음이 공기를 내보내는 방식에 초점을 맞춘 용어라면, 폐쇄음은 공기를 닫는 동작에 초점을 맞춘 용어이다.

마찰음은 구강을 좁혀서 공기가 한꺼번에 빠져나가지 않고 좁은 통로로 서서히 빠져나가도록 함으로써 마찰을 일으켜 내는 소리이다. 그러니까 마찰음의 조음에서는 허파에서 나온 공기를 막는 조음 동작이 없다. /ㅅ, ㅆ, ㅎ/가 마찰음이다.

파찰음의 '파'는 파열음의 '파'이고, '찰'은 마찰음의 '찰'이다. 그러니까 파찰음은 처음은 파열음의 조음 방식으로, 나중은 마찰음의 조음 방식으로 조음되는 소리이다. 파찰음은 파열음을 조음할 때와 마찬가지로 처음에는 공기를 막는 조음 동작이 있다. 그러나 이후 공기를 내보낼 때는 마찰음과 같은 조음 방식으로, 즉 구강을 좁혀서 공기를 서서히 빠져나가도록 함으로써 마찰을 일으켜 내는 소리이다. /ㅈ, ㅊ, ㅉ/가 이에 해당한다.

둘째, 허파에서 나온 공기가 입 밖으로 나갈 때 장애를 받는지 유무에 따라, 장애음과 장애를 받지 않는 공명음으로 나뉜다. 파열음, 마찰음, 파찰음은 장애를 받는 장애음이다. 반면 비음 /ㅁ, ㄴ, ㅇ/과 유음 /ㄹ/는 장애음이 아닌 공명음이다. 그러니까 결과적으로 자음 중에서 비음과 유음을 제외한 자음은 모두 장애음이다. 모음은 성대 진동을 수반하는 공명음이고, 조음하는 동안 장애를 받지 않는 소리이다. 반모음 역시 마찬가지이다. 그러니까 모음과 반모음은 공명음이고, 자음 중에서는 비음, 유음이 공명음이다.

장애음은 성대 진동을 수반하지 않고, 공명음은 성대 진동을 수반한다. 그래서 '장애음:공명음' 대신 성대 진동 유무로 '무성음:유성음'으로 구분하기도 한다. 그러니까 공명음인 모음과 반모음, 유음, 비음이 유성음이다. 그리고 비음과 유음을 제외한 나머지 자음들은 무성음이다.

셋째, 성대 긴장 유무에 따라 평음, 경음(된소리), 유기음(거센소리)으로 구분한다. 성대가 긴장되지도 이완되지도 않은, 가장 자연스러운 상태에서 조음되는 소리가 평음이다. 평음을 발음할 때보다 상대적으로 성대가 긴장된 상태에서, 즉 성대가 수축되면서 조음되는 소리가 경음이다. 그리고 평음을 발음할 때보다 상대적으로 성대가 이완된 상태에서, 즉 성대가 펴지면서 조음되는 소리가 유기음이다.

넷째, 허파에서 나온 공기가 나가는 경로가 어디이냐에 따라 비음과 구강음으로 구분한다. 자음 중에서 /ㅁ, ㄴ, ㅇ/이 비음이고, 나머지 자음들은 모두 구강음이다. 모음도 기본적으로 구강음이다. 다만 우리가 흔히 코맹맹이 소리라고 할 때의 모음은 공기를 비강으로 내보내면서 발음한다. 이러한 모음을 따로 비강 모음이라고 한다.

구강음의 경우 공기가 구강으로 나갈 때는 기본적으로 혀의 가운데로 나간다. 그런데 특이하게 혀의 양쪽 가장자리로, 즉 설측으로 공기를 내보내면서 조음하기도 하는데, 이에 해당하는 소리가 /ㄹ/이다. 그래서 /ㄹ/를 설측음이라고 한다.

다섯째, 입술의 모양에 따라, 즉 입술을 둥글게 해서 발음하느냐 평평하게 해서 발음하느냐에 따라 원순모음과 평순모음(또는 비원순모음)으로 구분한다. 이 기준은 모음에만 적용된다. /ㅗ, ㅜ/를 발음하려면 입술을 둥글게 해야 한다. 그래서 /ㅗ, ㅜ/를 원순모음이라고 한다. 이에 비해 /ㅣ, ㅔ, ㅐ, ㅏ, ㅓ ㅡ/를 발음할 때는 입술이 평평한 상태이다. 그래서 /ㅣ, ㅔ, ㅐ, ㅏ, ㅓ, ㅡ/를 평순모음이라고 한다. 단모음 /ö/, /ü/ 역시 원순모음이다.

2.2.3. 음운 체계

2.2.3.1. 자음 체계

국어에 존재하는 자음 음운은 19개이다. 이 19개의 자음을 조음 위치와 조음 방식에 따라 분류한 것이 자음 체계인데, 국어의 자음 체계는 (19)와 같다.[3]

(19)

조음 방식 \ 조음 위치	양순음	치조음		경구개음	연구개음	후음
평 음	ㅂ	ㄷ	ㅅ	ㅈ	ㄱ	
유기음	ㅍ	ㅌ		ㅊ	ㅋ	ㅎ
경 음	ㅃ	ㄸ	ㅆ	ㅉ	ㄲ	
비 음	ㅁ	ㄴ			ㅇ	
유 음		ㄹ				

가장 앞쪽에서 나는 소리는 두 입술 사이에서 나는 양순음 /ㅂ, ㅍ, ㅃ, ㅁ/이다. 순서대로 그 뒤가 치조음 /ㄷ, ㅌ, ㄸ, ㅅ, ㅆ, ㄴ, ㄹ/이고, 경구개음 /ㅈ, ㅊ, ㅉ/, 연구개음 /ㄱ, ㅋ, ㄲ, ㅇ/, 후음 /ㅎ/의 순이다. (19)에서 보듯이 치조 위치에서 나는 소리가 가장 많은데, 이는 국어뿐

---

3 우리가 흔히 기억하는 'ㄱ, ㄴ, ㄷ, ㄹ …'의 배열 순서는 어떤 기준이나 원칙에 따른 것이 아니라, 그냥 우연히 정해진 임의적인 순서일 뿐이다.

만 아니라 다른 언어에서도 마찬가지이다. 이는 자음의 조음 위치 중에서 치조 위치가 가장 많은 소리를 낼 수 있는 위치라는 것을 의미한다.

유기음은 평음을 조음할 때보다 상대적으로 성대를 이완시켜서 내는 소리로 /ㅍ, ㅌ, ㅊ, ㅋ, ㅎ/가 이에 해당한다. 유기음은 달리 거센소리라고도 한다. 음성학적인 관점에서 /ㅎ/는 /ㅍ, ㅌ, ㅊ, ㅋ/에 비해 상대적으로 유기성이 약하다. 이러한 /ㅎ/의 특성을 평음으로 해석하는 경우도 없지는 않다. 하지만 /ㅎ/가 /ㅍ, ㅌ, ㅊ, ㅋ/에 비해서는 유기성이 약하지만 평음에 비해서는 유기성이 강하다. 그리고 '축하[추카], 놓다[노타]'의 축약 현상에서 보듯이 /ㅎ/가 평음과 축약되어 유기음이 되는 현상은 /ㅎ/가 유기음이라는 것을 증언한다. 만일 /ㅎ/가 평음이라면 '평음+평음 → 유기음'이라고 해야 하는데, 이는 매우 이상한 설명일 수밖에 없다.

경음은 평음을 조음할 때보다 상대적으로 성대를 긴장시켜서 내는 소리이다. /ㅃ, ㄸ, ㅆ, ㅉ, ㄲ/가 이에 해당한다. 경음은 달리 된소리라고도 한다.

비음은 공기를 입이 아니라 코로 내보내면서 조음하는 소리이다. 비음은 달리 비강음이라고도 한다. /ㅁ, ㄴ, ㅇ/이 이에 해당한다.

유음은 공기가 혀의 양쪽 가장자리로 나가면서 조음되는 소리이다. /ㄹ/가 이에 해당한다. 유음은 달리 설측음이라고도 한다. 유음은 물이 흘러가듯이 나는 소리라는 의미에서, 즉 소리의 청각적 인상에 초점을 맞춘 용어이고, 설측음은 조음을 할 때 공기가 나가는 경로에 초점을 맞춘 용어이다.

비음 /ㅁ, ㄴ, ㅇ/과 유음 /ㄹ/는 성대를 진동시켜 내는 공명음이다. 공명음에 대응되는 것이 장애음인데, 비음과 유음을 제외한 나머지 자음 /ㅂ, ㅍ, ㅃ, ㄷ, ㅌ, ㄸ, ㅅ, ㅆ, ㅈ, ㅊ, ㅉ, ㄱ, ㅋ, ㄲ, ㅎ/는 장애음이다. '공명음 : 장애음' 대신 '유성음 : 무성음'으로 분류하기도 하는데, 공명음이 곧 유성음이고 장애음이 곧 무성음이다.

조음 방식에 따른 분류 중의 하나인 파열음, 마찰음, 파찰음은 (19)의 자음 체계 표에서 나타내지 못했는데, 파열음, 마찰음, 파찰음 중심으로 자음 체계를 나타낸 것이 (19′)이다.

(19′)

	양순음	치조음	경구개음	연구개음	후음
파열음	ㅂ ㅍ ㅃ	ㄷ ㅌ ㄸ		ㄱ ㅋ ㄲ	
마찰음		ㅅ ㅆ			ㅎ
파찰음			ㅈ ㅊ ㅉ		

/ㅂ, ㅍ, ㅃ, ㄷ, ㅌ, ㄸ, ㄱ, ㅋ ㄲ/가 파열음이고, /ㅅ, ㅆ, ㅎ/가 마찰음, 그리고 /ㅈ, ㅊ, ㅉ/가 파찰음이다.

2.2.3.2. 모음 체계

2.2.3.2.1. 단모음 체계

모음을 조음 위치와 조음 방식에 따라 분류한 것이 모음 체계이다. 일반적으로 모음 체계라고 할 때는 단모음의 체계를 가리킨다. 모음의 경우 최대로는 10모음 체계를 상정하는데, 현재 대부분의 젊은 층에서는 8모음 체계이거나 7모음 체계이다.

10모음 체계는 (20)처럼 단모음 /ü/, /ö/가 존재하는 체계이다. 현재는 10모음 체계를 가지고 있는 화자가 오히려 소수이다. 8모음 체계는 (21ㄱ)인데, (20)에서 /ü, ö/가 존재하지 않는 체계이다. 그리고 7모음

체계는 (21ㄱ)에서 /e/와 /ɛ/가 변별되지 않고 /E/ 하나만 존재하는 체
계이다.

(20) 국어의 모음 체계(10 모음 체계)

혀의 위치

		전설		후설	
혀의높이	고	ㅣ[i]	ㅟ[ü]	ㅡ[ɨ]	ㅜ[u]
	중	ㅔ[e]	ㅚ[ö]	ㅓ[ə]	ㅗ[o]
	저	ㅐ[ɛ]		ㅏ[a]	

※ [ ]안에 표시된 기호는 국제음성기호(IPA)이다.

(21)

ㄱ. 8모음 체계

ㅣ[i]		ㅡ[ɨ]	ㅜ[u]
ㅔ[e]		ㅓ[ə]	ㅗ[o]
ㅐ[ɛ]		ㅏ[a]	

ㄴ. 7모음 체계

ㅣ[i]		ㅡ[ɨ]	ㅜ[u]
E [4]		ㅓ[ə]	ㅗ[o]
		ㅏ[a]	

전설의 /ü, ö/, 후설의 /o, u/는 입술을 둥글게 해서 발음하는 원순모
음이고, 나머지 /i, e, ɛ, a, ə, ɨ/는 비원순모음이다. 8모음 체계는 /ü, ö/
가 없는 체계이므로, 전설에는 원순모음이 없는 체계이다. 10모음 체
계에서 한글 자모 'ㅟ', 'ㅚ'는 단모음 /ü/, /ö/를 나타내지만, 8모음이

---

4 /E/는 /e/와 /ɛ/가 합류된 모음을 나타내는 IPA 기호이다. 이 모음을 나타내는 한글
자모는 없다.

나 7모음 체계에서 한글 자모 'ㅟ', 'ㅚ'는 이중모음 /wi/, /we/를 나타 낸다.

참고로 표준 발음은 10모음 체계를 원칙으로 하고, 8모음 체계도 허용한다. 그런데 이미 대부분의 언중들은 /ü, ö/를 가지고 있지 않은 8모음 체계나 7모음 체계이다. 이런 사실을 고려할 때, 표준 발음이 10모음 체계를 기준으로 하고 있는 것은 언어 현실과 꽤 거리가 있다고 하겠다.

2.2.3.2.2. 이중모음 체계

이중모음은 두 개의 음운으로 이루어진 모음이다. 다시 말해 이중모음은 하나의 음운이 아니라, '반모음―모음' 또는 '모음―반모음'처럼 두 음운의 연쇄로 이루어진 모음이다. 반모음은 달리 활음(glide)이라고도 한다. 국어의 반모음에는 /y/와 /w/가 있다. /y/는 모음 체계 내에서 /ㅣ/ 모음과 같은 전설 위치에서 /ㅣ/ 모음보다 높은 곳에서 발음되며,[5] /w/는 /ㅜ/ 모음과 같은 후설 위치에서 /ㅜ/ 모음보다 높은 곳에서 발음된다. 반모음의 종류에 따라 /y/계 이중모음, /w/계 이중모음으로 구분한다.

이중모음은 '반모음―모음'의 연쇄로 이루어진 것도 있고, '모음―반모음'의 연쇄로 이루어진 것도 있다. 전자를 상향 이중모음(또는 상승 이중모음), 후자를 하향 이중모음(또는 하강 이중모음)이라고 한다. 상향과 하향은 공명도에 따른 구분이다.[6] 즉 반모음에 비해 모음은 공명도가 크다. 따라서 '반모음―모음'의 연쇄는 공명도가 상승하는 연쇄이고, '모음―반모음'의 연쇄는 공명도가 하강하는 연쇄이다. 그

---

5   국어 음운론에서 반모음 /y/를 나타내는 기호로 'y' 대신 'j'를 사용하기도 한다.

래서 /ya, wa/처럼 '반모음—모음' 연쇄의 이중모음을 상향 이중모음이라고 하고, /ay, aw/처럼 '모음—반모음' 연쇄의 이중모음을 하향 이중모음이라고 한다. 현대국어에서 이중모음은 'ㅢ/iy/'를 제외하고는 모두 반모음 /y, w/가 모음에 선행하는 상향 이중모음이다. /iy/(ㅢ)만 유일하게 반모음이 모음에 후행하는 하향 이중모음이다.

(22)는 /y/계 이중모음의 목록이다.

(22)

		ㅢ iy	ㅠ yu
ㅖ ye		ㅕ yə	ㅛ yo
ㅒ yɛ		ㅑ ya	

/y/계 이중모음의 경우 (22)에서 보듯이 상향 이중모음은 /ye/(ㅖ), /yɛ/(ㅒ), /ya/(ㅑ), /yə/(ㅕ), /yo/(ㅛ), /yu/(ㅠ) 6개이다. 그리고 하향 이중모음으로 유일하게 /iy/(ㅢ)가 있다.

(23)은 /w/계 이중모음의 목록이다.

6 Jespersen(1913)의 공명도 8단계

1.무성 자음〉2.유성 폐쇄음〉3.유성 마찰음〉4.비음, 유음〉5.전동음, 설탄음〉6.고모음〉7.중모음〉8. 저모음

'1.무성 자음'이 공명도가 가장 작고, '8.저모음'이 공명도가 가장 크다. 공명은 입 안의 공간이 크면 클수록 커진다. 따라서 입을 가장 크게 벌려서 발음하는 저모음이 공명도가 가장 크다. 그리고 자음은 아무리 공명도가 커도 공명도가 가장 작은 모음보다 낮다. Jespersen(1913)의 공명도 8단계에는 없지만, 반모음(/y, w/)의 공명도는 자음 중에서 공명도가 가장 큰 '5. 전동음, 설탄음'보다 크고, 모음 중에서 공명도가 가장 작은 '6.고모음'보다 작다. 그러니까 '전동음, 설탄음〉 반모음〉고모음'의 순이다.

(23)

ㅟ	wi		
ㅖ/ㅚ	we	ㅝ	wə
ㅙ	wɛ	ㅘ	wa

/w/계 이중모음은 /wi/(ㅟ), /we/(ㅖ, ㅚ), /wɛ/(ㅙ), /wa/(ㅘ), /wə/
(ㅝ) 5개이다. 한글 자모 'ㅟ'는 단모음 /ü/를 나타내는 기호이면서 또
한 이중모음 /wi/를 나타내는 기호이다. 'ㅚ' 역시 단모음 /ö/를 나타
내는 기호이면서 또한 이중모음 /we/를 나타내는 기호이다.

'ㅚ', 'ㅟ'처럼 한글 자모 중에는 소리와, 이를 나타내는 자모가 1 : 1
로 대응하지 않는 경우가 있다. 그래서 정확한 음운론적 사실을 기술
하기 위해서는 한글 자모가 아니라 IPA 기호를 사용해야 하는 경우가
생긴다.

2.3.   음운 변동 분석을 위한 기초

2.3.1.   표면형과 기저형, 교체형

내가 /하늘/을 떠올리고 [하늘]을 발음하면, 머릿속에서 떠올린 형
태 /하늘/과, 실제 발음한 형태 [하늘]이 같다. 이에 비해 내가 /국물/
을 떠올리고 이를 발음하면, 머릿속에서 떠올린 형태는 /국물/이지만
이를 발음한 형태는 [궁물]로 서로 다르다. 또한 친구가 [하늘]이라고
말하는 것을 들으면, 나는 이를 발음형과 같은 형태 [하늘]로 인식한

다. 이에 비해 친구가 [궁물]이라고 말하는 것을 들으면, 실제 들은 것은 [궁물]이지만 이를 들은 나는 친구가 /국물/을 발음했다고 인식한다.

이때 발음하기 전 머릿속에 저장된 형태를 기저형이라고 하고, 그것을 발음한 형태를 표면형이라고 한다.

(24)

발음하기 전 머릿속에 저장된 형태	실제 발음한 형태
/기저형/	**[표면형]**
/하늘/	[하늘]
/국물/	[궁물]
/달나라/	[달라라]

/하늘/과 [하늘]처럼 우리는 머릿속에서 떠올린 형태와 발음된 형태가 같은 경우도 있고, /국물/과 [궁물], /달나라/와 [달라라]처럼 머릿속에 떠올린 형태와 발음된 형태가 다른 경우도 있다. 전자는 기저형과 표면형이 같은 경우이고, 후자는 기저형과 표면형이 다른 경우이다.

기저형은 '/하늘/ → [하늘]'처럼 기저형 그대로 발음될 수도 있지만, 많은 경우 '/국물/ → [궁물]'처럼 발음이 될 때 그 형태가 바뀐다. '/국물/ → [궁물]'처럼 기저형과 표면형이 달라지게 되는 것을 음운 변동, 또는 교체(alternation)라고 한다.[7] [하늘]은 기저형과 표면형이 달라지지 않았으므로 음운 변동이 없다. 다시 말해 교체가 일어나지 않았다.

음운 변동이 일어났다는 것은 기저형으로부터 표면형이 실현될 때 음운 규칙이 적용되었다는 것을 의미한다.

(25)

기저형 :　　　　 /국물/

　　　　　　　　↓　............................ 음운 규칙(비음화) 적용

표면형 :　　　　 [궁물]

(25)에서처럼 기저형은 '/ /' 기호 안에 나타내고, 표면형은 '[ ]' 기호 안에 나타낸다. 이는 국제적인 약속이다.

한 가지 주의할 것은 '/밤이/ → [바미]'처럼 연음된 것은 음운 변동이라고 하지 않는다. 음운 변동이 아니기 때문에 '/밤이/ →[바미]'에는 아무런 음운 규칙도 적용되지 않았다. '/밤이/ → [바미]'에 음운 변동이 일어난 것처럼 오해하는 이유는 표기 때문이다. 분철 표기한 '밤이'와, 연철 표기한 '바미'가 다르기 때문에 마치 음운 변동이 일어난 것처럼 착각하게 되는 것이다. 하지만 이는 표기가 다를 뿐 음운에는 아무런 변동이 없다. 단지 음절상에서 음운의 위치가 바뀌었을 뿐이다.

(26) /pam.i/ ＞ [pa.mi]

(26)에서 기저형과 표면형을 비교해 보면, 음운이 정확히 일치한다. 즉 바뀐 음운이 없다. 단지 /m/가 종성에 있다가 후행 음절의 초성으

7　학교문법에서 음운 변동을 '교체–첨가–탈락–축약'으로 분류할 때의 '교체'는 'alternation'이 아니라 'substitution'의 번역어이다. 그래서 '교체'라는 용어가 나올 때 그것이 'alternation'의 번역어인지, 'substitution'의 번역어인지 맥락에서 반드시 확인할 필요가 있다.

로 음절상에서의 위치만 바뀌었을 뿐이다. 그래서 연음은 음운 변동으로 보지 않는다.

대부분의 경우 기저형은 표면형 중의 하나이다. 그래서 표면형에 존재하지 않는 음운이 기저형에 있다고 가정한다거나, 표면형과 전혀 무관한 기저형을 설정하는 것은 타당하다고 인정되지 않는다.

(27) [닥], [당만], [달기]

(27)에서 확인할 수 있는 표면형은 [닥], [당], [닭] 세 개다. [달기]에서 주격 조사 '-이'를 뺀 나머지 형태가 '닭'이다. 이 중에서 /닭/이 기저형인데, 그것은 선험적으로 /닭/이 기저형이어서가 아니다. (28)에서 보듯이 /닭/으로부터 나머지 표면형 [닥], [당]을 공시적인 음운 규칙으로 설명할 수 있기 때문이다.

(28)

- [달기] : 교체 없음(단순히 연음만 일어남.)
- [닥]　 : /ㄹ/ 탈락(자음군 단순화)
- [당]　 : /ㄹ/ 탈락 및 비음화

만일 /닥/이 기저형이라면 [닭], [당]을 설명할 수 있어야 하는데, 이 경우 [당만]의 [당]은 비음화로 설명할 수 있지만 [달기]의 '닭'은 설명하지 못한다. /닥/이 기저형이므로 [달기]에서는 /ㄹ/가 첨가되었다고 해야 하는데, 모음 앞에서 /ㄹ/가 첨가되는 것을 설명할 수 없다. 모음 앞에서 /ㄹ/가 첨가되는 규칙이 공시적으로 존재하지 않기 때문이다.

만일 /당/이 기저형이라고 가정할 경우에는 [닥]과 [달기] 둘 다 설명하지 못한다. [닥]은 /ㅇ/이 /ㄱ/로 교체했다고 해야 하고, [달기]는 모음 앞에서 /ㅇ/이 두 개의 자음 /ㄹㄱ/로 교체했다고 해야 한다. 당연히 공시적으로 이러한 규칙이 존재하지 않는다.

기저형이 음운 규칙의 적용을 받게 되면, 기저형과 표면형이 달라지게 된다. 기저형이 음운 규칙의 적용을 받았다는 것은 기저형에 교체가 일어났다는 말이기도 하다. 이렇게 교체가 일어난 표면형을 교체형이라고 한다. 교체가 일어나지 않은 표면형, 즉 기저형과 동일한 표면형은 교체형이 아니다.

교체형과 이형태는 동일한 개념은 아니다. 그렇지만 기저형의 크기가 형태소인 경우에는 결과적으로 교체형이 곧 이형태이다.

(29) /밥만/ →[밤만]

음운론적으로 (29)에서 표면형 [밤만]의 [밤]은 기저형 /밥/에 비음화 규칙이 적용된 교체형이다. 그런데 형태론적 관점에서 이 [밤]은 형태소 /밥/의 이형태이다. /밥/처럼 설명의 대상이 되는 교체형의 크기가 형태소일 때, 결과적으로 ㄱ 교체형은 곧 이형태이다.

그런데 음운론적 차원에서의 교체형과 형태론적 차원에서의 이형태가 항상 동일한 것은 아니다.

(30)

ㄱ. 수박—**이**

ㄴ. 딸기—**가**

(30)에서 주격 조사 '-이'와 '-가'는 이형태 관계이다.[8] 그러나 '-이'
가 '-가'의 교체형도 아니고, '-가'가 '-이'의 교체형도 아니다. 무슨 말
이냐 하면 공시적으로 '-이'가 '-가'로 교체되는 음운 규칙이 존재하지
않고, 또한 반대로 '-가'가 '-이'로 교체되는 음운 규칙도 존재하지 않
는다. 다시 말해 '-이'와 '-가'는 기저형과 표면형의 관계가 아니다. 그
래서 '-이'는 '-가'는 교체형이 아니고, 또한 '-가'도 '-이'의 교체형이
아니다. 그렇지만 형태론적으로 '-이'와 '-가'는 의미가 같으면서 상보
적 분포를 이루므로 이형태 관계이다. '-을~-를', '-은~-는'의 관계
역시 '-이~-가'의 관계와 같다. 이들 역시 의미가 같고 상보적 분포를
이루어 이형태 관계이지만, 그렇다고 교체형의 관계는 아니다.

2.3.2. 음운 변동의 유형과 기술

2.3.2.1. 음운 변동의 유형

음운 변동을 크게 분류하면, (31)의 네 가지 유형으로 구분된다.

---

8 학교문법 체계에서는 조사가 9품사의 하나이고, 품사는 단어의 갈래이므로 정의상
단어라고 해야 한다. 그러나 조사는 다른 체언 및 다른 요소와 결합해서야만 문장에
나타날 수 있기 때문에 의존적인 요소이다. 그래서 이 책에서는 조사를 나타낼 때 '-
이/가', '-을/를', '-만', '-도'처럼 의존적인 요소임을 표시하는 '-'을 붙인다.

(31)

음운 변동 유형	내용
대치 (substitution)	x → y로 바뀜. 음운의 개수에 변화 없음.
첨가 (addition)	음운의 개수가 늘어남. ø → x
탈락 (deletion)	음운의 개수가 줄어듦. x → ø
축약 (contraction)	음운의 개수가 줄어들지만, 그 흔적이 남음. xy → α (α 는 x와 y의 흔적이 있는 소리)

대치의 전형적인 예는 동화이다. 동화는 인접한 두 음운 xy가 xx 또는 yy처럼 닮는 현상이다. 'xy'가 xx 또는 yy가 되는 것은 완전히 같아지는 것인데, 대부분의 동화는 조음 위치나 조음 방식 중에서 하나가 같아지는, 즉 조음 위치가 같아지거나 또는 조음 방식이 같아지는 동화이다. 그러니까 xy가 xx′ 또는 y′y처럼 변동하는 경우가 대부분이다. 동화는 아니지만 '/국가/ → 국까]', '/기어/(/kiə/) → [겨]([kyə])'처럼 음운의 개수에 변화 없이 x가 y로 바뀌는 음운 변동은 모두 대치이다.

첨가는 음운의 개수가 늘어나는 음운 변동이다. 즉 '/눈약/(/nun.yak/) → [눈냑]([nun.nyak])'처럼 기저형에는 없던 음운이 표면형에서 새로 생겨나, 결과적으로 기저형에 비해 표면형에서 음운의 개수가 늘어나는 교체이다. '눈약[눈냑]'에서는 기저형에 없던 /ㄴ/가 표면형에서 첨가되었다.

탈락과 축약은 음운의 개수가 줄어드는 음운 변동이라는 점에서는 공통적이다. 하지만 탈락은 탈락한 음운이 아무런 흔적을 남기지 않는데 비해, 축약은 남아 있는 음운에 자신의 흔적을 남긴다는 점에서 차이가 있다. 축약은 탈락한 음운이 흔적을 남기기 때문에, 축약을 '두 개의 음운이 제3의 음운으로 바뀌는 현상'으로 정의하기도 한다.

    (32) 놓-+-으니 → [노으니]

    (33) 놓-+-다 → [노타]

    (32)에서는 /ㅎ/가 흔적 없이 탈락하였다. 반면 (33)에서는 표면적으로 /ㅎ/가 없어졌지만, /ㄷ/에 자신의 흔적을 남겨 /ㄷ/가 /ㅌ/가 되었다. 즉 /ㅎ/가 자신의 유기성을 /ㄷ/에 남기고 없어졌다. 그래서 (32)는 탈락이고, (33)은 축약이다.

2.3.2.2. 음운 변동의 분석 및 기술

    음운 변동(교체)이 일어났다는 것은 기저형과 표면형이 다르다는 것을 의미한다. 그래서 음운 변동의 분석은 기저형과 표면형을 대조하는 것에서부터 시작한다. 기저형과 표면형을 대조하여 어떠한 음운 변동이 일어났는지, 그러한 음운 변동이 어떠한 조건환경에서 일어났는지를 분석하고, 나아가 그러한 음운 변동이 왜 일어났는지를 설명한다. 음운 변동의 분석은 아래의 순서로 이루어지는 것이 일반적이다.

    첫째, 무엇이 무엇으로 바뀌었는가?
    둘째, 어떤 조건환경에서 바뀌었는가?
    셋째, 왜 그러한 교체가 일어났는가?

셋째의 경우는 설명이 가능한 경우도 있고, 설명이 여전히 불가능한 경우도 있다. 어쨌든 음운 변동의 기술이 셋째 단계까지 가는 것이 이상적이지만, 그렇지 못할 경우에도 적어도 둘째 단계까지는 설명되어야 한다.

음운 변동을 기술하는 방식은 '무엇이', '무엇으로', '어떤 조건환경에서' 바뀌었는가로 나타낸다. 이를 기호로 나타내면 아래와 같다. 이때 X가 입력이고, Y가 출력, Z가 조건환경이다.

(34)

ⓐ X → Y / __Z　　(X가 Z 앞에서 Y로 바뀌었다.)

ⓑ X → Y / Z__　　(X가 Z 뒤에서 Y로 바뀌었다.)

ⓒ X → Y / A__B　(X가 A와 B 사이에서 Y로 바뀌었다.)

'ⓐ ~ ⓒ'를 음소 배열로 나타내면 (34′)와 같다.

(34′)

ⓐ′ XZ → YZ

ⓑ′ ZX → ZY

ⓒ′ AXB → AYB

2.3.3. 음절과 음운 변동

2.3.3.1. 음절구조와 음절구조제약

우리는 음운 단위로 발화하는 것이 아니라 음절 단위로 발화한다. 자음 /ㄱ/ 하나를 발음해 보라. 발음할 수 없다는 것을 바로 알 수 있을 것이다. 자음 /ㄱ/를 발음하려면 모음이 있어야 한다. /ㄱ/와 모음이 결합한 [그], [가]는 발음할 수 있지만, /ㄱ/를 단독으로 발음할 수는 없다. [그]와 [가]는 하나의 음절이다. 이처럼 음운은 음절 단위로 발음한다. 이렇게 말하면 /ㅏ/는 단독으로 발음할 수 있지 않느냐고 물을 수 있다. 물론 /ㅏ/는 단독으로 [ㅏ]로 발음할 수 있다. 그런데 /ㅏ/를 [ㅏ] 단독으로 발음할 수 있는 이유는, 모음의 경우 자음과 달리 홀로 음절을 이룰 수 있기 때문이다. 즉 자음은 자음 단독으로는 음절을 이룰 수 없지만, 모음은 모음 단독으로도 음절을 이룰 수 있다. 그러니까 모음은 하나의 음운이면서 동시에 하나의 음절을 이룬다.

음절은 '초성(C)—중성(V)—종성(C)'으로 구성되어 있다.

(35) 음절

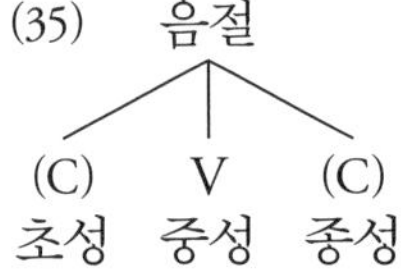

국어의 경우 초성과 종성에는 자음만 올 수 있다. 그리고 중성에는 단모음 및 이중모음이 올 수 있다. 초성과 종성에 모음이 올 수 없고, 중성에 자음이 올 수 없다. 이중모음이 중성에 온다는 말은 반모음 /ya/, /wa/처럼 '반모음(/y, w/)—모음'의 연쇄가 중성에 온다는 말이다.

단모음은 단독으로 하나의 음절을 이룬다. 반면 자음은 모음과 결합해야만 음절을 이룰 수 있다. 이중모음을 구성하는 반모음 역시 단독으로는 음절을 이룰 수 없고, 자음과 평행하게 반드시 모음과 결합해야만 음절을 이룰 수 있다.

음절의 구조는 언어마다 다르다. 예컨대 영어는 'spring[spr—i—ŋ]'처럼 초성에 3개의 자음까지 올 수도 있고, 'mask[m—a—sk]'처럼 종성에 2개의 자음이 올 수도 있다. 영어에서 'spring', 'mask'는 둘 다 1음절어이다.

(36)

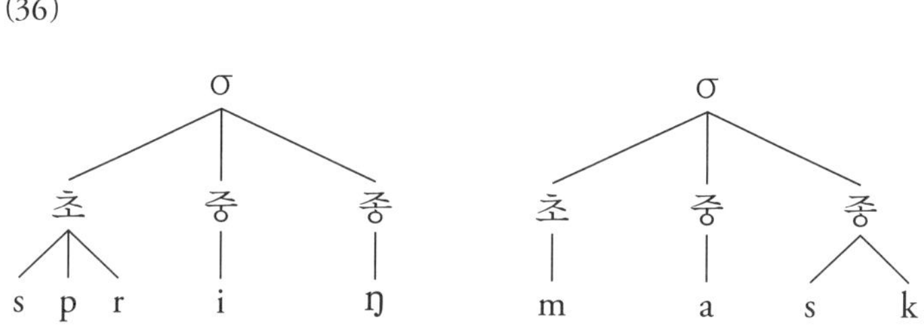

영어와 달리 국어는 초성과 종성에 자음이 하나밖에 올 수 없다. 그리고 영어나 국어는 '초성—중성—종성' 즉 CVC 구조의 음절이 제약되지 않는다. 이에 비해 중국어나 일본어는 CVC 구조의 음절이 제약된다. 기본적으로 CV 구조의 음절만 가능하고, 예외적으로 종성 자음이 /n/, /ŋ/일 때만 CVC 음절이 가능하다. '한국'을 중국어에서 [한궈]라고 하고, '김치'를 일본어에서 [기무치]라고 하는 것은 중국어와 일본어가 CVC 음절을 허용하지 않기 때문이다.

이처럼 언어마다 허용 가능한 음절구조와 허용 가능하지 않은 음절구조가 있고, 그 내용은 언어마다 다르다. 이를 '음절구조제약'이라고 한다. 국어의 음절구조제약은 (37)과 같다.

(37)

㉮ 초성에 올 수 있는 자음은 최대 1개이다.

㉯ 종성에 올 수 있는 자음은 최대 1개이다.

㉰ 초성에 연구개 비음 'ㅇ/ŋ/'이 올 수 없다.

음절구조제약은 표면형을 대상으로 설정된 것이다. 만일 기저형 /닭/, /삶/을 들어 종성에 자음이 2개 올 수 있는 것 아니냐고 묻는다면, 이는 음절구조제약을 제대로 이해하지 못한 것이다.

(38)

ㄱ. /닭―이/ → [달기]

ㄴ. /닭/ → [닥]

ㄷ. /닭―도/ → [닥또]

기저형에서 종성에 자음군을 가지고 있는 경우 (38ㄱ)처럼 모음으로 오는 음절이 후행하면 자음군 C1C2 중 C2가 후행하는 모음의 초성으로 이동한다. 그렇지 않고 (38ㄴ,ㄷ)처럼 단독형으로 끝나거나 자음으로 시작하는 음절이 후행할 때는 음절구조제약에 의해 자음군 C1C2 중 하나가 반드시 탈락한다. 이는 종성에 올 수 있는 자음은 최대 1개라는 (37㉯)의 제약 때문이다.

만일 '아이'와 같은 표기에 현혹되어 음절구조제약 (37㉰)에 의문을 가지는 사람이 있다면, 표기를 IPA로 전사해 보라. 표기 '아이'의 표면형은 두 모음의 연쇄인 [a.i]이다. 즉 두 개의 음절 모두 초성이 비어 있다. 한글 자모로 표기한 '아이'에서 표기상 초성 위치에 있는 'ㅇ'은 연구개 비음 /ŋ/이 아니라, 음절의 꼴을 갖추기 위해 자리만 차지한, 내용이 없는 기호이다. 연구개 비음 /ŋ/은 종성에서만 올 수 있다는 사실을 다시 상기해 보라.

참고로 두음법칙은 음절구조제약과 관련이 없다. 두음법칙은 음절구조와 관련된 제약이 아니라, 특정 위치, 즉 어두라는 위치에서 음운의 분포가 제약되는 현상이다. 두음법칙에는 두 가지가 있는데, 하나는 어두에서 /ㄹ/가 제약되어 /ㄴ/로 실현되는 것이고, 다른 하나는 어두에서 /i, y/ 앞에서 /ㄴ/가 제약되어 탈락하는 현상이다. 이에 대한 자제한 설명은 '2.4.1.4. 두음법칙'에 가서 보기 바란다.

2.3.3.2. 음절말 불파와 중화

국어는 음절말이 불파되는 언어이다. 음절말이 불파되기 때문에 음절말에서 실현될 수 있는 자음의 개수, 그리고 자음의 종류에 제약이 있다. 불파는 외파가 완전히 실현되기 전 어느 시점에서 외파되는 공기를 막는 것이다. 불파에 대한 자세한 설명은 앞의 '2.2.1. 외파, 내파, 불파'로 가서 보기 바란다.

국어에서 음절말에서 실현될 수 있는 자음의 수는 최대 하나인데, 이러한 음절구조제약이 생긴 이유는 음절말이 불파되기 때문이다. 영어를 비롯한 인구어에서는 음절말에서 두 개 이상의 자음이 발음될 수 있는데, 이는 이들 언어는 음절말이 불파되지 않고 외파되기 때문이다. 예컨대 [m―a―sk]는 음절말에 'sk' 두 개의 자음이 실현된 것이다. 음절말이 불파되는 국어에서는 음절말에서 자음이 최대 1개밖에 실현되지 못하기 때문에, 'mask'처럼 음절말에 2개의 자음을 가진 외래어가 차용될 때는 자음군 's'와 'k' 사이에 /ㅡ/ 모음을 첨가해서 '마스크'의 3음절로 차용한다.

모든 음운은 외파될 때 제 음가대로 실현될 수 있다. 그런데 불파가 된다는 것은 제 음가대로 실현되는 조음 동작이 완전히 실현되기 전에 조음 동작이 중지된다는 것을 의미한다. 그래서 유성 자음인 /ㅁ, ㄴ, ㅇ/과 유음 /ㄹ/을 제외한 무성음들은 음절말 불파로 인해 종성에서의 실현이 제약된다. /ㅁ, ㄴ, ㅇ, ㄹ/는 음절말에서도 불파되지 않기 때문에 그대로 실현된다.

(39)에서 기저형의 음절말 자음이 표면형에서 어떤 자음으로 실현되는지 확인해 보자.

(39) **9**

ㄱ. /입/ → [입]

/잎/ → [입]

ㄴ. /얻다/ → [얻따]

/같다/ → [간따]

/낫/ → [낟]

/있다/ → [읻따]

/낮/ → [낟]

/빛/ → [빋]

ㄷ. /박/ → [박]

/밖/ → [박]

/동녘/ → [동녁]

---

9 음절말에 /ㅃ/, /ㄸ/, /ㅉ/를 가진 어휘가 없다. 그래서 음절말에서 /ㅃ/, /ㄸ/, /ㅉ/가 불파되었을 때 어떤 음운으로 실현되는지 자료를 통해 실증적으로 확인할 수는 없다. 하지만 만일 그러한 어휘가 있다면 당연히 /ㅃ/는 /ㅂ/로, 그리고 /ㄸ/와 /ㅉ/는 /ㄷ/로 실현되리라는 것을 예측할 수 있다.

(39)를 통해서 유성 자음 /ㅁ, ㄴ, ㅇ, ㄹ/ 외에 음절말에서 실현될 수 있는 자음이 /ㅂ, ㄷ, ㄱ/ 3개라는 것을 확인할 수 있다. 즉 기저형의 자음이 표면형에서 그대로 실현되는 것이 아니라, 음절말에서는 /ㅂ, ㄷ, ㄱ/ 중의 하나로 실현된다. 이를 도식화하면 (40)과 같다.

(40)

양순음	치조음	경구개음	연구개음
ㅂㅍㅃ	ㄷㅌㄸ ㅅ ㅆ	ㅈㅊㅉ	ㄱㅋㄲ
↓	↓		↓
ㅂ	ㄷ		ㄱ

'발:팔'처럼 음절초에서는 /ㅂ/와 /ㅍ/가 최소대립어를 이룬다. 즉 음절초에서는 /ㅂ/와 /ㅍ/가 대립된다. 하지만 음절말에서는 /ㅍ/가 /ㅂ/로 실현되어 /ㅍ/가 /ㅂ/와 대립되지 못한다. 이처럼 대립을 이루던 두 소리가 대립을 이루지 못하는 현상을 '중화(neutralization)'라고 한다. /ㄷ, ㅌ, ㅅ, ㅆ, ㅈ, ㅊ/는 음절말에서 /ㄷ/로 중화되고, /ㄱ, ㅋ, ㄲ/는 음절말에서 /ㄱ/로 중화된다. 이리한 중화 현상을 '음절의 끝소리 규칙' 또는 '7종성 법칙' 등으로 부른다.

마찰음은 공기를 막는 동작이 없이 공기가 나가는 통로를 좁혀서 연속적으로 공기를 마찰시켜서 서서히 내보내면서 내는 소리이므로, 불파 상태에서는 당연히 소리가 날 수 없다. 그래서 마찰음 /ㅅ, ㅆ, ㅎ/는 음절말에서 실현될 수 없다. 파찰음 역시 공기를 막는 동작 이후에는 마찰음처럼 조음하는 소리이므로 불파 상태에서는 조음될 수 없다. 그래서 /ㅈ, ㅊ, ㅉ/ 역시 음절말에서 실현될 수 없다. 그리고 경음과 유기음은 평음을 조음하는 동작에서 추가적인 조음 동작이 요구되는 소리이다. 그런데 불파가 되면 이러한 추가적인 조음 동작이 일어나기 전에 조음이 끝나기 때문에 역시 실현될 수 없다. 그래서 경음 /ㅃ, ㄸ, ㅉ, ㄲ/, 유기음 /ㅍ, ㅌ ㅊ, ㅋ/는 음절말에서 실현될 수 없다. 그 결과 무성음 중에서 음절말에서 실현될 수 있는 자음은 /ㅂ, ㄷ, ㄱ/ 3개이다.

(40)의 도식에서 빠진 무성 자음이 하나 있는데, /ㅎ/가 그것이다. /ㅎ/가 불파되면 /ㅂ, ㄷ, ㄱ/ 중에 무엇으로 중화될까? (41)에서 /ㅎ/가 어떤 음운으로 중화되었는지 확인해 보자.

(41) 놓는다[논는다], 낳는[난는]

(41)에서 기저의 음절말 /ㅎ/가 /ㄴ/ 앞에서 최종적으로 /ㄴ/로 실현된 것을 확인할 수 있다. 그런데 /ㅎ/가 불파되어서 바로 /ㄴ/가 되었다고 할 수는 없다. /ㄴ/는 불파되지 않는 소리인데, /ㅎ/가 불파되어서 불파되지 않는 /ㄴ/가 된다는 것은 정합적이지 않기 때문이다. 그래서 /ㅎ/가 바로 /ㄴ/가 된 것은 아니다. 비음화되었을 때 /ㄴ/가 될 수 있는 자음을 찾아야 한다. 음절말에서 비음화되었을 때 /ㄴ/가 될 수 있는 자음은 /ㄷ/이다. 그래서 /ㅎ/는 음절말에서 /ㄷ/로 중화된다고 본다(/놓는다/ → 놀는다 → [논는다]).

비음 /ㅁ, ㄴ, ㅇ/은 음절말에 오더라도 불파되지 않는데, 그 이유는 공기가 코로 나가면서 조음되는 소리이기 때문이다. 불파시키는 조음 동작은 구강으로 나가는 공기를 막는 것이어서 코로 나가는 공기는 불파시킬 수 없다. 그래서 코로 공기를 내보내면서 조음하는 /ㅁ, ㄴ, ㅇ/은 음절말에 오더라도 불파되지 않고 실현될 수 있다. 그리고 유음 /ㄹ/ 역시 음절말에 오더라도 불파되지 않는데, 그 이유는 /ㄹ/의 조음 방식 때문이다. 치조음을 불파시키는 조음 동작은 혀끝을 윗잇몸에 붙이는 것인데, 이 동작은 혀의 가운데로 나가는 공기를 막는 동작이다. 그런데 /ㄹ/는 공기를 혀의 가장자리로 내보내면서 조음하기 때문에 그 불파 방식에서 불파되지 않고 여전히 외파된다. 그래서 /ㄹ/는 불파 위치인 음절말에서도 불파되지 않고 실현될 수 있다.

2.4. 음운 변동의 종류

2.4.1. 대치

2.4.1.1. 경음화

2.4.1.1.1. 불파 경음화

음절말 불파로 인해 음절말에서 실현될 수 있는 무성 자음은 /ㅂ, ㄷ, ㄱ/ 3개뿐이다. 유성 자음인 비음 /ㅁ, ㄴ, ㅇ/과 유음 /ㄹ/는 불파 위치인 음절말에서도 불파되지 않기 때문에 (42)에서 보듯이 음절말에서 실현된다.

(42)

　　ㄱ. 감[감], 곰[곰]

　　ㄴ. 산[산], 안[안]

　　ㄷ. 강[강], 공[공]

　　ㄹ. 달[달], 별[별]

그래서 음절말에 올 수 있는 자음은 (43)처럼 7개로 예측 가능하다.

(43)

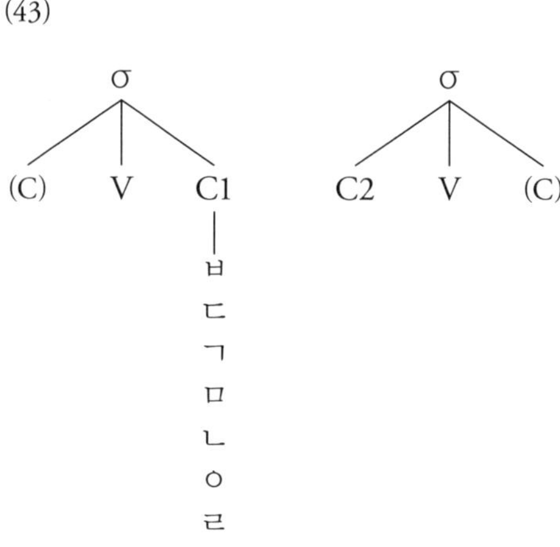

이를 '음절의 끝소리 규칙'이라고 한다. 달리 7종성 법칙이라고도 한다. 이처럼 음절의 끝소리 규칙이 일어나는 이유는 음절말 불파 때문이다. 다시 말해 음절의 끝소리 규칙은 음절말 불파의 결과적 현상이다.

불파된다는 것은 외파되던 공기를 인위적으로 막는 것이다. 공기를 인위적으로 막기 때문에 기류의 압력이 세진다. 이렇게 세진 압력이 후행 음절의 초성을 발음할 때 한꺼번에 나가기 때문에 후행 음절 초성인 C_2가 경음화된다. 그래서 C_2가 경음화될 수 있는 자음 /ㅂ, ㄷ,

ㅅ, ㅈ, ㄱ/ 중의 하나일 때는 필수적으로 경음화가 일어난다. 이를 불파 경음화라고 한다.

(44)

  ㄱ. 집밥[집빱], 입다[입따], 잎새[입쌔], 입장[입짱], 덮개[덥깨]

  ㄴ. 꽃병[꼳뼝], 있다[읻따], 빛살[빋쌀], 옷장[옫짱], 낱개[낟깨]

  ㄷ. 맥박[맥빡], 낚다[낙따], 목숨[목쑴], 목적[목쩍], 축구[축꾸]

(44)에서 보듯이 불파된 [ㅂ, ㄷ, ㄱ] 뒤에 경음화될 수 있는 자음이 오면 예외 없이 경음화가 일어난다. 이에 비해 C_1이 유성 자음인 /ㅁ, ㄴ, ㅇ, ㄹ/ 중의 하나일 때는 C_2가 경음화되지 않는 것이 자연스럽다.

(45)

  ㄱ. 암벽[암벽], 감기[감기]

  ㄴ. 신발[신발], 번개[번개]

  ㄷ. 농구[농구], 공기[공기]

  ㄹ. 절벽[절벽], 일기[일기]

(45)에서 보듯이 음절말 C_1이 /ㅁ, ㄴ, ㅇ, ㄹ/일 때는 C_2가 경음화되지 않는다.

음성학적으로 모음 뒤나 유성 자음 뒤의 무성 자음 /p, t, s, ʧ, k/는 유성 자음 [b, d, z, ʤ, g]로 실현되는 것이 자연스럽다. 그런데 국어에서는 유성 자음 [b, d, ʤ, g]가 음운이 아니기 때문에 국어 화자는 [b, d, ʤ, g]를 [b, d, ʤ, g]로 인식하지 못하고 무성 자음 /p, t, ʧ, k/로 인식한다.[10]

그런데 유성 자음 /ㅁ, ㄴ, ㅇ, ㄹ/ 뒤에서도 경음화되는 예들이 있다. 이때의 경음화는 음성적으로 자연스럽지 않은 현상이기 때문에 순수하게 음운론적인 동인에 의해 일어나는 것이 아니다. 그래서 형태·통사적인 정보가 더해진 조건환경에서만 일어난다. 그렇기에 유성 자음 뒤에서 일어나는 경음화의 경우에는 형태·통사적인 조건환경을 파악하는 것이 중요하다. 아래에서 살펴볼 '용언 어간말 비음 뒤 경음화', '사이시옷 첨가에 의한 경음화', '관형사형 어미 '-(으)ㄹ' 뒤 경음화', '한자어 /ㄹ/ 뒤 경음화'가 이에 해당한다. 명명에 붙은 '용언 어간말', '사이시옷 첨가', '관형사형 어미', '한자어'에서 이미 형태적인 조건이나 통사적인 조건을 확인할 수 있다.

2.4.1.1.2. 용언 어간말 비음 뒤 경음화

(46)은 유성 자음 뒤에서 경음화가 일어났다. 따라서 경음화가 일어나는 형태·통사적인 조건환경이 무엇인지 찾는 것이 중요하다.

(46)

ㄱ. (아이를) 안다[안따]. 안고[안꼬], 안지[안찌]

　　(신을) 신다[신따], 신고[신꼬], 신지[신찌]

ㄴ. (머리를) 감다[감따], 감고[감꼬], 감지[감찌]

　　(나무를) 심다[심따], 심고[심꼬], 심지[심찌]

ㄷ. 삶다[삼따]. 삶고[삼꼬]. 삶지[삼찌]

　　젊다[점따], 젊고[점꼬], 젊지[점찌]

10　국어에서는 '가시[kasi]'처럼 모음 사이에서 /s/가 [z]로 유성음화되지 않는 특징이 있다.

(46)에서 용언 어간의 말자음은 비음 /ㅁ, ㄴ/인데, 이 뒤에서 경음화가 일어났다. 그래서 (46)을 '용언 어간말 비음 뒤 경음화'라고 한다. (46ㄷ)의 '삶다[삼따]', '젊다[점따]' 역시 기저형의 종성 자음군 /ㄲ/에서 말자음은 /ㅁ/이므로, 어간의 말자음은 비음 /ㅁ/이다.

(46)의 경음화의 조건환경을 이해했으면, (47)에서 경음화가 일어나지 않은 이유도 설명할 수 있을 것이다.

(47)

ㄱ. (잠을) 잔다[잔다]

ㄴ. (그 사람을) 안다[안다]

(47)에서는 비음 /ㄴ/ 뒤임에도 경음화가 일어나지 않았는데, 그 이유는 /ㄴ/가 용언 어간말의 비음이 아니기 때문이다. 즉 '-ㄴ-'는 현재 시제 선어말어미이다. 그래서 (47)은 '용언 어간말 비음 뒤'라는 조건환경을 충족시키지 못하였기 때문에 경음화가 일어나지 않았다. (47ㄱ)의 용언 어간은 모음으로 끝난 '자-'이고, (47ㄴ)의 용언 어간은 어간말 자음이 /ㄹ/인 '알-'이다(알-+-ㄴ-+-다 → 안다).

(48)에서도 경음화가 일어났는데, 얼핏 보면 (48)의 경음화가 (46)의 경음화와 같아 보일 수 있다.

(48)

ㄱ. 앉다[안따], 앉고[안꼬], 앉지[안찌]

ㄴ. 없다[업따], 없고[업꼬], 없지[업찌]

하지만 실제 (48)의 경음화와 (46)의 경음화는 원인이 다르다. 그렇게 보는 이유는 (48)에서 경음화가 일어난 조건환경이 (46)과 다르기 때문이다. (48)에서 용언 어간의 말자음은 비음이 아니라 /ㅈ/이다.

(46)과 (48)의 비교를 통해서, 용언 어간말 비음 뒤 경음화에서 용언 어간말은 표면형에서의 어간말이 아니라 기저형에서의 어간말이라는 것을 확인할 수 있다. (48)의 경음화는 (49)의 경음화와 동일한 과정을 거쳐서 경음화가 된 것이다.

(49)

ㄱ. 읽고[일꼬], 읽지[일찌]

ㄴ. 밝고[발꼬], 밟지[발찌]

(49)의 경음화의 경우, 아직까지 어떤 과정을 거쳐서 경음화가 일어나는지 명쾌하게 설명하지 못하고 있다. (48)이 (49)와 같은 경음화이므로 (48) 역시 아직 경음화의 과정을 명쾌하게 설명하지 못하는 현상 중의 하나이다.

한 걸음 더

'읽고[일꼬]'의 경음화에 대한 현재까지의 설명

'/읽고/ →[일꼬]'의 경음화에 대해 현재까지 두 가지 설명이 제안되었다. 첫째, '/읽고/ → 일고 → [일꼬]'이고, 둘째, '/읽고/ → 읽고 → [일꼬]'이다. 그러나 두 가지 설명 모두 일반적인 음운론적 사실과 정합적이지 않은 문제가 있다.

첫째의 경우, 유성 자음 /ㄹ/ 뒤에서는 경음화되지 않는 것이 음성적으로 자연스러운데, /ㄹ/ 뒤에서 경음화된다고 설명해야 하는 문제가 있다. /ㄹ/를 어간말 자음으로 가진 동사 '알-'의 활용형 '알고[알고]', '알지[알지]'에서 보듯이 /ㄹ/ 뒤에서는 경음화가 일어나지 않는다. 그런데 '/읽고/ → 일고 → [일꼬]'에서는 /ㄹ/ 뒤에서 경음화가 일어났다고 해야 하니까, '알고[알고]'에서의 음운론적 사실과 정합적이지 않다.

둘째의 경우, 불파 상황에서도 자음군이 유지된다고 가정해야 하는 문제가 있다. 불파 상황에서는 자음군이 실현될 수 없기 때문에 자음군 중 하나가 반드시 탈락한다. 중간 도출형 '읽꼬'를 상정하는 것은 이러한 일반적인 음운론적 사실과 정합적이지 않다. 중간 도출형 '읽꼬'는 불파 경음화가 적용되었다는 것인데, 문제는 불파가 된다는 것과 '읽꼬'가 양립할 수 없다는 것이다. 불파된다는 것은 이미 음절말에 자음이 1개만 실현된다는 것을 전제한다. 그렇기 때문에 '읽꼬'가 실재할 수 없다.

2.4.1.1.3. 사이시옷 첨가에 의한 경음화

(50) 역시 유성 자음 뒤에서 경음화가 일어났다. 경음화의 조건환경과 관련하여, 먼저 (50)의 예들이 공통적으로 가지고 있는 형태론적인 특징을 찾아보자.

(50)

ㄱ. 봄비[봄삐], 김밥[김빱]

ㄴ. 산바람[산빠람], 손가락[손까락]

ㄷ. 발가락[발까락], 발등[발뜽], 물고기[물꼬기]

ㄹ. 사랑방[사랑빵], 종소리[종쏘리]

(50)의 예들은 모두 합성어라는 공통점이 있다. 음성적으로 유성 자음 뒤에서는 경음화가 일어나지 않는 것이 자연스러운데, 경음화가 일어났으므로 경음화를 일으키는 원인에 합성어라는 사실이 개입되었다

고 보아야 한다. 합성어라는 사실과 경음화, 이 둘을 연결해 줄 수 있는 사건은 사이시옷 첨가이다. 아무 일도 없었다면 경음화가 일어나지 않을 텐데, 경음화가 일어났다는 것은 어떤 일이 발생했다는 것을 의미한다. 그 일이 바로 사이시옷 첨가이다. 그래서 (50)의 경음화는 사이시옷이 첨가되어서, 이 첨가된 사이시옷이 경음화를 일으키고 자신은 탈락했다고 해석한다.

(50)과 같은 조건이라고 해서, 즉 합성어이면서 선행 어근이 유성자음 /ㅁ, ㄴ, ㅇ, ㄹ/ 중의 하나로 끝났다고 해서 항상 경음화가 일어나는 것은 아니다.[11] (51)은 (50)과 조건환경이 같음에도 경음화가 일어나지 않았다.

(51) 봄가을[봄가을], 꿩고기[꿩고기], 산달래[산달래], 가을보리
     [가을보리]

(50)의 경음화의 원인이 사이시옷 첨가인데, (51)은 경음화되지 않았으므로 사이시옷이 첨가되지 않았다고 해석한다. 사이시옷이 첨가되지 않았기 때문에 경음화가 일어나지 않았다.

정리하면, 합성어에서 (50)처럼 경음화가 일어나면 그 경음화의 원인은 사이시옷 첨가로 본다. 반면 (51)처럼 경음화가 일어나지 않으면 사이시옷이 첨가되지 않은 것으로 해석한다. 사이시옷 첨가에 대한 보다 자세한 설명은 '2.4.3.3. 사이시옷 첨가'로 가서 보기 바란다.

11 합성어는 '어근+어근'으로 이루어진 복합어이다.

2.4.1.1.4. 관형사형 어미 '-(으)ㄹ' 뒤 경음화

관형사형 어미 '-(으)ㄹ' 뒤에 의존 명사가 올 때는 예외 없이 경음화가 일어난다.

(52) 할 수[할쑤], 읽을 줄[일글쭐], 갈 데[갈떼]

(52)의 경음화는 두 가지 조건환경이 충족되어야 한다. 첫째, 선행 음절이 관형사형 어미 '-(으)ㄹ'이 결합한 활용형이고, 둘째, 후행 음절이 의존 명사일 때이다.

(53)에서는 경음화가 일어나지 않았는데, 그 이유는 두 가지 조건 중 하나가 충족되지 않았기 때문이다. 즉 관형사형 어미 뒤이긴 하지만, 그 관형사형 어미가 '-(으)ㄹ'이 아니라 '-(으)ㄴ'이기 때문이다.

(53) 읽은 줄[일근줄], 간 데[간데]

관형사형 이미 '-(으)ㄹ' 뒤에 의존 명사가 아닌, 자립 명사가 올 때는 경음화되기도 하고 경음화되지 않기도 하여 규칙적이지 않다.

(54)

		하나의 기식 단위	두 개의 기식 단위
ㄱ	갈 사람	[갈싸람]	[갈] [사람]
ㄴ	먹을 밥	[머글빱]	[머글] [밥]
ㄷ	죽을 병	[주글뼝]	[주글] [병]

※ '[ ]'는 기식 단위를 나타냄.

화자에 따라 경음화하여 발음하기도 하고, 경음화하지 않고 발음하기도 하는데, 이때 변인은 기식 단위이다. 기식 단위는 호흡 단위이다. 즉 하나의 기식 단위로 발음하면 경음화되고, 두 개의 기식 단위로 발음하면 경음화되지 않는다.

2.4.1.1.5. 한자어 /ㄹ/ 뒤 경음화

(55)와 (56)을 비교하여, (55)에서 경음화가 일어난 조건환경을 찾아보자.

(55)

ㄱ. 발달[발딸](發達), 결단[결딴](決斷)

ㄴ. 실수[실쑤](失手), 발생[발쌩](發生)

ㄷ. 절전[절쩐](節電), 설정[설쩡](設定)

(56)

ㄱ. 불발[불발](不發), 결번[결번](缺番)

ㄴ. 발견[발견](發見), 출결[출결](出缺)

(55)에서 경음화가 일어나는 조건환경을 정리하면 아래와 같다.

첫째, 한자어이고,

둘째, 선행 음절 종성이 /ㄹ/이고,

셋째, 후행 음절 초성이 치조음과 경구개음인 /ㄷ, ㅅ, ㅈ/일 때이다.

이 세 가지 조건이 충족될 때는 예외 없이 경음화가 일어난다. 다만

이 세 가지 조건이 충족되지 않았음에도 (57) ~ (58)처럼 경음화가 일
어나는 경우가 있는데, 이는 한자 자체의 특성으로 본다.

(57) 불법[불뻡](不法), 행정권[행정꿘](行政權), 국문과[국문꽈]
(國文科), 공적[공쩍](公的)

(58)
ㄱ. 해법[해뻡](解法)

ㄴ. 이권[이꿘](利權)

ㄷ. 지리과[지리꽈](地理科)

ㄹ. 사적[사쩍](私的)

(58)에서 보듯이 '법(法)', '권(權)', '과(科)', '적(的)' 등의 한자는 선
행 음절이 모음으로 끝났을 때도 경음화가 일어난다. 그래서 (57) ~
(58)의 경음화는 한자 자체의 특성에 따른 것으로 해석한다.

2.4.1.2. 동화

동화는 인접한 두 음운이 서로 닮는 음운 변동이다. 조음 위치가 닮
으면 '조음 위치 동화', 조음 방식이 닮으면 '조음 방식 동화'라고 한다.
그리고 동화의 방향이 'xy → xx'이면 순행 동화, 'xy → yy'이면 역행
동화라고 한다. 이때 동화를 시키는 음운을 동화주라고 한다. 순행 동
화인 'xy → xx'에서 동화주는 'x'이고, 역행 동화인 'xy → yy'에서 동화
주는 'y'이다. 그리고 'xy → xx 또는 xy → yy'처럼 완전히 같아지면 완
전 동화, 'xy → xx′ 또는 xy → y′y'처럼 조음 위치나 조음 방식 중 어느

하나가 같아지면 부분 동화(또는 불완전 동화)라고 한다. 대부분의 동화
는 조음 위치만 동화되거나 조음 방식만 동화되는 부분 동화이다.

2.4.1.2.1. 비음화

비음화는 비음 앞에서 비음이 아닌 소리가 비음으로 교체되는 현상
이다. (59)에서 무엇이 무엇으로, 어떤 조건환경에서, 즉 'X → Y / Z'
를 찾아보자.

(59)
ㄱ. 입냄새[임냄새], 앞문[암문]

돕는[돔는], 덮는[덤는]

ㄴ. 빗물[빈물], 낱말[난말]

닫는[단는], 맞는[만는]

ㄷ. 국물[궁물], 부엌만[부엉만]

먹는[멍는], 닦는[당는]

비음화는 음절말의 /ㅂ, ㄷ, ㄱ/가 비음 /ㅁ, ㄴ/ 앞에서 각각 자신과
같은 조음 위치의 비음 /ㅁ, ㄴ, ㅇ/으로 바뀌는 음운 변동이다.

(60)

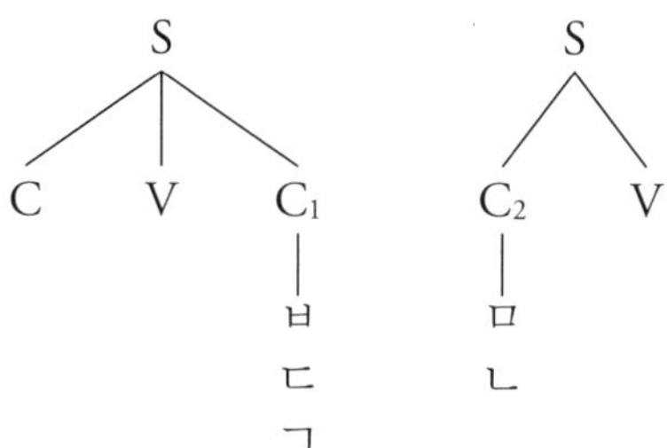

$$X \rightarrow Y \ / \ \_\ Z$$

$$\left\{ \begin{matrix} ㅂ \\ ㄷ \\ ㄱ \end{matrix} \right\} \rightarrow \left\{ \begin{matrix} ㅁ \\ ㄴ \\ ㅇ \end{matrix} \right\} \rightarrow \left\{ \begin{matrix} ㅁ \\ ㄴ \end{matrix} \right\}$$

(60)에서 보듯이 C_1의 /ㅂ/, /ㄷ/, /ㄱ/가 비음 /ㅁ, ㄴ/ 앞에서 비음화되어 각각 /ㅁ/, /ㄴ/, /ㅇ/으로 교체된다.[12] C_1은 음절말이기 때문에 C_1에 올 수 있는 자음은 /ㅂ, ㄷ, ㄱ, ㅁ, ㄴ, ㅇ, ㄹ/ 7개의 자음밖에 올 수 없다. 그중에서 비음인 /ㅁ, ㄴ, ㅇ/은 이미 비음이기 때문에 비음화의 대상이 될 수 없고, /ㄹ/는 비음화되지 않는 음운이다. 그러니까 (59ㄱ)의 /앞문/, /덮는/은 불파에 의해 음절말의 /ㅍ/가 먼저 /ㅂ/로 교체되고, 이후 비음화가 적용된다. (59ㄱ)의 /낟만/, /맞는/, (59ㄷ)의 /부엌만/, /닦는/ 역시 불파가 먼저 적용되고, 그러고 나서 비음화된다. 즉 '음절의 끝소리 규칙 → 비음화'의 순서로 적용된다.

---

[12] 비음 중에서 연구개 비음 'ㅇ/ŋ/'은 초성에 올 수 없기 때문에 조건환경 C_2는 /ㅁ, ㄴ/이다.

(61)

　ㄱ. /앞문/ → 압문 → [암문]

　ㄴ. /낱말/ → 낟말 → [난말]

　ㄷ. /부엌만/ → 부억만 → [부엉만]

　비음화는 비음화되기 전의 소리와 비음화된 후의 소리의 조음 위치가 같다. 교체가 적용되기 전후에 조음 위치는 변화가 없으므로 조음 위치 동화일 수 없다. 그러니까 비음화는 후행하는 C_2인 비음의 조음 방식에 동화된, 조음 방식 동화이다.

　비음화와 관련하여 한 가지 주의해야 하는 현상은 (62)이다. (62)는 비음이 아닌 소리가 비음으로 바뀐다는 점에서 비음화와 비슷해 보이지만, 비음화와 직접적으로 관련이 없는 현상이 있다.

(62)

　ㄱ. 종로[종노], 심리[심니]

　ㄴ. 백로[뱅노], 입력[임녁]

　(62)에서 둘째 음절의 초성만 보면 결과적으로 /ㄹ/가 /ㄴ/로 교체되어서 비음이 아닌 /ㄹ/가 비음 /ㄴ/로 바뀌어서 마치 비음화처럼 보일 수 있다. 하지만 일단 (62)는 동화가 아니다. 동화가 아니기 때문에 동화인 비음화와는 아무런 관련이 없는 현상이다. 이에 대한 자세한 설명은 '2.4.1.5. /ㄹ/ → /ㄴ/ 교체'로 가서 보기 바란다.

2.4.1.2.2. 유음화

　아래 (63) ~ (64)에서 각각 'X → Y / Z'를 찾아보자.

(63) 칼날[칼랄], 물난리[물랄리], 불놀이[불로리]

(64) 난로[날로], 신라[실라], 논란[놀란], 대관령[대괄령]

(63)과 (64) 둘 다 입력 X는 /ㄴ/이고, 출력 Y는 /ㄹ/이다. 조건환경 Z의 경우, (63)은 '/ㄹ/ 뒤'이고, (64)는 '/ㄹ/ 앞'이다. C_1—C_2가 (63)처럼 'ㄹ—ㄴ' 연쇄이거나 (64)처럼 'ㄴ—ㄹ' 연쇄일 때 /ㄴ/가 /ㄹ/로 교체한다. /ㄹ/가 유음이니까 이 이름을 따서 유음화라고 한다. /ㄹ/를 달리 설측음이라고 하는데, 그래서 달리 설측음화라고도 한다.

(65)는 유음화가 일어나는 조건환경을 음절 단위에서 나타낸 것이다.

(65)

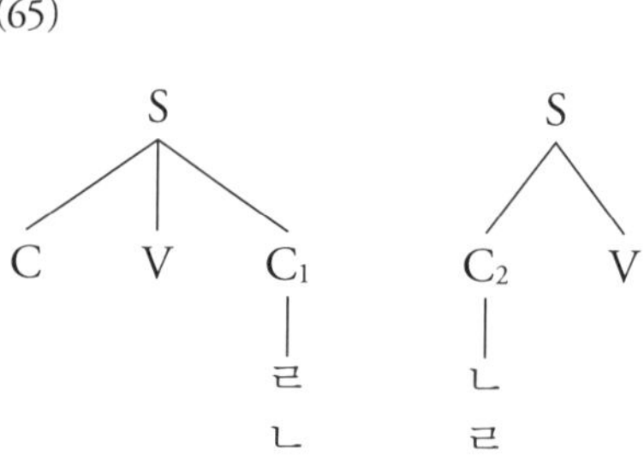

동화의 방향으로 보면 (63)은 순행 동화이고, (64)는 역행 동화로 서로 다른데, 실제 음운론적 행동에서도 차이가 있다. (64)의 역행 유음화 환경에서는 유음화도 일어나지만, (66)처럼 C_2의 /ㄹ/가 /ㄴ/로 교체하기도 한다.

(66) 생산량[생산냥], 회전력[회전녁], 의견란[의견난]

역행 유음화 환경에서는 (64)처럼 유음화가 일어나기도 하지만, (66)처럼 '/ㄹ/ → /ㄴ/ 교체'가 일어나기도 한다. 반면 순행 유음화 환경에서는 유음화만 일어난다. 이런 점에서 순행 유음화와 역행 유음화가 차이가 있다.

역행 유음화 환경에서는 (67)처럼 유음화가 적용된 예와 '/ㄹ/ →/ㄴ/ 교체'가 적용된 예가 모두 나타나기도 한다.

(67) 원룸[월룸~원눔], 신라면[실라면~신나면], 온라인[올라인~온나인]

'/ㄹ/ → /ㄴ/ 교체'에 대한 자세한 설명은 '2.4.1.5. /ㄹ/ → /ㄴ/ 교체'로 가서 보기 바란다.

2.4.1.2.3. 구개음화

구개음화는 구개음이 아닌 음이 구개음으로 교체하는 현상을 이른다. 여기서 구개음이란 경구개음 /ㅈ, ㅊ, ㅉ/를 이른다. (68) ~ (69)에서 무엇이 무엇으로 그리고 어떤 조건환경에서, 즉 'X → Y / Z'를 찾아보자. 그리고 (68)과 (69)는 같은 구개음화의 예인데 왜 구분해서 제시했는지도 생각해 보자.

(68)

ㄱ. 굳이[구지], 같이[가치], 해돋이[해도지], 미닫이[미다지]

ㄴ. 붙이다[부치다], 닫히다[다치다], 묻히다[무치다]

(69) 밭이[바치], 솥이[소치], 밑이[미치]

(68) ~ (69)에서 확인되는 구개음화의 입력 X는 치조 파열음 /ㄷ, ㅌ/이고, 출력 Y는 /ㅈ, ㅊ/이다. 그리고 조건환경은 /i/ 모음이다. 그리고 (68)은 파생어에서 어근과 접사 경계에서 일어난 구개음화이고, (69)는 곡용 환경에서의 체언 어간과 조사 경계에서 일어난 구개음화라는 점에서 차이가 있다.

(68) ~ (69)의 자료에서는 조건환경 /y/ 앞에서의 구개음화 예가 없고,[13] 또한 /ㄸ/가 /ㅉ/로 교체한 구개음화 예도 없다. 하지만 이는 이러한 조건에 해당하는 예가 없기 때문이지, 이러한 조건에서 구개음화가 일어나지 않기 때문이 아니다. 즉 /ㄸ/ → /ㅉ/로 교체하는 구개음화 예가 없는 것, 그리고 조건환경 /y/ 앞에서의 구개음화 예가 없는 것은 우연히 그러한 것이지 구조적으로 불가능해서 그런 것이 아니다. 만일 그러한 입력이 있다면 구개음화가 적용될 것이다. 그래서 구개음화를 규칙으로 형식화하면 (70)과 같다.

(70)

$$\left\{ \begin{array}{c} ㄷ \\ ㅌ \\ ㄸ \end{array} \right\} \rightarrow \left\{ \begin{array}{c} ㅈ \\ ㅊ \\ ㅉ \end{array} \right\} / \_ \left\{ \begin{array}{c} i \\ y \end{array} \right\}$$

즉 구개음화는 /i, y/ 앞에서 /ㄷ, ㅌ, ㄸ/가 /ㅈ, ㅊ, ㅉ/로 교체하는 현상이다.

---

[13] '붙이-+-어 → 붙여[부처]'의 도출 과정을 '붙이-+-어 → 부텨 → [부처]'로 보게 되면, 즉 중간 도출형 '부텨'를 상정하게 되면 /y/ 앞에서의 구개음화의 예가 된다 (putʰyə → [pucʰə]). 이 경우 표면형 '부처[pucʰə]'는 /ㅌ/가 /y/ 앞에서 /ㅊ/로 구개음화되고 나서 /y/가 탈락한 것이다. 그런데 이 경우도 표면형 [부처]가 '/붙이-+-어/ → 부티어 → 부치어 → [부처]'의 도출 과정을 거쳤다고 보게 되면, /i/ 앞에서의 구개음화 예가 된다.

구개음화의 출력인 경구개 자음 /ㅈ, ㅊ, ㅉ/와, 조건환경인 동화주 /i, y/ 사이에는 조음 방식과 관련하여 아무런 유사성이 없다. 이 사실은 구개음화가 적어도 조음 방식 동화는 아니라는 것을 말해 준다. 동화는 조음 방식 동화이거나 조음 위치 동화 둘 중의 하나인데, 조음 방식 동화가 아니라는 것은 조음 위치 동화라는 것을 말해 준다. 즉 구개음화는 조음 위치 동화이다.

/i, y/가 조음되는 위치는 자음의 조음 위치로 볼 때 경구개 위치에 해당한다. 그러니까 구개음화는 /i, y/가 치조음 /ㄷ, ㅌ, ㄸ/를 자신이 조음되는 위치와 같은 위치에서 조음되는 경구개음 /ㅈ, ㅊ, ㅉ/로 그 조음 위치를 동화시킴으로써 조음의 편의를 추구한 현상이다.

아래 (71) ~ (72)는 구개음화의 조건환경임에도 (68) ~ (69)와 달리 구개음화가 일어나지 않는다. (68) ~ (69)와 (71) ~ (72)의 차이를 찾아보자.

(71)[14] 티, 띠, 마디, 오디, 디디-

(72) 디자인, 오디오, 라디오, 비디오

(71) ~ (72)는 단어 내부에 '디, 티, 띠'가 있는 경우이다. 즉 /ㄷ, ㅌ,

14 역사적으로 이들은 원래 /y/계 하향 이중모음을 가지고 있던 단어들이다. 즉 이들의 중세국어 형태는 '틔, 씌, 마디, 오디, 듸듸-'였다. 즉 이들 어간의 원래 모음은 하향 이중모음 /ㅢ/, /ㅚ/였다. 이후 하향 이중모음 /ㅢ/, /ㅚ/가 단모음 /ㅣ/로 변화되면서 구개음화의 조건환경이 되었는데, 이때는 단어 내부에서 적용되던 구개음화가 이미 소멸되었다. 그 결과 구개음화 규칙은 형태소 경계에서만 적용되는 것으로 규칙의 조건환경이 바뀌었다. 그래서 (71) ~ (72)는 /i, y/ 앞이지만, 형태소 경계가 없는 환경이기 때문에 구개음화가 일어나지 않는다.

ㄸ/와 /i, y/ 사이에 형태소 경계가 없다. 반면 (68)은 /ㄷ, ㅌ, ㄸ/와 /i, y/ 사이에 어근과 접사라는 형태소 경계가 있고, (69)는 체언 어간과 조사라는 형태소 경계가 있다. 그러니까 (68) ~ (69)와 (71) ~ (72)의 차이는 형태소 경계의 유무이다. 이 사실을 통해 (71) ~ (72)처럼 /ㄷ, ㅌ, ㄸ/와 /i, y/ 사이에 형태소 경계가 없을 때는 구개음화가 일어나지 않는다고 말할 수 있다. 이 사실을 반영하여 (70)의 구개음화 규칙을 수정하여 형식화하면 (73)과 같다.

(73)

$$\left\{ \begin{array}{c} ㄷ \\ ㅌ \\ ㄸ \end{array} \right\} \rightarrow \left\{ \begin{array}{c} ㅈ \\ ㅊ \\ ㅉ \end{array} \right\} / \_ + \left\{ \begin{array}{c} i \\ \\ y \end{array} \right\}$$

※ '+'는 형태소 경계를 나타냄.

　(68) ~ (69)와 (71) ~ (72)를 아울러 현대국어의 구개음화를 정리하면, (73)처럼 형태소 경계가 있는 /i, y/ 앞에서 /ㄷ, ㅌ, ㄸ/가 /ㅈ, ㅊ, ㅉ/로 교체하는 현상이다.

한 걸음 더

우연한 공백과 구조적 공백

　가능하지만 우연히 그러한 예가 없는 것을 우연한 공백(accidental gap)이라고 하고, 구조적으로 그러한 예가 있을 수 없기 때문에 없는 것을 구조적 공백(systematic gap)이라고 한다. 예컨대 국어의 단어 중에 '펲'이라는 음절을 가진 단어가 없는 것은 '펲'이라는 음절이 불가능해서가 아니라 우연히 이러한 음절을 가진 단어가 없는 것이다. 즉 이는 우연한 공백이다. 반면 '뺆'이라는 음절을 가진

2.4.1.2.4. 위치 동화(양순음화, 연구개음화)

위치 동화는 말 그대로 조음 위치를 동화시키는 교체이다. 그래서 입력 X와 출력 Y의 조음 방식에는 변화가 없고, 단지 입력 X의 조음 위치만 바뀐다. 위치 동화의 방향은 역행 동화이다. (74) ~ (75)에서 무엇이 무엇으로 어떤 조건환경에서 바뀌었는지, 'X → Y / Z'를 찾아보자.

(74)

ㄱ. /깃발/ → [긷빨] → [**깁빨**]

ㄴ. /돈만/ → [돈만] → [**돔만**]

(75)

ㄱ. /듣고/ → [듣꼬] → **[득꼬]**

　　/난국/ → [난국] → [낭국]

ㄴ. /밥그릇/ → [밥끄른] → **[박끄른]**

　　/감기/ → [감기] → [강기]

(74)는 치조음 /ㄷ, ㄴ/가 각각 양순음 /ㅂ, ㅁ/로 교체되었는데, 조건 환경은 양순음 '/ㅂ, ㅁ/ 앞'이다. 그러니까 (74)는 양순음 앞에서 치조음이 양순음과 같은 조음 위치로 조음 위치가 동화된 것이다. 이때 조음 방식에는 변화가 없다. 결과된 소리가 양순음이어서 (74)를 양순음화라고 한다.

(75)에서는 치조음 /ㄷ, ㄴ/와 양순음 /ㅂ, ㅁ/가 연구개음 /ㄱ, ㅇ/으로 교체되었는데, 조건환경은 '연구개음 /ㄱ/ 앞'이다. 그러니까 (75)는 연구개음 앞에서 치조음과 양순음이 연구개음과 같은 조음 위치로 조음 위치가 동화된 것이다. 이때도 조음 방식에는 변화가 없다. 이 역시 결과된 소리가 연구개음이어서 (75)를 연구개음화라고 한다.

위치 동화의 경우 (74) ~ (75)에서 보듯이 위치 동화가 일어나지 않은 발음과, 위치 동화가 일어난 발음이 공존한다. 즉 위치 동화는 필수적으로 적용되는 교체가 아니라, 적용되지 않을 수도 있고 적용될 수도 있는 수의적인 교체이다.

위치 동화의 방향을 도식화하면 (76)과 같다.

(76)

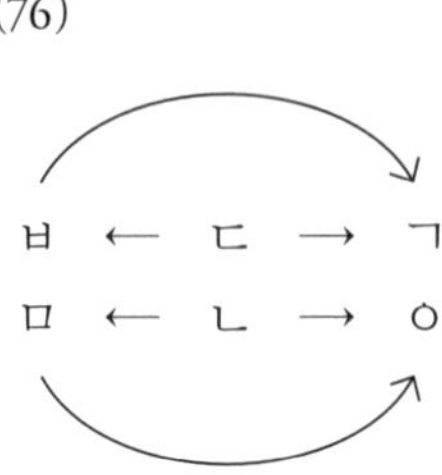

(76)에서 보듯이 위치 동화는 화살표 방향으로만 일어난다. 화살
표 반대 방향으로의 교체, 예컨대 /ㅂ/ → /ㄷ/, /ㄱ/ → /ㄷ/, /ㄱ/ →
/ㅂ/와 같은 방향으로의 교체는 일어나지 않는다.

2.4.1.2.5. 움라우트(/ㅣ/ 모음 역행 동화)

움라우트는 기본적으로 후설모음이 전설모음으로 교체되는 현상을
이른다. (77)에서 무엇이 무엇으로 어떤 조건환경에서 바뀌었는지, 'X
→Y / Z'를 찾아보자.

(77)

ㄱ. 어미[에미], 버리다[베리다], 먹이다[메기다]

ㄴ. 아비[애비], 학교[핵꾜], 아끼다[애끼다]

ㄷ. 고기[괴기], 속이다[쇠기다]

ㄷ. 구경[귀경], 후비다[휘비다]

ㄹ. 그리다[기리다], 드리다[디리다]

(77)에서 입력 X는 후설모음 /ㅏ, ㅓ, ㅗ, ㅜ, ㅡ/이고 출력 Y는 전설
모음 /ㅐ, ㅔ, ㅚ, ㅟ, ㅣ/이다. 그리고 조건환경은 '/i, y/ 앞'인데, 후설
모음과 /i, y/ 사이에 적어도 자음이 하나 이상 개재되어 있어야 한다.

이 자음을 개재 자음이라고 한다. 그러니까 조건환경은 '_C{i, y} 앞'이다. (77)에서 /y/ 앞에서 움라우트된 예는 '학교[핵꾜](/hak.kyo/ → [hɛk.k'o])', '구경[귀경](/ku.kyəŋ/ → [kü.gyəŋ~kwigyəŋ])이다. 정리하면, 움라우트는 후설모음이 /i, y/ 앞에서 /i, y/와 같은 전설 위치로 조음 위치 동화되어 전설모음으로 교체하는 현상이다.

움라우트는 교체가 일어나기 전과 후에 조음 방식에는 변화가 없다. 또한 조음의 높이에도 변화가 없다. 단지 후설모음이 전설모음으로 조음 위치만 바뀌는 조음 위치 동화이다.

(78)

전설		후설
ㅣ	←	ㅡ
ㅔ	←	ㅓ
ㅐ	←	ㅏ

전설		후설
ㅟ	←	ㅜ
ㅚ	←	ㅗ

(78)에서 보듯이 후설모음이 전설모음으로 바뀌는데, 이때 높이도 바뀌지 않고 원순/비원순의 조음 방식도 바뀌지 않는다. 단지 후설 위치가 전설 위치로 전후 위치만 바뀐다. 예컨대 비원순 후설 저모음 /ㅏ/는 '비원순 전설 저모음' /ㅐ/로, 원순 후설 고모음 /ㅜ/는 원순 전설 고모음 /ㅟ/로 바뀐다.

지금까지 살펴본 움라우트 규칙을 형식화하면 (79)와 같다.

(79) [후설모음] → [전설모음] /__C{i, y}
                              |
                  단 C는 경구개 이외의 자음

(79)의 규칙에서 개재 자음 C는 경구개 자음 이외의 자음이어야 한다는 조건이 붙었다. 이는 (80)에서 보듯이 개재 자음이 경구개 자음일 때는 움라우트가 아예 일어나지 않기 때문이다.

(80) 바지[*배지], 가지[*개지], 엄지[*엠지], 고치[*괴치]
  ※ 음운론에서 '*'는 적격하지 않은 발음을 나타냄.

그리고 (81)에서 보듯이 개재 자음이 없을 때도 움라우트가 일어나지 않는다.

(81) 아이[*애이], 오이[*외이]

그래서 움라우트의 조건환경은 (79)처럼 개재 자음이 있어야 하고, 단 그 개재 자음이 경구개 자음인 경우는 제외된다.

한 가지 유의할 점은, 움라우트는 (82)에서 보듯이 조건환경이 주어진다고 해서 필수적으로 적용되는 규칙이 아니라는 사실이다. (82)는 움라우트의 조건환경임에도 움라우트가 일어나지 않은 경우이다.

(82) 저기[*제기], 감기[*갬기], 높이다[*뇌피다],

이처럼 움라우트는 조건환경이 주어지더라도 어휘에 따라 적용되기도 하고 적용되지 않기도 하는 수의적인 교체이다. 또한 지역에 따라, 그리고 세대에 따라서도 적용과 비적용의 차이를 보인다. 뿐만 아니라 같은 지역의 같은 세대 내에서도 화자에 따라 또한 적용과 비적용의 차이를 보이는 현상이다.

2.4.1.3. 반모음화

국어의 반모음이 /y, w/이니까, 반모음화는 모음이 반모음 /y, w/로 교체하는 현상이다. /y, w/를 활음이라고도 하는데, 그래서 반모음화를 활음화라고도 한다. 자음이 반모음으로 바뀔 수는 없으므로 반모음화의 입력은 모음인데, 그렇다고 모든 모음이 반모음으로 바뀔 수 있는 것도 아니다. (83), (84)에서 반모음으로 바뀐 모음이 무엇인지 찾아보자.[15]

(83) 기—어서[kiəsə] → 겨서[kyəsə]

피—어서[pʰiəsə] → 펴서[pʰyəsə]

(84)

ㄱ. 보—아서[poasə] → 봐서[pwasə]

오—아서 → 와서[wasə]

ㄴ. 주—어서[ʧuəsə] → 줘서[ʧwəsə]

두—어서 → 둬서[twəsə]

---

15 음장은 부차적인 현상이어서 따로 표시하지 않았다. 반모음화되면 대체로 장음으로 실현되는데, '오 — 아서 →와서[wasə]'처럼 장음으로 실현되지 않는 경우도 있다.

(83)은 /i/ 모음이 /y/로 바뀌었고, (84)는 /o, u/ 모음이 /w/로 바뀌었다. 교체된 반모음의 이름을 따서 (83)은 '/y/ 반모음화', (84)는 '/w/ 반모음화'라고 부른다.

(83)에서 /i/가 /y/로 교체될 수 있는 조건환경은, /i/가 /y/로 교체되었을 때 /y/계 이중모음을 이룰 수 있는 모음이 /i/ 뒤에 올 때이다. '기―으니 → [기니]'처럼 /i/ 모음 뒤에 /y/계 이중모음을 이룰 수 없는 모음이 오면 반모음화가 일어나지 않는다. 이는 (84)에도 평행하게 적용된다. (84)에서 /w/ 반모음화의 조건환경은, /o, u/가 /w/로 교체되었을 때 /w/계 이중모음을 이룰 수 있는 모음이 /o, u/ 뒤에 올 때이다.

후행하는 모음이 /y/와 이중모음을 이룰 수 없을 때, 그리고 /w/와 이중모음을 이룰 수 없을 때는 반모음화가 일어날 수 없다. 그래서 (85)에서 보듯이 /ɨ/ 모음이 후행할 때는 반모음화가 일어나지 않고, 오히려 후행하는 /ɨ/가 탈락한다. '*yɨ', '*wɨ'는 국어에서 불가능한 이중모음이기 때문이다.

(85)

ㄱ. 피―으니[피니]

　　아끼―으니[아끼니]

ㄴ. 주―으니[주니]

　　오―으니[오니]

반모음화의 경우 음소에 초점을 맞춰서 보면, 반모음화되기 전인 '기어[kiə]', '보아[poa]'도 3개의 음소이고, 반모음화된 '겨[kyə]', '봐[pwa]'도 3개의 음소이다. 즉 음소의 개수에는 변동이 없다. 다만 모음 /i/, /o, u/가 각각 반모음 /y/, /w/로 바뀐 것밖에 없다. 그래서 음운 변동의 유형 중에서는 대치이다.

다만 음운이 아니라 음절에 초점을 맞춰서 보면 2음절이 1음절로 바뀌었는데, 하나의 음절이 흔적 없이 탈락한 것은 아니다. 이러한 이유로 음절의 차원에서 음절 축약이라고 할 수는 있다. 그런데 음운 변동의 4가지 분류 — 대치, 첨가, 탈락, 축약 — 는 교체 전과 후의 음운의 개수의 변화를 기준으로 한 것이다. 그래서 이 분류에서 반모음화는 축약일 수 없다.

반모음화의 조건환경은 반모음 첨가의 조건환경이기도 하다. 예컨대 /기어서/, /보아서/를 반모음화된 [kyəsə], [pwasə]라고도 하지만, 반모음이 첨가된 [kiyəsə], [powasə]라고도 한다. 반모음 첨가에 대한 자세한 설명은 '2.4.3.2. 반모음 첨가'로 가서 보기 바란다.

2.4.1.4. 두음법칙

두음법칙은 (86)처럼 어두에서 /ㄹ/가 실현되지 못하고 /ㄴ/로 나타나는 현상, 그리고 (87)처럼 어두에서 /ㄴ/가 /i, y/ 앞에서 탈락하는 현상을 아우르는 명명이다. 이 중에서 대치에 해당하는 현상은 (86)의 /ㄹ/ 두음법칙이다. (87)의 /ㄴ/ 두음법칙은 탈락에 해당한다.

(86) 노인(老人), 낙원(樂園), 내일(來日), 누각(樓閣)

　　c.f.) 경로(敬老), 오락(娛樂), 미래(未來), 망루(望樓)

(87) 여자(女子), 유대(紐帶), 염려(念慮), 이불(泥佛)

　　c.f.) 남녀(男女), 결뉴(結紐), 상념(想念), 오니(汚泥)

(86)은 c.f.)에서 보듯이 원래는 /ㄹ/가 두음이었던 음절이었는데, 어두에서 /ㄹ/가 /ㄴ/로 바뀌었다. 그리고 (87)은 c.f.)에서 보듯이 원래는 /ㄴ/가 두음이었던 음절이었는데, /i, y/ 앞에서 /ㄴ/가 탈락한 것으로 바뀌었다. (86)과 (87)은 공시적으로 일어난 교체가 아니라 과거에 그러한 교체가 적용되었고, 지금은 그러한 교체가 적용된 형태로 단어가 변화한 것이다. 즉 (86) ~ (87)의 단어들은 이미 두음법칙이 적용된 형태로 어간이 재구조화되었다.[16] 그러니까 두음법칙은 공시적으로 작동하고 있는 교체가 아니라, 과거에 적용되었던 현상이다. 즉 현대국어에서 [노인]은 '/로인/ →[노인]'의 교체가 적용되어 [노인]이 된 것이 아니고, 이미 그 기저형이 두음법칙이 적용된 형태인 /노인/이다 (/로인/ 〉/노인/).

두음법칙은 음운들 간의 관계에서 일어나는 교체가 아니라, /ㄹ/와 /ㄴ/ 음운 자체가 어두에서 실현이 제약되는 현상이다. 이 제약은 어두, 즉 단어의 첫음절에서만 적용되고, 단어의 둘째 음절부터는 적용되지 않기 때문에 두음법칙이라고 한다. /ㄹ/ 두음법칙은 /ㄹ/가 어두에서 /ㄴ/로 바뀌는 것이고, /ㄴ/ 두음법칙은 /ㄴ/가 어두의 /i, y/ 앞에서 탈락하는 것이다. 그래서 (88)에서 보듯이 어두의 /i, y/ 앞의 /ㄹ/는 /ㄴ/로 제약된 후 다시 /ㄴ/ 제약에 의해 결과적으로는 탈락하게 된다.

---

16   어간이 재구조화되었다는 것은 어간의 기저형이 바뀌었다는 것을 의미한다. 예컨대 '저기'의 중세국어 어형은 '뎌기'였는데, 여기에 구개음화 규칙이 적용되고 /y/가 탈락하여 '저기'로 기저형이 바뀌었다. 이처럼 어간의 기저형이 바뀌는 변화를 재구조화라고 한다.

(88) 역사(歷史), 이자(利子), 육지(陸地)

　　c.f.) 국력(國力), 금리(金利), 착륙(着陸)

(88)에서 얼핏 보면 /ㄹ/가 /i, y/ 앞에서 탈락한 것처럼 보이지만, /ㄹ/ 두음법칙과 /ㄴ/ 두음법칙을 함께 고려하면 /ㄹ/ 두음법칙과 /ㄴ/ 두음법칙이 계기적으로 적용된 것으로 보는 것이 타당하다. 즉 (89)와 같은 과정을 겪은 것이다.

(89)

럭사　　→　　녁사　　〉　　역사
　　　　　　　│　　　　　　　│
　　／ㄹ／ 두음법칙　　／ㄴ／ 두음법칙

2.4.1.5. /ㄹ/ → /ㄴ/ 교체(/ㄹ/ 비음화)

(90) ~ (91)에서는 /ㄹ/가 /ㄴ/로 교체되었다. (90) ~ (91)과 (92)를 함께 고려하여 /ㄹ/가 /ㄴ/로 교체된 조건환경을 찾아보자.

(90)

ㄱ. 담력[담녁], 침략[침냑]

ㄴ. 강릉[강능], 종로[종노]

(91)

ㄱ. 입력[임녁], 합리[함니]

ㄴ. 국력[궁녁], 백리[뱅니]

ㄷ. 몇 리[면니]

(92) 노래, 거리, 하루, 보람, 그림

(90)만 보면 /ㄹ/가 비음 /ㅁ, ㄴ/ 뒤에서 /ㄴ/로 바뀐 것처럼 보인다. 그래서 (90)만 보고서 (90)을 비음에 의한 동화로 잘못 판단할 수 있다. 그런데 (91)에서 보면 비음이 아닌 /ㅂ, ㄱ, ㄷ/ 뒤에서도 /ㄹ/가 /ㄴ/로 교체하였다. (91)의 사실은 (90)에서의 '/ㄹ/ → /ㄴ/ 교체'가 비음과 상관이 없다는 것을 말해 준다. (90) ~ (91)을 종합적으로 고려하면, '/ㄹ/ → /ㄴ/ 교체'는 선행하는 음운이 무엇이든지 상관없이, 선행하는 음절이 종성이 있는 CVC의 음절일 때 일어난다는 것을 알 수 있다. 그러니까 (90) ~ (91)에서 /ㄹ/가 /ㄴ/로 교체하게 되는 조건 환경은 '선행 음절이 종성을 가진 CVC 음절일 때'로 정리할 수 있다. 실제 (92)에서 보듯이 선행 음절이 종성이 없는 CV 음절일 때는 /ㄹ/가 /ㄴ/로 교체하지 않는다는 사실을 통해 이를 확인할 수 있다.

(90) ~ (91)은 일단 동화가 아니다. 동화가 아니기 때문에 동화인 비음화와는 전혀 다른 교체이다. 다만 /ㄹ/가 비음 /ㄴ/로 교체한 결과적 사실에 초점을 두어 '/ㄹ/ 비음화'라고 명명하기도 한다. 그러나 '/ㄹ/ 비음화'는 단지 /ㄹ/가 비음 /ㄴ/로 바뀌었다는 결과적 사실을 기술한 용어일 뿐, 실제 비음화와는 아무런 관련이 없다.

선행 음절이 종성을 가진 CVC 음절이기는 하지만, 종성 자음이 /ㄴ/일 때는 (93ㄱ)에서 보듯이 (90) ~ (91)과 마찬가지로 /ㄹ/가 /ㄴ/

로 교체하기도 하고, (93ㄴ)에서 보듯이 유음화되기도 한다. 선행 음절 종성이 /ㄴ/일 때는 역행 유음화의 환경이기도 하기 때문이다.

(93)

　ㄱ. 음운론[으문논], 의견란[의견난], 생산량[생산냥], 공신력[공
　　 신녁]

　ㄴ. 신라면[실라면], 온라인[올라인], 선릉[설릉]

　그러면 어떤 경우에 '/ㄹ/ → /ㄴ/ 교체'가 일어나고, 어떤 경우에 유음화되는가? 이는 예측되지 않는다. 어휘에 따라서도 다르고, 동일한 어휘라도 화자에 따라서도 다르다. 그래서 국어 전체로 보면 (94)처럼 둘 다 나타난다.

　(94) 음운론[으문논~으물론], 신라면[신나면~실라면], 온라인[온
　　 나인~올라인]

2.4.2. 탈락

2.4.2.1. /ㄹ/ 탈락

　음운론적 분석은 표기를 보고 하는 것이 아니라, 기저형과 표면형을 대조·분석해서 하는 것이라고 앞에서 몇 번 강조한 바 있다. 이 사실을 염두에 두고 (95)에서 일어난 음운 변동이 무엇인지, 그리고 조건 환경은 어떻게 되는지 찾아보자.

(95) 아니, 아시고

(95)는 〈한글맞춤법〉에서 음운 변동이 일어난 형태로 적게 한 경우
이다. 그래서 표기만 보고서는 음운 변동이 일어났는지 여부를 확인할
수 없다. 이처럼 〈한글맞춤법〉에서 음운 변동이 적용된 형태로 적게
한 경우에는 표기가 곧 발음형이므로 표기만 보고서는 무슨 음운 변동
이 일어났는지 알 수 없다. 이런 경우는 먼저 기저형을 찾고, 그 기저
형과 표면형을 대조해야만 어떤 교체가 일어났는지 분석할 수 있다.
　(95)는 활용형이므로 우선 어간과 어미로 분석할 수 있는데, 어간의
기저형은 /알-/이고 어미의 기저형은 /-(으)니/, /-(으)시-고/이다.

(96)
ㄱ. /알-+-(으)니/ → [아니]
ㄴ. /알-+-(으)시-+-고/ → [아시고]

　(96)처럼 기저형을 찾아서 그 기저형과 표면형을 대조함으로써
'/ㅡ/ 탈락', '/ㄹ/ 탈락'이 일어났음을 분석해 낼 수 있다. 그리고 (97)
처럼 '알-'의 또 다른 활용형들을 확인하여 /ㄹ/ 탈락의 조건환경이
'/ㄴ, ㅅ/ 앞'이라는 것을 찾아낼 수 있다. (97)을 통해 /ㄴ, ㅅ/ 외의 다
른 자음 앞에서는 /ㄹ/가 탈락하지 않는다는 것을 확인할 수 있다.

(97) 알다, 알고, 알지, 알면

　이때 /ㄹ/ 탈락에 앞서 /ㄹ/ 뒤에서 /ㅡ/ 탈락이 먼저 일어나야 한
다. 즉 '/ㅡ/ 탈락 → /ㄹ/ 탈락'의 순으로 규칙이 적용된다. 만일 /ㄹ/

탈락이 먼저 일어난다고 가정할 경우에는 모음 /_/ 앞에서 /ㄹ/가 탈락하는 것인데, 모음 앞에서는 /ㄹ/가 탈락할 것이 아니라 연음이 되는 것이 자연스럽다. 즉 모음 앞에서 /ㄹ/가 탈락해야 할 이유가 없다. 그래서 /ㄹ/ 뒤에서 /_/ 탈락이 먼저 일어난다고 해석한다. /_/ 탈락에 대해서는 '2.4.2.2. /_/ 탈락'으로 가서 보기 바란다.

(96)에서의 /ㄹ/ 탈락은 어간과 어미가 결합하는 활용에서 일어난 것이므로 공시적으로 일어난 교체이다. 반면 (98)에서 일어난 /ㄹ/ 탈락은 공시적으로 일어난 교체가 아니라, 단어가 만들어질 때 일어났던 과거의 통시적 사건이다. 그러니까 (98)의 단어들은 단어가 만들어질 당시에 /ㄹ/ 탈락이 적용되어, /ㄹ/가 탈락한 형태로 어간이 재구조화된 것이다. 그래서 현재는 /ㄹ/가 탈락한 형태가 기저형이다.

(98)

ㄱ. 아드님(〈아들+님), 소나무(〈솔+나무), 부나비(〈불+나비)

ㄴ. 부삽(〈불+삽), 무서리(〈물+서리)

ㄷ. 미닫이(〈밀-+닫-+-이), 다달이(〈달+달+-이)

ㄹ. 부젓가락(〈불+젓가락)

통시적으로 단어 내부에서 일어났던 /ㄹ/ 탈락의 조건환경은 (98)에서 보듯이 /ㄴ, ㅅ, ㄷ, ㅈ/ 앞이었다. 이에 비해 (96)의 활용에서 일어나는 공시적인 /ㄹ/ 탈락의 조건환경은 /ㄴ, ㅅ/ 앞이다. 이를 통해 /ㄹ/ 탈락의 조건환경이 과거에 비해 축소되는 변화가 있었다는 것을 알 수 있다.

2.4.2.2. /ㅡ/ 탈락

(99)에서 일어난 교체가 무엇인지 찾아보자. 여기서 탐구해야 하는
초점은 어간이 아니라 어미이다.

(99)

ㄱ. 가니, 오니, 보니

ㄴ. 먹으니[머그니], 잡으니[자브니], 닫으니[다드니]

(99)에서 어미의 이형태 '-니'와 '-으니'를 확인할 수 있다. 이 가운
데 만일 어미의 기저형이 /-ɨni/라면 (99ㄱ)에서는 어미의 두음 /ㅡ/
가 탈락한 것이다. 반면 어미의 기저형이 /-ni/라면 (99ㄴ)에서는 /
ㅡ/가 첨가된 것이다. 두 가지 가능성 중에서 개론 수준에서는 어미의
기저형을 /-ɨni/로 보고, (99ㄱ)에서 /ㅡ/가 탈락한 것으로 설명한다.
학교문법 역시 이를 따른다. 그렇게 설명하는 이유는 (100) 때문이다.

(100)

ㄱ. 가니?, 오니?, 보니?

ㄴ. 먹니[멍니]?, 넘니[넘니]?, 닫니[단니]?

(100)에서 의문형 종결어미는 어간이 모음으로 끝나든 자음으로
끝나든 항상 '-니?'로 실현된다. 그래서 의문형 종결어미의 기저형은
/-ni/이다. 만일 (99)에서 어미의 기저형이 /-ni/이고 (99ㄴ)에서 /ㅡ/
가 첨가된 것으로 설명할 경우, 동일하게 /-ni/인데 왜 (100ㄴ)에서는
/ㅡ/가 첨가되지 않는지 설명하기 어렵다.

반면 (99)에서 어미의 기저형이 /-ɨni/이고 (99ㄱ)에서 /ㅡ/가 탈락
한 것으로 설명하게 되면, (99ㄴ)과 (100ㄴ)의 차이를 어미의 기저형
이 다르기 때문으로 설명할 수 있다. 즉 (99ㄴ)과 (100ㄴ)은 각각 서로
다른 기저형 /-ɨni/, /-ni/가 그대로 실현될 것일 뿐이다. 그래서 설명
적 타당성이라는 측면에서 볼 때, (99)의 경우 어미의 기저형을 /-ɨni/
로 보고, (99ㄱ)에서 /ㅡ/가 탈락한 것으로 설명하는 것이 설명력이 더
높다.

그러면 이제 /ㅡ/ 탈락의 조건환경을 찾아보자. (99)에서 /ㅡ/ 탈
락의 조건환경은 모음 뒤이다. 그런데 /ㅡ/ 탈락은 (101)에서 보듯이
/ㄹ/ 뒤에서도 일어난다. (101)은 /ㄹ/ 뒤에서 /ㅡ/ 탈락이 일어나고,
이어서 /ㄴ/ 앞에서 /ㄹ/가 탈락하였다.

(101)

ㄱ. 아니(←알니←/알-+-으니/)

ㄴ. 노니(←놀니←/놀-+-으니/)

(99)와 (101)을 함께 고려하면, /ㅡ/ 탈락의 조건환경은 '모음 및
/ㄹ/ 뒤'이다. 이는 곡용에서도 마찬가지이다.

(102)

ㄱ. 배로(←배+-으로), 너로(←너+-으로)

ㄴ. 물로(← 물+-으로), 들로(←들+-으로)

부사격 조사 '-(으)로'의 두음 /ㅡ/가 (102)에서 보듯이 모음 및 /ㄹ/
뒤에서 탈락하였다.

2.4.2.3. /ㅎ/ 탈락

 /ㅎ/ 탈락 역시 /ㅎ/가 탈락한 것은 쉽게 알 수 있다. 그래서 /ㅎ/ 탈락의 경우 조건환경을 파악하는 것이 중요하다. (103)에서 /ㅎ/가 탈락한 조건환경을 찾아보자.

(103)
ㄱ. 놓으니[노으니], 낳아서[나아서]
ㄴ. 많으니[마느니], 잃어서[이러서]

 /ㅎ/ 탈락의 조건환경은 (103ㄱ)에서는 모음 사이이고, (103ㄴ)에서는 /ㄴ, ㄹ/와 모음 사이이다. 이를 정리하면 '모음 사이, 또는 유성 자음과 모음 사이'이다.

 그리고 /ㅎ/ 뒤에 축약될 수 있는 /ㅂ, ㄷ, ㅈ, ㄱ/가 후행하면 (104)에서처럼 후행하는 자음과 축약되어 /ㅍ, ㅌ, ㅊ, ㅋ/가 된다.

(104) 놓고[노코], 놓지[노치], 놓더라[노터라]

다만 /ㅅ/가 후행할 때는 (105)처럼 /ㅆ/로 실현된다.

(105) 놓소[노쏘], 놓습니다[노씀니다]

(105)에 대해서는 결과적으로 /ㅆ/로 실현된다고 기술할 수 있을 뿐 그 과정이나 이유에 대해서는 아직 온전히 설명하지 못하고 있다.

2.4.2.4. 자음군 단순화

기저형의 음절말 자음군은 표면형으로 실현될 때 자음군 중 하나가 반드시 탈락해야 한다. 음절말에 최대 1개의 자음만 실현될 수 있는 국어의 음절구조제약의 적용을 받기 때문이다.

(106)

ㄱ. 값도[갑또], 넋도[넉또], 없다[업따], 앉다[안따], 훑다[훌따], 여덟[여덜]

ㄴ. 닭[닥], 넓죽하다[넙쭈카다]

ㄷ. 읊다[읍따~을따], 밟다[발따~밥따]

(106)에서 보듯이 자음군 중 하나가 반드시 탈락한다. 이때 탈락하는 자음은 C_1C_2 중 (106ㄱ)처럼 C_2일 수도 있고, (106ㄴ)처럼 C_1일 수도 있다. 그리고 (106ㄷ)처럼 C_1이 탈락한 것과 C_2가 탈락한 것이 공존하기도 하다. C_1C_2 중 어느 것이 탈락하는지는 지역에 따라, 세대에 따라, 화자에 따라, 그리고 어휘에 따라 다르기 때문에 규칙적이지 않다.[17] 자음군 탈락이 일어나는 이유가 음절구조제약 때문이므로, 자음군 중 어느 것이 탈락하든 하나가 탈락하기만 하면 음절구조제약을 준수한다. 그래서 C_1C_2 중 어느 것이 탈락하든 음절구조제약의 관점에서

---

17 그럼에도 표준 발음은 규범이기 때문에 자음군 C_1C_2 중 어느 것이 탈락하는 발음이 표준이라는 식으로 일일이 인위적으로 정해 놓았다. 표준 발음이라고 해서 다른 발음과 구별되는 어떤 의미나 가치가 있어서 표준 발음인 것은 전혀 아니다. 그리고 이처럼 인위적으로 일일이 정해 놓은 것이기 때문에 표준 발음으로만 발음하는 화자는 존재하지 않는다.

는 상관이 없다.

그래서 자음군 단순화의 경우에는 주어진 자료에서 탈락한 자음을 찾아내면 된다. 기저형에 있던 자음 중 하나가 탈락한다는 사실에서, 음운 변동의 4가지 유형 — 대치, 첨가, 탈락, 축약 — 중 하나로 분류한다면 탈락이다.

어간말 자음군 중에서 'ᆭ', 'ᆶ'의 경우에는 모음이 후행할 때는 (107ㄱ)에서 보듯이 /ㅎ/가 탈락한다.

(107)

ㄱ. 잃어[이러], 잃으니[이르니]

ㄴ. 잃다[일타], 잃고[일코], 잃지[일치]

ㄷ. 잃는[일른]

자음이 후행할 경우, 축약될 수 있는 자음이 후행하면 (107ㄴ)처럼 축약되고, (107ㄷ)처럼 축약될 수 없는 자음이 후행할 때는 /ㅎ/가 탈락한다. (107ㄷ)의 경우 /ㅎ/ 탈락이 순행 유음화의 조건환경을 만들어 주어서 /ㅎ/ 탈락 후 유음화가 일어났다(/잃는/ → 일는→ [일른]).

2.4.2.5. 동일모음 탈락

부사형 어미 '-아/어', '-아서/어서' 그리고 과거 시제 선어말어미 '-았/었-'의 경우 어간말 모음이 /ㅏ/나 /ㅓ/로 끝나면, /ㅏ/ 또는 /ㅓ/ 하나가 탈락한다. 이는 어간말 모음과 어미의 두음이 같은 모음이기 때문에 하나를 탈락시키는 현상으로, /ㅡ/ 탈락과는 그 성격이 다르다. 동일한 모음일 때 탈락한다고 해서 이를 '동일 모음 탈락'이라고 한다.

(108)

ㄱ. (집에)　가(←/가-+-아/)

　　　　　가서(←/가-+-아서/)

　　　　　갔다(←가-+-았-+-다)

ㄴ. (거기)　서(←/서-+-어/)

　　　　　서서(←/서-+-어서/)

　　　　　섰다(←서-+-었-+-다)

(108)에서 보듯이 어간말 모음과 어미 두음이 동일 모음일 때는 둘 중 하나가 탈락한다. 이때 어간말 모음 /ㅏ/(또는 /ㅓ/)가 탈락했는지, 아니면 어미 두음 /ㅏ/(또는 /ㅓ/)가 탈락했는지를 실증적으로 증명하기는 어렵다.

그런데 용언의 어간은 어미와 결합하지 않은 채 어간 단독으로는 쓰일 수 없다. 이 사실을 고려하면, '가-+-아 → 가'에서 어간말 모음 /ㅏ/가 탈락했다고 보는 것이 설명력이 더 높다. 만일 어미 /ㅏ/가 탈락했다고 할 경우 용언 어간 '가-'가 남는데, 이는 어미와 결합하지 않은 채 용언 어간이 홀로 쓰일 수 없다는 형태·통사론적 사실과 정합적이지 않게 되기 때문이다. 어미의 /ㅏ/가 탈락했다고 하면, '/가-+-아/ → 가'의 '가'는 어간 '가-'가 홀로 쓰인 것이 된다. 다만 '가서'나 '갔다'의 경우에는 어간말 모음 /ㅏ/가 탈락했다고 하든, 어미 /ㅏ/가 탈락했다고 하든 어간이 어미 없이 홀로 쓰인 상황이 아니어서 상관이 없다.

참고로 (109)에서 보듯이 어간말 모음이 /ㅔ, ㅐ/일 때도 어미 /ㅓ/가 탈락한다.

(109)

ㄱ. (병을) 깨[깨ː](←/깨-+-어/)

ㄴ. (가방을) 메[메ː](←/메-+-어/)

(109)에서 표면적으로는 어미 /ㅓ/가 탈락한 것으로 보인다. 그런데 음장을 함께 고려하게 되면 어미 /ㅓ/가 탈락했다고 말하기 어렵다. 어간 '깨-', '메-'는 단음인데, 활용형 [깨ː], [메ː]는 장음이어서 단순히 어미 /ㅓ/가 탈락한 것이 아니라 축약된 것으로 볼 수 있기 때문이다. 만일 어미 '-어'의 /ㅓ/가 단순히 탈락한 것이라면 어간 '깨-', '메-'가 단음이므로 표면형이 단음인 [깨], [메]로 실현되어야 한다. 그런데 장음인 [깨ː], [메ː]로 실현된 것은 /ㅓ/가 단순히 탈락한 것이 아니라 음장이라는 흔적을 남기고 탈락한 것으로 보아야 한다. 그래서 탈락이 아니라 축약이다.

2.4.3. 첨가

2.4.3.1. /ㄴ/ 첨가

/ㄴ/ 첨가는 말 그대로 /ㄴ/가 첨가되는 교체이다. /ㄴ/가 첨가되었는지 아닌지는 바로 알 수 있기 때문에 /ㄴ/ 첨가의 경우 조건환경을 파악하는 것이 중요하다. (110)과 (111)을 비교해서 (110)에서 일어난 /ㄴ/ 첨가의 조건환경을 찾아보자.

(110)

ㄱ. 꽃이름[꼰니름], 밭이랑[반니랑]

　　내복약[내봉냑], 종착역[종창녁], 색연필[생년필]

ㄴ. 맨입[맨닙], 막일[망닐], 홑이불[혼니불]

(111) 가루약[가루약], 대구역[대구역], 누비이불[누비이불]

(110)이 (111)과 차이가 나는 점은 /i, y/ 앞에 있는 음절이 자음으로 끝나느냐 아니냐이다. 이를 통해 /ㄴ/ 첨가의 조건환경을 정리하면 다음과 같다.

첫째, 선행 음절이 자음으로 끝날 것.

둘째, 후행 음절이 /i/ 모음이나 /y/계 이중모음으로 시작할 것.

위 두 가지 조건이 충족되면 /ㄴ/ 첨가가 일어난다. 두 가지 조건 중 하나라도 충족되지 않으면 /ㄴ/ 첨가가 일어나지 않는다.

선행 음절 종성의 자음이 불파되어 /ㅂ, ㄷ, ㄱ/ 중의 하나일 때는 /ㄴ/ 첨가 후, 첨가된 /ㄴ/에 의해 비음화가 일어난다. 즉 /ㄴ/ 첨가가 비음화의 조건환경을 만들어 준다.

(112)

밭+이랑　　→　　반니랑　　→　　반니랑
　　　　　　　　｜　　　　　　　｜
　　　불파, /ㄴ/ 첨가　　비음화

2.4.3.2. 반모음 첨가

반모음 첨가는 말 그대로 반모음 /y, w/가 첨가되는 현상이다. (113), (114)에서 첨가된 음운이 무엇인지 찾아보자.

(113) 기어서/kiəsə/ → [kiyəsə]

피어서/pʰiəsə/ → [pʰiyəsə]

(114) 보아서/poasə/ → [powasə]

나누어서/nanuəsə/ → [nanuwəsə]

기저형과 표면형을 비교해 보면, (113)에서는 기저형에는 없던 /y/가 첨가되었고, (114)에서는 기저형에는 없던 /w/가 첨가되었다. 그래서 (113) ~ (114)를 반모음 첨가라고 한다. 첨가된 반모음에 따라 (113)은 /y/ 첨가, (114)는 /w/ 첨가로 구분한다. /y/ 첨가의 조건환경은 /i/ 모음 뒤이고, /w/ 첨가의 조건환경은 /o, u/ 모음 뒤이다. 그리고 /i/에 후행하는 모음이 /y/가 첨가되었을 때 /y/와 이중모음을 이룰 수 있는 모음일 때, 그리고 /o, u/에 후행하는 모음이 /w/가 첨가되었을 때 /w/와 이중모음을 이룰 수 있는 모음일 때 첨가가 일어난다. /y/, /w/와 이중모음을 이룰 수 없는 모음일 때는 반모음 첨가가 일어날 수 없다.

반모음 첨가는 (113) ~ (114)처럼 주로 활용에서 일어나는데, 곡용이나 단어 내부에서도 나타난다. (115)는 곡용에서의 /y/ 첨가의 예이고, (116)은 단어 내부에서의 /y/ 첨가, /w/ 첨가의 예이다.

(115) 어디에 → [ədiye], 저기에 → [ʧəgiye]

(116)

ㄱ. 기억 → [kiyək], 오리알 → [oriyal]

ㄴ. 추억 → [ʧhuwək], 우엉 → [uwəŋ]

　반모음 첨가의 조건환경은 반모음화의 조건환경이기도 하다. 즉 반모음 첨가와 반모음화는 그 조건환경이 같다. 그래서 (117)에서 보듯이 동일한 조건환경에서 '반모음 첨가'가 일어나기도 하고, '반모음화'가 일어나기도 한다.

(117)

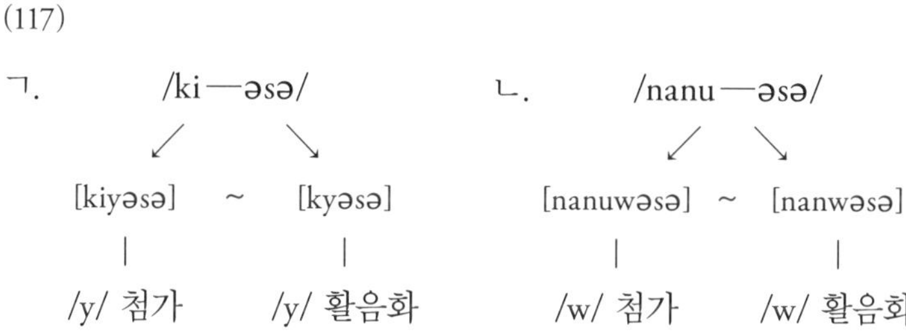

　조건환경이 동일하기 때문에 둘 중 하나가 적용되면 다른 하나는 일어날 수 없다. 즉 반모음 첨가가 적용되면 반모음화가 일어날 수 없고, 반대로 반모음화가 적용되면 반모음 첨가가 일어날 수 없다.

　반모음 첨가와 반모음화 중 어느 것이 적용되느냐의 변인은 화자이다. 즉 화자가 발화 맥락이나 발화 상태에 따라 반모음이 첨가된 발음을 하기도 하고, 반모음화된 발음을 하기도 한다. 반모음화에 대한 자세한 설명은 위의 '2.4.1.3. 반모음화'에 가서 보기 바란다.

2.4.3.3. 사이시옷 첨가

　사이시옷 첨가는 순수하게 음운론적 동기에 의해 일어나는 현상이
아니다. 그래서 음운론적 조건에 더하여 형태론적 조건이 충족될 때
비로소 사이시옷 첨가가 일어난다. 사이시옷이 첨가되었는지의 유무
는 후행 요소의 경음화를 통해서 확인할 수 있다. 형태론적 관점에서
(118)과 (119)의 차이가 무엇인지 찾아보자.

　　(118) 봄-바람[봄빠람], 산-불[산뿔], 강-바닥[강빠닥], 물-고기
　　　　　[물꼬기]

　　(119) 감기, 안개, 쟁기, 일기

　동일하게 /ㅁ, ㄴ, ㅇ, ㄹ/ 뒤인데, (118)에서는 경음화가 일어났고,
(119)에서는 경음화가 일어나지 않았다. 그래서 (118)의 경음화를 설명
하기 위해서는 조건환경에 음운론적 조건에 더하여 (119)와 다른 어
떤 조건이 추가되어야 하는데, 그것은 합성어라는 조건이다. (118)은
합성어인데 비해 (119)는 합성어가 아니다. 합성어 중에서도 합성어를
이루는 두 어근 중 적어도 하나는 고유어인 합성어여야 한다. 그래서
'금-시계(金時計)', '강-산(江山)'처럼 두 어근이 모두 한자어인 합성어
에서는 사이시옷 첨가가 일어나지 않는다. 또한 합성어가 아닌, 단일
어나 파생어에서는 원칙적으로 사이시옷 첨가가 일어나지 않는다고
본다. 결론적으로 (118)의 경음화를 정리하면 (120)과 같다.

(120)

ㄱ. 두 어근 중 적어도 하나는 고유어로 이루어진 합성어에서,

ㄴ. 선행 어근의 말음절이 /ㅁ, ㄴ, ㅇ, ㄹ/ 중의 하나로 끝났을 때.

(120)의 조건이 충족되면 사이시옷이 첨가되고, 첨가된 사이시옷이 후행 요소의 초성을 경음화시킨 후 탈락한다.

한 가지 주의할 것은, 공시적인 사이시옷 첨가인 (118)과, 과거의 어느 시기에 사이시옷이 첨가되어 사이시옷이 첨가된 형태로 어간이 재구조화된 것을 구분해야 한다. (121)의 단어들에도 사이시옷 첨가가 일어났다.

(121)

ㄱ. 냇가[낻까](〈내+가), 햇살[핻쌀](〈해+살), 장맛비[장맏삐](〈장마+비), 장밋빛[장믿삗](〈장미+빛), 고양잇과[고양읻꽈](〈고양이+과)

ㄴ. 콧날[콘날](〈코+날), 잇몸[인몸](〈이+몸), 냇물[낸물](〈내+물)

그런데 (121)의 사이시옷 첨가는 과거에 합성어가 만들어질 당시에 첨가된 것이다. 그러니까 (121)은 공시적으로는 사이시옷 첨가가 일어난 예가 아니다. 과거에 이 단어가 만들어질 당시에 사이시옷 첨가가 적용되었던 단어들이다. 그러니까 (121)의 단어들의 기저형은 이미 사이시옷이 첨가된 형태이다.

기저형이 이미 사이시옷이 첨가된 형태이므로 (121ㄱ)에서의 경음화는 사이시옷 첨가에 의한 경음화인 (118)과 그 원인이 다르다. '냇가[낻까]'의 경음화는 기저형이 이미 /냇가/이므로 불파 경음화이다(/냇가/ → 낻가 → [낻까]).

(120)의 조건이 충족되었다고 해서 항상 경음화가 일어나는 것도 아니다. (122)는 (120)의 조건을 충족하고 있음에도 경음화가 일어나지 않는다. 경음화가 일어나지 않았기 때문에 사이시옷이 첨가된 것으로 해석하지 않는다.

(122) 솜방망이[솜방망이], 불고기[불고기], 석탄불[석탄불]

(118)과 (122)의 차이를 설명하기 위해 조건환경에 의미론적 조건을 추가하기도 한다. 즉 두 어근 간의 의미 관계가 '시간, 장소, 소유, 기원, 용도'일 때 사이시옷이 첨가된다는 것이다. 그러나 의미 관계에 대한 해석이 객관적이지 않고, 이러한 의미론적 조건을 추가해도 사이시옷 첨가 유무를 규칙적으로 예측하지 못하는 한계가 있다.

2.4.4. 축약

2.4.4.1. 유기음화(/ㅎ/ 축약)

축약은 두 음운이 합쳐져서 두 음운의 특성을 부분적으로 가진 제3의 음운이 되는 현상이다. 축약의 결과 음운의 개수가 줄어든다는 점에서는 탈락과 비슷하지만, 음운이 온전히 탈락하는 것이 아니라는 점에서 탈락과 다르다. 즉 탈락이 'xy → x' 또는 'xy → y'라면, 축약은 'xy → z'이고 z에는 x의 자질 일부와 y의 자질 일부가 모두 포함되어 있다.

(123)에서 일어난 음운 변동이 무엇인지 찾아보고, (123ㄱ)과 (123ㄴ)의 차이가 무엇인지도 찾아보자.

(123)

　ㄱ. 입학[이팍], 맏형[마텽], 젖히다[저치다], 축하[추카], 넓히다
　　　[널피다]

　ㄴ. 좋다[조타], 좋고[조코], 좋지[조치], 많다[만타], 싫고[일코]

(123)은 모두 /ㅂ, ㄷ, ㅈ, ㄱ/와 /ㅎ/가 축약되어 /ㅍ, ㅌ, ㅊ, ㅋ/로 바뀌었다. (123ㄱ)과 (123ㄴ)의 차이는 /ㅎ/와 /ㅂ, ㄷ, ㅈ, ㄱ/의 위치이다. 즉 (123ㄱ)은 /ㅎ/가 후행하는 환경인데 비해, (123ㄴ)은 /ㅎ/가 선행하는 환경이라는 점에서 차이가 있다. 그러나 /ㅎ/가 후행하든 선행하든 /ㅂ, ㄷ, ㅈ, ㄱ/와 축약되어 결과적으로 /ㅍ, ㅌ, ㅊ, ㅋ/가 된다는 점에서는 같다.

이처럼 결과적으로 /ㅍ, ㅌ, ㅊ, ㅋ/가 되는데, /ㅍ, ㅌ, ㅊ, ㅋ/가 유기음이기 때문에 (123)을 '유기음화'라고도 부른다. 유기음화가 일어나는 기제가 /ㅎ/의 축약으로 인한 것이기 때문에 '/ㅎ/ 축약'이라고도 한다.

정확한 이유를 설명하지는 못하지만, /ㅅ/가 /ㅎ/와 만나면 /ㅆ/가 된다.

(124) 닿소[다쏘], 낳습니다[나씀니다], 싫소[실쏘]

/ㅅ/의 경우 유기음이 국어에 음소로 존재하지 않기 때문에 /ㅅ/가 유기음화될 수는 없다. 그래서 (124)는 유기음화의 예는 아니다.

2.4.4.2. 모음 축약

(125)처럼 두 모음이 축약되어 제3의 음운이 되는 경우가 있다.

(125) 아이/ai/ → 애/ɛ/

사이/sai/ → 새/sɛ/

두 모음 /a/와 /i/ 어느 하나가 온전히 탈락한 것이 아니기 때문에 탈락이 아니라 축약이다. 축약된 /ɛ/는 전설 저모음인데, 전설의 특성은 /i/의 흔적이고 저모음의 특성은 /a/의 흔적이다.

제3장.
형태론

3.1. 형태소와 이형태

3.1.1. 형태소

형태소(morpheme)의 개념적 정의는 '의미를 가지고 있는 최소의 단위'이다. 만일 어떤 x가 형태소라면, 그 x는 의미를 가지고 있다는 것을 내포하고 있다. 형태소가 의미를 가진 최소의 단위이니까 형태소보다 큰 언어 단위는 형태소 단위로 쪼갤 수 있다. 예컨대 '강산'은 '강-산'으로 쪼갤 수 있고, '먹다'는 '먹—다'로 쪼갤 수 있다. 단어보다 큰 언어 단위 역시 계속해서 쪼개면 최종적으로 형태소 단위까지 쪼갤 수 있다. '구름이 산을 넘었다.'는 문장을 두 개씩 계속해서 쪼개어 보자.

(1)

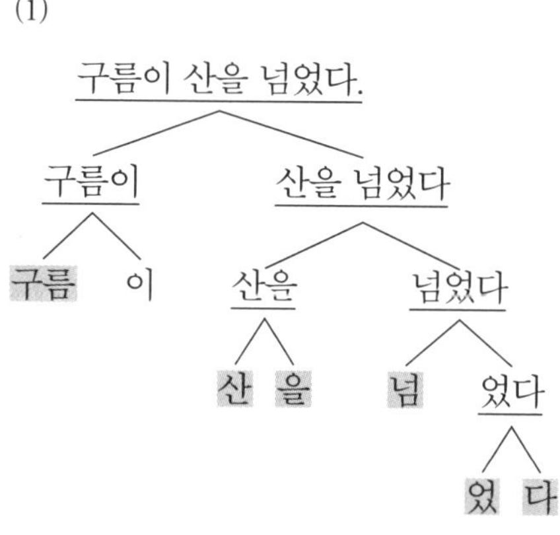

'구름이 산을 넘었다.'를 우선 두 개로 쪼개면 (1)에서 보듯이 '구름이—산을 넘었다'로 쪼개지고, 이 두 개를 계속해서 각각 다시 두 개씩 쪼갤 수 있다. (1)처럼 계속 두 개씩 쪼개었을 때 더 이상 쪼갤 수

없는 말단 단위들이 바로 형태소이다. 그러니까 (1)의 말단 단위, '구름, 이, 산, 을, 넘, 었, 다'가 바로 의미를 가지고 있는 최소의 단위, 즉 형태소이다. 이 말단 단위들은 더 이상 쪼개면 의미가 없는 단위가 된다. 예컨대 '구름'을 다시 두 개로 쪼개면 '구—름'인데, '구'가 무슨 의미를 가지고 있는지, '름'이 무슨 의미를 가지고 있는 알 수 없다. 즉 '구'와 '름'은 의미가 없다. 의미가 없기 때문에 '구'와 '름'은 형태소가 아니다.

형태소는 의미를 가지고 있는 최소의 단위이므로, 어떤 형태가 형태소인지 아닌지를 증명하는 방법은 첫째, 그 형태가 의미를 가지고 있다는 것과, 둘째, 더 이상 쪼개면 의미를 알 수 없게 된다는 것을 확인시켜 주면 된다. '먹었다'는 세 개의 형태소로 이루어진 구성인데, '먹었다'가 세 개의 형태소로 이루어졌다는 것을 증명해 보자.

(2)

ㄱ. **먹**었다 : **잡**았다

ㄴ. 먹다 : 먹**었**다

ㄷ. 먹었**다** : 먹었**니**

(2ㄱ)에서 '먹었다'와 '잡았다'는 의미가 다르다. 이때 '먹었다'와 '잡았다'의 의미를 다르게 하는 것은 '먹-'과 '잡-'이다. '먹-'과 '잡-'이 각각 의미를 가지고 있기 때문에 '먹었다'와 '잡았다'의 의미가 다르다. 그리고 '먹-'과 '잡-'은 더 이상 쪼갤 수 없다. 그러므로 '먹-'과 '잡-'은 의미를 가지고 있으면서 더 이상 쪼갤 수 없는 단위, 즉 형태소라는 것을 확인할 수 있다. (2ㄴ,ㄷ)도 이와 평행하게 증명할 수 있다. (2ㄴ)에서 '먹다'와 '먹었다'는 그 의미가 다른데, 이때 의미를 다르게 만드

는 것은 '-었-'이다. 그러니까 '-었-'은 의미를 가지고 있는 단위이고, 더 이상 쪼갤 수 없으므로 형태소이다. (2ㄷ)의 경우 '먹었다'와 '먹었니'의 의미가 다른데, 의미를 다르게 하는 요소는 '-다'와 '-니'이다. 그리고 '-다'와 '-니'는 더 이상 쪼개면 의미를 알 수 없다. 이처럼 '-다'와 '-니'는 의미를 가지고 있으면서 더 이상 쪼갤 수 없으므로 역시 형태소라는 것을 확인할 수 있다.

형태소는 대체로 1음절 이상인 경우가 많은데, 반드시 그렇지는 않다. 즉 음절보다 작은 단위가 형태소인 경우도 있다.

(3) 가다 : 간다

(3)에서 '가다'와 '간다'는 의미가 다르다. 이때 의미를 다르게 하는 요소는 '가—ㄴ—다'의 '-ㄴ-'이다. 이는 '간다'의 '-ㄴ-'이 의미를 가지고 있다는 것을 증언한다. 의미를 가지고 있으면서 더 이상 쪼갤 수 없는 단위이므로 '가—ㄴ—다'의 '-ㄴ-'은 형태소이다. 이 '-ㄴ-'은 표면적으로 음운 /ㄴ/와 같아 보이지만 음운 /ㄴ/가 아니라 형태소이다. 음운은 의미를 가지고 있지 않기 때문이다. 물론 이 '-ㄴ-'은 '먹는다'의 '-는-'과 의미가 같으면서 '-는-'과 상보적 분포를 보이는 '-는-'의 이형태이다.

형태소는 정말 더 이상 쪼갤 수 없나?

형태소의 정의가 최소의 의미 단위이니까, 의미 단위로는 당연히 형태소를 더 이상 쪼갤 수 없다. 하지만 정말 쪼갤 수 없는 것은 아니다.

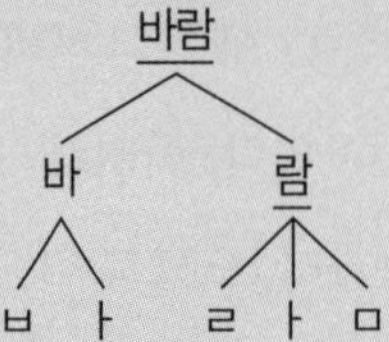

위에서처럼 형태소 '바람'은 음절 단위인 '바―람'으로, 그리고 음절 '바'는 다시 'ㅂ―ㅏ'로, 음절 '람'은 다시 'ㄹ―ㅏ―ㅁ'으로 쪼갤 수 있다. 이렇게 무의미 단위까지 쪼개었을 때, 그렇게 쪼개어진 말단 단위 'ㅂ―ㅏ―ㄹ―ㅏ―ㅁ'이 바로 음운이다. 그래서 음운을 쪼갤 수 있는 소리, 즉 분절음이라고도 한다.

의미의 최소 단위까지 쪼개는 것을 1차 분절이라고 하고, 여기서 더 나아가 무의미 단위까지 쪼개는 것을 2차 분절이라고 한다. 그러니까 1차 분절의 말단 단위는 형태소이고, 2차 분절의 말단 단위는 음운이다.

3.1.2. 이형태

하나의 형태소는 항상 하나의 형태(morph)로만 실현되는 것도 있지만, 하나 이상의 형태로 실현되는 경우가 많다. 이처럼 특정 조건환경에서 실현되는 형태소의 또 다른 형태를 이형태(allomorph)라고 한다.

(4)는 항상 같은 형태로 실현되는 형태소들이다. 항상 같은 형태로 실현되니까 이형태를 가지지 않는다.

　　(4) 강, 땅, 하늘, 바람, 소리, 구름, 별

반면 (5)는 조건환경에 따라 몇 개의 다른 형태로 실현되는 형태소이다.

(5)

	형태소	조건환경에 따른 형태	이형태
ㄱ	/집/	[집], [짐만], [밥찝]	짐, 찝
ㄴ	/닭/	[달기], [닥], [당만], [장딱]	닥, 당, 딱
ㄷ	/먹-/	[먹따], [멍는]	멍-
ㄹ	/-다/	[가다], [먹따]	-따

(5ㄱ)에서 '짐~찝'이 형태소 /집/의 이형태이다. (5ㄴ)에서는 '닥~당~딱'이 형태소 /닭/의 이형태이고, (5ㄷ)에서는 '멍-'이 형태소 /먹-/의 이형태이고, (5ㄹ)에서는 '-따'가 형태소 '-다'의 이형태이다.

그러면 형태소와 이형태의 관계인지, 아니면 서로 다른 별개의 형태소인지를 어떻게 판단하는가? 형태소와 이형태 관계인지 아닌지를 판단하는 기준은 (6)의 두 가지 조건이다.

(6)

첫째, 의미가 동일한가?
둘째, 상보적 분포를 보이는가?

(6)의 두 가지 조건 모두를 충족시키면, 다시 말해 의미가 같으면서 분포가 상보적이면 형태소와 이형태 관계이다. (5ㄱ)을 예로 들어 살펴보자. 먼저 세 형태 '집', '짐', '찝'은 서로 의미가 같다. 그러면서 '집만[짐만]'처럼 후행 음절 초성이 비음으로 시작할 때는 항상 비음화된

[짐]으로 실현되고, '밥집[밥찝]'처럼 선행 음절 종성이 불파되는 환경에서는 항상 경음화된 [찝]으로, 그리고 이 두 조건 이외의 환경에서는 항상 [집]으로 실현된다. 즉 '집~짐~찝'은 서로 상보적 분포를 보인다. 이처럼 '집~짐~찝'은 의미가 같고 분포가 상보적이므로 형태소와 이형태의 관계이다. 이 세 형태 '집~짐~찝' 중에서 /집/이 형태소이고, 나머지 두 형태 '짐', '찝'은 형태소 /집/의 이형태이다.

(6)의 두 가지 조건 중 어느 하나의 조건만 충족시키면 이형태가 아니다. 예컨대 '달걀'과 '계란'은 첫째 조건을 충족시킨다. 하지만 '달걀'과 '계란'은 분포가 상보적이지 않다. 즉 '달걀이 맛있다.'에서 '달걀' 자리에 '계란이 맛있다.'처럼 '계란'이 올 수 있다. 그러니까 '달걀'과 '계란'은 분포가 상보적이지 않다. 이처럼 '달걀'과 '계란'은 (6ㄱ)의 첫째 조건인 의미가 같아야 한다는 것은 충족하지만, (6ㄴ)의 둘째 조건인 상보적 분포를 이루지 않기 때문에 형태소와 이형태의 관계가 아니다. '달걀'과 '계란'은 의미가 같은 별개의 단어, 즉 유의어이다.

형태소는 의미가 같으면서 분포가 상보적인 형태들 중의 하나이다. 다시 말해 의미가 같으면서 분포가 상보적인 형태들 중에서 어느 하나가 형태소이고, 나머지 형태(들)는 그 형태소의 이형태가 된다.

(7)

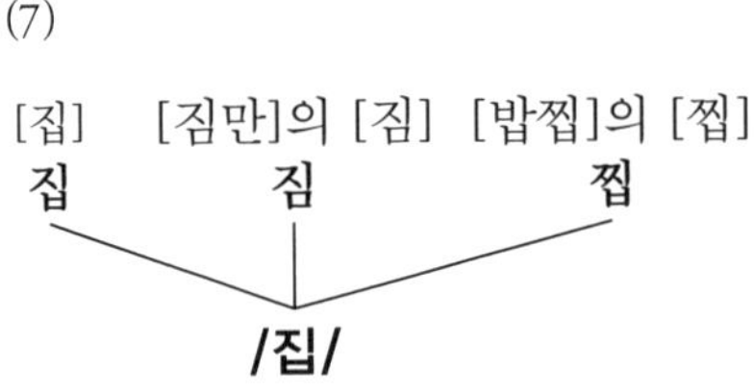

그러면 의미가 같으면서 분포가 상보적인 형태들 중에서 어떤 것이 형태소인지는 어떻게 알 수 있는가? 예컨대 의미가 같으면서 상보적

분포를 보이는 세 형태 '집~짐~찝' 중에서 왜 /집/이 형태소인가? 일단 세 형태 '집', '짐', '찝' 모두 형태소가 될 수 있는 후보가 될 수 있다. 이 세 형태 중에서 어느 하나를 형태소로 정했을 때, 나머지 두 형태를 공시적으로 가장 타당하게 설명할 수 있는 것이 형태소가 된다. '집', '짐', '찝' 세 형태 중에서는 /집/을 형태소로 설정했을 때 나머지 두 형태 '짐', '찝'을 공시적으로 가장 타당하게 설명할 수 있다. /집/을 형태소라고 하면, '밥집[밥찝]'의 [찝]은 불파 경음화로, '집만[짐만]'의 [짐]은 비음화로 설명할 수 있다.

하지만 만일 /찝/을 형태소라고 하면, '집[집]'에서 /찝/이 [집]이 되는 것, 그리고 '집만[짐만]'에서 /찝/이 [짐]이 되는 것을 설명할 수 없다. 마찬가지로 /짐/을 형태소라고 하면, '집[집]'에서 /짐/이 왜 [집]이 되는지, 그리고 '밥찝[밥찝]'에서 왜 /짐/이 [찝]이 되는지 설명할 수 없다. 그래서 '집~찝~짐' 세 형태 중에서 /집/이 형태소이다. /집/이 형태소로 설정되고 나면, 나머지 형태 '짐'과 '찝'은 형태소 /집/의 이형태가 된다.

형태소와 이형태의 관계인지 아닌지를 판단하는 (6)의 두 가지 조건을 이해했다면, 이제 (8)의 '-이'와 '-가'가 형태소와 이형태의 관계인지 아닌지 판단할 수 있을 것이다.

(8)

ㄱ. 산—**이** 높다.

ㄴ. 바다—**가** 넓다.

'-이'와 '-가'는 둘 다 자신과 결합한 요소가 문장의 주어임을 나타내는 의미를 가지고 있다. 즉 의미가 같다. 그리고 '-이'는 선행하는 요소의 말음절이 자음으로 끝났을 때 나타나고, '-가'는 선행하는 요소의 말음절이 모음으로 끝났을 때 나타나 분포상 서로 상보적 분포를 이룬다. 이처럼 '-이~-가'는 (8)의 두 가지 조건을 모두 충족시키므로 형태소와 이형태의 관계라는 것을 확정할 수 있다.

그런데 '-이~-가'의 관계는 (5)의 형태소와 이형태들 간의 관계와 차이가 있다. (5)의 이형태들은 공시적으로 음운 변동이 적용되어 생긴 것들이다. 즉 [짐]은 /집/에 비음화가 적용된 형태이고, [찝]은 /집/에 불파 경음화가 적용된 형태이다. 이처럼 '[집]~[짐]~[찝]'은 공시적으로 음운 변동이 적용된 교체형의 관계이다. 이처럼 음운론적인 조건에 의한 이형태를 '음운론적으로 조건된 이형태'라고 한다.

반면 '-이~-가'의 경우, 두 형태가 선택되는 조건환경은 선행 요소 말음절이 자음으로 끝나느냐 모음으로 끝나느냐에 따른 음운론적인 조건이기는 하다. 하지만 두 형태 '-이'와 '-가'의 관계는 공시적으로 음운 변동이 적용된 교체형의 관계가 아니다. 무슨 말이냐 하면 '-이'에 어떤 음운 변동이 적용되어 [가]가 될 수 없고, 반대로 '-가'에 어떤 음운 변동이 적용되어 [이]가 될 수 없다는 것이다. 그러니까 '-이'와 '-가'가 음운론적으로 조건된 이형태이기는 하지만, 교체형의 관계는 아니다. 반면 '[집]~[짐]~[찝]'의 관계는 음운론적으로 조건된 이형태이면서 또한 공시적인 음운 변동이 적용된 교체형의 관계이다.

(9)의 '-아/어라~-여라'나 '-았/었-~-였-'은 (5)의 이형태 관계, (8)의 이형태 관계와는 또 다른 양상의 이형태 관계이다.

(9)

ㄱ	손을 잡**아라**.	문법을 공부하**여라**.
ㄴ	손을 잡**았**다.	문법을 공부하**였**다.

(9ㄱ)에서 '-아/어라'와 '-여라'는 명령의 의미를 가지고 있다는 점에서 의미가 같다. 그리고 '-여라'는 동사 '하-'나 접미사 '-하-'가 결합한 파생어(공부하-, 생각하- …) 뒤에서만 나타나고, 나머지 환경에서는 '-아/어라'가 나타난다. 그래서 분포상 '-아/어라'와 '-여라'는 상보적 분포를 이룬다. 의미가 같고 상보적 분포를 이루므로 '-아/어라'와 '-여라'는 이형태 관계이다.[1] 과거 시제 선어말어미 '-였-' 역시 동사 '하-'나 접미사 '-하-'가 결합한 파생어(공부하-, 생각하- …) 뒤에서만 나타나고, 나머지 환경에서는 '-았/었-'이 나타난다. 그러니까 '-았/었-'과 '-였-'도 둘 다 과거 시제를 나타내는 선어말어미이면서 분포가 상보적이므로 이형태 관계이다.

그런데 '-아/어라~-여라' 그리고 '-았/었-~-였-'의 조건환경은 (5), (8)과 달리 음운론적인 조건이 아니다. '-여라'나 '-였-'은 특정 어휘, 즉 '하-' 동사나 접미사 '-하-'가 결합한 파생어라는 어휘적인 조건에서 나타난다. 그래서 '-아/어라~-여라', '-았/었-~-였-'을 '어휘적으로 조건된 이형태'라고 한다. 그리고 '-아/어라'와 '-여라'는 공시적인 음운 변동이 적용된 교체형의 관계도 아니다. 즉 '-아/어라'가 '-여라'로 교체하거나, '-여라'가 '-아/어라'로 교체한 것이 아니다. 이는 '-았/었-'과 '-였-'의 관계도 마찬가지이다. 이러한 점에서 (9)의 '-아/어라~-여라' 그리고 '-았/었-~-였-'의 이형태 관계는 (5)의 이형태 관계와도 다르고, 또한 (8)의 이형태 관계와도 다르다.

---

1 엄밀히 말하면 '-아라'와 '-어라'도 의미가 같고 분포가 상보적이어서 이형태 관계이다. 어간 모음이 /ㅏ, ㅗ/일 때는 '-아라'가, 어간 모음이 /ㅏ, ㅗ/ 이외의 모음일 때는 '-어라'가 결합하여 서로 상보적 분포를 보인다. '-았-'과 '-었-'의 관계 역시 마찬가지이다. 그런데 '-아라'와 '-어라'의 관계는 모음조화에 따른 것이어서 다른 이형태 관계와는 그 성격이 다르다. 그래서 개론 수준에서는 일반적으로 '-아라'와 '-어라'를 굳이 이형태 관계로 기술하지 않고 하나의 형태처럼 '-아/어라'의 형식으로 나타낸다.

'오너라'의 '-너라'는 '-아/어라'의 이형태인가?

'오너라'의 '-너라'는 명령의 의미를 나타낸다는 점에서 '-아/어라'와 의미가 같고, 동사 '오-'하고만 결합한다는 점에서 (9ㄱ)의 '-여라'와 유사하다. 그렇지만 '-여라'와는 또 다른 행동을 보이기 때문에 '-너라'를 '-아/어라'의 이형태로 볼 수 없다. 학교문법에서나 예전 개론서 중에서 '-너라'를 '-아/어라'의 어휘적으로 조건된 이형태로 다룬 경우가 없지는 않지만, '-너라'는 이형태의 정의에 부합하지 않는다.

ⓐ 이리 오너라.
ⓑ 이리 와라.

위에서 보듯이 '-너라'가 나타나는 자리에 '-아/어라'도 나타난다. 이는 '-아/어라'와 '-너라'가 상보적 분포 관계가 아님을 증언한다. 이형태 관계는 의미가 같고 분포가 상보적이어야 하는데, '-너라'는 '-아/어라'와 의미는 같지만 분포가 상보적이지 않으므로 '-아/어라'의 이형태로 볼 수 없다.

3.1.3. 형태소와 단일어

형태소 중에서 문장에서 자립해서 쓰이는 형태소가 단일어(simple word)이다. 그러니까 단일어는 형태소이면서 동시에 단어이다. 단어는 단일어처럼 하나의 형태소로 이루어진 단어도 있고, 둘 이상의 형태소로 이루어진 단어도 있다. 둘 이상의 형태소로 이루어진 단어를 복합어(파생어, 합성어)라고 한다. 그러니까 언어 단위의 크기는 형태소보다 단어가 더 크다. 단어 중에서 가장 작은 단위인 단일어만 형태소이고, 복합어는 둘 이상의 형태소로 이루어져 있으니까 형태소보다 크다.

(10)

ㄱ. 강, 산, 하늘, 구름

ㄴ. 매우, 곧, 벌써

ㄷ. 먹-, 잡-, 보- ∥ 예쁘-, 많-

(11)

ㄱ. -다, -고, -지, -(으)니, -(으)면

ㄴ. 맨-, 풋-, -꾼, -쟁이

(10) ~ (11)은 모두 하나의 형태소라는 점에서 공통적이다. 하지만 (10)은 하나의 형태소이면서 단어인 반면, (11)은 하나의 형태소이지만 단어는 아니라는 점에서 차이가 있다. (10ㄱ)은 단어 중에서 명사의 예이고, (10ㄴ)은 부사, (10ㄷ)은 '동사∥형용사'의 예이다. 그리고 (11ㄱ)은 어미, (11ㄴ)은 접사의 예이다. (11)이 단어가 아니라고 하였으니까 국어에서 어미와 접사는 단어가 아니다. 이처럼 하나의 형태소는 (10)처럼 단어일 수도 있고, (11)처럼 단어가 아닐 수도 있다. 하나의 형태소가 단어일 때 그 단어는 단일어이다. 단어에 대한 보다 자세한 설명은 '3.2.1. 단어의 정의'에 가서 보기 바란다.

3.1.4. 형태소의 종류

형태소는 자립성의 유무에 따라 자립 형태소와 의존 형태소로 나뉜다. 그리고 실질적인 의미를 가지고 있느냐 아니냐에 따라 실질 형태소(또는 어휘 형태소)와 형식 형태소(또는 문법 형태소)로 나뉜다.

3.1.4.1. 자립 형태소/의존 형태소

자립 형태소의 '자립'의 의미는 문장에 쓰일 때 다른 요소와 결합하지 않고서 단독으로 쓰일 수 있다는 것을 의미한다. 그러니까 자립 형태소는 다른 요소의 도움 없이 그 자체로 문장에 쓰일 수 있는 형태소를 이른다. 이에 비해 의존 형태소는 문장에 쓰일 때 단독으로 쓰이지 못하고, 반드시 다른 요소와 결합해야만 쓰일 수 있는 형태소이다.

(12) **맨**-손, **오솔**-길, 구두-**장이**, 나무-**꾼**, 걸레-**질**

(13) 하늘―**이**, 하늘―**을**, 하늘―**도**, 하늘―**만**

(12) ~ (13)에서 진하게 밑줄 친 형태소들이 의존 형태소이다. (12ㄱ)에서 '맨-', '오솔-'은 접두사이고, '-장이', '-꾼', '-질'은 접미사인데, 접사는 문장에서 단독으로는 나타나지 못한다. 예컨대 '맨-'은 '맨손, 맨입, 맨가슴'처럼 반드시 어근과 결합한 상태로만 문장에 나타날 수 있다. 그래서 접사는 의존 형태소이다. 반면 '맨-손'의 '손', '오솔-길'의 '길', '구두-장이'의 '구두', '나무-꾼'의 '나무', '걸레-질'의 '걸레'는 다른 요소의 도움 없이 단독으로 문장에 나타날 수 있다. 그래서

'손', '길', '구두', '나무', '걸레'는 자립 형태소이다.

(13)의 '-이', '-을', '-도', '-만' 역시 그 자체로는, 즉 단독으로는 문장에 나타날 수 없다. 그래서 의존 형태소이다. 즉 조사(격조사, 보조사)는 모두 의존 형태소이다. 조사에 선행하는 '하늘'은 "하늘 높이 날다.", "하늘 참 맑다."에서 보듯이 조사 없이 단독으로 쓰일 수 있으므로 자립 형태소이다.

(14)에서는 '一'의 좌우에 있는 요소들이 모두 의존 형태소이다.

(14)
ㄱ. 먹一다
　　먹一는一다
　　먹一었一어도
ㄴ. 작一다
　　작一은
　　작一겠一다

동사 '먹-', 형용사 '작-'은 어미와 결합하지 않은 상태로, 즉 단독으로는 문장에 나타날 수 없다. 그래서 의존 형태소이다. 마찬가지로 이미 '-다', '-는-', '-었-', '-어도', '-은', '-겠-' 역시 동사나 형용사와 결합하지 않은 상태로, 즉 단독으로는 문장에 나타날 수 없으므로 의존 형태소이다.

위에서 설명했듯이 자립 형태소와 의존 형태소의 구분은 문장에 나타날 때 다른 요소와 결합하지 않은 상태로, 즉 단독으로 문장에 나타날 수 있느냐 없느냐에 따른 것이다. 다시 말해 '자립'이 아무 것도 없이 자신 혼자서 나타날 수 있어야 한다는 의미가 아니다. 그런데 자립 형태소의 '자립'의 개념을 아무 것도 없이 자신 혼자 쓰일 수 있어야 한다는 것으로 잘못 이해하고서, 관형사가 왜 자립 형태소인지 의문을 제기하는 경우가 많다. 자립 형태소의 자립의 개념을 제대로 이해했다면, 관형사는 다른 요소와 결합하지 않은 채 단독으로 문장에 나타나므로 당연히 자립 형태소라는 것을 알 수 있다.

(15)

　　ㄱ.<u>새</u> 모자를 샀다.

　　ㄴ.<u>두</u> 사람이 모였다.

(15)에서 관형사 '새', '두'는 다른 요소의 도움 없이 '새', '두' 단독으로 문장에 나타났다. (14)의 동사 '먹-', 형용사 '작-'의 경우 '먹-', '작-' 단독으로는 문장에 나타날 수 없지만, 관형사 '새', '두'는 (15)에서 보듯이 '새', '두' 단독으로 문장에 나타났다. 그러니까 자립 형태소의 정의에 따라 관형사 '새', '두'는 자립 형태소이다.

관형사는 체언을 수식하는 단어이다. 관형사의 존재는 관형사의 수식을 받는 피수식어(체언)의 존재를 전제한다. 그래서 관형사는 항상 피수식어와 함께 나타난다. 이러한 특성 때문에 관형사가 마치 의존적인 요소인 것으로 잘못 생각하는 경우가 있다. 그러나 관형사 자체는 다른 요소의 도움 없이 단독으로 문장에 나타난다.

문장에서 관형어로 기능하는 관형사와 관형사의 수식을 받는 피수식어는 서로 분리될 수 없는데, 이는 통사 차원에서의 어와 어의 결합 관계의 특성이다. 이처럼 관형어와 관형어의 수식을 받는 피수식어가 서로 분리될 수 없는 특성을 '수식어-피수식어 제약'이라고 한다.

원래 자립 형태소와 의존 형태소는 굴절어인 인구어(印歐語)를 대상

으로 만들어진 개념이다. 그렇기 때문에 이를 교착어(첨가어)인 국어에
그대로 적용할 경우 국어에 잘 맞지 않는 문제가 생길 수밖에 없다.

(16)

ㄱ. I love you.

ㄴ. She is pretty woman.

(17)

ㄱ. 나는 너를 사랑한다.

ㄴ. 그녀는 예쁜 여자이다.

(16)에서 영어의 동사 'love', 형용사 'pretty'는 문장에 나타날 때 다
른 요소와 결합하지 않은 상태로, 즉 단독으로 문장에 나타난다. 이에
비해 'love', 'pretty'와 같은 의미를 가진 국어의 동사 '사랑하-'와 형용
사 '예쁘-'는 어미와 결합하지 않은 상태로는 문장에 나타나지 못한다.
'사랑하—ㄴ—다', '예쁘—(으)ㄴ'처럼 뒤에 다른 요소—어미—와
결합해야만 문장에 나타날 수 있다. 그래서 자립/의존 형태소의 정의
에 따를 경우, 영어의 'love', 'pretty'는 자립 형태소이지만, 국어의 '사
랑하-', '예쁘-'는 의존 형태소이다.

동사, 형용사는 품사의 하나이고, 품사는 단어의 갈래이다. 그리고
단어는 정의상 문장에서 최소의 자립 형식이다. 문장에서 최소의 자립
형식이 의존 형태소일 수는 없다. 그러니까 어떤 형태소가 단어라면,
그 형태소는 단일어이면서 동시에 자립 형태소라는 것을 함의하고 있
다. 하지만 국어에서는 이 개념을 그대로 적용할 수 없다. '먹-', '작-'
은 품사의 하나로 각각 동사, 형용사이다. 동사, 형용사는 품사의 하나

이니까 품사의 정의에 따라 '먹-', '작-'은 단어이고, 하나의 형태소인 단어이니까 단일어이다. 그러나 '먹-', '작-'은 자립 형태소가 아니다. 이러한 문제가 야기되는 이유는 자립/의존의 정의가 굴절어인 인구어를 토대로 만들어진 개념이기 때문이다. 그러다 보니 교착어인 국어에는 그대로 적용되지 않는 점이 생기는 것이다.

3.1.4.2. 실질 형태소/형식 형태소

형태소에 실질적인 의미가 있느냐 아니면, 실질적인 의미 없이 문법적인 관계를 나타내는 의미만 있느냐를 기준으로 형태소를 구분해 볼 수 있다. 실질적인 의미가 있다는 것은 어휘적인 의미가 있다는 것을 말하는데, 어휘적인 의미가 있다는 것은 개념적으로 정의될 수 있는 의미가 있다는 것을 뜻한다. 그래서 실질 형태소를 달리 어휘 형태소라고도 한다. 이에 비해 형식 형태소는 어휘적인 의미를 가지지 않은 형태소이다. 주로 문법적인 관계를 나타내는 의미를 가진 형태소가 형식 형태소이다. 그래서 형식 형태소를 달리 문법 형태소라고도 한다.

국어의 동사와 형용사는 자립 형태소는 아니지만 실질적인 의미를 가진 실질 형태소이다. 반면 국어의 조사나 어미는 의존 형태소이면서 또한 실질적인 의미가 없는, 문법적인 관계를 나타내는 의미만 있는 형식 형태소이다.

이를 정리하면 아래와 같다.

(18)

    실질 형태소: 자립 형태소 + 단일어 용언(동사, 형용사)
    형식 형태소: 의존 형태소 – 단일어 용언(동사, 형용사)

(18)에서 보듯이 실질 형태소는 자립 형태소에 의존 형태소인 단일어 용언을 포함한 집합이다. 그리고 형식 형태소는 의존 형태소에서 단일어 용언을 뺀 집합이다. 용언 중에는 단일어 용언도 있고 복합어 용언도 있는데, 복합어 용언은 형태소보다 큰 단위이기 때문에 형태소의 종류를 분류하는 대상에 해당되지 않는다.

실질 형태소이냐 형식 형태소이냐는 정도성의 문제이다. 즉 실질 형태소와 형식 형태소가 정확히 딱 선을 갈라서 두 개의 집합으로 나뉘는 것이 아니라, 하나의 연속적인 스펙트럼 상에 있다. 그래서 실질적인 의미가 100%인 실질 형태소와 형식적인 의미가 100%인 형식 형태소 사이에 실질적인 의미가 조금 더 약한 형태소, 형식적인 의미가 조금 더 강한 형태소들이 연속선상 위에 분포되어 있다. 이 연속선상의 어떤 지점을 기점으로 실질 형태소/형식 형태소로 구분하는 것이다. 그래서 같은 형식 형태소로 분류되지만, 주격/목적격/관형격 조사가 형식 형태소의 성격이 가장 강하고, 보조사는 이들 격조사보다는 어휘적인 의미가 조금 더 강하다.

실질이냐 형식이냐가 정도성의 문제이기 때문에 스펙트럼상의 중간 지점에 있는 형태소들은 명확히 어느 한 쪽으로 분류하기 어려운 성격을 가지고 있다. 그래서 관점에 따라서는 실질 형태소로 분류될 수도 있고, 형식 형태소로 분류될 수도 있는 특징을 보인다. 대표적인 예가 접사인데, 접사 중에서도 특히 접두사가 그렇다.

(19)

ㄱ. 헛-일, 헛-수고

ㄴ. 개-살구, 개-복숭아

ㄷ. 엿-보다, 엿-듣다

(19)에서 접두사 '헛-', '개-', '엿-'은 그 자체에 어휘적인 의미를 가지고 있다. 사전에서도 이들 접두사는 어휘적인 의미를 가지고 있는 것으로 뜻풀이되어 있다. 그러나 그렇다고 이들 접두사가 명사나 동사, 형용사, 부사 등과 같은 정도로 실질적인 의미가 있다고 말하기는 어렵다. 이처럼 '헛-', '개-', '엿-'과 같은 접두사들은 실질 형태소와 형식 형태소의 경계 지점 어딘가에 위치하는 형태소라고 할 수 있다.[2]

접사 중에서 접미사 '-님'이나 '-들'은 특히 형식 형태소의 성격이 강한 접사이다.

(20)

ㄱ. 선생-님, 사장-님, 회장-님

ㄴ. 학생-들, 나무-들, 꽃-들

(20)의 접미사 '-님', '-들'은 실질적인 의미가 거의 없다. '-님'은 결합한 어근에 [+존대]의 문법적인 의미를 더해 주고, '-들'은 결합한 어근이 [+복수]라는 문법적인 의미를 더해 준다. [존대]와 [복수]는 어휘적인 의미가 아닌, 전형적인 문법적인 의미이다.

이처럼 같은 접사라고 해서 모두 똑같은 정도의 실질적/형식적 의미를 가지고 있다고 할 수 없다. 접사 내에서도 그 실질적 의미의 정도성이 다르다. 그래서 단순히 기계적으로 접사라는 이유로 모두 형식 형태소로 규정하는 것은 옳지 않다. 이러한 이분법적인 태도는 사실을 제대로 포착할 수 없게 한다.

---

2 현대국어에서는 '엿-'이 접두사이지만 중세국어에서 '엿-'은 동사였다. 즉 동사였던 것이 접두사로 문법화된 것이다. 그렇기 때문에 '엿-'은 당연히 어휘적인 의미를 가지고 있다.

3.2. 단어

3.2.1. 단어의 정의

단어를 어떻게 정의하든 일단 크기는 형태소하고 같거나 형태소보다 큰 단위이다. 단일어는 하나의 자립 형태소이므로 형태소와 그 크기가 같지만, 복합어(파생어, 합성어)는 적어도 둘 이상의 형태소가 결합한 구성이므로 형태소보다 크다. 일반언어학적 관점에서의 단어의 정의는 (21)이다.

(21)

ㄱ. 최소의 자립 형식(minimal free form)

— Bloomfield(1933)

ㄴ. 그 형태의 전후에 휴지가 있고, 그 형태의 중간에 휴지가 올 수 없는 문장의 일부

— Hockett(1958)

(21ㄴ)은 (21ㄱ)을 상술한 성격의 정의이다. 자립 형식은 단어뿐만 아니라, 구나 문장도 자립 형식이다. 그러니까 자립 형식은 자립 형태소와는 다른 개념이다. 자립 형식이라고 할 때 어디에서 자립하는 형식이냐를 이해하는 것이 중요한데, 그 '어디에서'가 문장이다. 즉 문장에서 자립해서 쓰이는 형식이 자립 형식인데, 그러한 자립 형식 중에서 최소의 것이 단어이다. 최소의 자립 형식이기 때문에 그 내부에 휴지가 올 수 없고, 제3의 다른 요소가 개입될 수도 없다. 그 내부에 휴지

가 올 수 없으므로 휴지는 그 전후에 올 수밖에 없다. 이런 특성을 가진 것, 즉 최소의 자립 형식이 단어이다.

(21)의 단어의 정의는 굴절어인 인구어를 대상으로 정립된 것이다. 그래서 굴절어를 대상으로 정의된 (21)을 교착어인 국어에 그대로 적용할 경우, 딱 들어맞지 않는 부분이 생긴다. 국어에서 체언(명사, 대명사, 수사)은 조사와 결합하여 문장에 쓰이고, 용언(동사, 형용사)은 어미와 결합하여 문장에 쓰인다. 그래서 (21)의 정의를 그대로 적용하면, '물이 깊었다.'의 경우 단어는 '물이'와 '깊었다'가 된다. 하지만 '물이'와 '깊었다'가 단어는 아니다. '물이'는 명사 '물'에 주격 조사 '-이'가 결합한 구성이고, '깊었다'는 형용사 '깊-'에 과거 시제 선어말어미 '-었-', 그리고 종결어미 '-다'가 결합한 구성이다. (21)의 정의를 그대로 적용하면 '물이 깊었다'의 경우 '물이'와 '깊었다'가 단어라고 해야 하는데, 실제 국어에서 단어는 '물'과 '깊-'이다.

'깊-'이 단어 중에서 단일어라는 사실을 부정하지 않는다면, '깊었다'가 단어일 수는 없다. '깊었다'는 이미 '깊—었—다'처럼 세 개의 형태소가 결합한 구성인데, 세 개의 형태소라는 것과 단일어라는 것은 서로 정합적이지 않다. 이 사실만으로도 '깊었다'가 단어가 아니라 '깊-'이 단어라는 것을 알 수 있다.

(21)의 단어의 정의가 굴절어인 인구어를 대상으로 이루어진 것이라는 점을 고려할 때, (21)의 정의가 교착어인 국어에 그대로 적용되지 않는 것이 이상하지는 않다. 그래서 교착어의 특성을 고려해서 단어의 정의를 수정할 필요가 있다.

국어에서 동사, 형용사는 어미와 결합하지 않은 채 단독으로는 문장에 나타날 수 없다는 점에서 자립 형식은 분명 아니다. 자립 형식의 정의에 부합하는 것은 동사, 형용사가 아니라 이들이 어미와 결합한 형태인 활용형이다. 그러나 국어에서 동사, 형용사가 비록 자립 형식은 아니지만, 문장에서의 기능—서술어로 쓰인다—이라는 측면에서는 인구어의 동사, 형용사와 다르지 않다. 그래서 국어의 경우 동사, 형용사가 비록 문장에서 자립 형식은 아니지만, 하나의 단어로 다룬다.

'가다'가 동사인가, '가-'가 동사인가?

위에서 설명한 것처럼 동사는 당연히 '가-'이다. '가다'는 동사 '가-'에 종결어미 '-다'가 결합한 활용형이다. 활용형의 정의가 동사에 어미가 결합한 형태이므로, 활용형이 동사일 수는 없다. 동사는 활용형에서 어미를 뺀 나머지, 그러니까 활용형 '가다'에서 어미 '-다'를 뺀 '가-'가 동사이다.

그런데 학교문법에서 동사나 형용사를 언급하거나 가리킬 때 어미가 결합한 형태로 즉, 활용형으로 말하게 되어 있다. 즉 '집에 갔어', '집에 갔습니다'에서 동사를 찾으라고 하면 각각 활용형 '갔어', '갔습니다'로 대답하게 되어 있다. 그러다 보니 같은 동사를 같지 않은 것으로 말하는 결과가 초래된다. 뿐만 아니라 그러다 보니 2개의 형태소로 이루어진 구성인 '가다'를 단일어로 가르치게 되는 문제도 발생한다. 하나의 형태소로 이루어진 단어라는 단일어의 정의와, 2개의 형태소로 이루어진 '가다' 심지어 3개의 형태소로 이루어진 '갔다'가 단일어라는 것은 서로 정합적이지 않다.

학교문법에서 이렇게 가르치게 되어 있는 것에는 아마도 학습자 수준을 고려한 교수-학습 차원의 고려가 반영된 것으로 보이기는 한다. 국어에서 동사, 형용사는 자립 형식이 아닌데, 최소의 자립 형식이라는 단어의 정의에 부합하게 동사, 형용사를 지칭하려고 하다 보니 활용형으로 동사, 형용사를 지칭하게 된 것으로 보인다. 여기에 사전에서의 동사, 형용사 표제어 등재 방식도 한몫을 했을 것으로 보인다. 사전에 동사, 형용사는 어미 중에서 대표적으로 종결어미 '-다'가 결합한 형태로, 즉 '가다', '예쁘다'의 형태로 등재되어 있다. 학교 교육에서 사전은 중요한 참고 자료인데, 이러한 사전의 처리 방식과의 일치도 일정 정도 고려했을 수 있을 것이다.

동사, 형용사를 언급하거나 가리킬 때 어미 중에서 대표적으로 종결어미 '–다'가 결합한 형태로 말하는 것은 언어적 사실과는 무관한, 국어학계의 암묵적 약속이라고 할 수 있다. 다시 말해 '가다'가 동사여서 '가다'로 나타내는 것이 아니라, '가–'가 동사이지만 편의상 '가다'로 '가–'를 언급하거나 가리키기로 약속한 것일 뿐이다.

이 책에서 동사, 형용사를 나타낼 때는 기본적으로 '가–', '예쁘–'처럼 어미를 뺀 형태로 나타낸다. 다만 동사/형용사인지 활용형인지를 굳이 구분할 필요가 없는, 단순히 어휘를 지칭하는 맥락에서는 관례를 좇아 '가다', '예쁘다'로 나타낼 때도 있을 것이다.

3.2.2. 구성과 직접구성요소 분석

구성은 두 개 이상의 요소로 이루어진 단위이고, 구성을 구성하는 요소를 구성 요소라고 한다. 정리하면 구성이라고 하려면 적어도 두 개 이상의 구성 요소로 이루어져 있어야 하는데, 그렇기에 구성은 쪼갤 수 있는 단위이다. 쪼갤 수 없는 단위는 구성이 아니다. 하나의 문장도 구성이고, 구성이기에 당연히 쪼갤 수 있다.

형태론에서 최소의 단위는 형태소이다. 그리고 4장에서 살펴보겠지만 문장을 구성하는 최소 단위는 '어(語)'이다. 음소가 모여 음절을 구성하고, 형태소가 모여 단어를 구성하고, '어(語)'가 모여 문장을 구성한다. 이처럼 보다 작은 둘 이상의 단위들이 모여 이루어진 것을 구성(construction)이라고 한다. 이때 구성을 이루는 각각의 단위를 '구성 요소'라고 한다.

형태소는 뜻을 가지고 있는 최소의 단위이므로 의미 단위로는 더 이상 쪼갤 수 없다. 그래서 의미 단위에서 형태소는 구성이 아니다. 단일어 역시 그 정의상 하나의 형태소가 자립해서 쓰이는 것이니까 구성이 아니다. 단어 단위에서 구성은 복합어, 즉 파생어와 합성어이다. 그러니까 파생어와 합성어는 두 개 이상의 형태소로 이루어진 구성이다. 구성이니까 쪼갤 수 있다.

하나의 구성을 보다 작은 단위로 쪼개는 것을 '구성요소분석'이라고 한다. 그리고 하나의 구성을 처음 두 개로 쪼개는 것, 즉 1차로 구성을 두 개로 쪼개는 것을 '직접구성요소 분석'이라고 한다. 영어의 Immediate Constituent 첫 글자를 따서 'IC 분석'이라고도 한다.

직접구성요소 분석은 단어의 종류를 파악하는 데 유용하다. 먼저 어떤 단어가 직접구성요소 분석이 안 된다면, 그 단어는 단일어이다. 직접구성요소 분석이 된다면, 그 단어는 복합어이다. 그리고 직접구성요소 분석이 되는 복합어가 파생어인지 합성어인지는 직접구성요소 분석이 된 두 구성 요소의 성격에 의해 결정된다. 즉 어떤 단어를 처음 둘로 쪼개었을 때—직접구성요소 분석을 했을 때—두 구성 요소 가운데 하나라도 접사이면 파생어이고, 두 구성 요소 모두 접사가 아니면 합성어이다. 두 구성 요소 모두 접사가 아니라는 것은 두 구성 요소가 모두 어근이라는 의미이다.

단어를 처음 두 개로 쪼갠, 즉 직접구성요소 분석을 한 구성 요소를 2차로 다시 쪼개는 것은 파생어인지 합성어인지를 판단하는 데 관여하지 않는다. 단어를 2차, 3차로 쪼개는 것은 단어의 내부 구조를 분석하기 위한 것이고, 파생어인지 합성어인지를 판정하기 위한 것은 아니다. 파생어인지 합성어인지의 판정은 1차로 쪼갠 결과, 즉 직접구성요소 분석의 결과에 의해 결정된다.

(22)

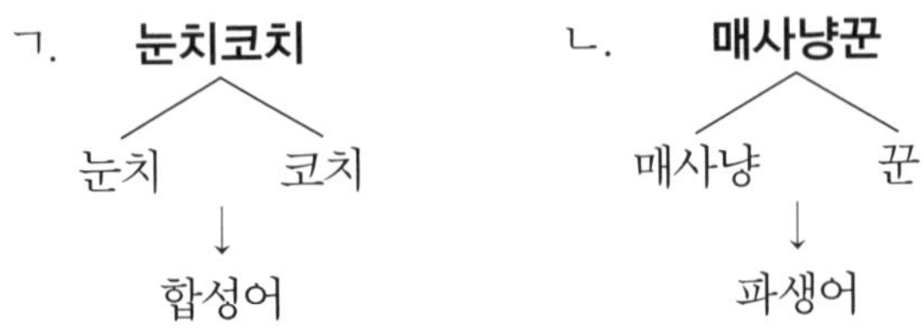

  ㄱ. **눈치코치**   ㄴ. **매사냥꾼**

(22ㄱ)의 '눈치코치'는 직접구성요소 분석을 했을 때, 두 구성 요소 '눈치'와 '코치' 둘 다 접사가 아니므로 합성어이다. '-치'가 접사이므로 '눈치'도 파생어이고 '코치'도 파생어이다. 하지만 '눈치-코치'의 두 구성 요소인 '눈치'와 '코치'는 접사가 아니라 단어인 어근이다. 그래서 '눈치코치'는 합성어이다. 반면 '매사냥꾼'은 직접구성요소 분석을 했을 때, 두 구성 요소 중 하나인 '-꾼'이 접사이므로 파생어이다. '매사냥-꾼'의 두 구성 요소 중 하나인 '매-사냥'은 합성어이지만, 복합어 '매사냥-꾼'에 참여한 두 구성 요소 중 하나인 '-꾼'이 접사이기 때문에 정의상 '매사냥-꾼'은 파생어이다.

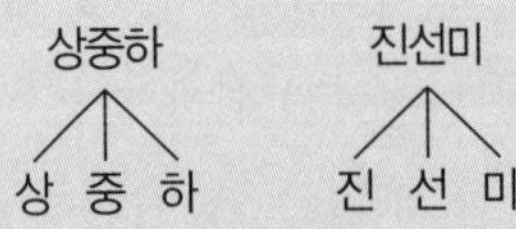

'상중하'의 직접구성요소 분석은?

직접구성요소 분석을 한다는 것은 구성을 두 개로 쪼개는 것이다. 그런데 예외적으로 두 개로 쪼갤 수 없는 단어도 있다.

    상중하   진선미

  상 중 하   진 선 미

3.2.3. 분석적 관점과 형성적 관점

학생들에게 많이 받는 질문 중의 하나가 '무덤'이 단일어인가 파생어인가 하는 것이다. 어떻게든 하나의 정답을 요구하는 사고를 하게 되면, 이 질문은 무척이나 궁금한 것일 수 있다. '무덤'을 하나의 형태소로 보게 되면 단일어이고, '무덤'을 두 개의 형태소로 보게 되면 파생어이다. 그러니까 여기서 핵심은 '무덤'을 하나의 형태소로 볼 것이냐 두 개의 형태소로 볼 것이냐 하는 것이다. 이는 형태소의 정의와도 물려 있다. 형태소의 정의가 "의미를 가진 최소의 단위"인데, 이러한 단위가 분석적으로도 분석이 되고, 실제 단어 형성에도 참여한다면 당연히 형태소이다. 그런데 분석적 관점에서는 분석이 되지만, 단어 형성에는 참여하지 못하는 것도 있다.

(23)

ㄱ. 무덤, 주검

ㄴ. 지게, 마개

분석적인 관점으로만 보면 '무덤'은 '묻-엄'으로, '주검'은 '죽-엄'으로 분석할 수 있다. 또한 '지게'는 '지-게'로, '마개'는 '막-애'로 분석할 수 있다. 이처럼 분석적 관점으로만 본다면 (23)의 단어들은 모두 파생어라고 할 수 있다.

그런데 '-엄', '-게', '-애'는 모두 현대국어에 존재하지 않는, 과거에는 존재했지만 현재는 소멸된 접미사이다. 현재 존재하지 않는 접미사이니까 당연히 단어 형성에 참여할 수 없다. '-엄'이 단어 형성에 참여할 수 없는, 이미 소멸되어 현재 존재하지 않는 형태소인데, '무덤'을 '묻-엄'으로 분석하는 것은 존재하지 않는 것을 존재한다고 하는 것과 같다. '-게', '-애' 역시 마찬가지이다. 그러니까 형성적 관점만으로 보면 '무덤', '주검', '지게', '마개'는 더 이상 분석할 수 없는 단어이므로 파생어라고 할 수 없게 된다.

그러니까 (23)의 단어들의 경우 분석적 관점을 중시하여 파생어라고 할 수도 있고, 형성적 관점을 중시하여 단일어라고 할 수도 있다. 중요한 것은 단일어, 파생어 어느 한 쪽으로 결론을 몰아가는 사고가 아니라, (23)을 통해 형태소의 정의에 대한 이해를 깊이 있게 하는 것이다. 많은 형태소들은 '보-기', '겁-쟁이'처럼 분석적 관점과 형성적 관점 둘 다를 충족시킨다. 하지만 (23)의 '-엄', '-게', '-애'처럼 분석적 관점은 충족시키지만 형성적 관점을 충족시키지 못하는 형태소도 있다는 것을 이해하는 것이 필요하다. 전자를 온전한 형태소라고 한다면, 후자는 부족한 형태소라고 할 수 있을 것이다.

분석적 맥락이 중심일 때는 '-엄', '-게', '-애'를 형태소로 간주하여 (23)의 단어들을 파생어로 해석할 수 있다. 반면 단어 형성이라는 형성적 맥락이 중심일 때는 '-엄', '-게', '-애'를 형태소로 보기 어렵고, 그렇기 때문에 (23)의 단어들을 파생어로 해석하기 어렵다. 아무튼 이러한 사실로부터 기억해야 하는 중요한 점은 형태소 여부를 판정할 때 분석적 관점과 형성적 관점, 이 두 관점을 동시에 고려하여야 한다는 것이다.

분석적 관점과 형성적 관점의 차이에는 통시적 사실과 공시적 사실
에 대한 판단이 개입한다. 통시적으로 '무덤'은 동사 어간 '묻-'에 명사
파생 접미사 '-엄'이 결합한 파생어 '묻-엄'이다. 하지만 공시적으로
'무덤'을 '묻-엄'으로 분석할 수 있느냐는 다른 차원의 문제이다. 앞서
언급했듯이 공시적으로 현대국어에서 '-엄'이라는 접미사가 형태소로
존재하지 않기 때문이다. 그러니까 통시적으로 '무덤'은 '묻-엄'으로
분석되지만, 공시적으로는 '무덤'은 더 이상 분석할 수 없다. 이는 (24)
의 경우도 마찬가지이다.

 (24) 개구리, 뻐꾸기, 올빼미, 기러기

통시적으로 '개구리'는 '부엉-이', '멍멍-이'와 마찬가지로 '개굴-이'
처럼 '개굴'에 접미사 '-이'가 결합한 파생어이다. 하지만 공시적으로
'개구리'를 '개굴-이'로 분석할 수 있느냐는 다른 문제이다. 공시적으
로 '개구리'에 결합된 접미사 '-이'에 대한 인식이 소멸되었다면, '개구
리'는 더 이상 분석할 수 없는 단어이다. 더 이상 분석할 수 없다면, 공
시적으로 '개구리'는 단일어리고 해야 힌다. 그러나 통시적으로 '개구
리'는 단일어가 아니라 '개골-이'의 파생어였다(개골-이 > 개구리). '뻐
꾸기', '올빼미', '기러기' 역시 '개구리'와 평행한 예이다.

3.2.4. 단일어와 복합어

하나의 형태소가 문장에서 자립해서 쓰인다면 그것은 정의상 단어

이다. 이처럼 하나의 형태소로 이루어진 단어가 단일어(simple word)이다. 형태소가 두 개 이상으로 이루어진 단어는 복합어(complex word)이다. 복합어는 다시 파생어(derived word)와 합성어(compound word)로 나뉜다. 파생어를 만드는 단어 형성 방식을 파생이라고 하고, 합성어를 만드는 단어 형성 방식을 합성이라고 한다. 그러니까 파생어는 파생이라는 단어 형성법에 의해 만들어진 단어이고, 합성어는 합성이라는 단어 형성법에 의해 만들어진 단어이다.

새로운 단어가 만들어지는 기본적인 방식은 파생과 합성이다. 파생은 어근에 접사를 결합시켜서 단어를 만드는 방식이고, 합성은 어근과 어근을 결합시켜서 단어를 만드는 방식이다.

단어	단일어		
	복합어	파생어	어근+접사 / 접사+어근
		합성어	어근+어근

파생법에 의해 만들어진 단어의 품사가 명사이면 파생 명사, 형용사이면 파생 형용사, 동사이면 파생 동사, 부사이면 파생 부사와 같은 방식으로 명명한다.

(25)

ㄱ	욕심-쟁이, 웃-음	→	파생 명사
ㄴ	슬기-롭-, 아름-답-	→	파생 형용사
ㄷ	읽-히-, 반짝-거리-	→	파생 동사
ㄹ	조용-히, 없-이	→	파생 부사

마찬가지로 합성법에 의해 만들어진 단어의 품사가 명사이면 합성 명사, 형용사이면 합성 형용사, 동사이면 합성 동사, 부사이면 합성 부사와 같은 방식으로 명명한다.

(26)

ㄱ	밤+낮, 언어+생활	→	합성 명사
ㄴ	높-+푸르-, 희-+뿌옇-	→	합성 형용사
ㄷ	오-+가-, 들어+가-	→	합성 동사
ㄹ	곧+잘, 멀리+멀리	→	합성 부사

파생어와 합성어는 단어를 구성하는 두 구성 요소의 성격에 의해 구분된다. 단어를 처음 두 개로 쪼개었을 때, 즉 직접구성요소 분석을 했을 때 두 구성 요소 중 어느 하나라도 접사이면 파생어이다. 두 구성 요소 중 어느 것도 접사가 아니면, 즉 '어근+어근'으로 이루어져 있으면 합성어이다.

그러면 단일어, 파생어, 합성어의 예를 간단히 살펴보자. (27)은 단일어, (28)은 파생어, (29)는 합성어의 예이다.

(27) 강, 산, 바다, 하늘, 매우, 잘, 가-, 오-, 먹-

(28)

ㄱ. 개-살구, 맨-주먹, 짓-밟-

ㄴ. 욕심-쟁이, 나무-꾼, 수고-스럽-

(29)

　ㄱ. 강+산, 김+밥, 책상+다리, 오+가-, 오르+내리-

　ㄴ. 나아+가-, 들어+가-, 슬퍼+지-, 예뻐+지-

　파생어의 경우 (28ㄱ)처럼 접두사가 결합하여 만들어진 접두 파생어, (28ㄴ)처럼 접미사가 결합하여 만들어진 접미 파생어로 다시 구분한다. 그러면 '풋-내기'처럼 단어를 처음 두 개로 쪼개었을 때 두 구성 요소가 모두 접사이면 어떻게 될까? 두 구성 요소 중 하나라도 접사이면 파생어라고 했으니까, '풋-내기'는 정의상 당연히 파생어이다.

　합성어의 원론적 정의는 '어근+어근'으로 이루어진 단어이다. 그런데 앞에서 이러한 원론적인 정의를 두고서, 왜 단어를 처음 두 개로 쪼개었을 때 두 구성 요소가 모두 접사가 아니면 합성어라고 설명하였을까? 그것은 어근을 정의하기가 쉽지 않기 때문이다. (29ㄱ)에서는 단어가 어근이다. 그런데 당장 (29ㄴ)의 경우에는 선행 어근을 단어라고 할 수 없다. '나아-가-'에서 선행 요소인 '나아'는 단어가 아니라 동사 어간 '나-'에 어미 '-아'가 결합한 활용형이다. 후행 요소 '가-'는 단어이다. '나아가-'가 합성어이니까, 합성어의 정의에 따라 선행 요소인 활용형 '나아'는 어근이어야 한다. 그러니까 같은 어근이지만, '나아가-'에서 '나아'는 활용형인 어근이고, '가-'는 단어인 어근이어서 어근의 성격이 같지 않다. '들어-가-'의 선행 요소 '들어(들-+-어)', '슬퍼-지-'의 선행 요소 '슬퍼(슬프-+-어)', '예뻐-지-'의 선행 요소 '예뻐(예쁘-+-어)' 역시 활용형이다.

　이처럼 어근을 명확하게 정의하기가 어렵기 때문에 구성 요소의 성격이 어근인지 아닌지를 검증하는 작업은 현실적으로 쉽지 않다. 상대적으로 접사인지 아닌지를 검증하는 것은 어근인지 아닌지를 검증하는 것에 비해서는 그래도 명료한 편이다. 그래서 두 구성 요소 중에 접사가 있는지 없는지 여부로 파생어인지 합성어인지를 판단하는 것이 좀 더 쉬운 방법이라고 할 수 있다.

복합어 중에는 파생어인지 합성어인지가 논란이 되는 것들이 있다. (30)의 복합어들이 이에 해당하는데, 이러한 논란이 일어나는 이유는 직접구성요소 분석의 차이 때문이다.

(30) 줄넘기, 목걸이, 구두닦이, 고래잡이, 술래잡기

'줄넘기'를 (30㉠)처럼 직접구성요소 분석을 할 경우, '줄넘기'는 두 구성 요소 중 어느 것도 접사가 아니므로, 즉 두 구성 요소가 모두 어근이므로 합성어이다. 반면 '줄넘기'를 (30㉡)처럼 직접구성요소 분석을 할 경우, '줄넘기'는 파생어이다. 두 구성 요소 중 '-기'가 접미사이기 때문이다. '목걸이', '구두닦이', '고래잡이', '술래잡기' 모두 '줄넘기'와 평행하다. 이처럼 (30)의 단어들은 합성어로 보는 견해와 파생어로 보는 견해가 오래 전부터 논쟁이 되어 왔고, 지금도 논쟁중이다. 이러한 논쟁이 야기되는 핵심은 직접구성요소를 어떻게 분석하느냐에 따른 것이다.

(30)을 파생어로 보는 관점에서는 '줄넘기'에서 '줄넘-'이 어근이다. 그런데 이 어근 '줄넘-'은 '먹이'의 어근 '먹-'과는 그 성격이 다르다. '먹-'은 단어이지만, '줄넘-'은 '줄(을) 넘-'이라는 '목적어+동사'의 동사구 구성이다. 그러니까 '줄넘기'는 '줄(을) 넘-'이라는 동사구에 접미

사 '-기'가 결합하여 '줄넘기'라는 파생어가 만들어진 것이다. 동사구 '줄(을) 넘-'은 어휘적 단위가 아니라 통사적 구성이다. 그래서 (30)과 같은 파생을 '먹-이'처럼 단어인 어근에 접사가 결합한 파생과 구분하여 통사적 파생이라고 한다.

파생과 합성은 반복해서 일어날 수 있다. 즉 파생에 의해 만들어진 파생어가 다시 또 다른 파생에 참여할 수도 있고, 또 다른 합성에 참여할 수도 있다. 또한 합성에 의해 만들어진 합성어가 또 다른 합성에 참여할 수도 있고, 또 다른 파생에 참여할 수도 있다.

(31)

ㄱ	개-살구(파생어)	→ 합성	개살구-나무(합성어)
ㄴ	거짓-말(합성어)	→ 파생	거짓말-쟁이(파생어)
ㄷ	잔-소리(파생어)	→ 파생	잔소리-꾼(파생어)
ㄹ	논-밭(합성어)	→ 합성	논밭-머리(합성어)
ㅁ	밤-낮(합성어)+없이(파생어)	→ 합성	밤낮-없이(합성어)
ㅂ	걸음(파생어)+걸음(파생어)	→ 합성	걸음-걸음(합성어)

(31)에서 보듯이 파생과 합성은 반복되면서 새로운 단어를 형성한

다. (31ㅁ)처럼 합성어와 파생어가 결합해서 새로운 합성어를 만들기
도 하고, (31ㅂ)처럼 파생어와 파생어가 결합해서 새로운 합성어를 만
들기도 한다.

3.2.5. 파생어

3.2.5.1. 지배적 접사와 한정적 접사

접사 중에는 결합하는 어근의 품사를 바꾸는 접사도 있고, 결합하는
어근의 품사를 바꾸지 않는 접사도 있다.

(32)

ㄱ. 손(명사) → **맨-**+손(명사)

ㄴ. 돌-(동사) → **휘-**+돌-(동사)

ㄷ. 욕심(명사) → 욕심+**-쟁이**(명사)

ㄹ. 잡-(동사) → 잡-+**-히-**(동사)

(33)

ㄱ. 먹-(동사) → 먹-+**-이**(명사)

ㄴ. 사랑(명사) → 사랑+**-스럽-**(형용사)

ㄷ. 열심(명사) → 열심+**-히**(부사)

(32)는 파생이 되기 전 어근의 품사와, 파생이 된 후의 파생어의 품
사가 같다. (32ㄹ)의 경우는 파생이 되기 전 어근 동사의 성격과, 접

미사 '-히-'에 의해 파생된 파생 동사의 성격이 바뀌긴 하였지만(능동사 → 피동사), 동사라는 품사가 바뀐 것은 아니다. 반면 (33)은 파생이 되기 전과 파생이 된 후의 단어의 품사가 바뀌었다. (32)에서 접두사 '맨-', '휘-' 그리고 접미사 '-쟁이', '-이-(피동)'는 결합하는 어근의 품사를 바꾸지 않았다. 반면 (33)의 접미사 '-이', '-스럽-', '-히-'는 결합하는 어근의 품사를 바꾸었다.

(32)처럼 어근의 품사를 바꾸지 않는 접사를 한정적 접사라고 한다. 반면 (33)처럼 어근의 품사를 바꾸는 접사를 지배적 접사라고 한다. 지배적 접사의 '지배적'의 의미는 파생된 단어의 품사를 접사가 결정한다는 의미를 내포하고 있다. (33ㄱ)의 '-이'는 명사 파생 접미사, (33ㄴ)의 '-스럽-'은 형용사 파생 접미사, (33ㄷ)의 '-히-'는 부사 파생 접미사라고 명명하는데, 이처럼 지배적 접사의 경우에는 일반적으로 접미사 앞에 품사를 명시하여 명명한다. 그러니까 어떤 접미사 x가 명사 파생 접미사라면, 그 x가 결합한 단어의 품사는 명사라는 것을 예측할 수 있다.

(32) ～ (33)에서 보듯이 접미사 중에는 어근의 품사를 바꾸지 않는 것도 있고, 어근의 품사를 바꾸는 것도 있다. 그래서 접미 파생의 경우에는 파생의 결과 어근의 품사를 바꾸는 접미사인지 아닌지를 분석하는 것이 중요하다.

접두 파생의 경우, 국어는 접두사가 어근의 품사를 바꾸는 경우가 거의 없다고 보는 것이 일반적이다.[3] 그렇지만 예가 전혀 없는 것은 아니다. 예외적으로 접두사 '강-'이 결합한 파생어 '강-마르다'의 경우,

---

3 다른 언어에서는 접두사도 품사를 바꾼다. 당장 영어만 하더라도 접두사 'en-'은 'rich(형용사) → enrich(동사)'처럼 품사를 바꾼다.

접두사 '강-'이 어근의 품사를 바꾸었다(마르다(동사) → 강-마르다(형용사)). '메마르다'의 '메-', '알맞다'의 '알-'을 접두사로 본다면, '메마르다', '알맞다'도 접두사가 어근의 품사를 바꾼 예에 포함될 수 있다. '마르다', '맞다'는 동사인데, '메마르다', '알맞다'는 형용사이다. 그러나 이러한 예는 아주 소수에 지나지 않아서, 개론 수준에서는 일반적으로 접두사가 품사를 바꾸지 않는다고 기술한다.

접사 중에는 특정 품사하고만 결합하는 것들이 있다. 그래서 접사의 성격을 통해 어근의 품사나 성격을 판단할 수 있다. 예컨대 '-롭-'과 '-답-'은 명사에 결합하여 그 명사 어근을 형용사로 파생시키는 형용사 파생 접미사이다. 이 사실을 통해 (34)에서 접미사와 결합한 어근의 품사 및 성격을 유추할 수 있다.

(34)

ㄱ. 괴-롭—다, 외-롭—다

ㄴ. 아름-답—다, 시-답—다

(34ㄱ)에서 '-롭-'과 결합한 '괴', '외'는 그 자체로는 품사가 무엇인지 알 수 없다. 왜냐하면 '괴', '외'는 그 자체로 문장에 쓰인 경우를 찾을 수 없고, '괴롭-', '외롭-'에서만 그 존재를 확인할 수 있기 때문이다. (34ㄴ)의 '아름', '시' 역시 그 자체로 문장에 쓰인 경우를 찾을 수 없고, '아름답-', '시답-'에서만 그 존재를 확인할 수 있다.

그런데 (35)의 사실을 통해 (34ㄱ)의 '괴', '외' (34ㄴ)의 '아름', '시'의 성격을 추론할 수 있다.

(35)

정의 + -롭-	**사람** + -답-
지혜	꽃
수고	정
평화	참
이	학생
⋮	⋮
괴	아름
외	시

(35)에서 보듯이 '-롭-', '-답-'은 명사와 결합하는데, '괴', '외', '아름', '시'가 '-롭-', '-답-'과의 결합에서 명사와 같은 계열 관계를 이룬다. 이 사실을 통해 (34ㄱ)의 '괴', '외', (34ㄴ)의 '아름', '시'가 명사이거나 명사에 준하는 어근이라는 것을 추론할 수 있다.[4]

부가적으로 한마디 더 하면, 접미사 '-롭-'과 결합하는 어근의 마지막 음절은 모음으로 끝나는데 비해, 접미사 '-답-'과 결합하는 어근의 마지막은 음절은 자음으로 끝나는 특징이 있다('시답다'도 원래는 '실답다'에서 말음절 /ㄹ/가 탈락한 것이다.). 이러한 음운론적 조건이 '-롭-'과 '-답-'에 원래부터 있었는지는 알 수 없지만, 결과적으로는 어근의 말음절이 모음으로 끝나느냐 자음으로 끝나느냐에 따라 '-롭-'과 '-답-'이 서로 상보적 분포의 양상을 보인다. 그러나 '-롭-'과 '-답-'은 의미가 같지 않기 때문에 이형태 관계는 아니다. 다만 명사를 파생시키는 기능을 한다는 점에서는 같다.

---

4 '시답다'의 '시'는 한자어 명사 '실(實)'에 '-답-'이 결합한 파생어이다. 즉 '실+-답-'에서 /ㄹ/가 탈락하여 '시답다'가 된 것이다. 중세국어에서는 '알-+-디 → 아디'처럼 /ㄷ/ 앞에서도 /ㄹ/가 탈락하였다. 현대국어에서는 [알다, 알지, 아니, 아시고]에서 보듯이 /ㄴ, ㅅ/ 앞에서만 /ㄹ/가 탈락한다.

3.2.5.2. 형태(형식)는 같지만 기능(내용)이 다른 접사의 구별

접사 중에는 형태가 동일한 접사가 꽤 있다. 그래서 형태만 보고 동일한 접사라고 섣불리 판단해서는 안 된다. 형태와 함께 반드시 기능을 확인해야 한다.

(36)

ㄱ. 명사	ㄴ. 부사
높-이	높-이
깊-이	깊-이

(36)에서 접미사의 형태는 동일하게 '-이'이다. 하지만 (36ㄱ)의 접미사 '-이'는 명사를 파생시켰고, (36ㄴ)의 접미사 '-이'는 부사를 파생시켰다. 이처럼 (36ㄱ)의 '-이'와 (36ㄴ)의 '-이'는 형태만 같을 뿐, 그 기능이 다르다. 즉 (36ㄱ)의 접미사 '-이'는 명사 파생 접미사이고, (36ㄴ)의 '-이'는 부사 파생 접미사이다. 기능이 다르기 때문에 당연히 별개의 다른 형태소이다.

(37) 역시 접미사의 형태는 '-하-'로 같지만 기능이 다른 경우이다.

(37)

ㄱ. 형용사	ㄴ. 동사
조용-하-	생각-하-
건강-하-	공부-하-

(37ㄱ)의 접미사 '-하-'와, (37ㄴ)의 접미사 '-하-'는 그 형태가 같

다. 하지만 (37ㄱ)의 '-하-'는 형용사를 파생시켰고, (37ㄴ)의 '-하-'는 동사를 파생시켰다. 이처럼 (37ㄱ)의 '-하-'와 (37ㄴ)의 '-하-'는 서로 기능이 다르므로 별개의 형태소이다. 즉 (37ㄱ)의 '-하-'는 형용사 파생 접미사이고, (37ㄴ)의 '-하-'는 동사 파생 접미사이다.

피동 파생 접미사 '-이/히/기/리-'도 사동 파생 접미사 '-이/히/기/리-'와 그 형태가 같다.[5] 그래서 파생된 동사의 형태만 보고서는 피동사인지 사동사인지 판단할 수 없다. 이때는 파생된 동사가 이끄는 문장의 구조 및 문장의 의미를 분석해서 판단해야 한다. 구조적으로 목적어를 요구하지 않으면 피동사일 가능성이 높고,[6] 목적어를 요구하면 사동사이다. 그리고 의미적으로 당하는 의미가 있으면 피동사이고, 시키는 의미가 있으면 사동사이다.

(38)

	피동사	사동사
깎-이-	연필이 잘 깎인다.	엄마가 동생에게 잔디를 깎인다.
읽-히-	책이 잘 읽힌다.	엄마가 아이에게 책을 읽힌다.
날-리-	눈발이 날린다.	별이가 비행기를 날린다.
안-기-	아기가 엄마에게 안겼다	엄마가 나에게 아기를 안겼다.

5 사동 파생 접미사에는 '-이/히/기/리-' 외에도 '-우/구/추-'(깨우-, 솟구-, 낮추-)가 더 있다.

6 피동 파생 접미사가 결합한 피동사 중에는 목적어를 요구하는 경우도 없지는 않다.

   ⓐ 아기가 모기에게 코를 물렸다.
   ⓑ 나는 실수로 칼에 손을 긁혔다.

(38)에서 보듯이 피동사는 일반적으로 목적어를 요구하지 않는 자동사이다. 반면 사동사는 반드시 목적어를 요구하는 타동사이다. 그래서 일차적으로 목적어의 실현 유무를 통해서 피동사인지 사동사인지 판별할 수 있다. 다음으로 당하는 의미인지 시키는 의미인지, 문장의 의미를 통해서 피동사인지 사동사인지 다시 한번 확인하는 것이 필요하다.

피동 파생 접미사와 사동 파생 접미사 둘 다 용언 어근과 결합한다. 그런데 피동 파생 접미사와 결합하는 어근의 성격과, 사동 파생 접미사와 결합하는 어근의 성격은 차이가 있다. (39)는 피동사이고, (40)은 사동사이다.

(39) 깎이-, 꺾이-, 잡히-, 먹히-, 들리-, 물리-, 쫓기-

(40)
ㄱ. 먹이-, 돌리-, 알리-, 굶기-
ㄴ. 끓이-, 찌우-, 남기-, 비우-
ㄷ. 높이-, 낮추-, 밝히-, 넓히-

(39)에서 피동 파생 접미사와 결합한 어근은 모두 타동사이다. 다시 말해서 피동 파생 접미사는 타동사 어근과 결합한다. 그래서 어떤 어근 x가 피동 파생 접미사와 결합하였다면, 그 어근은 타동사라는 것을 예측할 수 있다.

ⓐ의 '물리-', ⓑ의 '긁히-'는 피동사이지만 목적어를 취하고 있다. 하지만 일반적으로 피동 파생 접미사가 결합하여 만들어진 피동사는 목적어를 요구하지 않는 자동사인 경우가 대부분이다.

이에 비해 (40)에서 사동 파생 접미사와 결합한 어근은 (40ㄱ)에서는 타동사이고, (40ㄴ)에서는 자동사, (40ㄷ)에서는 형용사이다. 이처럼 사동 파생 접미사는 타동사 어근, 자동사 어근, 형용사 어근 모두와 결합한다. 그래서 사동 파생 접미사와 결합하는 어근의 성격은 예측되지 않는다.

3.2.5.3. 접사의 생산성에 대한 두 관점

앞서 (23)에서 분석적 관점에서는 분석이 되지만, 이미 사어(死語)가 되어 공시적으로 더 이상 새로운 단어 형성에 참여하지 못하는 접미사가 있다고 설명한 바 있다. (41)에서 '-엄'과 '-게'가 이에 해당한다.

(41) 무덤(묻-+-엄), 지게(지-+-게)

'무덤', '지게'를 분석적 관점에서 '묻-엄', '지-게'로 분석할 수는 있다. 하지만 이렇게 분석된 접미사 '-엄', '-게'는 이미 소멸된 접미사이다. 소멸되었다는 것은 공시적으로 존재하지 않는다는 것을 의미한다. 공시적으로 존재하지 않으므로 당연히 새로운 단어 형성에 참여할 수 없다. 접미사 '-엄', '-게'의 경우, 이 접미사가 결합하여 만들어진 파생어의 수도 얼마 되지 않는다. 그러니까 접미사 '-엄', '-게'는 새로운 단어를 만들어 내지도 못하고, 또한 이미 만들어진 파생어의 수도 적다.

이에 비해 (42)의 명사 파생 접미사 '-(으)ㅁ'은 새로운 단어를 만들기도 하고, 해당 접사로 이미 만들어진 파생어의 수도 많다.

(42) 웃음, 울음, 잠, 삶, 슬픔, 기쁨, 어려움, 아픔 …

접미사 '-(으)ㅁ'이 결합하여 만들어진 파생어는 그 수가 많다. 그렇지만 최근에는 명사를 파생시킬 때 접미사 '-(으)ㅁ'보다는 접미사 '-기'가 주로 쓰여, 새로운 파생어를 만드는 힘은 약한 편이다.

접사를 생산적인 접사와 비생산적인 접사로 구분하기도 하는데, 이때 '생산성'에 대해서는 두 가지 다른 관점의 정의가 있다. 첫째, 해당 접사가 결합하여 만들어진 파생어의 수가 많으냐 적으냐로 생산성을 정의하는 것이다. 해당 접사로 만들어진 파생어의 수가 많으면 생산적인 접사이고, 적으면 비생산적인 접사라고 보는 것이다. 이 경우 (42)의 명사 파생 접미사 '-(으)ㅁ'은 생산적인 접사이다. 반면 (41)의 '-엄', '-게'는 당연히 비생산적인 접사이다.

둘째, 해당 접사가 새로운 파생어를 만들어 내는 능력이 있느냐 없느냐로 생산성을 정의하는 것이다. 이때 해당 접사로 이미 만들어진 파생어의 수는 관여적이지 않다. 이 정의에서는 이미 만들어진 파생어의 수가 적더라도 새로운 단어를 만들어 내면 생산적인 접사이다.[7] 이 정의를 따를 경우, (42)의 '-(으)ㅁ'은 생산적인 접사로 보기 어렵다. 왜냐하면 현대국어에서 용언을 명사로 파생할 때는 '듣기, 말하기, 쓰기, 기울기, 만들기 …'처럼 대부분 접미사 '-기'를 결합하여 만들지 '-(으)ㅁ'을 결합하여 만드는 경우가 드물기 때문이다. 즉 '-(으)ㅁ'에 의해서는 더 이상 새로운 파생어가 잘 만들어지지 않는다. 그래서 '-(으)ㅁ'에 의해 이미 만들어진 파생어의 수가 많은 것과 상관없이 '-(으)ㅁ'은 생산적인 접사가 아니게 된다. 이에 비해 '-기'는 생산적인

---

7   이러한 관점을 견지하는 대표적인 학자가 Bauer(1983)이다.

접사이다. '-엄', '-게'는 소멸된 접사이므로 이 관점에서는 당연히 비생산적인 접사이다.

생산성을 둘째의 정의로 이해할 경우, 대표적으로 생산적인 접사는 '-님', '-들'이다. 물론 '-님', '-들'은 첫째의 관점으로도 생산적인 접사이다.[8] '학생-들'의 '-들'은 결합하는 어근에 복수의 의미를 더하는 접미사인데, 셀 수 있는 명사나 대명사에는 언제든 결합하여 새로운 파생어를 만들어 낸다. 그리고 '선생-님'의 '-님'은 결합하는 어근에 높임의 의미를 더하는 접미사인데, 대부분의 체언과 결합하여 새로운 파생어를 만들어 낸다. '해님, 달님, 비님'처럼 무정물 체언과도 결합하여 새로운 파생어를 만든다.

3.2.6. 합성어

단어를 처음 두 개로 쪼개었을 때, 즉 직접구성요소 분석을 했을 때 두 구성 요소가 '어근+어근'이면, 다시 말해 두 구성 요소 모두 접사가 아니면 합성어이다. 합성어는 다시 두 구성 요소의 결합 관계가 어떤 구조이냐에 따라 '통사적 합성어/비통사적 합성어'로 구분한다. 또한 두 구성 요소의 의미 관계가 어떠하냐에 따라 '대등/종속/융합' 합성어로 구분한다.

---

8 '-들', '-님'에 의해 파생된 파생어의 수가 너무 많기 때문에 사전에서는 이들 접미사가 결합한 단어를 굳이 표제어로 등재하지는 않고 있다. 사전에 등재되어 있지 않다고 해서 '-들'과 '-님'이 결합한 단어가 파생어가 아닌 것은 아니다.

3.2.6.1. 통사적 합성어/비통사적 합성어

통사적 합성어/비통사적 합성어를 가르는 기준은 두 구성 요소의
결합 구성이 문장에서 나타나는 것이냐 아니냐이다. 두 구성 요소의
결합이 문장에서 나타나는 구성이면 통사적 합성어이고, 문장에서는
나타나지 않는 구성이면 비통사적 합성어이다.

(43)

　ㄱ. 돌아가-, 잡아채-, 들어맞-, 돌아보-

　ㄴ. 새해, 큰형, 작은아버지

　ㄷ. 혼나-, 본받-, 잘나-

(44)

　ㄱ. 책을 다 **읽어 가다**.

　　작품이 **만들어지다**.

　ㄴ. **새 책**을 사다.

　　밝은 달이 뜨다.

　ㄷ. 새벽에 **일(이) 나다**.

　　동생이 **힘(을) 받다**.

　　밥을 **잘 먹다**.

(43)과 (44)를 비교해 보라. (43)의 합성어들의 결합 구성은 (44)의
문장에서도 확인된다. (43ㄱ)의 '용언―아/어+용언'은 (44ㄱ)의 문장
에서 확인되고, (43ㄴ)의 '관형어+피수식어' 구성은 (44ㄴ)의 문장에
서 확인된다. 그리고 (43)의 '주어+서술어' 구성의 '혼나-', '목적어+서

술어' 구성의 '본받-', '부사어+서술어' 구성의 '잘나-'는 문장 (44ㄷ)
에서 확인된다. 그래서 (43)은 통사적 합성어이다.

반면 (45)의 합성어들은 두 어근의 결합 구성을 문장에서 확인할 수
없다.

(45)

ㄱ. 검붉-, 오가-, 오르내리-

ㄴ. 부슬비, 깜짝쇼

ㄷ. 늦잠, 꺾쇠, 접칼, 늦가을

문장에서 용언이 연달아 나타날 때는 (44ㄱ)에서 보듯이 선행 용언
은 반드시 연결어미가 결합한 형태로 나타난다. 그런데 (45ㄱ)의 경우
선행 용언 어간이 연결어미 없이 바로 후행하는 어간과 결합하였다.
문장에서는 이러한 구성이 나타나지 않으므로 (45ㄱ)은 비통사적 합
성어이다. (45ㄴ)은 부사가 체언을 수식하는 구성인데, 문장에서 체언
은 일반적으로 관형어의 수식을 받지 부사(어)의 수식을 받지 않는다.[9]
(45ㄷ) 역시 문장에서 체언은 '밝은 달'처럼 용언에 관형사형 어미가
결합한 활용형의 수식을 받지, 용언 어간의 수식을 바로 받는 경우는
없다. 그래서 (45ㄴ,ㄷ)도 비통사적 합성어이다.

이제 (46)이 통사적 합성어인지 비통사적 합성어인지 생각해 보자.

(46) 열쇠, 빨대, 밀대, 울대

---

9 '나는 오직 앞만 본다.'에서 부사 '오직'은 명사 '앞'을 수식한다고 보아야 한다. 이처럼
부사가 체언을 수식하는 경우가 없지는 않지만, 이는 예외적인 경우이다. 일반적으
로 부사(어)는 체언을 수식하지 않는다.

(46)의 경우에는 통사적 합성어로 분류될 수도 있고, 비통사적 합성어로 분류될 수도 있다. '열쇠'의 '열'이 어간 '열-'일 수도 있고, 어간 '열-'에 관형사형 어미 '-(으)ㄹ'이 결합한 활용형 '열'(열-+-(으)ㄹ → 열)일 수도 있기 때문이다. 그래서 전자로 해석하면 비통사적 합성어이고, 후자로 해석하면 통사적 합성어이다.

그런데 (46)의 합성어의 표면형이 '열쇠[열쐬], 빨대[빨때], 밀대[밀때], 울대[울때]'처럼 후행 음절 두음이 경음화된다는 사실을 고려할 경우에는, 통사적 합성어로 보는 것이 음운론적 사실과 더 정합적이다. 용언 어간 '열-'의 활용형 '열고[열고], 열지[열지]'에서는 후행 음절 두음이 경음화되지 않지만, 관형사형 어미 '-(으)ㄹ'이 결합한 활용형 '열' 뒤에서는 '열 수[열쑤], 열 줄[열쭐]'처럼 경음화가 일어나기 때문이다. 그렇지만 이 사실이 (46)이 통사적 합성어임을 확증해 주는 것은 아니다.

3.2.6.2. 대등/종속/융합 합성어

합성어를 이루는 두 어근의 의미 관계가 어떠하냐에 따라 합성어를 분류하기도 한다. (47) ~ (49)는 합성어를 이루는 두 어근의 의미 관계가 다르다.

(47) 논밭, 팔다리, 손발, 봄가을

(48) 돌다리, 가마솥, 책가방, 손거울, 비빔국수

(49) 피땀, 강산, 밤낮, 돈방석, 새가슴

(47)의 합성어는 두 어근의 의미가 대등하다. 즉 어느 한 쪽에 치우쳤다고 보기 어렵다. 그래서 (47)의 합성어를 대등 합성어라고 한다. 이에 비해 (48)의 합성어는 두 어근 중 의미의 중심이 후행하는 어근에 있다. 즉 'x+y'에서 'y'가 의미의 중심이다. 그래서 (48)의 합성어를 종속 합성어라고 한다. '돌다리'는 다리의 하나이고, '가마솥'은 '솥'의 하나이다. 이처럼 종속 합성어의 경우 의미의 중심은 대분은 후행 어근에 있다. 말 그대로 대부분이고 반드시 그렇지만은 않다. 많지는 않지만 '신발', '눈꽃'의 경우, '신발'의 의미의 중심은 선행 어근인 '신'이고, '눈꽃'의 의미의 중심 역시 선행 어근인 '눈'이다.

마지막으로 (49)는 두 어근 중 어느 어근의 의미도 아닌, 제3의 의미를 갖는다. 이러한 합성어를 융합 합성어라고 한다. '피땀'은 '노력과 정성'이라는 의미이고, '강산'은 '영토'의 의미를 가지고, '밤낮'은 '늘'이라는 의미를 가진다. 그런데 융합 합성어는 융합 합성어의 의미로만 쓰이는 것이 아니라는 점을 주의할 필요가 있다. 예컨대 '밤낮'은 '늘'이라는 융합 합성어의 의미로 쓰이지만, 또한 '밤과 낮'이라는 대등 합성어의 의미로도 쓰인다. 이는 융합 합성어가 단어가 처음 만들어질 때부터 융합 합성어가 아니라는 것을 말해 준다. 즉 융합 합성어는 대등 합성어 또는 종속 합성어이면서 또한 융합 합성어이기도 하다.

합성어 중에는 대등/종속/융합 어느 것으로도 분류하기 어려운 의미 관계를 가진 단어들도 있다.

(50) 혼나-, 힘들-, 본받-, 욕보-

(50)은 두 어근의 의미 관계가 대등하다고 볼 수도 없고, 그렇다고 의미 중심이 어느 한쪽으로 기울었다고 보기도 어렵다. 당연히 융합 합

성어도 아니다. (50)의 합성어들은 두 어근의 의미 관계가 통사적이다. 다시 말해 두 어근이 '주어+서술어' 또는 '목적어+서술어' 관계 즉, '논항-서술어'의 관계에 있다.[10] 그렇기 때문에 두 어근의 의미 관계가 대등적이냐, 종속적이냐, 융합적이냐 하는 것과는 다른 차원의 관계이다. 이러한 합성어를 종합 합성어(synthetic compound)라고 하여 따로 분류한다. 학교문법에서는 아직 종합 합성어 개념이 반영되어 있지 않다.

앞서 (30)에서 직접구성요소 분석을 어떻게 하느냐에 따라 파생어로 보기도 하고, 합성어로 보기도 하여 논쟁이 되는 복합어에 대해 설명한 바 있다. (51)은 설명의 편의상 (30)을 다시 가져온 것이다.

(51) 줄넘기, 목걸이, 구두닦이, 고래잡이, 술래잡기

만일 (51)을 합성어로 볼 경우, (51) 역시 대등/종속/융합 합성어 어디에도 포함되지 않는다. 그래서 (51) 역시 종합 합성어로 분류된다. 단 이는 (51)을 파생어가 아니라 합성어로 볼 때의 얘기이다.

3.2.7. 파생과 합성 이외의 단어 형성 방식

새로운 단어를 만드는 방식에 파생과 합성만 있는 것은 아니다. 많지는 않지만 파생과 합성이 아닌 제3의 방식에 의해서 새로운 단어가

---

10 '논항'은 학교문법에서는 쓰지 않는 용어인데, 학교문법에서 한 자리 서술어, 두 자리 서술어라고 할 때의 그 '자리'에 해당하는 것이 바로 논항이다. '논항'은 그 서술어로 쓰인 동사, 형용사가 적격한 문장이 되기 위해서 반드시 실현되어야만 하는 성분이다. 논항에 대해서는 '4.2. 문장 성분과 논항'에 가서 보기 바란다.

만들어지기도 한다. 그중에서 여기서는 그래도 어느 정도의 경향성을 가진 세 가지 경우에 대해 살펴볼 것이다. 첫째, 활용형이나 곡용형이 그대로 단어가 된 경우, 둘째, 통사적 구성이 그대로 단어가 된 경우, 셋째, 두문자 조합 방식, 즉 단어와 단어의 첫 글자를 조합하여 단어를 만든 경우, 이렇게 세 가지이다. 이 세 가지 경우 모두 어쨌든 구성 요소로 쪼갤 수 있는, 즉 둘 이상의 단어 또는 형태소로 이루어진 단어라는 점에서 단일어는 아니고, 두 구성 요소 중 어느 것도 접사가 아니기 때문에 파생어도 아니다. 그렇다고 두 구성 요소가 '어근+어근'이라고 할 수도 없어서 합성어의 정의에도 들어맞지 않는 특징을 가지고 있다.

3.2.7.1. 활용형, 곡용형이 단어가 된 경우

많지는 않지만, 활용형이나 곡용형이 높은 빈도로 사용되면서 그대로 단어가 된 것들이 있다. 이들은 이미 단어가 되었기 때문에 그 자체로 어휘부에 저장되어 있다.

(52) 갖은, 다른, 오른, 바른

(53) 단숨에, 대번에, 정말로, 진실로

(52)는 '용언 어간+어미' 결합형, 즉 용언의 활용형이 그대로 굳어져 단어가 된 것이다. '갖은', '다른', '오른', '바른'은 각각 '궂-+-(으)ㄴ → 가준 > 갖은', '다르-+-(으)ㄴ → 다른 > 다른', '올흐-+-(으)ㄴ → 올흔 > 오른', '바르-+-(으)ㄴ → 바른'처럼 형용사 어간에 관형사형 어미

'-(으/으)ㄴ'이 결합한 활용형이었다. 이 활용형을 언중들이 하나의 단어처럼 인식하게 되면서 그대로 단어가 된 것이다. (53) 역시 원래 '체언 어간+조사', 즉 체언의 곡용형이었는데, 언중들이 이 곡용형을 하나의 단어처럼 인식하게 되면서 그대로 단어가 된 것이다.

(52) ~ (53)의 단어들을 처음 두 개로 쪼개었을 때, 두 구성 요소 중 어느 것도 접사는 아니다. 그래서 일단 정의상 파생어는 아니다. 그러나 그렇다고 어미 '-(으)ㄴ', 조사 '-에'나 '-로'를 어근이라고 할 수도 없다. 그래서 '어근+어근'의 합성어로 분류하기에도 합성어의 정의에 부합하지 않는다.

3.2.7.2. 통사적 구성이 단어가 된 경우

(54)는 파생어와 합성어 둘 중의 하나로만 분류해야 한다면 합성어로 분류되는 예들이다. 단어를 처음 두 개로 쪼개었을 때 두 구성 요소 모두 접사가 아니기 때문이다. (54)의 단어들이 형성된 과정은 '손발'이나 '나가-'류의 합성어가 형성된 방식과 같지 않다.

(54)
ㄱ. 손잡-, 겁먹-, 욕보-
ㄴ. 힘들-, 정들-, 빛나-, 맛있-

원래 (54ㄱ)은 '목적어+서술어', (54ㄴ)은 '주어+서술어'의 통사적 구성이었는데, 시간이 지나면서 두 구성 요소가 긴밀해져 하나의 단어가 된 예로 볼 수 있다.

(55)

ㄱ	통사적 구성	〉	단어
	손(을) 잡다		손잡다

ㄴ	통사적 구성	〉	단어
	힘(이) 들다		힘들다

그런데 설령 통사적 구성이 긴밀해져서 단어가 되었다 하더라도 결과적으로 이 단어를 처음 두 개로 쪼개었을 때, 즉 직접구성요소 분석을 했을 때는 두 구성 요소 모두 접사가 아니다. 그리고 두 구성 요소의 성격이 둘 다 단어라는 점에서 어근으로 해석할 수 있다. 그래서 이분법적으로 파생어와 합성어 둘 중의 하나로만 분류해야 한다면, 합성어로 분류되는 예들이다.

3.2.7.3. 두문자 조합 합성

둘 이상의 단어에서 각각 첫 음절을 조합하여 하나의 단어를 만들기도 한다. 최근에는 이렇게 단어를 만드는 것이 활발하다. 이러한 조어 방식을 일단 두문자(頭文字) 조합 합성이라고 하자. 물론 이렇게 만들어진 단어가 모두 사회적 약속을 획득하여 하나의 단어로 자리 잡는 것은 아니다. 많은 단어들은 잠시 통용되다가 사라진다. 그렇기는 하지만 이 역시 새로운 단어를 만드는 하나의 방식인 것은 맞다.

(56)

ㄱ. 법카(← 법인 카드), 전경련(← 전국 경제인 연합회), 특검(← 특별
    검사)

ㄴ. 지못미(지켜주지 못해서 미안), 알쓸신잡(알아 두면 쓸데없는 신비
    한 잡학 사전), 갑분싸(갑자기 분위기 싸해짐)

두문자 조합 합성은 (56ㄱ)처럼 단어와 단어의 첫 음절을 조합하기
도 하지만, (56ㄴ)처럼 어(語)와 어(語)의 첫 음절을 조합하여 만들기
도 한다. 그리고 두문자 조합 합성이라고 해서 꼭 단어의 첫 음절을 조
합한 것만 가리키는 것은 아니다.

(57) 금융 감독원(금감원), 생기부(← 생활 기록부), 법전원(← 법학
    전문 대학원)

(57)에서 '금감원'은 '금융'의 첫 음절 '금'과, '감독원'의 첫 음절 '감'
과 마지막 음절 '원'을 서로 조합한 것이다. 이처럼 조합하는 방식은
여러 가지이다.

3.2.8. 합성어와 구의 구별

합성어는 구(句)와 구별이 잘 안 되는 면이 있다. 실제로 '우리나라',
'잘생기다'처럼 원래는 '우리∨나라', '잘∨생기다'의 구 구성이었던 것
이 두 단어 사이의 긴밀도가 높아지면서 합성어가 된 것들이 있다. 그
래서 합성어와 구를 구분하는 객관적인 기준을 설정하기가 쉽지 않다.

그렇다고 합성어인지 구인지를 구별하는 기준이 전혀 없는 것은 아니
다. 하지만 그 기준이 실제 합성어인지 구인지를 구별할 수 있을 만큼
객관적이고 실효성이 있는 것은 아니다. 합성어인지 구인지를 구별하
는 원론적인 성격의 기준으로 세 가지 정도가 있다.

첫째, 휴지의 유무이다. 합성어는 하나의 기식 단위 안에서 발음되
고, 구는 두 개의 기식 단위로 발음된다. 휴지는 기식 단위 사이에 개
입된다. 그래서 합성어는 그 내부에 휴지가 개입될 수 없고, 구는 그
내부에 휴지가 개입된다.

(58)

합성어	구
[작은아버지](숙부)	[작은] [아버지]
[큰아버지](백부)	[큰] [아버지]

※ [ ] : 기식 단위를 나타냄.

(58)에서 보듯이 합성어 [작은아버지]는 하나의 기식 단위—호흡
단위—안에서 발음된다. 그래서 '작은'과 '아버지' 사이에 휴지를 둘
수 없다. 반면 구인 '[작은] [아버지]'는 두 개의 기식 단위에서 발음
된다. 그래서 '작은'과 '아버지' 사이에 휴지가 개입된다. 참고로 맞춤
법에서 합성어는 붙여 쓰고, 구는 띄어 쓰게 되어 있는데, 이는 이러한
문법적 사실을 맞춤법에서 반영한 것이다.[11]

11 맞춤법에서 붙여 쓴 것은 합성어이고, 띄어 쓴 것은 구라는 식의 판단은 선후가 뒤
    바뀐 것이다. 맞춤법은 문법적 사실을 시각적으로 반영한 것일 뿐, 맞춤법이 문법적
    사실은 아니다. 그래서 맞춤법을 통해 합성어인지 구인지를 판단해서는 안 된다.

둘째, 제3의 요소의 개입 유무이다. 합성어는 두 어근 사이에 다른 요소가 끼어들 수 없지만, 구는 두 단어 사이에 다른 요소가 끼어들 수 있다.

(59)

ㄱ. 작은아버지(합성어) → *작은 우리 아버지

ㄴ. 작은 아버지(구)   → 작은 우리 아버지, 작은 철수 아버지

※ 형태론에서 '*'는 적격하지 않은 단어 또는 구성을 나타냄.

(59ㄱ)에서 보듯이 합성어 '작은아버지' 사이에 다른 요소가 개입하면 '삼촌'이라는 '작은아버지'의 의미가 유지되지 않는다. 반면 구인 '작은 아버지' 사이에는 다른 요소가 개입하더라도 키가 작은 아버지라는 구의 의미가 그대로 유지된다.

앞에서도 말했듯이 첫째와 둘째 기준은 원론적인 기준이다. 다시 말해 실제 합성어와 구를 구별할 수 있는 객관적인 기준은 아니다. 이는 (60)과 같은 사실 때문이다.

(60)

ㄱ. **할 줄** 안다.

ㄴ. **읽을 수** 있다.

ㄷ. **간 지** 오래 되었다.

(60)에서 밑줄 친 부분은 '관형어+의존명사' 구성인데, 관형어와 의존명사 사이에는 휴지가 개입될 수 없고, 제3의 요소가 개입될 수도 없다.[12] 휴지가 개입될 수 없다는 말은 '관형어+의존명사' 구성이 [할

쭐], [일글쑤], [간지]처럼 하나의 기식 단위 안에서 발음된다는 것을 의미한다. 그렇기 때문에 제3의 요소가 개입될 수도 없다. 그렇다고 (60)의 '할 줄', '읽을 수', '간 지'가 합성어는 아니다.

셋째, 합성성(compositionality)의 정도이다. 전체의 의미는 부분들의 총합에 의해 결정되는데, 이를 '합성성의 원리'라고 한다. 부분들의 의미의 총합으로 전체의 의미가 결정될수록 의미의 예측성이 높아진다. 합성성의 정도는 통사적 단위일수록 더 강하다. 그러니까 문장이 구보다 상대적으로 합성성이 강하고, 구는 합성어보다 상대적으로 합성성의 정도가 더 강하다. 달리 말하면 문장이 구보다 부분들의 총합으로 전체 의미를 예측하기가 쉽고, 구가 합성어보다 부분들의 총합으로 전체 의미를 예측하기 쉽다. 그러니까 합성성의 정도가 떨어질수록 합성어일 가능성이 크다. 이처럼 두 구성 요소의 의미의 합으로 구성의 의미가 얼마나 잘 예측될 수 있는지를 기준으로 구와 합성어를 구별할 수 있다.

합성어 '작은아버지'는 '작은'과 '아버지' 두 구성 요소의 의미의 합으로 삼촌이라는 의미를 예측하기 어렵다. 반면 구인 '작은 아버지'는 '작은'과 '아버지' 두 구성 요소의 의미의 합으로 키가 작은 아버지라는 의미를 예측하는 데 무리가 없다. 그래서 합성성의 정도가 약한 '작은아버지'는 합성어이고, 합성성의 정도가 높은 '작은 아버지'는 구라고 판정할 수 있다. 하지만 합성성의 정도라는 것이 의미 기준이어서 주관적이다. 주관적이기 때문에 객관적 기준으로 적용되기는 어렵다. 예컨대 『표준국어대사전』을 기준으로 한다면, '학교생활'은 합성어이고, '회사 생활'은 구이다. 그런데 '학교생활'이 '회사 생활'보다 합성성

12　그럼에도 맞춤법에서는 띄어 쓰게 규정해 놓았다.

의 정도가 더 강하다고 말할 수 있는 근거는 없다. 직관적으로 합성성의 정도에 대해 말할 수는 있을지라도, 그렇게 판단하게 된 객관적인 근거를 제시하기는 어렵다.[13]

이상에서 살펴본 세 가지 기준을 적용해서 합성어인지 구인지를 실제 판별해 낼 수 있는 경우는 많지 않다. 무슨 말이냐 하면 이 세 기준은 이미 합성어인 경우, 그리고 이미 구인 경우에 적용하면 어느 정도 구별이 되기는 한다. 하지만 어떤 구성이 합성어인지 구인지를 모를 때 이를 적용해서 판별하는 것은 현실적으로 어렵다는 뜻이다. 위 세 가지 기준을 각각 다 적용해 봐도, '학교생활'이 합성어가 맞는지, '회사 생활'이 구가 맞는지를 판별하기 어렵다.

현실적으로 어떤 구성이 합성어인지 구인지를 아는 가장 간단하고 편리한 방법은 일단 국어사전을 찾아보는 것이다. 그러나 국어사전은 말 그대로 우선적으로 참고할 수 있는 자료이지, 국어사전의 내용이 문법적 사실은 아니다. 그래서 국어사전은 말 그대로 참고만 하는 것이다.[14]

---

13 『표준국어대사전』이 '학교생활'이 합성어라는 근거가 있어서 '학교생활'을 표제어로 등재한 것도 아니고, '회사 생활'이 합성어가 아니라는 근거가 있어서 '회사 생활'을 표제어로 등재하지 않은 것도 아니다. 사전의 성격을 고려할 때 표제어 선정자 나름의 주관적인 판단에 따른 것 그 이상도 그 이하도 아니다.

14 '회장님', '학생들'을 국어사전에서 찾으면 표제어로 올라 있지 않다. 그렇다고 '회장님', '학생들'이 단어가 아닌 것은 아니다. '회장님'은 접미사 '-님'이 결합하여 만들어진 파생어이고, '학생들'은 접미사 '-들'이 결합하여 만들어진 파생어이다.

3.2.9. 한자어와 신조어

국어의 어휘는 고유어, 한자어, 외래어로 이루어져 있다. 이 중 한자어의 비율이 고유어에 비해 압도적으로 높은 편이다. 한자(漢字)는 뜻글자이므로 개별 한자 하나하나가 실질적인 의미를 가지고 있다. 그래서 한자 1자는 형태소의 정의에 부합하는 형태소라고 할 수 있다.

그런데 한자가 곧 한자어는 아니다. 즉 한자와 한자어가 같은 말은 아니다. 수만 자의 한자가 모두 한자어는 아니고, 그중 일부 한자가 한자어이다. 그리고 한자어는 국어이지만, 한자가 곧 국어는 아니다.

한자어 중에는 (61)처럼 1자가 곧 단어인 것도 있고, (62)처럼 2자로 이루어진 단어도 있고, (63)처럼 3자로 이루어진 단어도 있다. 물론 '고등학교(高等學校)', '언어생활(言語生活)'처럼 4자 이상으로 이루어진 단어도 있다.

> (61) 책(冊), 방(房), 금(金), 은(銀). 병(瓶), 시(市)

> (62) 신라(新羅), 감기(感氣), 고생(苦生), 단어(單語), 학교(學校)

> (63) 공부-방(工夫房), 색-연필(色鉛筆), 성-희롱(性戲弄)

(61)처럼 1자로 이루어진 한자어는 단일어라고 하는 데 아무런 문제가 없다. 그리고 3자로 이루어진 (63)과 같은 한자어 역시 복합어라는 데에 대해 특별히 문제가 없다.

문제가 되는 것은 (62)처럼 2자로 이루어진 한자어이다. (62)의 2자 한자어를 단일어로 볼 것이냐, 복합어로 볼 것이냐, 그리고 만일 복합어로 본다면 파생어이냐 합성어이냐가 문제가 된다. 이에 대해 두 가지 견해가 있다.

하나의 관점은, 예컨대 '신라'는 '신(新)'과 '라(羅)' 2개의 한자로 이루어진 한자어이고, 한자 1자 1자는 뜻을 가지고 있으므로 어쨌든 단일어는 아니라고 보는 관점이다. 단일어는 하나의 형태소여야 하는데, 이 관점에 따르면 (62)는 하나의 형태소일 수 없으므로 단일어일 수 없다.

다른 하나는 한자 1자 1자가 뜻을 가지고 있는 것은 맞지만, (62)와 같은 2자 한자어는 한자 2자가 결합한 구성이 아니라 더 이상 분석되지 않는 하나의 단위로 보아야 한다는 것이다. 그러니까 '신라(新羅)'를 '신(新)-라(羅)'로 쪼갤 수 없다고 보는 것이다. 이 관점에 따르면 (62)는 한자 2자로 된 단어이지만, 단일어로 해석할 수 있게 된다. 그리고 이 관점에서는 (64)의 3자 한자어 역시 단일어로 해석할 수 있게 된다.

(64) 고구려(高句麗), 아수라(阿脩羅), 가야금(伽倻琴)

그런데 2자 한자어 중에서 '책방(冊房)'처럼 이를 두 개로 쪼갠 '책(冊)'과 '방(房)'이 모두 국어 단어인 경우도 있다. '책방'과 같은 2자 한자는 복합어로, 그리고 복합어 중에서 합성어로 보는 데 문제가 없다. 이처럼 2자 한자어의 경우 일괄적으로 단일어라고 하기도, 일괄적으로 복합어라고 하기도 어렵다.

일부 한자는 마치 국어의 접사처럼 기능하는 것도 있다. 즉 다른 한자어에 자유롭게 결합하여 새로운 단어를 만들어 내는 특성을 가진 한자들이 있다. 이러한 한자는 따로 한자어 접사로 보고, 이들 한자가 결합한 한자어는 파생어로 분류한다.

(65)
　ㄱ. 초-분절, 초-절전, 초-감각
　　　미-개발, 미-성년, 미-해결
　ㄴ. 절대-적, 효과-적, 개인-적, 물리-적, 합리-적

(65ㄱ)의 '초(超)-', '미(未)-', (65ㄴ)의 '-적(的)'이 바로 이에 해당한다. 즉 '초(超)-', '미(未)-'가 접두사이므로 이들 접두사가 결합한 한자어, 그리고 '-적(的)'이 접미사이니까 '-적(的)'이 결합한 한자어들은 모두 파생어이다.

3.2.10.　어근과 접사, 어간과 어미

어근과 접사는 단어 형성에 참여하는 요소이다. 이에 비해 어간과 어미는 활용에 참여하는 요소이다. 단어 형성은 형태론 층위에서의 일이고, 활용은 통사론 층위에서의 일이다. 이처럼 어근과 접사, 그리고 어간과 어미는 서로 다른 층위에서의 요소들이다. 접사와 어미의 가장 핵심적인 차이는 단어 형성에 참여할 수 있느냐 없느냐이다. 접사는 단어 형성에 참여하지만, 어미는 단어 형성에 참여하지 못한다. 그래서 접사가 결합한 파생어는 새로운 단어이지만, 어미가 결합한 활용형은 새로운 단어가 아니다.

활용에서 어미와 결합하는 어간은 동사이거나 형용사인데, 이들 어간 중에는 단일어 어간도 있고, 파생어 어간도 있고, 합성어 어간도 있다.

(66)

	활용형	어간	어간의 성격
ㄱ	오다, 오고	오-	단일어
	가다, 가고	가-	
ㄴ	휘돌다, 휘돌고	휘돌-	파생어
	슬기롭다, 슬기롭고	슬기롭-	
ㄷ	오가다, 오가고	오가-	합성어
	나아가다, 나아가고	나아가-	

(66ㄱ)에서 어간 '오-', '가-'는 단일어이고, (66ㄴ)에서 어간 '휘돌-', '슬기롭-'은 파생어이다. 그리고 (66ㄷ)에서 어간 '오가-', '나아가-'는 합성어이다.

(66ㄱ)에서 '오-'는 어간이다. 반면 (66ㄷ)에서 합성어 어간인 '오가-'의 구성 요소로서 '오-'는 어근이다. 즉 '오가-'가 '오-+가-'의 합성어이므로, 어간 '오가-'에서 오-'의 성격은 합성어를 구성하는 어근 중의 하나이다. 그러니까 같은 '오-'이지만 (66ㄱ)에서 '오-'는 활용에 참여하는 요소이므로 어간이고, (66ㄷ)에서 '오가-'의 '오-'는 합성어 형성에 참여한 요소이므로 어근이다.

그리고 (66ㄱ~ㄷ)에서 '-다', '-고'는 어간과 결합한 요소이므로 어미이다. 반면 (66ㄴ)의 어간 '휘돌-'에서의 '휘-', 그리고 어간 '슬기롭-'에서의 '-롭-'은 단어 형성에 참여한 요소, 즉 파생어 어간을 만들 때 참여한 요소이므로 접사이다.

이상에서 살펴본 것처럼 어근은 접사에 대응하는 개념이고, 접사는 어근에 대응하는 개념이다. 그리고 어간은 어미에 대응하는 개념이고, 어미는 어간에 대응하는 개념이다. 어근과 접사는 형태론에서 단어 형성에 참여하는 요소이고, 어간과 어미는 통사론에서 활용에 참여하는 요소이다. 이처럼 어근과 접사, 어간과 어미는 서로 다른 층위의 개념이므로, 어근과 어미가 서로 어울릴 수 없다. 마찬가지로 어간과 접사가 서로 어울릴 수도 없다. (67)은 접사와 어미의 차이를 정리한 것이다.

(67)

	접사	어미
ㄱ	어근과 결합하고, 새로운 단어를 만든다.	어간과 결합하고, 새로운 단어를 만들지 못한다.
ㄴ	결합하는 어근의 품사를 바꾸기도 한다.	결합하는 어간의 품사를 바꿀 수 없다.
ㄷ	결합할 수 있는 어근이 한정적이다.	결합하는 어간에 제약이 거의 없다.

어미는 결합하는 어간에 제약이 거의 없다. 아예 '없다'고 하지 않고 '거의 없다'고 한 것은 일부 어미의 경우 약하지만 제약이 있기 때문이다. 예컨대 명령형 어미 '-아/어라', 청유형 어미 '-자', '목적'의 의미를 나타내는 어미 '-(으)러', '의도'의 의미를 나타내는 어미 '-(으)려' 등은 동사 어간하고만 결합하고 형용사 어간하고는 결합할 수 없다. 현재 시제 선어말어미 '-는-~-ㄴ-' 역시 동사 어간하고만 결합하고 형용사 어간하고는 결합할 수 없다.[15] 이처럼 일부 어미는 결합하는 어간에 제약이 있기는 하다. 하지만 접사가 자신과 결합하는 어근에 대해 가지는 제약에 비하면 거의 없다고 해도 무방할 만큼 약하다.

15 이에 대한 자세한 설명은 '3.3.2.1.1. 동사, 형용사 구분 기준'으로 가서 보기 바란다.

(67)에서 보듯이 접사와 어미는 명백히 다르다. 그럼에도 접사와 어미의 공통점을 굳이 찾자면 공통점이 전혀 없는 것은 아니다. 그것은 접사와 어미 둘 다 혼자서는 쓰일 수 없는 의존적인 요소로, 다른 요소에 덧붙어서만 실현될 수 있다는 점에서 공통적이다. 그래서 이런 특성을 가진 것을 '접사'로 정의하고, 접사 중에서 파생에 참여하는 접사를 '파생 접사', 그리고 활용에 참여하는 접사를 '굴절 접사'라고 하기도 한다. 그러니까 이에 따르면 접사는 파생 접사이고, 어미는 굴접 접사이다.

3.3. 품사

3.3.1. 품사 분류 기준

품사는 단어의 갈래이다. 즉 단어를 일정한 기준에 따라 분류한 것이 품사이다. 그래서 어떤 x가 품사의 하나라면, 그 x는 단어라는 것을 전제한다. 단어를 일정한 기준에 따라 분류할 때, 그 일정한 기준은 '기능', '형태', '의미' 세 가지이다. 이 가운데 핵심적인 기준은 기능이다. 그 다음이 형태이고, 의미는 기능과 형태를 보완하는 성격의 기준이다.

3.3.1.1. 기능

품사 분류에서 가장 중요하고 핵심적인 기준은 '기능'이다. 이때 기능은 단어가 문장에서 하는 기능을 말한다. 예컨대 서술어의 기능을 하는 단어, 수식하는 기능을 하는 단어, 주어나 목적어의 기능을 하는 단어 등으로 분류할 수 있다. 이처럼 문장에서 같은 기능을 하는 단어들을 하나의 부류로 묶어서 이름을 붙인 것이 품사이다. 그러니까 문장에서 같은 기능을 하는 단어들은 같은 품사의 단어이다.

(68) **하늘**—이 **맑**—다.
　　　ㄱ　　　　ㄴ

(68)에서 ㄱ의 '하늘'은 문장에서 주어의 기능을 하고 있고, ㄴ의 '맑-'은 서술어의 기능을 하고 있다. 이처럼 문장에서 주어 기능을 하는 단어들을 하나의 부류로, 그리고 서술어 기능을 하는 단어들을 하나의 부류로 묶을 수 있다. (68)에서 ㄱ의 '하늘' 자리에 들어갈 수 있는, 즉 '하늘'과 대치될 수 있는 또 다른 단어와, ㄴ의 '맑-'과 대치될 수 있는 또 다른 단어를 찾아보자.

(68´) **하늘**이　맑다.　　　하늘이　**맑**—다.
　　　얼굴　　　　　　　　　파랗-
　　　바다　　　　　　　　　흐리-
　　　호수　　　　　　　　　깨끗-
　　　물　　　　　　　　　　넓-
　　　눈　　　　　　　　　　높-
　　　⋮　　　　　　　　　　⋮

문장에서 같은 자리에 대치될 수 있는 단어들, 다시 말해 계열 관계를 이루는 단어들은 같은 기능을 하는 단어이다. 즉 같은 품사의 단어이다. (68´)에서 '하늘'은 문장에서 주어로 기능하는 단어이므로 명사인데, '얼굴, 바다, 호수, 물, 눈 …'이 '하늘'과 대치될 수 있으므로, 즉 '하늘'과 계열 관계를 이루는 단어들이므로 이들 역시 명사이다. 평행하게 '맑-'은 문장에서 서술어로 기능하므로 용언(형용사)인데, '파랗-, 흐리-, 깨끗-, 넓-, 높- …'이 '맑-'과 계열 관계를 이루는 단어들이므로 이들 역시 형용사이다.

하나만 더 보자. (69)에서 '빨리'는 서술어 '지나갔다'를 수식하는데, '아주, 정말, 또, 멀리 …'가 '빨리'와 계열 관계를 이룬다. 따라서 만일 '빨리'의 품사가 x라면 이들 단어의 품사 역시 x이다.

⒆ 봄이 **빨리** 지나갔다.
　　　아주
　　　정말
　　　　또
　　　멀리
　　　　⋮

'빨리'는 서술어로 기능하는 용언(동사, 형용사)을 수식하는 단어이므로 부사이다. '빨리' 자리에 대치될 수 있는 '아주, 정말, 또, 멀리 …'는 부사 '빨리'와 계열 관계를 이루는 단어들이므로 이들 역시 부사이다.

계열 관계와 결합 관계

계열 관계(paradigmatic relation)는 특정 위치에서 대치될 수 있는 요소들의 관계이다. (68')에서 '하늘'과 대치될 수 있는 '얼굴, 바다, 호수, 물, 눈 …'이 계열 관계를 이루고, '맑-'과 대치될 수 있는 '파랗-, 흐리-, 깨끗-, 넓-, 높- …'이 계열 관계를 이룬다. 이에 비해 결합 관계(syntagmatic relation)는 어떤 요소들이 선적으로 결합되는 관계로 달리 통합 관계라고도 한다. 예컨대 '빨리 가다'에서 부사 '빨리'는 동사 '가다'와 결합 관계를 이룬다. 하지만 관형사 '새'는 '*새 가다'처럼 동사 '가-'와 결합 관계를 이루지 못한다. 계열 관계와 결합 관계를 달리 표현하면, 계열 관계는 요소들의 종적 관계이고, 결합 관계는 요소들의 횡적 관계이다.

단어이든 형태소이든 계열 관계를 이루는 요소들은 공통의 속성을 가지고 있다. 그래서 계열 관계를 이루는 단어의 집합에서 어느 하나의 단어만 알아도 나머지 단어들에 대해서도 알 수 있다. 또한 어떤 단어 x가 무엇인지 알 수 없을 때, 그 단어와 계열 관계를 이루는 단어들을 통해 x가 무엇인지 파악해 낼 수 있다.

A			B			
외-롭-		손을	잡 으시-**었**-다		
수고			-겠-		
정의			-ㄴ-		
신비					

A에서 '외롭-'의 '외'는 '외롭-' 외에 다른 곳에서는 확인할 수 없기 때문에 그 정체를 알 수 없다. 그런데 '외롭-'의 '외'는 '수고, 정의, 신비 …'와 계열 관계를 이룬다. '수고, 정의, 신비 …'가 명사이므로 이들과 계열 관계를 이루는 '외'의 정체 역시 그 자체로 알 수는 없지만 명사라고 판정할 수 있다. B에서는 '-겠-'. '-ㄴ-'이 '-었-'과 계열 관계를 이룬다. 따라서 '-었-'과 '-겠-', '-ㄴ-'이 같은 성격의 선어말어미라는 것을 알 수 있다. '-었-', '-겠-', '-ㄴ-'은 시제 선어말어미라

는 점에서 같다.

결합 관계는 어떤 요소가 다른 요소와 결합하는 관계이다. 이러한 결합 관계의 양상을 통해 형태소나 단어의 특성을 포착해 낼 수 있다.

ⓐ 책을 읽는다/*읽었는다/*읽겠는다/*읽는었다/*읽는겠다

ⓑ 읽었겠다.

ⓐ에서 현재 시제 선어말어미 '-는-'이 과거 시제 선어말어미 '-었-', 미래 시제 선어말어미 '-겠-'과 결합할 수 없다는 것을 확인할 수 있다. 시제가 현재이면서 과거일 수 없고, 또한 현재이면서 미래일 수 없기 때문이다. 그러나 ⓑ에서 보듯이 '-었-'과 '-겠-'은 결합 관계를 이룬다. 시제가 과거이면서 미래일 수 없는데, '읽었겠다'가 가능하다는 것은 '-겠-'과 '-었-' 둘 중의 하나가 시제 선어말어미의 기능을 하지 않는다는 것을 추론할 수 있다. '읽었겠다'에서는 '-겠-'이 시제의 기능을 하지 않는다. 이때 '-겠-'은 '추측'이라는 양태(modality)[16]의 의미를 나타낸다.

3.3.1.2. 형태

'형태'는 단어의 형태가 변하느냐 아니냐에 따른 기준이다. 형태가 변하는 단어를 가변어라고 하고, 형태가 변하지 않는 단어를 불변어라고 한다. 굴절어의 경우 형태가 변하는 단어이냐 아니냐가 단어를 분류하는 데 중요하는 기준이다. 그런데 교착어인 국어의 경우에는 형태

---

[16] 화자의 심리적인 태도 또는 정신적인 태도와 관련된 의미를 이른다. '추측', '확신', '가능', '의지', '능력', '바람' 등이 양태에 해당하는 의미이다.

변화 유무가 단어 분류에서 중요하지 않다. 국어에는 실제 형태가 변하는 단어가 없기 때문이다.

(70)

		영어	국어
대명사	주격	he	그―가
	목적격	him	그―를
	관형격	his	그―의
동사	현재	eat	먹―는―다
	과거	ate	먹―었―다

(70)에서 보듯이 영어의 대명사 'he'의 경우, 주격일 때는 'he'이지만, 목적격을 나타낼 때는 'him'으로, 관형격(소유격)을 나타낼 때는 'his'로 그 형태가 바뀐다. 평행하게 동사 'eat'의 경우, 현재 시제일 때는 'eat'인데, 과거 시제를 나타낼 때는 'ate'로 그 형태가 바뀐다. 이처럼 문법적인 의미를 나타낼 때 그 형태가 바뀌는 단어를 가변어라고 한다. 반면 부사 'very', 'also'처럼 형태가 바뀌지 않는 단어를 불변어라고 한다. 이처럼 영어와 같은 굴절어에서는 어떤 단어가 가변어인지 불변어인지가 단어를 분류하는 데 중요한 하나의 기준이다.

그러나 교착어인 국어는 엄밀히 말해 굴절어인 영어처럼 형태를 바꾸는 단어가 없다. 굴절어에서 형태를 바꾸는 이유는 문법적인 의미를 나타내기 위한 것인데, 교착어인 국어의 경우 문법적인 의미를 나타낼 때 단어의 형태를 바꾸는 것이 아니라, (70)에서 보듯이 형태소를 첨가해서 나타낸다. 즉 주격을 나타낼 때는 주격 조사 '-가'를 첨가해서, 목적격을 나타낼 때는 목적격 조사 '-를'을 첨가해서, 관형격을 나타낼 때는 관형격 조사 '-의'를 첨가해서 나타낸다. 그리고 현재 시제를 나타낼 때는 현재 시제 선어말어미 '-는'을 첨가해서, 과거 시제를 나타낼 때는 과거 시제 선어말어미 '-었-'을 첨가해서 나타낸다. 그래서 대명사 '그'는 주격을 나타내든 목적격을 나타내든 관형격을 나타내든 형태가 바뀌지 않고 '그' 형태 그대로 쓰인다. 동사 '먹-' 역시 현재 시제일 때도 과거 시제일 때도 단어의 형태가 바뀌지 않는다.[17]

영어처럼 형태 변화를 통해 문법적인 의미를 나타내는 것을 굴절이라고 하는데, 체언의 굴절을 곡용, 용언의 굴절을 활용이라고 한다. 그런데 국어는 체언에 문법적인 의미를 나타낼 때는 조사를 결합시켜서, 그리고 용언에 문법적인 의미를 나타낼 때는 어미를 결합시켜서 나타낸다. 이처럼 체언에 조사가 결합하는 것, 그리고 용언에 어미가 결합하는 것을 굴절어의 곡용과 활용에 대응하여 체언과 용언이 형태를 바꾼 것으로 보자고 약정할 수 있다. 이러한 약정 하에서 국어학 개론서 중에서는 체언과 용언을 가변어로 설정하기도 한다. 그러나 (70)에서 확인했듯이 그렇다고 정말 체언과 용언이 형태를 바꾸는 것은 아니다. 국어에서 관형사와 부사는 격조사가 결합할 수 없고,[18] 어미와 결합할 수도 없다. 이는 격조사와 결합하는 체언인 명사, 대명사, 수사, 그리고 어미와 결합하는 용언인 동사, 형용사와는 다른 특성이다. 이러한 차

---

17 혹여 '먹는다[멍는다]'를 보고서 '먹-'의 형태가 바뀌지 않았느냐고 물을 수 있다. 그런데 음운 변동에 의해 기저형이 바뀌는 것과, 가변어에서 문법적인 의미를 나타내기 위해 형태가 바뀌는 것은 차원이 다른 문제이다. 즉 동사 '먹-'이 비음 앞에서 비음화되어 [멍-]으로 교체한 것은 음운 변동의 결과이지, '먹-'이 가변어이기 때문이 아니다. 즉 '먹-'이 현재 시제 선어말어미 '-는-'과 결합했기 때문에 '멍-'이 된 것이 아니다. 다시 말하지만, 문법적인 의미를 형태 변화를 통해 나타내는 것과, 음운 변동에 의해 기저형이 교체하는 것은 다른 차원의 문제이다.

18 관형사와 부사가 격조사와 결합할 수는 없지만, 보조사와는 결합한다.

이에 주목해서, 그리고 체언에 조사가 결합하는 것, 용언에 어미가 결합하는 것을 형태가 바뀌는 것으로 보자는 약정 하에서, 체언과 용언을 가변어로, 그 외의 품사의 단어를 불변어로 인위적으로 구별하기도 한다.

그런데 2022 교육과정 학교문법에서는 기술문법에서의 약정과 또 다르게 용언만 가변어로 기술하고 있다. 당연히 이는 사실과는 아무런 관련이 없는, 단지 용언만 가변어라고 하자는 또 다른 가정의 문제이다. 기술문법의 약정과 달리 학교문법에서 체언을 가변어에서 뺀 이유는 '조사'를 품사의 하나로, 즉 단어로 분류하고 있기 때문이다. 품사의 정의가 단어의 갈래이니까, 조사가 품사의 하나라면 단어이어야 한다. 조사가 단어이므로 체언에 조사가 결합한 '그—가, 그—를, 그—의'는 '단어+단어'의 결합이라고 해야 한다. 단어와 단어가 결합한 것을 '그'가 형태를 바꾼 것이라고 할 수 없게 되는 것이다.

앞서도 얘기했지만, 가변어의 정의대로 정말 형태를 변화시켜 문법적인 의미를 나타내는 단어는 국어에 존재하지 않는다. 그래서 국어를 대상으로 가변어를 상정하는 것은 사실의 차원이 아니다. "형태소를 첨가시켜 문법적인 의미를 나타내는 국어의 곡용과 활용을, 형태를 변화시켜 문법적인 의미를 나타내는 굴절어의 곡용과 활용과 평행한 것으로 가정하면"이라는 전제 하에서 체언과 용언이 가변어로 가정될 수 있는 것이다.

국어에서 '형태' 기준이 실제 품사 분류에 관여한 경우는 동사와 형용사의 구분에서이다. 동사와 형용사는 어미 결합에서 차이를 보이는데, 이 차이는 형태적 특성에 해당한다. 예컨대 동사 '먹-'은 '먹는다'처럼 현재 시제 선어말어미 '-는-~-ㄴ-'과 결합할 수 있는데 비해, 형용사 '예쁘-'는 '*예쁜다'처럼 현재 시제 선어말어미 '-는-~-ㄴ-'

과 결합할 수 없다. 또한 관형사형 어미와의 결합에서도 동사 '먹-'은 '먹는'이 가능하지만, 형용사 '예쁘-'는 '*예쁘는'이 불가능하다. 이러한 특성은 '기능', '형태', '의미' 세 가지 기준 중에서 '형태' 기준에 가장 가까운 것이다.

3.3.1.3. 의미

(71)처럼 '의미'를 기준으로 품사를 분류할 수도 있다.

(71)

의미	품사
움직임을 나타냄.	동사
성질이나 상태를 나타냄.	형용사
사람이나 사물, 개념 등을 나타냄.	명사
다른 말을 대신 나타냄.	대명사
수나, 순서를 나타냄.	수사
감탄을 나타냄.	감탄사

의미를 기준으로 품사를 분류할 수는 있지만, 문제는 '기능'에 비해 객관성이 떨어진다는 것이다. 당장 '사랑하다', '잘생기다'가 움직임을 나타내는 단어인지, 상태를 나타내는 단어인지를 객관적으로 증명하기 어렵다. 그래서 품사 분류 작업에서는 일차적으로는 '기능'을 기준으로 단어를 분류하고, 다음으로 '형태' 기준을 적용하고, 마지막으로 '의미' 기준을 보조적으로 활용하는 것이 일반적이다.

'의미' 기준은 (72)에서 보듯이 동일한 품사의 집합을 다시 세분하여 분류할 때 주로 활용된다.

(72)

명사	고유 명사/일반 명사 추상 명사/구체 명사 가산 명사/불가산 명사
부사	정도 부사 성상 부사 지시 부사
관형사	성상 관형사 지시 관형사 수 관형사
대명사	인칭 대명사 지시 대명사

(72)에서 고유 명사이냐 일반 명사이냐, 정도 부사이냐 성상 부사이냐, 인칭 대명사이냐 지시 대명사이냐 등의 구분이 바로 '의미'를 기준으로 한 것이다.

3.3.2. 국어의 품사 분류

국어의 단어를 몇 개의 품사로 분류하는 것이 단어를 이해하는 데 가장 좋을까? 이와 관련하여 하나의 단일한 의견의 일치를 보이고 있지는 않다. 이는 사실의 문제가 아니라 해석의 문제이기 때문이다. 그렇기에 국어의 단어를 몇 개의 품사로 분류할 것이냐와 관련하여 다양한 견해가 존재하는 것이 오히려 자연스럽다고 하겠다.

개론 수준에서는 국어의 단어를 9품사로 분류하거나 8품사로 분류하는 것이 일반적이다. 학교문법은 9품사 분류를 채택하고 있다. 9품사 분류는 (73)과 같다.

(73)

9품사 체계	5품사 체계
동사	용언
형용사	
명사	체언
대명사	
수사	
관형사	수식언
부사	
감탄사	독립언
조사	관계언

(73)의 9품사에서 조사를 단어로 보지 않고 품사에서 제외하면 8품사 체계이다. 그리고 '동사/형용사'를 묶어서 '용언', '명사/대명사/수사'를 묶어서 '체언', '부사/관형사'를 묶어서 '수식언', 그리고 감탄사를 '독립언', 조사를 '관계언'이라고 하는데, 이 다섯 개의 언을 품사로 보게 되면 5품사 체계가 된다.

동사와 형용사는 문장에서 서술어로 기능한다는 점에서 공통적이다. 그래서 이 둘을 용언이라는 하나의 상위 범주로 묶을 수 있다. 그렇지만 어미 결합에서 동사와 형용사는 차이를 보인다. 이와 관련한 자세한 내용은 아래 '3.3.2.1.1. 동사, 형용사 구분 기준'에서 다시 자세히 설명하기로 하겠다. 또한 의미 기준에서 동사는 움직임을 나타내고, 형용사는 성질이나 상태를 나타낸다는 점에서 차이가 있다.

체언으로 묶인 '명사, 대명사, 수사'도 격조사와 결합해서 주어, 목적어 등으로 쓰이고, 관형어의 수식을 받는다는 점에서 공통적이다. 그래서 상위어인 체언으로 묶을 수 있다. '의미' 기준으로 보면, 명사는 주로 사람이나 사물, 개념 등의 이름을 나타내는 단어이고, 대명사는 다른 말을 대신 받는 단어이고, 수사는 수를 나타내는 단어로 서로 다르다.

수식언으로 묶인 '관형사, 부사'는 다른 말을 수식하는 기능을 한다는 점에서는 공통적이다. 그래서 상위어인 수식언으로 묶을 수 있다. 그렇지만 수식하는 대상, 즉 피수식어가 서로 다르다. 관형사는 체언인 명사, 대명사, 수사를 수식한다. 이에 비해 부사는 용언인 동사, 형용사 및 또 다른 부사를 수식한다. 드물지만 관형사를 수식하기도 한다. '아주 새 신발'에서 부사 '아주'가 관형사 '새'를 수식하는 경우이다.

관계언인 '조사'의 경우, 품사의 하나로 설정하는 것에 대해서 여전히 논란이 있다. 조사는 의존 형태소인데다가 실질 형태소도 아니기 때문이다. 이러한 특성은 단어의 원론적인 정의—최소의 자립 형식—에 부합하지 않기 때문이다.

학교문법의 9품사 체계는 〈학교문법통일안〉에서 결정된 것을 지금까지 준용하고 있는데, 〈학교문법통일안〉은 국어학, 국어교육 분야의 전문 위원 16명이 1962년 4월 15일부터 5월 22일까지 12회에 걸쳐 회의를 하여 의결한 내용이다. 이 중 1명은 의결권이 없었기 때문에 15명 중 과반 이상이 찬성하면 결정한다는 원칙 하에 안건들이 의결되었다. 조사의 경우는 제3회(4월 20일) 회의에서 결정된 것으로 그 내용은 토

(조사)는 독립 품사로 보고 어미는 독립 품사로 인정하지 않는다는 것이었다.

3.3.2.1. 동사, 형용사: 용언

어떤 단어가 문장에서 서술어의 기능을 한다면, 그 단어는 동사이거나 형용사이다.

(74) 솔이가 책을 <u>**읽**</u>—는(~-ㄴ-)다
      사-
      접-
      빌리-
      고르-
      ⋮

(75) 하늘이 정말 **푸르**—다
      맑-
      예쁘-
      높-
      흐리-
      ⋮

(74)의 '읽-', (75)의 '푸르-'는 문장에서 서술어로 기능한다. 서술어로 기능하는 단어는 동사이거나 형용사이다. (74)의 '읽-'은 동사인데, (74)에서 '사-, 접-, 빌리-, 고르- …'가 동사 '읽-'과 계열 관계를 이루

므로 이들 역시 동사이다. 그리고 (75)의 '푸르-'는 형용사인데, '맑-, 예쁘-, 높-, 흐리- …'가 형용사 '맑-'과 계열 관계를 이루므로 이들 역시 형용사이다.

국어에서 동사, 형용사 외에도 서술어의 기능을 하는 것에는 '체언+서술격 조사', 즉 'NP+-이-' 구성이 더 있다. (76ㄱ~ㄷ)에서 '산이다', '나이다', '삼이다'가 서술어이다. 이처럼 국어에서는 'NP+-이-' 구성도 서술어로 쓰인다.

(76)
ㄱ. 산은 <u>산이</u>다.
ㄴ. 나는 <u>나이</u>다.
ㄷ. 일 더하기 이는 <u>삼이</u>다.

그러나 'NP+-이-'는 단어가 아니라 단어보다 큰 구성이다. 그리고 서술격 조사 '-이-'가 서술어로 기능하는 것이 아니라 'NP+-이-' 구성이 서술어로 기능하는 것이므로, 국어에서 서술어로 기능하는 단어는 동사, 형용사 2개뿐이다.

동사와 형용사는 두 가지 점에서 공통적이다.

첫째, 문장에서 서술어로 기능한다.
둘째, 어미와 결합하여야만 문장에 나타날 수 있다.

첫째는 품사 분류 기준 중에서 '기능'과 관련된 공통점이고, 둘째는 품사 분류 기준 중에서 '형태'와 관련된 공통점이다. 이러한 공통점을 공유하기 때문에 동사와 형용사를 묶어서 용언이라고 한다. 국어에서 동사와 형용사는 의존 형태소이다. 그래서 '읽-', '푸르-'가 그 자체로 문장에 나타날 수는 없다. 반드시 어미와 결합해야만 문장에 나타날 수 있다.

앞서 '3.2.1. 단어의 정의' [한 걸음 더]에서 설명한 것처럼 동사, 형용사라고 할 때 동사, 형용사는 활용형이 아니라 활용형에서 어미를 뺀 어간이다. 다시 말해 활용형은 활용형이지 동사나 형용사가 아니다. 활용의 정의는 "용언(동사, 형용사) 어간에 어미가 결합하는 것"이고, 활용형의 정의는 "용언 어간에 어미가 결합한 형태"이다. 그러니까 정의상 활용형이 동사, 형용사일 수 없다. 활용형에서 어미를 뺀 어간이 동사, 형용사이다. 예컨대 활용형 '읽는다'가 동사가 아니라 어미 '-는다'를 뺀 어간 '읽-'이 동사이고, '푸르다'가 형용사가 아니라 어미 '-다'를 뺀 '푸르-'가 형용사이다.

그러면 왜 동사, 형용사를 지칭하거나 명명할 때 '읽다', '푸르다'로 말하는가? 그것은 동사, 형용사가 의존 형태소이기 때문에 동사, 형용사를 어간만으로 지칭하거나 명명하기가 자연스럽지 않다고 여겼기 때문이다. 그래서 일종의 사회적 약속처럼 동사나 형용사를 지칭하거나 명명할 때는 어미 중에서 대표형으로 '-다'가 결합한 형태로 하기로 약속을 한 것이다. 이러한 약속 하에 동사, 형용사를 사전에 표제어로 올릴 때에도 어미 '-다'가 결합한 형태로 올린다. 이 책에서도 경우에 따라서는, 즉 개념상 동사, 형용사를 정확히 언급해야 하는 맥락이 아닐 때는 관습적인 방식을 좇아 '읽다', '푸르다'로 나타낼 때도 있을 것이다. 그러나 그렇다고 해서 '읽다'가 동사는 아니고, 동사는 '읽-'이다. 마찬가지로 '푸르다'가 형용사는 아니고, '푸르-'가 형용사이다.

'읽다'가 동사가 아니라 '읽-'이 동사라는 것은 간단하게 증명할 수 있다. 동사 '읽-'은 하나의 형태소이므로 단어 중에서는 단일어이다.

단일어의 정의가 형태소가 하나인 단어이다. 그런데 만일 '읽다'가 동사라고 하게 되면, '읽―다'는 두 개의 형태소이므로 단일어의 정의를 위배하게 된다. 이처럼 단일어의 정의만 떠올리더라도 활용형 '읽다'가 동사가 아니라 어간 '읽-'이 동사라는 것을 이해할 수 있을 것이다.

어간이 아니라 활용형이 동사, 형용사라고 잘못 생각하게 되는 이유 중에는 학교문법의 탓도 있다. 학교문법에서 동사, 형용사를 찾는 질문이나 활동에서 동사, 형용사는 어간이 아니라 활용형 전체로 대답하게 기술되어 있다.

(77)

ㄱ. 먹다

ㄴ. 먹었다

ㄷ. 먹었겠습니다.

학교문법에서 (77ㄱ~ㄷ)에서 동사를 찾으라고 하면, '먹다', '먹었다', '먹었겠습니다'로 대답하게 되어 있고, 또한 '먹다', '먹었다', '먹었겠습니다'가 같은 동사라고 기술하고 있다. 중·고등학교에서 이렇게 배운 상태로 대학에 들어오기 때문에, 동사, 형용사의 개념을 정확히 이해하는 데 어려움을 겪는다.

(77ㄱ~ㄷ)이 다르다는 사실, 그럼에도 유사성이 있다는 사실을 제대로 이해하기 위해서는 동사, 형용사의 정의 및 활용형의 개념을 명확히 구분할 수 있어야 한다. (77ㄱ~ㄷ)이 다르다는 것은 활용형을 구성하는 형태소가 다르기 때문이고, (77ㄱ~ㄷ)이 유사성이 있다는 것은 동일한 동사 '먹-'의 활용형이라는 점에서 그렇다.

서술격 조사는 '이다'인가, '-이-'인가?

사전에서 동사, 형용사를 표제어로 올릴 때 어미 중에서 대표로 '-다'가 결합한 형태로 올린다고 하였다. 그래서 표제어로 '먹다'가 올라 있지만, 그렇다고 '먹다'가 동사인 것은 아니고, 동사는 '먹-'이다. 서술격 조사도 마찬가지이다. 사전의 표제어에는 서술격 조사가 '이다'로 올라 있는데, 그렇다고 '이다'가 서술격 조사일 수는 없다. 이는 활용형 '학생이다'를 통해 쉽게 증명할 수 있다.

- 영이는 <u>학생이다</u>.

  ↓

  학생 — 이 — 다

'학생'은 명사이고, '-다'는 종결어미이다. 이 사실만으로도 '이다'가 서술격 조사가 아니라는 것이 바로 증명된다. 즉 서술격 조사는 '-이-'이다. 만일 서술격 조사가 '이다'이면, 위의 문장 '영이는 학생이다.'는 조사로 끝난 문장이라고 해야 한다. 이는 당장 문장의 정의를 위배한다. 문장은 서술어가 지배하는 영역이고, 모든 서술어의 마지막은 항상 어말어미이다. 이러한 문장의 정의에 따를 때, 만약 문장이 조사로 끝났다면 그것은 이미 문장이 아니다.

그러면 왜 사전에서 서술격 조사의 표제어를 '-이-'가 아닌 '이다'로 등재했을까? 그것은 서술격 조사 '-이-'가 용언처럼 활용을 하기 때문에 용언에 준하는 방식으로 표제어를 삼은 것뿐이다. 개론서 중에서도 서술격 조사를 동사와 형용사를 나타내는 방식과 평행하게 '이다'로 나타낸 경우가 없지는 않다. 그러나 그 경우에도 실제 내용 기술이나 분석에서는 '-이-'가 서술격 조사라는 것을 분명히 하고 있다. 다시 말해 서술격 조사를 '이다'로 기술한 것은 단지 관례를 좇은 편의적인 조처일 뿐이다.

서술격 조사 '-이-'는 양쪽으로 의존적인 형태소이다. 즉 앞에는 체언이, 뒤에는 어미가 결합해야만 문장에 나타날 수 있다. 그럼에도 사전에서는 의존적이라

3.3.2.1.1. 동사, 형용사 구분 기준

동사와 형용사는 어미와의 결합에서 차이를 보인다. 그래서 이러한 어미 결합 양상에서의 차이를 통해 동사와 형용사를 구분할 수 있다. 물론 움직임의 의미가 있으면 동사, 그리고 성질이나 상태의 의미가 있으면 형용사, 이렇게 '의미' 기준을 통해서 어느 정도까지는 동사와 형용사를 구분할 수 있다. 그러나 움직임이나, 성질·상태를 객관적으로 증명하기 어렵다. 예컨대 '생각하다', '사랑하다'가 움직임을 나타낼까, 아니면 성질이나 상태를 나타낼까? 또 다른 예로 '잘생기다'가 움직임을 나타낼까, 성질이나 상태를 나타낼까? 이처럼 '의미' 기준으로는 객관적으로 동사와 형용사를 판별하기 어렵다. 그럼에도 학교문법에서는 여전히 의미 기준을 중심으로 동사와 형용사의 구별을 설명하고 있는데, 이는 학습자 수준을 감안하더라도 결코 바람직하지는 않다.

의미 기준으로 동사와 형용사를 구분하기 어렵다면, 동사와 형용사를 구분할 수 있는 객관적인 기준이 필요하다. 이 객관적인 기준이 바로 어미 결합 양상의 차이이다.

(78)

	구별 기준	동사	형용사
ㄱ	-고 있다	봄이 가고 있다	꽃이 *예쁘고 있다
ㄴ	-아/어라	빨리 가라	많이 *예뻐라
ㄷ	-자	빨리 가자	많이 *예쁘자
ㄹ	-는-~-ㄴ-	봄이 온다 동생이 책을 읽는다	꽃이 *예쁜다 풍경이 *아름답는다
ㅁ	-(으)려	책을 읽으려 한다.	*예쁘려 한다
ㅂ	-(으)러	책을 읽으러 가자.	*예쁘러 가자

(78ㄱ)에서 보듯이 '-고 있다'와 결합할 수 있으면 동사, 결합할 수 없으면 형용사이다. 그리고 (78ㄴ)의 명령형 어미 '-아/어라', (78ㄷ)의 청유형 어미 '-자', (78ㄷ)의 현재 시제 선어말어미 '-는-~-ㄴ-', (78ㅁ)의 의도의 의미를 가진 어미 '-(으)려', (78ㅂ)의 목적의 의미를 가진 어미 '-(으)러'와의 결합 유무를 통해 동사인지 형용사인지 판별할 수 있다. 이들 어미 중 어느 하나와도 결합할 수 있으면 동사이고, 이들 어미 중 어느 것과도 결합할 수 없으면 형용사이다.

(78ㄱ~ㅂ)은 '움직임'의 의미와 '성질·상태'의 의미를 객관적으로 검증하는 구체적인 수단에 해당한다. 움직임은 과정이 있기 때문에 진행의 의미를 가진 '-고 있다'가 결합할 수 있다. 하지만 성질·상태는 지속될 수는 있어도 진행될 수는 없기 때문에 '-고 있다'가 결합할 수 없다. 그리고 움직임은 명령하거나 청유할 수 있지만, 성질·상태를 명령하거나 청유할 수 없다. 또한 움직임은 움직임의 주체가 목적을 가지거나 의도를 가질 수 있지만, 성질·상태는 목적을 가지거나 의도를 가질 수 없다.

동사는 대부분 (78ㄱ~ㅂ)이 모두 성립하지만, (78ㄱ~ㅂ) 중에 어느 한 가지 또는 두 가지 이상이 안 되는 경우도 있을 수 있다. 하지만 (78ㄱ~ㅂ) 중에서 어느 하나라도 성립되면 동사이다. 이에 비해 (78ㄱ~ㅂ) 어느 것도 성립되지 않을 때 형용사이다.

의미적으로 움직임인지, 성질·상태인지가 애매한 '사랑하다'를 예를 들어 확인해 보자. 당장 '사랑하다'는 '사랑하고 있다'가 된다. 이 사실 하나만으로도 '사랑하다'를 동사로 판정해도 된다. 이번에는 '잘생기다'가 동사인지 형용사인지를 검증해 보자.

(79)

ㄱ. *잘생기고 있다

ㄴ. *잘생겨라

ㄷ. *잘생기자

ㄹ. *잘생긴다

ㅁ. *잘생기려 한다

ㅂ. *잘생기러 가자

(79)에서 보듯이 '잘생기다'는 (78ㄱ~ㅂ)의 동사/형용사 구별 기준을 적용했을 때 성립되는 것이 하나도 없다. 따라서 '잘생기다'는 동사로 판정할 수 없다.[19]

3.3.2.1.2. 활용과 활용형, 어간과 어미

용언인 동사, 형용사는 의존 형태소이다. 그래서 그 자체로는 문장에 나타날 수 없고, 반드시 어미와 결합해야만 문장에 나타날 수 있다. 동사, 형용사가 의존 형태소라는 것은 당연히 자립 형식이 아니라는 것을 내포하고 있다.

동사, 형용사에 어미가 결합하는 것을 활용이라고 하고, 동사, 형용사에 어미가 결합한 형태를 활용형이라고 한다. 활용형에서 어미를 뺀 나머지 부분을 어간이라고 한다. 그래서 활용형에서 동사, 형용사를 가리킬 때는 동사 어간, 형용사 어간이라고 한다.

(80)

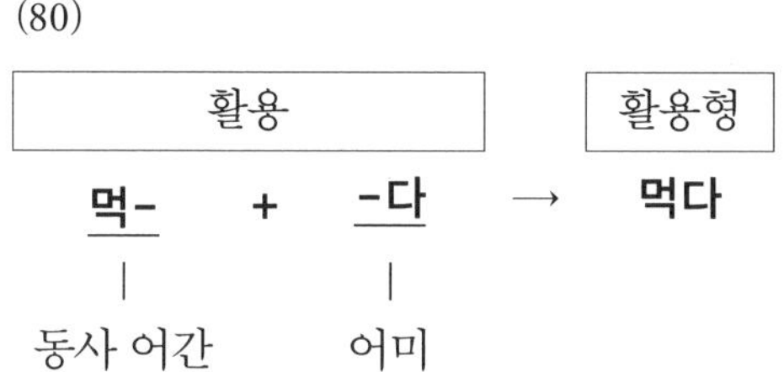

활용을 하는 것에는 동사, 형용사 외에 서술격 조사 '-이-'도 추가된다. '학생—이—다, 학생—이—고, 학생—이—면, 학생—이—었—겠—다'처럼 서술격 조사 '-이-'도 용언과 마찬가지로 어미와 결합해야만 문장에 나타날 수 있다. 다만 서술격 조사 '-이-'는 반드시 체언과 결합한 상태에서 어미와 결합한다는 점에서 용언과 차

---

19 『표준국어대사전』에 '잘생기다'는 동사로 분류되어 있다. 이러다 보니 현장에 있는 많은 국어 선생님들로부터 질문을 받게 되는 사안이기도 하다. 주의할 것은 사전은 사전일 뿐이라는 사실이다. 즉 사전에 동사라고 되어 있다고 해서 동사는 아니다. 동사의 정의에 부합해야 동사이다. (79)에서 확인할 수 있듯이 '잘생기다'는 동사가 가지고 있는 특성 어느 것도 가지고 있지 않으므로 동사로 볼 수 없다. 사전은 일반인을 대상으로 만들어진 것이지 문법서가 아니다. 사전이 국어학적 사실을 기반으로 만들어지긴 했지만, 그렇다고 사전의 내용이 곧 국어학적 사실은 아니다. 그래서 문법을 공부하면서, 또 교육 현장에서 문법을 가르치면서 사전을 참고하는 것은 필요하지만, 사전의 내용을 그대로 문법적 사실로 받아들이거나 사전의 내용에 의지해서 가르쳐서는 안 된다.

이가 있다. '학생—이—다'처럼 체언과 결합하여, 즉 '체언+-이-' 상
태에서 어미와 결합하여 서술어로 쓰인다. 그래서 결과적으로 국어에
서 서술어로 쓰이는 것은 동사, 형용사 그리고 'NP+-이-' 3개이다.

어미는 다시 어말어미와 선어말어미로 나뉜다. 이때 '어말'의 '어'는
서술어를 뜻한다. 그러니까 어말어미는 서술어의 마지막에 오는 어미
라는 뜻이다. 선어말어미는 어말어미 앞에 오는 어미라는 뜻으로 용언
어간과 어말어미 사이에 오는 어미들은 모두 선어말어미이다. (81)은
어미의 종류이다.

(81)

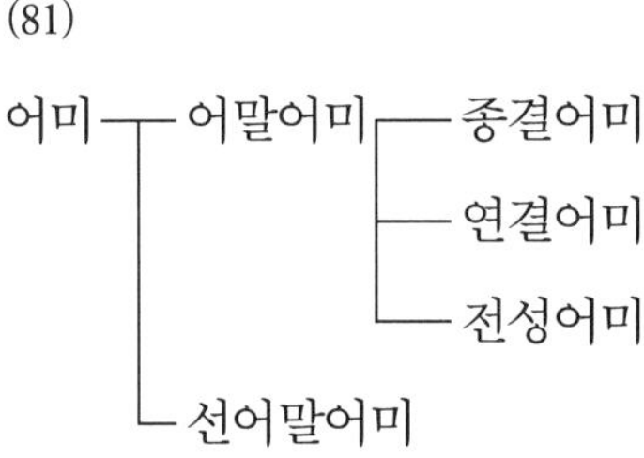

(81)에서 보듯이 어말어미는 다시 종결어미, 연결어미, 전성어미로
구분된다.

(82) [비가 오면서] [바람도 불었다].

어말어미 중에서 종결어미는 문장의 맨 마지막 서술어의 끝에 오는
어미이다. 그리고 어말어미 중에서 연결어미는 이어진문장에서 선행
문장 서술어의 끝에 오는 어미이다. (82)의 이어진문장에서 선행 문장
의 서술어 '오면서'의 어말어미 '-면서'가 연결어미이다. 문장의 마지
막 서술어 '불었다'의 어말어미 '-다'는 종결어미이다. 그리고 '불었다'

에서 어간과 어말어미 사이에 있는 '-었-'이 선어말어미이다.

　종결어미는 문장의 마지막 서술어의 어말어미이니까 한 문장에 종결어미는 하나이다. 문장에는 홑문장도 있고, 안은문장도 있고, 이어진문장도 있는데, 홑문장은 어말어미가 곧 종결어미이니까 종결어미가 하나이다. 안은문장과 이어진문장의 경우에는 어말어미는 두 개 이상이지만, 종결어미는 하나이다. 안은문장이나 이어진문장은 서술어가 두 개 이상인 문장이니까 어말어미도 서술어의 개수만큼 있다. (82)는 서술어가 두 개인 이어진문장이므로, (82)에서 어말어미는 두 개이고 종결어미는 하나이다.

　선어말어미는 한 문장에 없을 수도 있고, 한 개일 수도 있고, 두 개 이상일 수도 있다. (82)에서 선어말어미는 한 개이다. (83)은 한 문장에 선어말어미가 3개 쓰인 문장이다.

(83) 할아버지께서는 벌써 집에 <u>도착하셨겠다.</u>

도착하―(으)시―었―겠―다

　서술어 '도착하셨겠다'에서 동사 어간은 '도착하-'이고, 어말어미는 '-다'이다. '-다'는 어말어미이면서 종결어미이다. 선어말어미는 어간과 어말어미 사이에 오는 어미이니까, 어간 '도착하-'와 어말어미 '-다' 사이에 있는 '-(으)시-', '-었-', '-겠-'이 선어말어미이다.

　어말어미 중에서 전성어미는 안긴문장 서술어의 끝에 오는 어미이다.

(84)

ㄱ. 어머니는 [내가 잘되기]를 바라신다.

ㄴ. 우리는 [눈이 오는] 날 다시 만났다.

ㄷ. 태양이 [눈이 부시게] 빛났다.

(84ㄱ)에서 안긴문장의 서술어 '잘되기'의 어말어미 '-기', (84ㄴ)에
서 안긴문장의 서술어 '오는'의 어말어미 '-는', (84ㄷ)에서 안긴문장
의 서술어 '부시게'의 어말어미 '-게'가 전성어미이다.

(85) 전성어미의 종류

ㄱ. 명사형 전성어미 : -(으)ㅁ, -기

ㄴ. 관형사형 전성어미 : -(으)ㄴ, -(으)ㄹ, -는, -던

ㄷ. 부사형 전성어미 : -게, -도록

원칙적으로 용언은 어미와의 결합이 자유롭고, 어미 역시 용언과
의 결합이 자유롭다. 그렇다고 결합에 제약이 없는 것은 아니다. 앞서
'3.3.2.1.1. 동사, 형용사 구분 기준'에서, 동사인지 형용사인지를 구별
하는 데 사용되었던 어미들은 모두 형용사와는 결합할 수 없는 제약을
가진 어미이다.

(86)

ㄱ	*예뻐라/*많아라/*싫어라	**-아/어라**
ㄴ	*예쁘자/*많자/*싫자	**-자**
ㄷ	*예쁜다/*많는다/*싫는다	**-는-~-ㄴ-**
ㄹ	*예쁘려/*많으려/*싫으려 한다	**-(으)려**
ㅁ	*예쁘러/*많으러/*싫으러 가자	**-(으)러**

(86)에서 보듯이 형용사(예쁘-, 많-, 싫- …)는 '-아/어라', '-자', '-는-~-ㄴ-', '-(으)려', '-(으)러' 어미와 결합하지 못하는 제약이 있다. (86)에서 초점을 어간이 아니라 어미에 두고서 보면, 이는 어미의 제약이기도 하다는 것을 알 수 있을 것이다. 즉 어미 '-아/어라', '-자', '-는-~-ㄴ-', '-(으)려', '-(으)러'는 형용사와 결합하지 못하는 제약이 있다.

일부이기는 하지만 용언 중에는 활용이 극도로 제약되는 것들이 있다. 즉 이들 용언은 특정 어미하고만 결합할 수 있다.

(87)

	동사	가능한 활용형
ㄱ	더불-	더불어(서)
ㄴ	데리-	데리고, 데려
ㄷ	다그-	다가
ㄹ	달-	달라, 다오
ㅁ	가로-	가로되, 가로니
ㅂ	대하-	대해(/대하여), 대하니
ㅅ	관하-	관해(/관하여)
ㅇ	비롯하-	비롯해(/비롯하여), 비롯한

(87ㄱ~ㅇ)의 용언은 (87)에서 제시한 활용형 외에 다른 활용형이 잘 나타나지 않는다. 즉 이들 용언은 각각 (87)에 제시된 활용형에 있는 어미하고만 결합하는 특성이 있다. 그래서 이들 용언을, 활용이 불완전하다는 의미에서 '불완전 용언'(또는 '불구 용언')이라고 한다.

3.3.2.1.3. 동사

3.3.2.1.3.1. 타동사와 자동사

타동사이냐 자동사이냐는 오로지 목적어 논항의 유무만으로 구분한다. 목적어 논항을 요구하면 타동사이고, 목적어 논항을 요구하지 않으면 자동사이다. 주어, 목적어, 보충어(보어, 필수 부사어)처럼 서술어로 쓰인 동사, 형용사가 적격한 문장이 되기 위해서 필수적으로 요구하는 문장 성분을 '논항(argument)'이라고 한다. 서술어로 기능하는 'NP+-이-' 역시 주어 논항 하나를 필수적으로 요구한다. 보충어(complement)는 주어, 목적어는 아니지만 동사나 형용사가 이끄는 문장이 적격한 문장이 되기 위해 필수적으로 요구하는 문장 성분이므로 논항이다. 보충어는 학교문법의 '필수(적) 부사어'와 '보어'를 아우르는 개념이다.[20] 'complement'를 '보어'로 번역하기도 하는데, 'complement'의 번역어로서의 '보어'는 학교문법에서의 보어와는 다르다. 관형어와 부사어는 서술어로 쓰인 동사나 형용사가 적격한 문장이 되기 위해 필수적으로 요구하는 문장 성분이 아니므로 논항이 아니다.

(88)에서 동사 '먹-', '주-', '삼-'은 목적어 논항을 요구하는 동사이

---

[20] 학교문법에서의 보어는 '물이 얼음이 되다.', '영이가 학생이 아니다.'에서 '얼음이', '학생이'처럼 '되-', '아니-' 앞에 조사 '-이/가'와 결합한 성분만을 가리키는 개념이다. '물이 얼음으로 되다.'에서 '얼음으로'는 부사격 조사 '-으로'와 결합하였기 때문에 학교문법에 따르면 보어가 아니라 필수 부사어이다.

므로 타동사이다.

(88)

ㄱ. 지수가 밥을 먹는다.

ㄴ. 엄마가 나에게 선물을 주었다.

ㄷ. 나는 그를 친구로 삼았다.

동사이든 형용사이든 용언이라면 기본적으로 주어 논항 하나는 필수적으로 요구한다. 서술어로 쓰인 'NP+-이-' 역시 주어 논항 하나를 필수적으로 요구한다. 타동사는 주어 논항에 더하여 목적어 논항 하나, 이렇게 최소 2개의 논항을 필수적으로 요구한다. 그래서 (88′)처럼 타동사임에도 목적어 논항이 없으면 적격하지 않은 문장이 된다.

(88′)

ㄱ′. *지수가 ⊠ 먹는다.

ㄴ′. *엄마가 나에게 ⊠ 주었다.

ㄷ′. *나는 ⊠ 친구로 삼았다.

그런데 (88ㄴ)의 '주-', (88ㄷ)의 '삼-'은 주어 논항, 목적어 논항에 더하여 또 하나의 논항, 즉 보충어 논항을 필수적으로 요구한다는 점에서 (88ㄱ)의 '먹-'과 다르다. 동사 '주-', '삼-'은 (89)에서 보듯이 목적어 논항이 있더라도 보충어 논항이 없을 때도 적격하지 않은 문장이 된다.

(89)

ㄱ. *엄마가 ⊠ 선물을 주었다.

ㄴ. *나는 그를 ⊠ 삼았다.

다만 자동사이냐 타동사이냐의 구분은 목적어 논항의 유무만으로
따지기 때문에, '먹-', '주-', '삼-' 모두 타동사라는 점에서는 같다.
(90)의 '자라-', '되-', '닮-'은 목적어 논항을 요구하지 않으므로 모
두 자동사이다.

(90)

ㄱ. 나무가 자란다.

ㄴ. 물이 얼음이 되었다.

ㄷ. 아기가 엄마와 닮았다.

자동사는 대개의 경우 (90ㄱ)의 '자라-'처럼 주어 논항 하나만 요구
한다. 그런데 자동사 중에는 (90ㄴ)의 '되-', (90ㄷ)의 '닮-'처럼 주어
논항 외에 '보충어' 논항 하나를 필수적으로 요구하는 것들이 있다. 이
러한 자동사의 경우 보충어 논항이 없으면 (91)처럼 그 의미를 제대로
파악하기 어려운, 부적격한 문장이 된다.

(91)

ㄱ. ?물이 되었다.

ㄴ. ?아기가 닮았다.

특이하게 자동사이기는 한데, 자신에게서 파생된 명사에 한해서 목

적어를 취할 수 있는 동사도 있다. 동사 '웃-', '울-', '자-'가 이에 해당한다. (92)에서 보듯이 '웃-', '울-', '자-'는 기본적으로 목적어 논항을 요구하지 않는 자동사이다.

(92)

ㄱ. 아기가 웃는다.

ㄴ. 아기가 운다.

ㄷ. 아기가 잔다.

그런데 (93)에서 보듯이 '웃-', '울-', '자-'의 경우, 자신에게서 파생된 명사에 한해서 목적어를 취하기도 한다. (93)에서 '웃-', '울-', '자-'는 목적어 논항을 취하므로 타동사이다.

(93)

ㄱ. 아기가 웃음을 웃는다.

ㄴ. 아기가 울음을 운다.

ㄷ. 아기가 잠을 잔다.

'웃음', '울음', '잠'은 각각 동사 '웃-', '울-', '자-'에 명사 파생 접미사 '-(으)ㅁ'이 결합하여 만들어진 파생 명사이다. 그래서 (93)에서 목적어 '웃음', '울음', '잠'을 '동족 목적어'라고 부르기도 한다.

3.3.2.1.3.2. 피동사와 능동사, 사동사와 주동사

피동사는 타동사 어근에 피동 파생 접미사가 결합하여 만들어진 파생 동사이다. 그리고 사동사는 자동사나 타동사, 형용사 어근에 사동 파생 접미사가 결합하여 만들어진 파생 동사이다. 피동사는 기본적으로 자동사이고, 사동사는 타동사이다. 사동사이면서 자동사라거나 또는 자동사이면서 사동사는 존재하지 않는다. (94)의 '잡히-', '읽히-'는 피동사이고, (95)의 '먹이-', '띄우-', '넓히-'는 사동사이다.

(94)

ㄱ. 붕어가 어부에게 잡혔다.

ㄴ. 오늘따라 책이 잘 읽힌다.

(95)

ㄱ, 보람이가 고양이에게 간식을 먹였다.

ㄴ. 지수가 물 위에 종이 배를 띄웠다.

ㄷ. 지자체에서 도로를 넓혔다.

(94)에서 보듯이 피동사는 목적어 논항을 요구하지 않는 자동사이다. 반면 사동사는 (95)에서 보듯이 반드시 목적어 논항을 요구하는 타동사이다.

'사동사 = 타동사'라고 하면서 '피동사 = 자동사'라고 말하지 않은 것은, 드물지만 피동사 중에 목적어를 가지는 것도 있기 때문이다. 예컨대 (96)에서 피동사 '밟히-', '잡히-', '물리-'는 목적어를 취하고 있다. 그래서 (96)에 쓰인 피동사 '밟히-', '잡히-', '물리-'는 자동사라고 할 수 없다.

(96)

ㄱ. 영수는 옆 사람에게 발을 밟혔다.

ㄴ. 아빠가 엄마에게 손을 잡혔다.

ㄴ. 아기가 모기에게 코를 물렸다.

그러나 일반적으로 대부분의 피동사는 목적어 논항을 요구하지 않는 자동사로 쓰인다. '밟히-', '잡히-', '물리-' 역시 (97)에서처럼 목적어를 요구하지 않는 자동사로 쓰인다.

(97)

ㄱ. 옆 사람에게 영수의 발이 밟혔다.

ㄴ. 엄마에게 내 손이 잡혔다.

ㄷ. 모기에게 아기의 코가 물렸다.

능동사는 피동사의 대응 개념이고, 주동사는 사동사의 대응 개념이다. 능동사와 주동사는 '자동사/타동사', '피동사/사동사'와 달리 그 자체로 정의되는 개념이 아니다. 능동사는 피동사가 전제될 때 그 피동사에 상대하여 성립하는 개념이고, 주동사는 사동사가 전제될 때 그 사동사에 상대하여 성립되는 개념이다. 그러니까 피동사가 전제되지 않은 상태에서는 능동사가 성립할 수 없고, 사동사가 전제되지 않은 상태에서는 주동사가 성립할 수 없다. 그러니까 피동사나 사동사가 전제되지 않은 상태에서, 어떤 동사 x에 대해 능동사라고 한다거나 주동사라고 한다거나 하는 것은 성립하지 않는다.

예컨대 (98ㄱ)의 '읽-'이 타동사인 것은 명확하다. 하지만 피동사도 아니고 사동사도 아니다. 피동사도 아니고 사동사도 아닌데, (98ㄱ)의

'읽-'이 능동사인지 주동사인지에 대해서는 당연히 말할 수 없다. (98
ㄴ)의 피동사 '읽히-'나, (98ㄷ)의 사동사 '읽히-'에 대응될 때에만 능
동사인지 주동사인지에 대해 말할 수 있다.

(98)

　ㄱ. 동생이 책을 읽는다.

　ㄱ. 책이 잘 읽힌다.

　ㄴ. 엄마가 동생에게 책을 읽힌다.

(98ㄴ)의 피동사 '읽히-'의 능동사는 '읽-'이다. 또한 (98ㄷ)의 사동
사 '읽히-'의 주동사도 '읽-'이다. 이처럼 피동사 '읽히-'가 전제되어
이에 대응될 때 '읽-'은 능동사이고, 사동사 '읽히-'가 전제되어 이에
대응될 때 '읽-'은 주동사이다.

그리고 '읽히-'의 경우에도 문장이 주어지지 않은 상태에서 '읽히-'
만으로는 피동사인지 사동사인지 알 수 없다. (98ㄴ)이나 (98ㄷ)처럼
'읽히-'가 쓰인 문장이 주어졌을 때, 비로소 피동사 '읽히-'인지, 사동
사 '읽히-'인지 구별할 수 있다. 이와 관련한 보다 자세한 설명은 앞의
'3.2.5.2. 형태(형식)는 같지만 기능(내용)이 다른 접사의 구별'을 참조할
수 있다.

3.3.2.1.3.3.　능격 동사(자타 양용 동사)

동사 중에는 자동사로도 쓰이고, 타동사로도 쓰이는 것들이 있다.
이러한 동사를 능격 동사(ergative verbs)라고 한다. 능격 동사의 경우
(99ㄱ,ㄴ)에서 보듯이 자동사로 쓰일 때의 주어가 타동사로 쓰일 때
목적어가 되는 특징이 있다. '멈추-', '휘-', '부딪치-', '내리-' 등 일군

의 동사들이 이러한 성격을 가지고 있다.

(99)

ㄱ. 차가 멈추다

경찰이 차를 멈추다

ㄴ. 막대기가 휘었다.

형이 막대기를 휘었다.

ㄷ. 파도가 바위에 부딪쳤다.

그는 머리를 전봇대에 부딪쳤다.

ㄹ. 눈이 내린다.

그는 갑자기 소매를 내렸다.

그리고 접미사 '-거리-', '-대-', '-이-'가 결합한 동사들도 대부분 자동사로도 쓰이고 타동사로도 쓰이는 능격 동사이다.

(100)

ㄱ. 깃발이 펄럭거리다.

지수가 깃발을 펄럭거리다.

ㄴ. 다리가 굼틀대다.

강아지가 다리를 굼틀대었다.

ㄷ. 불빛이 반짝이다.

지수가 불빛을 반짝이다.

능격 동사는 동일한 동사가 자동사로도 쓰이고 타동사로도 쓰이는 것이기 때문에 품사가 달라지지 않는다. 이런 점에서 같은 단어가 두 개 이상의 품사로 쓰이는 품사 통용과는 다르다.

참고로 '읽히-'의 경우에도 (101ㄱ)처럼 자동사로 쓰이고, (101ㄴ)처럼 타동사로도 쓰이니까 능격 동사가 아니냐고 물을 수 있다. 결론부터 얘기하면 당연히 능격 동사가 아니다. 능격 동사는 동일한 동사라는 전제가 있다. 그런데 자동사로 쓰이는 '읽히-'는 피동사이고, 타동사로 쓰이는 '읽히-'는 사동사로 이미 서로 다른 동사이기 때문이다.

(101)

ㄱ. 책이 잘 읽힌다.

ㄴ. 엄마가 동생에게 책을 읽혔다.

그러니까 (101ㄱ)의 '읽히-'와 (101ㄴ)의 '읽히-'는 우연히 그 형태가 같은 것일 뿐, 별개의 다른 동사이다. 별개의 다른 동사이므로 능격 동사가 아니다. '안기-', '날리-' 등 피동 접미사 '-이/히/기/리-'와 사동 접미사 '-이/히/기/리-'의 형태가 같으므로 인해, 우연히 피동사와 사동사의 형태가 같은 것들이 꽤 있다. 이들은 단지 우연히 그 형태가 같은 것일 뿐 별개의 다른 동사로, 일종의 동음이의어에 해당한다.

3.3.2.1.3.4. 보조용언

보조용언은 단독으로 서술어가 되지 못하는 용언이다. 용언(동사, 형용사)은 문장에서 서술어로 기능하는데, 용언은 용언이지만 혼자서는 서술어로 기능하지 못한다는 의미에서 '보조'라는 수식어를 붙여 '보조용언'이라고 한다. 보조용언에 대응되는 것이 본용언인데, 일반적으로 용언이라고 할 때의 용언은 본용언을 가리킨다.

(102)

ㄱ. 척하다, 체하다, 재끼다, 마지아니하다/마지않다 …

ㄴ. 싶다, 듯하다, 만하다, 법하다, 뻔하다 …

(102ㄱ)은 보조동사이고, (102ㄴ)은 보조형용사이다. 보조동사/보조형용사를 구분하는 방법은 동사/형용사를 구분하는 방법과 같다. 즉 '-고 있다', 명령형 어미 '-아/어라', 청유형 어미 '-자', 현재 시제 선어말어미 '-는-~-ㄴ-', '-(으)려', '-(으)러' 중 어느 하나와라도 결합할 수 있으면 보조동사이고, 어느 것과도 결합할 수 없으면 보조형용사이다.

(102)처럼 그 자체로 보조용언인 것도 있지만, 많은 경우 본용언이 보조용언으로도 쓰인다. 본용언 '가-', '하-', '말-', '있-'이 보조용언으로 쓰인 예가 (103)이다.

(103)

ㄱ. 날이 밝아 간다.

ㄴ. 엄마가 동생에게 책을 읽게 하였다.

ㄷ. 나를 기다리지 말아라.

ㄷ. 기차가 오고 있다.

'가-', '하-', '말-', '있-'은 본용언으로 쓰이는 것이 일반적이지만, (103)처럼 보조용언으로도 쓰인다. (103)에서 보조용언으로 쓰인 '가-', '하-', '말-', '있-' 앞에 오는 용언이 본용언이다. 즉 '밝아 간다', '읽게 하였다', '기다리지 말아라', '오고 있다'에서 '밝-, 읽-, 기다리-, 오-'가 본용언이고, 이에 후행하는 '가-, 하-, 말-, 있-'이 보조용언이다.[21] (103)에서 보듯이 본용언은 어미 '-아/게/지/고' 중의 하나와 결합한다. 그래서 '본용언+보조용언' 구성에 쓰인 어미 '-아/게/지/고'를 보조적 연결어미라고 한다.

본용언이면서 보조용언으로도 쓰이는 보조용언의 품사

본용언은 다시 보조동사와 보조형용사로 구분되는데, 본용언이면서 보조용언으로도 쓰이는 보조용언의 경우 그 품사가 본용언과 항상 같지는 않다. 그래서 본용언으로 쓰이면서 보조용언으로도 쓰이는 용언을 보조용언의 품사에 따라 구분해 보면, 크게 세 가지 유형이 있다.

첫째, 보조용언으로 쓰일 때 항상 보조동사로 쓰이는 경우.

가다:	삶을 살아 가다
	밥을 다 먹어 가다
두다:	불을 켜 두다
	책을 읽어 두다

둘째, 선행하는 본용언의 품사에 연동되어 보조동사인지 보조형용사인지가 결정되는 경우.

못하다:	먹지 못하다(보조동사)
	잡지 못하다(보조동사)
	옳지 못하다(보조형용사)
	맑지 못하다(보조형용사)

---

21 본용언과 보조용언에 대한 보다 자세한 설명은 '4.4.3.3. '본용언+보조용언' 구성의 문장'에 가서 보기 바란다.

3.3.2.1.4. 형용사

형용사는 목적어 논항을 요구하지 않는다. 목적어 논항을 요구하지 않는다는 점에서는 자동사와 유사하다. 의미를 기준으로 형용사를 다시 하위분류하기도 한다. 예컨대 (104)처럼 감정을 나타내는 감정 형용사, (105)처럼 성질이나 상태를 나타내는 성상 형용사,[22] 그리고 (106)처럼 지시의 의미를 나타내는 지시 형용사 등이 그것이다.

(104) 좋다, 싫다, 밉다. 나쁘다, 두렵다

(105) 크다, 작다, 춥다, 덥다, 더럽다, 세다, 밝다, 어둡다

(106) 이렇다, 저렇다, 그렇다, 이러하다, 저러하다, 그러하다, 어떠 하다

그런데 '감정', '성질이나 상태'라는 것은 의미적 기준이기 때문에 이

---

[22] 성상 형용사를 다시 주관 형용사, 객관 형용사 등으로 구분하기도 한다. 그런데 '주관/객관'의 기준은 '감정', '성질/상태'보다도 더 추상적인 의미여서, 이 기준에 따라 분류한 결과가 객관성을 확보하기는 쉽지 않다.

를 객관적으로 증명하기가 쉽지는 않다. 하지만 일정 정도 이러한 의미 기준을 통해 분류해 볼 수는 있다.

의미 기준 외에 '-아/어하다'와의 결합 양상을 통해 형용사를 분류하기도 한다. (107)처럼 '-아/어하다'와 결합할 수 있는 형용사 부류와, (108)처럼 '-아/어하다'와 결합하지 못하는 형용사 부류가 있다.

(107)

ㄱ. 좋다 → 좋아하다

ㄴ. 싫다 → 싫어하다

ㄷ. 아프다 → 아파하다

ㄹ. 슬프다 → 슬퍼하다

ㅁ. 고맙다 → 고마워하다

(108)

ㄱ. 붉다 → *붉어하다

ㄴ. 맑다 → *맑아하다

ㄷ. 크다 → *커하다

ㄹ. 작다 → *작아하다

ㅂ. 착하다 → *착해하다

대체로 감정 형용사는 '-아/어하다'와의 결합이 자연스럽다. 반면 성상 형용사는 '-아/어하다'와의 결합이 제약된다.

3.3.2.1.5. 불규칙 용언

동일한 조건에서 다른 방식의 활용이 일어날 때, 그중 하나는 규칙 활용이고, 다른 하나는 불규칙 활용이다. 규칙 활용을 하는 용언이 규칙 용언이고, 불규칙 활용을 하는 용언이 불규칙 용언이다. (109)와 (110)을 비교해 보자.

(109)

ㄱ. 얻다, 얻고, 얻으니, 얻으면, 얻어

ㄴ. 입다, 입고, 입으니, 입으면, 입어

ㄷ. 씻다, 씻고, 씻으니, 씻으면, 씻어

(110)

ㄱ. 묻다, 묻고, 물으니, 물으면, 물어

ㄴ. 덥다, 덥고, 더우니, 더우면, 더워

ㄷ. 짓다, 짓고, 지으니, 지으면, 지어

(109ㄱ)에서 '얻-'은 자음으로 시작하는 어미 앞에서든 모음으로 시작하는 어미 앞에서든 /얻-/이다. 이에 비해 (110ㄱ)의 '묻-(問)'은 '얻-'과 마찬가지로 /ㄷ/ 말음으로 끝난 어간이지만, 모음으로 시작하는 어미 앞에서는 /물-/로 나타난다. 이처럼 '얻-'과 '묻-'은 모음으로 시작하는 어미 앞에서 다른 행동을 한다. 그래서 둘 중 하나는 불규칙이다. 만일 /얻-/이 불규칙이면 /묻-/이 규칙이고, /얻-/이 규칙이면 /묻-/이 불규칙이다. 이때 (110ㄱ)의 '물으니, 물으면, 물어'를 모음 앞에서 /ㄷ/가 /ㄹ/로 교체한 것으로 설명할 수 없다. 공시적으로 이러한 음운 규칙이 존재하지 않기 때문이다. 만일 이러한 규칙이 존재한다면 '얻으니, 얻으면, 얻어'가 '*얼으니, *얼으면, *얼어'가 되어야겠지만, 그렇지 않다는 점에서 이러한 규칙이 존재하지 않는다는 것을 확인할 수

있다. 그래서 '얻-'과 '묻-'에서는 '묻-'이 불규칙이다. (109ㄴ)과 (110
ㄴ), (109ㄷ)과 (110ㄷ)의 역시 평행하다. 즉 /ㅂ/가 모음 앞에서 /w/
로 교체하는 것은 공시적인 음운 규칙으로 설명할 수 없기에 (110ㄴ)
이 불규칙이고, 모음 앞에서 /ㅅ/가 탈락하는 것 역시 공시적인 음운
규칙으로 설명할 수 없기에 (110ㄷ)이 불규칙이다.

동일한 조건에서 다른 방식의 교체가 일어난다는 것은 두 교체형(활
용형) 중 하나는 공시적으로 설명할 수 없음을 의미한다. 그래서 불규
칙 용언을 다르게 표현하면, 용언 어간의 활용형 중에서 공시적으로
설명할 수 없는 활용형이 있을 때 그 용언을 불규칙 용언이라고 한다.
이때 공시적으로 설명할 수 없는 활용형의 개수는 상관이 없다. 공시
적으로 설명할 수 없는 활용형이 하나라도 있으면 불규칙 용언이다.

(111) 푸다, 푸고, 푸니, 푸면, 퍼

(111)에서 '푸-'는 다른 어미와의 결합에서는 규칙적인 모습을 보이
는데, 유독 '-어X' 어미와 결합한 '퍼'에서만 공시적으로 설명할 수 없
는 교체, 즉 불규칙한 교체를 보인다. '주―어 → 줘', '꾸―어 → 꿔',
'누―어 → 눠'처럼 /ㅜ/ 말음 용언 어간이 '-어X' 어미와 결합할 때
는 /ㅜ/가 /w/로 교체한다. 하지만 같은 /ㅜ/ 말음 어간임에도 '푸-'는
'푸―어 → *풔'가 아니라 '푸―어 → 퍼'처럼 /ㅜ/가 탈락하여 다른
/ㅜ/ 말음 어간의 교체와 다른 양상을 보인다. 그래서 '푸-'는 불규칙
용언이다.

불규칙은 용언 어간에만 적용되는 개념은 아니다. 어미 역시 동일한
조건에서 다른 방식의 교체를 하는 것들이 있다. 용언의 어간이 불규
칙한 경우는 '어간 불규칙', 어미가 불규칙한 경우는 '어미 불규칙', 그

리고 어간이 불규칙한지 어미가 불규칙한지 모호한 경우는 '어간-어미 불규칙'이라고 한다. (112)가 어간 불규칙의 예이고, (113)이 어미 불규칙의 예이며, (114)가 어간-어미 불규칙의 예이다.

    (112) 다르다, 다르고, 다르니, **달라**

    (113) 이르다, 이르고, 이르니, **이르러**

    (114) 파랗다, 파랗고, 파라니, **파래**

  (112)에서 '달라'는 '다르-'에 '-아/어' 어미가 결합한 활용형인데, 이 경우 일반적으로는 '쓰-+-어 → 써', '따르-+-아 → 따라'처럼 어간 말 모음 /ㅡ/가 탈락하는 것이 자연스럽다. 그런데 '달라'는 '다르-+-아 → 달라'처럼 다른 양상으로 나타나는데, 이를 공시적인 음운 규칙으로는 설명할 수 없다. 여기서 어미 '-아'는 변동이 없으므로 문제가 되지 않고, 문제가 되는 것은 어간 '달ㄹ-'이다. 그래서 '달라'는 어간 불규칙이다.

  이에 비해 (113)의 '이르러'의 경우에는 어간 '이르-'는 변화가 없으므로 문제가 되지 않고, 문제가 되는 것은 어미가 '-러'이다. 어미 '-아/어'가 나타나야 할 곳에 왜 '-러'가 나타나는지 공시적으로 설명할 수 없다. 그래서 '이르러'는 어미 불규칙이다.

  (114)의 '파래'의 경우에는 '파랗-'에 '-아/어'가 결합한 활용형이다. 그런데 활용형 '파래'에서 어간이 어디까지이고, 어미가 어디까지인지부터 분명하지 않다. 그렇기에 문제가 되는 부분도 어간인지, 어미인지 명확하지 않다. 이러한 까닭에 '파래'는 어간-어미 불규칙이라고 한다.

국어의 불규칙을 정리하면 (115)와 같다.

(115)

유형	종류	활용형(교체형)	
		자음 어미 앞	모음 어미 앞
어간 불규칙	'ㅂ'불규칙	덥다, 덥고 굽다, 굽고	**더우니, 더우면, 더워** **구우니, 구우면, 구워**
	'ㅅ'불규칙	잇다(連), 잇고 짓다(作), 짓고	**이으니, 이으면, 이어** **지으니, 지으면, 지어**
	'ㄷ'불규칙	묻다(問), 묻고 걷다(步), 걷고	**물으니, 물으면, 물어** **걸으니, 걸으면, 걸어**
	'ㄹ'불규칙	오르다, 오르고 모르다, 모르고	오르니, 오르면, **올라** 모르니, 모르면, **몰라**
	'우'불규칙	푸다, 푸고	푸니, 푸면, **퍼**
어미 불규칙	'여'불규칙	하다, 하고,	하니, 하면, **하여**
	'러'불규칙	이르다(到着), 이르고,	이르니, 이르면, **이르러**
	'너라'불규칙	오다, 오고	오니, 오면, **오너라**
어간·어미 불규칙	'ㅎ'불규칙	하다, 하고 노랗다, 노랗고 파랗다, 파랗고	하니, 하면, **해** **노라니, 노라면, 노래** **파라니, 파라면, 파래**

※ 진하게 밑줄 친 부분이 불규칙 활용형

　　어미 불규칙 중에서 '너라' 불규칙의 경우, 학교문법에서는 여전히 불규칙으로 다루고 있지만, 실제로는 불규칙으로 보기 어렵다. 왜냐하면 '오-'의 명령형에는 '오너라'도 있지만, '오—아라 → 와라'도 있기 때문이다. 활용형 '와라'는 어간말 모음 /ㅗ/가 /w/로 반모음화되는 공시적인 음운 규칙의 적용을 받은 것이므로 규칙 활용형이다.[23] '오-'의 명령형으로 '오너라', '와라' 두 개의 활용형이 존재한다는 것은 '-아/어라'가 나타나야 할 자리에 '-너라'가 나타난 것이 아니라는 것을 말해 준다. 즉 '오너라'와 '와라'는 각각 동사 '오-'에 어미 '-너라', '-아/어라'가 결합한 서로 별개의 활용형이라는 것을 의미한다. 다시 말해 '오너라'와 '와라'는 명령이라는 동일한 의미를 가진 두 어미 '-너라', '-아/어라'가 결합한 각기 다른 활용형이다. 그래서 '오너라'의 '너라'를 어미 불규칙으로 보기는 어렵다. 단지 어미 '-너라'가 동사 '오-'하고만 결합할 수 있는, 활용이 극도록 제약된 어미이다.

불규칙 활용은 현상을 설명한 것이 아니라고?

'덥-'이 불규칙 활용을 한다고 말하는 것은, '덥-'이 활용에서 보이는 양상을 공시적으로 설명할 수 없다는 것을 그럴듯하게 표현한 것에 지나지 않는다. 다시 말해 어떤 용언이 불규칙이라고 말하는 것은 이 용언이 나타내는 현상을 공시적으로 설명하지 못하고, 단지 이러한 양상을 보이는 용언이 있다고 말하는 것에 지나지 않는다.

불규칙의 명명은 공시적으로 설명하지 못하는 지점을 적시하면서 붙여진 것이다. 예컨대 'ㅂ' 불규칙은 설명하지 못하는 지점이 /ㅂ/이라는 뜻이고, '르' 불규칙은 설명하지 못하는 지점이 '르'라는 뜻이다. 불규칙 용언의 활용을 공시적으로 설명할 수 없게 된 이유에는 여러 가지가 있겠지만, 많은 경우는 통시적인 변화의 결과로 인해 공시적으로 설명할 수 없게 된 것들이다. 예컨대 'ㅂ' 불규칙은 중세국어 /ㅸ/의 변화로 인한 결과이고, /ㅅ/ 불규칙은 중세국어 /ㅿ/의 변화로 인한 결과이다.

23 현대국어에서는 '와라'가 일반적으로 쓰이는 활용형이고, '오너라'는 노년 세대의 언어나 의고적인 표현에서 주로 나타난다.

중세국어   현대국어

- /ㅸ/ 〉/w/ 변화 :   **더버 〉 더워**

- /ㅿ/ 〉ø 변화 :   **지서 〉 지어**

음운 변화는 활용형에 적용되는데, 활용형 '더버'에 있는 /ㅸ/이 /w/로 변화하면서 '더워'가 되었다. 그 결과 어간이 '덥-' 단일형이 아니라, '덥-'과 '더우-' 두 개의 이형태로 실현되고 있는 것이다. 이처럼 '더우-'가 /ㅸ/의 통시적 변화의 결과이기 때문에 당연히 '덥-'과 '더우-'의 관계를 공시적으로는 설명할 수 없다. 즉 '덥- → 더우-'도 아니고, '더우- → 덥-'도 아니다.

3.3.2.2. 명사, 대명사, 수사: 체언

명사, 대명사, 수사는 (116)에서 보듯이 '의미' 기준으로도 쉽게 구분이 된다.

(116)

명사	사람이나 사물, 장소, 개념 등을 나타내는 단어
대명사	명사를 대신 나타내는 단어
수사	수량이나 순서를 나타내는 단어

명사, 대명사, 수사는 의미가 다르기도 하지만, 관형어의 수식에서도 차이를 보인다. 관형어의 수식이 가장 제약되는 것이 수사이고, 그 다음이 대명사이다. 명사는 의미적으로 충돌하지 않는 이상 원칙적으로 관형어의 수식을 받는 데 제약이 없다. 그런데 수사와 대명사의 경우에도 말 그대로 관형어의 수식이 제약된다는 것이지 불가능한 것은 아

니다. '예쁜 그녀', '예쁜 첫째'처럼 관형어의 수식이 불가능하지는 않
다.

(116)에서 확인했듯이 의미적으로는 명사, 대명사, 수사가 다르다.
그런데 품사 분류 기준 중에서 핵심적인 기준인 '기능'을 기준으로 보
면, 명사, 대명사, 수사는 문장에서 같은 기능을 한다. 같은 기능을 하
기 때문에 하나의 공통된 범주, 즉 체언으로 묶일 수 있다. (117)에서
명사 '하늘'은 주격 조사 '-이'와 결합하여 문장에서 주어로 기능하는
데, '하늘'과 대치될 수 있는 단어는 명사(바람, 산, 영이)뿐만 아니라 대
명사(네, 그녀), 수사(첫째, 셋째)도 가능하다.

(117)

하늘—이/가	예쁘다
명사	바람 산 영이
대명사	네 그녀
수사	첫째 셋째

계열 관계에 있는 단어들은 같은 성격을 공유하므로, 명사 '하늘'과
계열 관계를 이루는 명사(바람, 산, 영이), 대명사(네, 그녀), 수사(첫째, 셋
째)는 같은 성격을 공유하는 단어, 즉 체언으로 묶인다. 명사, 대명사,
수사가 같은 기능을 한다고 할 때 같은 기능은 격조사와 결합하여 문
장에서 주어나 목적어, 부사어, 관형어 등으로 쓰이는 것을 이른다. 주
격 조사와 결합하여 주어로, 목적격 조사와 결합하여 목적어로, 부사격

조사와 결합하여 부사어로, 관형격 조사와 결합하여 관형어로 쓰인다.

어떤 단어가 격조사와 결합했다면 그 단어는 체언이라고 판정해도 된다. 그러나 체언이 반드시 격조사와 결합해야만 하는 것은 아니다.

(118)

　ㄱ. 지수가 책을 읽는다. : 지수□ 책□ 읽는다

　ㄴ. 지수의 동생이 학교에 갔어. : 지수□ 동생이 학교에 갔어.

(118)에서 보듯이 격조사 없이 단독으로도 체언이 주어, 목적어, 관형어로 쓰일 수 있다. 다만 부사어로 쓰일 때는 부사격 조사와 결합해서 쓰이는 것이 일반적이다.

또 한 가지 유의할 점은, 격조사와 결합한 것이 단어라면 그 단어는 체언이지만, 격조사와 결합했다고 해서 그것이 체언임을 보장하지는 않는다. 왜냐하면 단어보다 큰 단위인, 구나 절도 격조사와 결합할 수 있기 때문이다.

(119)

　ㄱ. [문법 공부]가 조금씩 쉬어진다.

　ㄴ. 아기는 [엄마가 오기]를 기다렸다.

(119ㄱ)에서 주격 조사 '-가'는 명사구 [문법 공부]와 결합하였고, (119ㄴ)에서 목적격 조사 '-를'은 [엄마가 오기]라는 절(명사절)에 결합하였다. 이처럼 격조사와 결합했다는 사실만으로 격조사와 결합한 것이 체언이라고 단정하면 안 된다. 격조사와 결합한 것이 단어라는 전제가 주어졌을 때, 그 경우에 한해서 격조사와 결합한 것은 체언이다.

3.3.2.2.1. 명사

명사는 사람이나 사물, 장소, 개념 등을 나타내는 말이다. 그런데 이 정의는 의미적 정의여서, 이 정의만으로 명사인지 아닌지를 판별하기는 어렵다. 문장에서의 기능을 분석해서 명사인지 아닌지를 판별해야 한다. (120)에서 보듯이 어떤 단어가 문장에서 격조사와 결합하여 주어나 목적어, 부사어, 관형어로 쓰이면서, 의미적으로 사람이나 사물, 장소, 개념 등을 나타낸다면, 그 단어는 명사이다.

(120)

ㄱ. **염소**가 **풀**을 뜯는다.

ㄴ. **나비**의 **날개**가 **바다**에 젖었다.

(120ㄱ)의 '염소'는 문장에서 주격 조사와 결합하여 주어로, '풀'은 목적격 조사와 결합하여 목적어로 쓰였다. 그리고 (120ㄴ)의 '나비'는 문장에서 관형격 조사와 결합하여 관형어로, '바다'는 부사격 조사와 결합하여 부사어로 쓰였고, '날개'는 주격 조사와 결합하여 주어로 쓰였다. 그리고 '염소, 풀, 나비, 날개, 바다'는 의미적으로 사물이나 장소를 나타낸다. 따라서 '염소, 풀, 나비, 날개, 바다'는 명사이다.

명사는 다시 의미를 기준으로 '일반 명사/고유 명사', '구체 명사/추상 명사', '가산 명사/불가산 명사' 등으로 하위분류하기도 한다. 하지만 이러한 구분은 객관적인 증명이 어렵다. 그래서 품사론에서 중요하게 다루지 않는다. 예컨대 '별'이 일반 명사인지 고유 명사인지, '도깨비'가 구체 명사인지 추상 명사인지를 명확하게 단정하기가 쉽지 않다.

명사 중에는 문장에 쓰일 때 관형어의 수식을 받아야만 하는 명사가 있다. 이러한 명사를 의존 명사라고 한다. 의존 명사에 대응되는 것이 자립 명사이다 의존 명사가 아닌 명사는 모두 자립 명사이니까, 의존 명사를 이해하는 것이 중요하다. 의존 명사는 말 그대로 무엇인가에 의존해서 실현되는 명사인데, 이때 무엇인가에 의존하는 무엇은 관형어이다. 즉 의존 명사는 관형어의 수식을 받아야 한다. 관형어는 (121)처럼 관형사절일 수도 있고, (122)처럼 관형사일 수도 있다.

(121)

ㄱ. 욕심쟁이는 [스스로 만족할] **줄**을 모른다.

ㄴ. 나는 [지아가 그 일을 할] **수** 있다고 생각한다.

ㄷ. 선생님은 [우리가 나아갈] **데**가 어디인지 설명해 주셨다.

(122)

ㄱ. 그는 연필 한 **다스**를 샀다.

ㄴ. 나는 이번 달에 네 **권**의 책을 읽었다.

ㄷ. 동생은 사탕 한 **개**를 오랫동안 먹었다.

(121)에서 '줄', '수', '데'는 관형어—관형사절이 관형어—의 수식을 받아야만 문장에 나타날 수 있다. 즉 관형사절의 수식을 받지 않은 채 문장에 쓰일 수 없다. (121)에서 [ ] 부분이 관형사절이다. 그래서 '줄', '수', '데'는 의존 명사이다. (122)의 '다스', '권', '개' 역시 관형어—수 관형사가 관형어—의 수식을 받고 있다. 그래서 '다스', '권', '개'는 의존 명사이다.

자립 명사는 관형어의 수식을 받지 않고도 문장에 나타날 수 있는데 반해, 의존 명사는 관형어의 수식을 받아야만 문장에 나타날 수 있다는 점에서 차이가 있다. 그리고 의존 명사 내에서도 (121)처럼 관형사

절의 수식을 받느냐, (122)처럼 수 관형사의 수식을 받느냐에 따라 의
존 명사를 다시 구분할 수 있다.

의존 명사는 의존 형태소일까, 자립 형태소일까?

　결론부터 말하면, 의존 명사는 의존 형태소가 아니라 자립 형태소이다. 명사가
자립 형태소인데, 의존 명사는 명사의 하나이므로 정의상 자립 형태소이다. 이를
이해하려면 '의존 명사'의 '의존'과 '의존 형태소'의 '의존'이 다르다는 것, 즉 그 '의
존'의 개념이 적용되는 층위가 다르다는 것을 이해해야 한다. 의존 명사의 '의존'
이 통사론적 층위에서의 개념이라면, 의존 형태소의 '의존'은 형태론적 층위에서
의 개념이다.

　의존 형태소는 문장에 나타날 때 그 자체로는, 즉 단독으로는 나타날 수 없고
다른 요소와 결합해서야만 나타날 수 있는 형태소이다. 예컨대 용언(동사, 형용사)
은 어미와 결합해야만, 어미는 용언과 결합해야만, 그리고 조사는 체언과 결합해
야만 문장에 나타날 수 있다. 그래서 용언, 어미, 조사는 의존 형태소이다.

　그런데 의존 명사는 명사와 마찬가지로 다른 요소와의 결합 없이도, 즉 단독으
로 문장에 나타난다.

　　ⓐ 너는 그 일을 잘할 **수** 있어.
　　ⓑ 그것은 내가 알 **바** 아니다.
　　ⓒ 지우는 피아노를 칠 **줄** 안다.

　ⓐ의 '수', ⓑ의 '바', ⓒ의 '줄'은 의존 명사인데, 이들은 다른 요소와의 결합 없
이 그 자체로 문장에 나타났다. 따라서 정의상 의존 형태소가 아니다. 그럼에도
왜 의존 명사라고 해서 '의존'을 명사 앞에 붙였을까? 의존 명사의 '의존'은 문장
에서 반드시 관형어의 수식을 받아야 한다는 점에서 의존이다. 즉 의존 명사의
'의존'은 통사론적으로 의존이라는 뜻이다.

3.3.2.2.2. 대명사

대명사는 명사를 대신 나타내는 단어이다. 언어는 내용과 형식이 결합된 것인데, 대명사는 형식은 있지만 내용, 즉 의미가 불확정 상태인 단어이다. 대명사의 의미는 대명사가 가리키는 대상 또는 내용과 결합될 때 비로소 확정된다. 그 전까지는 불확정 상태인 셈이다.

(123)

ㄱ. A: **그것**이 무엇입니까?

　　B: **이것**은 옛날 소의 목에 매달았던 워낭입니다.

ㄴ. 지혁이는 내 친구이다. **그**는 정말 좋은 친구이다.

ㄷ. 자유에는 책임이 따른다. **이**는 부정할 수 없는 사실이다.

(123ㄱ)에서 '그것'과 '이것'은 가리키는 지시 대상이 곧 의미이다. (123ㄱ)에서 '그것'과 '이것'이 가리키는 지시 대상은 '워낭'이므로, '그것'과 '이것'의 의미는 '워낭'이다. (123ㄴ)에서 '그'는 '지혁'을 가리키므로, '그'의 의미는 '지혁'이다. 대명사가 가리키는 것이 단어만은 아니고, (123ㄷ)에서처럼 단어보다 큰 단위를 가리키기도 한다. (123ㄷ)에서 '이'는 "자유에는 책임이 따른다."는 선행 문장을 가리키므로, '이'의 의미는 선행 문장 "자유에는 책임이 따른다."이다. 이처럼 대명사는

그 자체로는 의미가 확정되지 않은 상태로 있다가, 문장에서 가리키는 대상 또는 내용과 연결되면서 비로소 의미를 가지게 된다.

대명사는 의미를 기준으로 다시 인칭 대명사와 지시 대명사로 하위 분류된다. 인칭 대명사는 인칭에 따라 다시 (124)와 같이 구분된다.

(124)

인칭 대명사	1인칭	나, 내, **저**, **저희**, 제, 우리
	2인칭	네, 너, **당신**, 너희, 자네
	3인칭	이, 이이, 이분, 이들 그, 그이, 그분, 그들 **저**, 저이, 저분, 저들
	재귀칭	**저**, **저희**, 자기, **당신**
	미지칭	누구
	부정칭	아무

'저', '저희'는 1인칭으로도 쓰이고 재귀칭으로도 쓰인다. '당신' 역시 2인칭으로도 쓰이고, 재귀칭으로도 쓰인다. 재귀칭은 앞에 나온 체언을 다시 나타내는 것으로, 인칭으로는 3인칭이다. 이처럼 동일한 대명사가 두 가지 인칭으로 쓰이기도 하는데, 이때 몇 인칭인지는 문장을 분석해야만 알 수 있다.

(125)

ㄱ. 할아버지, **저**가 그 일을 하겠습니다.

　　선생님, **저희**가 모시겠습니다.

ㄴ. 영이는 **저**도 모르게 공부 삼매경에 빠졌다.

　　학생들은 **저희**끼리 머리를 맞대고 문제를 풀고 있다.

(125ㄱ)의 '저'와 '저희'는 1인칭이다. 반면 (125ㄴ)의 '저'와 '저희'는 각각 앞에 나온 '영이', '학생들'을 다시 가리키므로 3인칭의 재귀칭이다.

(126)

ㄱ. 당신은 나의 첫사랑이었습니다.

ㄴ. 할아버지께서는 생전에 당신의 손자를 무척 아끼셨습니다.

(126ㄱ)의 '당신'은 2인칭이다. 반면 (126ㄴ)의 '당신'은 앞에 나온 '할아버지'를 다시 가리키므로 3인칭의 재귀칭이다.

지시 대명사의 경우, 가장 단순한 형태는 '이', '그', '저'이다. 대부분의 지시 대명사는 '이', '그', '저'를 기반으로 만들어진 복합어들이다.

(127)

지시 대명사		
ㄱ.	ㄴ.	ㄷ.
이	그	저
이것	그것	저것
이분	그분	저분
이쪽	그쪽	저쪽
여기	거기	저기
⋮	⋮	⋮

(127ㄱ)은 화자를 중심으로 화자에 가까운 것을 가리킬 때, (127ㄴ)은 청자에게 가까운 것을 가리킬 때, 그리고 (127ㄷ)은 화자와 청자 모

두에게서 먼 것을 가리킬 때 쓰인다.

'이', '그', '저'는 (128)에서 보듯이 관형사로도 쓰인다.

(128)

ㄱ. 원숭이가 **이** 나무에서 **저** 나무로 옮겨 다닌다.

ㄴ. **그** 마음 변치 말자.

(128ㄱ)의 '이', '저'는 명사 '나무'를 수식하고 있고, (128ㄴ)의 '그'
는 명사 '마음'을 수식하고 있다. 명사를 수식하는 단어는 관형사이므
로, (128)의 '이', '그', '저'의 품사는 관형사이다.

3.3.2.2.3. 수사

수사는 수량이나 순서를 나타내는 단어이다. 수사는 다시 양을 나타
내는 양수사와, 순서를 나타내는 서수사로 구분한다. (129)는 양수사
이고, (130)은 서수사이다. (129ㄱ)은 고유어 양수사, (129ㄴ)은 한자
어 양수사이다.

(129)

ㄱ. 하나, 둘, 셋, 넷, 다섯, 여섯, 일곱 … 열, 열하나, 스물 … 서른 …

ㄴ. 일, 이, 삼, 사, 오, 육, 칠 … 십, 십일 … 이십 … 삼십 …

(130) 첫째, 둘째, 셋째, 넷째, 다섯째, 여섯째, 일곱째 …

'수를 나타내는 단어'라는 수사의 정의는 의미를 기준으로 한 것이
다. 수를 나타내는 단어라고 해서 그 기능이 모두 같은 것은 아니다.

기능에 따라 다시 수사와 관형사로 구분한다. 수를 나타내는 단어 중
에서 문장에서 명사처럼 격조사와 결합하여 주어나 목적어 등으로 쓰
이면 수사이고, 관형사처럼 체언을 수식하면 관형사이다. 수를 나타내
는 관형사를 '수 관형사'라고 한다.

(131)

ㄱ. 다섯은 너무 적다.

ㄴ. 요즘은 예순이 노인이 아니다.

(132)

ㄱ. 다섯 사람이 모임에 참석했다.

ㄴ. 예순 살이 되면 귀가 순해져야 한다.

(131ㄱ)의 '다섯'은 서술어 '적다'의 주어이고, (131ㄴ)의 '예순'은 서
술어 '아니다'의 주어이다. 문장에서 주어로 쓰이는 것은 체언이므로,
(131)의 '다섯', '예순'은 수사이다. 반면 (132ㄱ)의 '다섯'은 명사 '사람'
을 수식하고 있고, (132ㄴ)의 '예순'은 명사 '살'을 수식하고 있다. 명사
를 수식하는 단어는 관형사이므로, (131)의 '다섯', '예순'은 관형사이다.
(131)과 (132)에서 보듯이 수사인지 관형사인지는 문장에서의 기능
을 통해 판별할 수 있다. 그래서 아무런 맥락이 없이 "'다섯'의 품사가
무엇이지?"와 같은 질문은 질문으로서 타당하지 않다. 판단이 불가능
하기 때문이다. 수사일 수도 있고 관형사일 수도 있는데, 그 기능을 판
별할 수 있게 문장에서의 쓰임을 보여 주지 않은 상태에서는 품사를
확정할 수 없다.
단어의 형태만으로 수사인지 관형사인지 판별할 수 있는 것은

(133)에서 보듯이 '넷'까지이다.

(133)

수사	하나	둘	셋	넷	다섯	여섯	일곱	…
관형사	한	두	세/서/석	네/너/넉				

(133)에서 보듯이 '하나'에서 '넷'까지는 수사와 관형사의 형태가 다르다. 하지만 '다섯'부터는 단어의 형태만으로 수사인지 관형사인지 알 수 없다. 그러니까 '다섯'부터는 수사로도 쓰이고, 관형사로도 쓰이는 품사 통용어에 해당한다. 그래서 '다섯' 이후부터는 문장에서의 기능을 통해 수사인지, 관형사인지 판별할 수밖에 없다.

현대국어에서는 잘 쓰이지 않지만, '쌀 닷 되, 금 닷 돈', '쌀 엿 되, 금 엿 돈'에서처럼 '닷', '엿'도 수 관형사이다. 그런데 '닷', '엿'은 젊은 세대에서는 이미 소멸되었다고 볼 수 있는 단어이다. 실제 '쌀 다섯 되, 금 다섯 돈', '쌀 여섯 되, 금 여섯 돈'처럼 '닷'과 '엿'이 쓰일 자리에 '다섯', '여섯'이 일반적으로 쓰이고 있다.

3.3.2.3. 부사, 관형사: 수식언

부사와 관형사는 다른 말을 수식한다는 점에서 공통적이다. 그래서 수식언이라는 상위 범주로 묶인다. 그러나 수식하는 대상이 서로 다르기 때문에 부사와 관형사로 구분한다. 부사는 용언(동사, 형용사)과 또 다른 부사를 수식한다.[24] 드물지만 관형사를 수식하기도 한다. 이에 비해 관형사는 체언(명사, 대명사, 수사)을 수식한다.

3.3.2.3.1. 부사

(134)에서 '잘', '정말', '너무', '아주'가 무엇을 수식하는지 찾아보자.

(134)

ㄱ. 나무가 **잘** 자란다.

ㄴ. 가을 하늘이 **정말** 예쁘다.

ㄷ. 사과가 **너무** 많이 열렸다.

ㄹ. 지호는 **아주** 새 사람이 되었다.

(134ㄱ)에서 '잘'은 동사 서술어 '자란다'를 수식하고, (134ㄴ)에서 '정말'은 형용사 서술어 '예쁘다'를 수식한다. 그리고 (134ㄷ)에서 '너무'는 부사 '많이'를 수식한다. 그리고 또 하나의 부사 '많이'는 동사 서술어 '열렸다'를 수식한다. (134ㄹ)에서 '아주'는 관형사 '새'를 수식한다. 이처럼 용언(동사, 형용사), 또 다른 부사, 그리고 관형사를 수식하는 단어가 부사이다. 용언은 문장에서 서술어로 기능하고, 관형사는 문장에서 관형어로 기능하고, 부사는 문장에서 부사어로 기능한다. 그래서 문장의 구성 성분 단위로 이를 표현하면, 부사는 문장에서 부사어로 기능하면서 서술어 및 관형어, 부사어를 수식한다고 말할 수 있다.

부사는 단어보다 큰 구성인 동사구(VP)[25]를 수식하기도 하고, 문장 전체를 수식하기도 한다.

---

24 동사, 형용사는 문장에서 서술어로 기능하므로, 부사가 동사, 형용사를 수식한다는 말은 결과적으로 서술어를 수식한다고 할 수 있다.

25 'VP'는 verb phrase로, 일반적으로 '동사구'로 번역된다.

(135)

ㄱ. 영호는 **벌써** 숙제를 끝냈다.

ㄴ. 동생은 **아직** 정신을 차리지 못했다.

(135ㄱ)에서 '벌써'는 VP '숙제를 끝냈다'를 수식하고, (135ㄴ)에서 '아직'은 VP '정신을 차리지 못했다'를 수식한다.

(136)은 부사가 문장의 맨 앞에 와서 문장 전체를 수식하는 경우이다. 이러한 부사를 문장 수식 부사라고 한다.

(136)

ㄱ. **비록** 그는 가난했지만, 마음은 행복한 사람이었다.

ㄴ. **설마** 비가 오겠어?

(136ㄱ)에서 '비록'은 [그는 가난했지만]이라는 선행절 전체를 수식하고, (136ㄴ)에서 '설마'는 [비가 오겠어]라는 문장 전체를 수식한다.

그런데 오로지 문장 전체만 수식하는 부사를 상정하기는 어렵다.

(136′)

ㄱ′. 그는 비록 가난했지만, 마음은 행복한 사람이었다.

ㄴ′. 비가 설마 오겠어?

(136′)는 '비록', '설마'가 문장 안에서 실현된 경우인데, 이때는 문장 전체를 수식한다고 말할 수 없다.

일반적으로 부사는 문장에서 위치 이동이 비교적 자유롭다. 그런데 부사 중에서 '안', '못'은 동사나 형용사 바로 앞에서 동사나 형용사를 수식한다. 그래서 다른 위치로의 이동이 제약된다.

(137)

ㄱ. 고양이가 밥을 **안** 먹는다.

*고양이가 안 밥을 먹는다.

ㄴ. 지아는 학교에 안 갔다.

*지아는 안 학교에 갔다.

(138)

ㄱ. 나는 복숭아를 **못** 먹는다.

*나는 못 복숭아를 먹는다.

ㄴ. 그는 잠을 못 잤다.

*그는 못 잠을 잤다.

(137), (138)에서 보듯이 '안', '못'은 동사나 형용사 바로 앞에서 동사나 형용사를 수식하고, 그 앞으로 이동할 수 없다.

의미를 기준으로 부사를 (139)처럼 하위분류하기도 한다.

(139)

성상 부사	빨리, 천천히, 높이, 잘, 매우, 아주 ……
지시 부사	이리, 저리, 그리 ……
부정 부사	안, 아니, 못 ……
접속 부사	그리고, 그러나, 또한, 그러면 ……
의성 부사	찰칵, 졸졸, 쾅쾅 ……
의태 부사	엉금엉금, 아장아장, 뒤뚱뒤뚱 ……

일반적이지는 않지만, 부사가 체언을 수식하는 것처럼 보이는 경우
가 있다.

(140)

ㄱ. 나는 **바로** 너만을 사랑한다.

ㄴ. 지우는 일 년 동안 **오직** 공부만 하였다.

ㄷ. 그녀는 **매우** 부자처럼 행동하였다.

(140ㄱ)에서 '바로'는 대명사 '너'를 수식하고 있고, (140ㄴ)에서 '오
직'은 명사 '공부'를, (140ㄷ)에서 '매우'는 명사 '부자'를 수식하는 것
으로 해석될 수 있다.

이에 대해 두 가지 해석이 제안되었다. 하나는 부사의 정의를 확장
하는 것이다. 즉 부사 중에서 정도나 속성의 의미를 가진 부사는 예외
적으로 체언 앞에서 체언을 수식할 수 있다고 해석하는 것이다. 이렇
게 볼 경우, (140ㄱ~ㄷ)에서 '바로', '오직', '매우'가 체언을 수식하는
것은 이들 부사가 정도나 속성의 의미를 가지고 있기 때문으로 설명이
된다.

또 다른 하나는 품사 통용으로 해석하는 것이다. 즉 '바로', '오직',
'매우'는 부사로도 쓰일 수 있고 관형사로도 쓰일 수 있는 품사 통용어
인데, (140ㄱ~ㄷ)에서는 관형사로 쓰였다고 설명하는 것이다.

부사와 부사어

부사와 부사어는 서로 층위가 다른 개념이다. 부사는 형태론적 층위에서의 개념이고, 부사어는 통사론적 층위에서의 개념이다. 즉 부사는 단어의 하나이고, 부사어는 문장 성분의 하나이다.

모든 단어는 문장에 쓰이면 'ㅇㅇ어'로 기능한다. 명사가 문장에 쓰이면 주어나 목적어 등으로, 관형사가 문장에 쓰이면 관형어로, 부사가 문장에 쓰이면 부사어로 기능한다. 그러나 역은 성립하지 않는다. 즉 주어나 목적어라고 해서 명사임을 보장받지 못하고, 관형어라고 해서 관형사임을 보장받지 못하고, 부사어라고 해서 부사임을 보장받지 못한다.

그래서 명제 '부사는 부사어이다.'는 참이지만, 명제 '부사어는 부사이다.'는 참을 보장받지 못한다.

    ⓐ 기차가 **빨리** 달린다.
    ⓑ 지수는 **도서관에서** 공부한다.
    ⓒ 하늘이 [**눈이 부시게**] 푸르다.

ⓐ ~ ⓒ에서 부사어는 각각 '빨리', '도서관에서', [눈이 부시게]이다. 이 중에서 부사가 부사어인 것은 ⓐ의 '빨리'뿐이다. ⓑ의 '도서관에서', ⓒ의 [눈이 부시게]는 부사가 아니다. ⓑ의 '도서관에서'는 '명사+부사격 조사'의 곡용형이고, ⓒ의 [눈이 부시게]는 형용사 '부시-'가 이끄는 부사절이다.

이처럼 부사어로 기능하는 것에는 부사를 포함해서 '체언+부사격 조사'의 곡용형, 부사절이 있다. 결론적으로 부사가 문장에 쓰이면 부사어인 것은 맞지만, 부사어라고 해서 부사는 아니다.

3.3.2.3.2. 관형사

관형사는 체언을 수식하는 단어이다.

(141)

　　ㄱ. 그는 **새** 세상을 꿈꾼 혁명가였다.

　　　　지우는 **옛** 사랑을 추억하곤 하였다.

　　ㄴ. 누가 **이** 사람을 모르시나요?

　　　　이런 일을 겪을 줄 몰랐다.

　　　　어느 누구를 탓하겠느냐?

　　ㄷ. 그녀는 오직 **한** 사람을 위하였다.

　　　　장미 **다섯** 송이를 샀다.

(141ㄱ)의 '새', '옛', (141ㄴ)의 '이', '이런', '어느', (141ㄷ)의 '한', '다섯'은 모두 후행하는 체언(명사, 대명사, 수사)을 수식한다. 이처럼 체언을 수식하는 단어가 관형사이다. 관형사를 의미를 기준으로 다시 구분하기도 하는데, 그럴 경우 (141ㄱ)의 '새', '옛'은 성질이나 상태를 나타낸다고 해서 성상 관형사, (141ㄴ)의 '이', '이런', '어느'는 지시 관형사, (141ㄷ)의 '한', '다섯'은 수 관형사라고 한다.

앞서 '3.3.2.2.3. 수사'의 (133)에서 살펴보았듯이 수 관형사의 경우, '하나 ~ 넷'까지는 '한, 두, 세/서/석, 네/너/넉'처럼 수사와 별도의 형태가 있고, '다섯'부터는 동일한 형태가 수사로도 쓰이고 관형사로도 쓰이는 품사 통용어이다. (141ㄷ)의 '다섯'은 명사 '송이'를 수식하고 있기 때문에 관형사이지만, '다섯은 적다.'에서 '다섯'은 서술어 '적다'의 주어이므로 수사이다.

국어에서 관형사는 그 수가 많지 않다. 이는 관형사라는 품사 범주의 정체성을 의문스럽게 한다. 실제 관형사는 다른 언어에는 없는 특이한 것이기도 하다. 그래서 관형사를 독립 품사로 설정하는 것에 대해 여전히 논란이 없지는 않다.

실제 체언을 수식하는 말은 관형사보다는 용언(동사, 형용사)의 관형
사형이 훨씬 많다. 그래서 문장 성분이 관형어인 경우, 그 관형어가 단
어인 관형사인지, 용언에 관형사형 어미가 결합한 활용형인지를 구분
하는 것이 중요하다. 관형사형 어미는 용언이 문장에서 관형사처럼 체
언을 수식할 수 있게 해 주는 어미로 '-(으)ㄴ', '-(으)ㄹ', '-는', '-던'이
있다.

(142)

ㄱ. **예쁜** 모자를 샀다.

ㄴ. 학생들이 **쉴** 공간이 없다.

ㄷ. **가는** 시간을 잡으려고 하지 마라.

ㄹ. 나도 일등을 **하던** 시절이 있다.

(142ㄱ)의 '예쁜'은 형용사 어간 '예쁘-'에 관형사형 어미 '-(으)ㄴ'
이 결합한 활용형이고, (142ㄴ)의 '쉴'은 동사 어간 '쉬-'에 관형사형
어미 '-(으)ㄹ'이, (142ㄷ)의 '가는'은 동사 어간 '가-'에 관형사형 어미
'-는'이, (142ㄹ)은 동사 어간 '하-'에 관형사형 어미 '-던'이 결합한 활
용형이다. 어미는 정의상 자신과 결합하는 어간의 품사를 바꿀 수 없
다. 그래서 '예쁜', '쉴', '가는', '하던'의 품사는 원래의 품사 그대로이
다. 즉 '예쁜'의 '예쁘-'는 형용사이고, '쉴'의 '쉬-', '가는'의 '가-', '하
던'의 '하-'는 동사이다.

'4.4.2.2. 관형사절'에서 다시 자세히 설명하겠지만, 여기서 반드시
기억해야 할 것은 (142)에서 체언을 수식하는 말은 활용형 '예쁜', '쉴',
'가는', '하던'이 아니라는 사실이다. (142)에서 체언을 수식하는 말은
관형사형 어미가 결합한 용언 '예쁜', '쉴', '가는', '하던'이 아니라, 이

들 용언이 이끄는 절, 즉 관형사절이다.

(143)

ㄱ. [(모자) 예쁜] 모자를 샀다.

ㄴ. [학생들이 쉴] 공간이 없다.

ㄷ. [(시간) 가는] 시간을 잡으려고 하지 마라.

ㄹ. [나도 일등을 하던] 시절이 있다.

(143ㄱ)에서는 관형사절 [(모자) 예쁜]이 '모자'를 수식하고 있고, (143ㄴ)에서는 관형사절 [학생들이 쉴]이 '공간'을, (143ㄷ)에서는 관형사절 [(시간) 가는]이 '시간'을, (143ㄹ)에서 관형사절 [나도 일등을 하던]이 '시절'을 각각 수식하고 있다.[26]

한 걸음 더

관형사와 관형어

부사와 부사어의 관계와 평행하게 관형사와 관형어도 서로 층위가 다른 개념이다. 관형사는 형태론적 층위에서의 개념이고, 관형어는 통사론적 층위에서의 개념이다. 즉 관형사는 단어의 하나이고, 관형어는 문장 성분의 하나이다.

'관형사는 관형어이다.'는 명제는 참이지만, '관형어는 관형사이다.'는 명제는 참을 보장받지 못한다.

---

[26] [(모자) 예쁜]에서 괄호로 친 '(모자)'는 생략된 주어를 나타낸 것이다. 관형사절의 수식을 받는 피수식어 '모자'와 관형사절 서술어의 주어가 같기 때문에 관형사절 서술어의 주어 '(모자)'가 생략된 것이다. [(시간) 가는]에서 괄호로 친 '(시간)' 역시 마찬가지로 관형사절 서술어 '가는'의 생략된 주어이다.

ⓐ 그는 **새** 사람이 되었다.

ⓑ **계절의** 여왕은 봄이다.

ⓒ [**눈이 오는**] 계절이 좋다.

ⓐ ~ ⓒ에서 관형어는 각각 '새', '계절의', [눈이 오는]이다. 이 중에서 관형사가 관형어인 것은 ⓐ의 '새'뿐이다. ⓑ의 '계절의', ⓒ의 [눈이 오는]은 관형사가 아니다. ⓑ의 '계절의'는 '명사+관형격 조사'의 곡용형이고, ⓒ의 [눈이 오는]은 동사 '오-'가 이끄는 관형사절이다.

이처럼 관형어로 기능하는 것에는 관형사를 포함해서 '체언+관형격 조사'의 곡용형, 관형사절이 있다. 결론적으로 관형사가 문장에 쓰이면 관형어인 것은 맞지만, 관형어라고 해서 관형사는 아니다.

3.3.2.4. 조사

조사가 단어이냐 아니냐는 국어학의 초기부터 논란이 되었다. 그럼에도 학교문법에서는 물론이고 많은 국어학 개론서에서 조사를 품사의 하나로 분류하고 있다. 하지만 그렇다고 해서 조사가 명사나, 동사 등 다른 품사의 단어와 동등하게 다루어지는 것은 아니다.

무엇보다 조사는 의존 형태소이다. 단어이면서 의존 형태소인 것은 동사, 형용사도 마찬가지이다. 그러나 동사, 형용사는 실질 형태소라는 점에서 단어로 분류할 수 있는 근거가 있다. 하지만 조사는 의존 형태소이면서 동시에 형식 형태소이다. 이 점에서 조사는 나머지 다른 품사의 단어들과 그 성격이 현격히 다르다.

또한 조사는 단어 형성에 참여하지 못한다. 단어인데 단어 형성의 대상에서 제외되는 것이다. 그래서 파생어, 합성어를 다루는 부분에서 조사와, 조사가 결합한 구성은 포함되지 않는다. 예컨대 '산이 높다.' 에서 '산이'는 명사 '산'과 조사 '이', 이렇게 두 단어가 결합한 구성이 지만 '산이'를 합성어로 다루는 개론서는 없다. '산—이'는 명사 '산' 의 곡용형이다. 또 다른 예로 조사 '-에서부터'는 조사 '-에서'와 조사 '-부터'가 결합한 조사이지만, '-에서부터'를 합성어라고 하지 않는다. '-에서부터'가 두 개의 조사가 결합한 또 하나의 조사인 것은 맞지만, 그렇다고 이를 합성어로 다루지는 않는다는 말이다. 이처럼 조사는 품 사에서는 단어의 하나로 분류되지만, 단어 형성에서는 단어로 다루지 않는 특이한 성격의 단어인 셈이다.

조사는 다시 크게 격조사와 보조사로 구분한다. 여기에 접속 조사를 별도로 구분하기도 한다.

(144) 조사의 분류

조사	격조사	주격 조사	-이/가
		목적격 조사	-을/를
		관형격 조사	-의
		보격 조사	-이/가
		서술격 조사	-이-
		호격 조사	-아/야
		부사격 조사	-에(처소), -에서출발점), -에게/에(상대), -로써(도구), -로서(자격), -(으)로(방향), -보다(비교), -와/과(공동) …
		인용격 조사	-라고(직접 인용), -고(간접 인용)
	보조사		-만(한정, 단독), -도(역시), -은/는(차이, 대조), -조차, -마저, -까지, -부터, -(이)야말로 …
	접속조사		-와/과, -하고, -랑

조사는 의존 형태소이기 때문에 그 자체로는 문장에 쓰일 수 없다. 반드시 체언과 결합하여야만 문장에 나타날 수 있다. 반면 체언은 조사와 결합하지 않은 채 그 자체로 문장에 나타날 수 있다. 그래서 체언은 자립 형태소이고, 조사는 의존 형태소이다.

체언에 조사가 결합하는 것을 곡용이라고 하고, 체언에 조사가 결합한 형태를 곡용형이라고 한다.

(145)

	곡용		곡용형
ㄱ	하늘+-이	→	하늘이
ㄴ	그+-를		그를
ㄷ	하나+-의		하나의

조사는 체언하고 결합한다. 그런데 조사가 체언하고만 결합하는 것은 아니다. 체언하고만 결합하는 조사는 격조사이다. 보조사는 체언 외에 부사하고도 결합한다.

(146)

ㄱ. 기차가 **빨리 — 도** 간다.

ㄴ. 현우가 공부를 못한다고 하더니 **잘 — 만** 하더라.

(146)에서 '-도', '-만'은 각각 부사 '빨리', '잘'과 결합하였다. 이처럼 체언 외에 다른 품사의 단어와도 결합한다면, 그 조사는 보조사이다. 격조사는 체언 이외의 다른 품사의 단어와 결합할 수 없다.

조사는 단어보다 큰 구성과도 결합한다.

아래 예에서 ⓐ의 목적격 조사 '–을', ⓑ의 관형격 조사 '–의', ⓒ의 서술격 조사 '–이–'와 결합한 것이 각각 무엇인지 생각해 보라.

ⓐ 늘이는 새 옷을 샀다.
ⓑ 풀과 나무의 노래가 들리다.
ⓒ 그는 마음이 예쁜 사람이다.

ⓐ에서 목적격 조사 '–을'은 '옷'에 결합한 것처럼 보인다. 하지만 '옷'은 관형어 '새'의 수식을 받는다. 국어에서 관형어와 관형어의 수식을 받는 피수식어는 분리될 수 없다. 즉 항상 붙어 있어야만 한다. 이를 '수식어–피수식어 제약'이라고 한다. 이러한 '수식어–피수식어 제약'과 정합적이려면 목적격 조사 '–을'은 "늘이는 [새 옷]—을 샀다."처럼 '옷'이 아니라 '새 옷'과 결합했다고 보아야 한다.

ⓑ에서 관형격 조사 '–의'는 '나무'와 결합한 것처럼 보인다. 그런데 피수식어 '노래'는 '나무'만의 수식을 받는 것이 아니라 '풀과 나무'의 수식을 받고 있다. 즉 '노래'는 '나무'하고만 '수식–피수식' 관계를 맺는 것이 아니라 '풀'하고도 '수식–피수식' 관계를 맺는다. 그러니까 ⓑ에서 관형격 조사 '–의'는 "[풀과 나무]—의 노래가 들리다."처럼 '풀과 나무'라는 구와 결합한 것이다.

ⓒ에서도 얼핏 보면 서술격 조사 '–이–'가 '사람'하고 결합한 것처럼 보인다. 그런데 '사람'은 '예쁜'의 수식을 받는다. 더 정확히는 '예쁜'이 형용사 '예쁘–'에 관형사형 어미가 결합한 활용형이니까, '예쁘–'가 이끄는 관형사절 [마음이 예쁜]의 수식을 받는다. '수식어–피수식어 제약'을 고려하면, 서술격 조사 '–이–'는 "그는 [마음이 예쁜 사람]—이—다."처럼 '관형사절+피수식 명사' 구성인 '[마음이 예쁜] 사람'과 결합했다고 보아야 한다. 관형사절 [마음이 예쁜]이 서술어 '학생이다'를 수식한다고 할 수는 없기 때문이다. 관형어는 정의상 체언을 수식할 수는 있어도, 'NP+–이–' 전체를 수식할 수는 없다.

3.3.2.4.1. 격조사

격조사 중에서 주격 조사, 목적격 조사, 관형격 조사를 따로 '구조격 조사'라고 하여 다른 격조사와 구분하기도 한다. 이들 세 격조사는 구조적으로 격이 주어지기 때문에 격조사가 문장에 외현적으로 실현되지 않더라도, 그 체언이 주어인지, 목적어인지, 관형어인지를 파악하는 데 특별히 문제가 되지 않는다. 반면 부사격 조사 등 다른 격조사는 생략이 자유롭지 않다. 주격과 목적격은 서술어에 의해 구조적으로 주어지는 격이고, 관형격은 체언이 나란히 나타나는 구조에서 구조적으로 선행 체언에 주어지는 격이다.

> (147) 광수<u>의</u> 동생<u>이</u> 공부<u>를</u> 잘한다.
>
> ↓
>
> 광수 동생 공부 잘한다.

> (148) 지수가 바다로 떠났다.
>
> ↓
>
> *?지수가 바다 떠났다.

(147)에서 보듯이 구조격 조사인 주격 조사, 목적격 조사, 관형격 조사는 외현적으로 실현되지 않아도 의미에 손상이 없다. 하지만 부사격 조사 '-로'의 경우에는 (148)에서 보듯이 외현적으로 실현되지 않았을 때는 문장의 의미를 파악하기 어렵다. 부사격은 구조적으로 주어지는 격이 아니기 때문에 부사격 조사가 생략될 경우, 그 체언이 부사어인지 아닌지 파악하기 어렵다. 그래서 상대적으로 부사격 조사는 생략이 자유롭지 못하다.

격조사는 체언에 결합하여 그 체언이 문장에서 어떤 문장 성분인지를 나타내 주는 기능을 한다. 이를 정리하면 (149)와 같다.

(149)

격조사	기능
주격 조사	주어인 체언에 결합하여 그 체언이 문장에서 주어임을 나타낸다.
목적격 조사	목적어인 체언에 결합하여 그 체언이 문장에서 목적어임을 나타낸다.
관형격 조사	'체언∨체언' 구성에서 선행 체언에 결합하여 그 체언이 문장에서 관형어임을 나타낸다.
보격 조사	'아니–', '되–' 앞에 있는 체언에 결합하여 그 체언이 문장에서 보어임을 나타낸다.
부사격 조사	체언에 결합하여 그 체언이 문장에서 부사어로 기능하게 해 준다.
서술격 조사	체언에 결합하여 그 체언이 문장에서 서술어로 기능하게 해 준다.
호격 조사	체언에 결합하여 그 체언이 문장에서 독립어로 기능하게 해 준다.

(150)에서 어떤 격조사가 쓰였는지 찾아보자.

(150)

ㄱ. 수아가 노래를 잘 부른다.

ㄴ. 광수의 생각이 옳다.

ㄷ. 물이 얼음이 되었다.

ㄹ. 머리로 하는 일은 나보다 낫다.

ㅁ. 인간은 생각하는 동물이다.

ㅂ. 아들아, 지구는 누가 지키지?

(150)에서의 격조사와 격조사의 종류는 다음과 같다.

(150′)

ㄱ. 수아—**가** 노래—**를** 잘 부른다.
　　　　주격　　　목적격

ㄴ. 광수—**의** 생각—**이** 옳다.
　　　　관형격　　　주격

ㄷ. 물—**이** 얼음—**이** 되었다.
　　　주격　　　보격

ㄹ. 머리—**로** 하는 일은 나—**보다** 낫다.
　　　부사격(도구)　　　　　부사격(비교)

ㅁ. 인간은 생각하는 동물—**이**—다.
　　　　　　　　　　　서술격

ㅂ. 아들—**아**, 지구는 우리—**가** 지키자.
　　　호격　　　　　　주격

　보격 조사는 주격 조사와 그 형태가 같다. 즉 둘 다 '-이/가'이다. 학교문법에서 주격 조사인지 보격 조사인지는 '-이/가'가 결합한 체언이 서술어 '아니-', '되-' 앞에 오느냐 아니냐에 의해 구분된다. 즉 '아니-', '되-' 바로 앞에 '-이/가'와 결합한 체언이 보어이고, 그 체언에 결합한 '-이/가'는 보격 조사이다. 이 외에 주어에 결합한 '-이/가'는 주격 조사가 된다.

(151)

　ㄱ. 굼벵이가 매미—**가** 되었다.

　ㄴ. 내 신세가 말—**이** 아니다.

(151ㄱ)에서 '되-' 앞에 있는 '매미'가 보어이고, '매미'에 결합한 '-가'는 보격 조사이다. (151ㄴ) 역시 '아니-' 앞에 있는 '말'이 보어이고, '말'에 결합한 '-이'는 보격 조사이다. 간혹 주어가 생략된 문장 '매미가 되었다.'만을 두고 '매미가'의 문장 성분을 묻는 경우가 있는데, '아니-', '되-' 바로 앞에 '-이/가'와 결합한 체언이 보어라는 정의에 따라 '매미가 되었다.'에서 '매미가'의 문장 성분은 보어이다.

부사격 조사는 구조격 조사보다는 실질적인 의미가 더 있다. 물론 실질 형태소만큼의 실질적인 의미는 아니지만, 구조격 조사에 비해서는 약간의 실질적인 의미가 더 있다는 뜻이다. 실질적인 의미의 정도는 '구조격 조사 〉 부사격 조사 〉 보조사' 순이다. 그래서 부사격 조사를 각 조사의 의미를 따서 '-에게'는 여격 조사, '-에'는 처격 조사, '-보다'는 비교격 조사, '-(으)로'는 방향격 조사 등으로 명명하기도 한다. 그러니까 여격, 처격, 비교격, 방향격은 모두 부사격 조사에 그 의미를 붙인 것인다.

격조사 중에서 가장 이질적인 것이 서술격 조사 '-이-'이다. 국어학의 초기부터 '-이-'를 조사로 볼 것이냐 말 것이냐가 논란이 되었는데, 그것은 그만큼 '-이-'의 성격이 단순하지 않기 때문이다. 그럼에도 '-이-'를 서술격 조사라고 하여 조사의 범주 안에 넣을 수 있는 근거는 (152)에서 보듯이 체언과 결합해야만 문장에 쓰일 수 있다는 사실 때문이다. 그리고 (153)에서 보듯이 선행하는 체언이 모음으로 끝나면 구조격 조사처럼 생략이 가능하다. 용언(동사, 형용사)은 문장에서 생략될 수 없다. 용언이 생략되면 이미 문장이 아니기 때문이다. 그런데 '-이-'는 생략될 수 있다. 이는 용언과 분명히 구별되는 특징이다.

    (152) 학생이다, 별이다, 꽃이다, 과일이다

    (153) 사과다, 배다, 강아지다, 허수아비다

그런데 '-이-'는 (154)에서 보듯이 용언처럼 활용을 하고, 체언과 결합하여 문장에서 서술어로 기능한다.

    (154) 학생이다, 학생이고, 학생이니, 학생이면, 학생이었다, 학생
          이었을까

활용을 하고, 문장에서 서술어로 기능하는 것은 용언의 전형적인 특성이다. 이 점은 서술격 조사를 용언으로 볼 수 있게 한다. 그러나 용언으로 본다고 하더라도 반드시 체언과 결합해야만 문장에 나타날 수 있다는 점에서 전형적인 용언은 아니다.[27]

3.3.2.4.2. 보조사

보조사는 실질 형태소라고 할 정도의 실질적인 의미는 아니지만,

---

27 이런 성격을 고려하여 '-이-'를 보조형용사로 보기도 한다. 보조형용사 외에도 '계사', '지정사'로 보기도 한다. 보조형용사, 계사, 지정사 모두 조사보다는 용언의 하나로 본다는 점에서 일맥상통한다. '계사'는 영어의 be 동사의 기능과 비슷하다는 데서 붙여진 이름이고, '지정사'는 의미적으로 지정하는 의미가 있다고 하여 붙여진 이름이다.

어느 정도 실질적인 의미를 가지고 있는 조사이다. 예컨대 '-은/는'은 '차이 또는 대조'의 의미를, '-만'은 '한정이나 단독'의 의미를, '-조차' 는 '포함 또는 더함'의 의미를 나타낸다. 다른 보조사 역시 마찬가지로 특정한 의미를 가지고 있다.

보조사는 격조사와 달리 격을 나타내는 기능이 없다. 보조사가 격을 나타내는 기능이 없다는 것은 간단하게 증명할 수 있다. 대표적으로 보조사 '-은/는'을 통해 검증해 보자.

(155) 지우가 도서관에서 공부를 한다.

(155)에서 서술어 '한다'의 주어는 '지우'이고 주격 조사 '-가'는 주 어 '지우'에 결합하여 '지우'가 주어임을 나타내는 기능을 한다. '공부 를'의 '-를' 역시 목적어 '공부'에 결합하여 '공부'가 목적어임을 나타 내는 기능을 한다. 그런데 보조사 '-은/는'의 경우, (156ㄱ)에서는 주어 와 결합하였고, (156ㄴ)에서는 목적어와 결합하였고, 심지어 (156ㄷ) 에서는 부사어 '도서관에서'와 결합하였다.

(156)

ㄱ. **지우 ― 는** 도서관에서 공부를 한다.
ㄴ. 지우가 도서관에서 **공부 ― 는** 한다.
ㄷ. 지우가 **도서관에서 ― 는** 공부를 한다.

일반적으로 '-은/는'이 주어에 결합하는 경우가 많다. 그래서 '-은/ 는'이 주격을 나타내는 기능을 가지고 있다고 가정해 보자. 그러면 (156 ㄱ)에서는 '-는'이 실제 주어와 결합했으므로 주격의 기능을 가진다는 것이 성립하는 것처럼 보인다. 하지만 (156ㄴ)에서 '-는'은 목적어 '공부'에 결합했는데, '-은/는'이 주격을 기능을 가진다는 것과 목적어에 결합했다는 것은 서로 양립할 수 없다. 즉 둘 중 하나는 거짓이다. (156ㄷ)에서는 부사어 '도서관에서'에도 결합한 것으로 미루어 보조사 '-은/는'이 주격을 기능을 갖는다는 것이 거짓임을 확인할 수 있다. 보조사 '-은/는'이 주어와도 결합할 수 있고, 목적어와도 결합할 수 있고, 부사어와도 결합할 수 있다는 것은 '-은/는'이 격을 나타내는 기능이 없음을 증언한다. 격을 나타내는 기능이 없기 때문에 어떤 문장 성분과도 결합할 수 있는 것이다. 만일 보조사 '-은/는'이 주격의 기능을 갖는다면, (156ㄴ)에서는 '공부는'이 주어이어야 하고, 또한 (156ㄷ)에서는 '도서관에서는'이 주어이어야 한다. 당연히 이것은 성립하지 않는다.

보조사는 부사격 조사와 구분하기 어려운 면이 있다. 부사격 조사는 구조격 조사와 달리 생략이 잘 안 된다는 점에서 보조사와 유사하다. 또한 구조격 조사와 달리 약간의 실질적인 의미를 가지고 있다는 점에서도 보조사와 유사하다. 그래서 보조사와 부사격 조사를 구분하기가 쉽지는 않다. 그렇다고 보조사와 부사격 조사를 구분할 수 없는 것은 아니다. 보조사와 부사격 조사를 구분하는 원론적인 기준은 다음의 두 가지이다.

첫째, 체언인 명사, 대명사, 수사 이외의 다른 품사의 단어와 결합할 수 있느냐의 유무이다. 부사격 조사는 격조사의 하나이므로 다른 격조사와 마찬가지로 명사, 대명사, 수사 이외의 다른 품사의 단어와 결합하지 못한다. 이에 비해 보조사는 명사, 대명사, 수사 이외에 부사와도 결합할 수 있다.

(157)

ㄱ. 여기서 **조금** — **만** 쉬었다 가자.

ㄴ. 옛 친구를 만나서 **너무** — **도** 반가웠다.

ㄷ. 내가 **빨리** — **는** 못해도 **잘** — **은** 할 수 있어.

(157)에서 보듯이 보조사 '-만', '-도', '-은/는'은 각각 부사 '조금', '너무', '빨리, 잘'과 결합하였다. 반면 부사격 조사는 부사와 결합하지 못한다.[28]

둘째, 특정한 문법적 기능을 수행하느냐 아니냐를 통해 부사격 조사와 보조사를 구분할 수 있다. 이때 특정한 문법적 기능이라 함은 주격 조사는 주어로 기능하게 해 주고, 목적격 조사는 목적어로 기능하게 해 주고, 부사격 조사는 부사어로 기능하게 해 주는 것과 같은 기능을 말한다. (156)의 보조사 '-은/는'처럼 보조사는 주어와도 결합하고, 목적어와도 결합하고, 부사어와도 결합한다. 이는 보조사가 특정한 문법적 기능을 가지고 있지 않기 때문에 가능한 일이다.

보조사가 특정한 문법적 기능, 즉 격을 나타내지 않기 때문에 격조사와도 함께 나타날 수 있다. 이때 보조사와 격조사의 결합 순서는 규칙화되지는 않는다. 그럼에도 어느 정도의 경향성은 있다.

---

28 보조사 중에 '-부터'는 주로 체언하고만 결합하고 부사와 잘 결합하지 않는다. 그래서 부사와 결합할 수 있느냐의 유무가 보조사와 부사격 조사를 구분하는 완벽한 기준은 아니다. 그렇지만 대부분의 경우 이 기준으로 보조사와 부사격 조사를 구분할 수 있다.

(158)

ㄱ. 나―만―이, 나―만―을, 나―만―의

ㄴ. 나―에게―만

ㄷ. 너―만―에서, 너―조차―로

(158ㄱ)처럼 일반적으로 보조사와 구조격(주격, 목적격, 속격) 조사의
결합 순서는 '보조사―구조격 조사'의 순서이다. 이에 비해 보조사와
부사격 조사의 결합 순서는 보조사와 부사격 조사의 종류에 따라 다르
다. (158ㄴ)에서는 '부사격 조사―보조사' 순서인데 비해, (158ㄷ)에서
는 '보조사―부사격 조사'의 순서이다.

그리고 (159)에서 보듯이 보조사끼리는 의미 충돌이 일어나지 않는
한 얼마든지 중복해서 결합할 수 있다.

(159)

ㄱ. 그대―만―은

ㄴ. 그대―부터―도

ㄷ. 그대―조차―도

ㄹ. 그대―부터―조차―도

3.3.2.4.3. 접속 조사

접속 조사에는 '-와/과', '-하고', '-랑'이 있다. '-와/과'는 주로 문어
에서 많이 쓰이고, 구어에서는 '-하고', '-랑'이 많이 쓰인다. 접속 조사
는 단어와 단어만 연결하는 것이 아니다. 단어보다 큰 구성과 구성을
연결하기도 한다. 다만 'A와 B'(A하고 B, A랑 B)에서 A와 B의 성격은 같
다. 즉 A가 단어이면 B도 단어이고, A가 단어보다 큰 구성이면 B도 A

와 같은 성격의 단어보다 큰 구성이다.

(160) 영이와 철이가 학교에 갔다.

(161) 고향 마을은 [높은 산]**과** [깊은 강]으로 둘러싸여 있었다.

(160)에서 '-와'는 단어 '영이', '철이'를 연결하였다. 이에 비해 (161)에서는 단어보다 큰 구성—'관형사절+명사'—인 [높은 산], [깊은 강]을 연결하였다.[29]

그런데 (160)의 경우에도 단어와 단어가 아니라, (162)처럼 두 문장을 연결했다고 할 수도 있다.

(162) 영이와 철이가 학교에 갔다.

[영이가 학교에 갔다]. + [철이가 학교에 갔다].

↓

[영이와 철이가 학교에 갔다]

(162)처럼 해석할 경우에 '-와'는 문장과 문장을 연결한 것으로 해석될 수 있다. 즉 영이와 철이가 계기적으로 학교에 갔다는 의미로 해석될 경우, 다시 말해 영이가 학교에 간 사건과 철이가 학교에 간 사건이 계기적인 사건일 때 '-와'는 (162)처럼 문장과 문장을 연결했다고 볼 수 있다. 반면 영이와 철이가 손을 잡고 학교에 갔으면, 이때의 '-

---

29 '높은 산'의 구조는 '[(산) 높은] 산'이다. 즉 '높은'은 피수식어 '산'을 주어로 하는 관형사절이다. '깊은 강'의 '깊은' 역시 [(강) 깊은]처럼 피수식어 '강'을 주어로 하는 관형사절이다.

와’는 ‘영이’, ‘철이’라는 단어와 단어를 연결한 것이다. 이처럼 계기성의 유무로 단어를 연결한 것인지, 문장을 연결한 것인지 어느 정도 구분할 수는 있다. 하지만 이를 판단할 수 있는 맥락이 주어지지 않은 상황에서는 알 수 없다.

접속 조사 ‘-와/과’는 부사격 조사의 하나인 ‘-와/과’와 형태가 같다. 부사격 조사 ‘-와/과’는 ‘공동’의 의미를 가지는데, 그래서 공동격 조사라고 하기도 한다. 접속 조사인지 공동의 의미를 가진 부사격 조사인지는 문장의 의미 분석을 통해 구분할 수 있다.

(163) 나는 사과와 배를 먹었다.

(164) 나는 엄마와 서점에 갔다.

(163)에서 ‘-와’는 ‘사과’, ‘배’ 두 단어를 접속시킨 접속 조사이다. 반면 (164)의 ‘엄마와’는 ‘엄마와 함께’라는 의미로 해석되므로 이때의 ‘-와’는 공동의 의미를 가진 공동격의 부사격 조사이다.

3.3.2.5. 감탄사

감탄사는 말 그대로 “감탄이나 놀라움을 나타내는 말”을 이른다. 감탄사는 서술어가 지배하는 영역 밖의 성분이다. 그래서 문장의 다른 성분과 관련을 맺지 않는다. 문장은 서술어가 지배하는 영역인데, 감탄사는 서술어의 지배 영역 밖에 있다. 그래서 문장에 쓰인 감탄사는 서술어에서 독립된 성분이라는 뜻으로 독립어이다. (156)에서 ‘와’, ‘어휴’, ‘어머나’가 감탄사이다.

(165)

ㄱ. 와, 경치가 정말 아름답구나!

ㄴ. 어휴, 이제 겨우 절반을 끝냈다.

ㄷ. 어머나, 이게 뭐야?

맞춤법에서는 (165)에서 보듯이 감탄사 뒤에 쉼표를 넣게 되어 있는데, 이는 감탄사가 서술어가 지배하는 문장 밖의 요소라는 것을 시각적으로 드러내는 것이다. 감탄사가 문장 밖의 요소이기 때문에 감탄사가 있든 없든 문장의 적격성에는 영향을 미치지 않는다.

감탄사는 아니지만, (166)처럼 부르거나 대답하는 말들이 있다. 이들 역시 서술어가 지배하는 문장 밖의 요소이다.

(166)

ㄱ. 친구야, 오늘 저녁 같이 먹을까?

ㄴ. 광수야, 같이 놀자.

ㄷ. 엄마, 오늘은 뭐 하세요?

(166)에서 '친구야', '광수야', '엄마'는 서술어의 지배 영역 밖의 요소이므로 문장 성분은 독립어이다. 독립어이기 때문에 서술어가 지배하는 문장의 적격성에는 영향을 미치지 않는다. 독립어라는 점에서 감탄사와 문장에서의 기능이 같다. 그러나 이러한 말들까지 감탄사로 분류하지는 않는다.

3.3.3. 품사 통용

하나의 단어가 두 가지 이상의 품사로 쓰이는 것을 '품사 통용'이라고 한다. (167ㄱ,ㄴ)에서 동일한 '크-'를 확인할 수 있다. 하지만 (167ㄱ)의 '크-'와 (167ㄴ)의 '크-'는 품사가 다르다.

(167)

ㄱ. 나무가 잘 **큰다**.

ㄴ. 동생이 나보다 키가 **크다**.

(167ㄱ)의 '크-'는 현재 시제 선어말어미 '-ㄴ-'가 결합하였으므로 동사라는 것을 확인할 수 있다. 이에 비해 (167ㄴ)의 '크-'는 형용사인데, (167ㄴ)의 '크-'가 형용사라는 것은 반의어를 통해 확인할 수 있다. (167ㄴ)의 반의문은 '동생이 나보다 키가 작다.'이다. 반의어를 이루는 두 단어의 품사는 같다. 그래서 '작-'이 형용사이므로, 형용사 '작-'과 반의어인 (167ㄴ)의 '크-'도 형용사이다. 반면 (167ㄱ)의 반의문으로 '*나무가 잘 작다.'가 성립하지 않는데, 이를 통해서도 (167ㄱ)의 '크-'가 형용사가 아니라는 것을 알 수 있다. 이처럼 '크-'는 동사로도 쓰이고, 형용사로도 쓰인다. 그래서 '크-'는 품사 통용어이다.

(168)의 '합리적' 역시 하나의 단어가 두 가지 품사로 사용되는 품사 통용어이다.

(168)

ㄱ. 우리는 **합리적**인 사고를 해야 한다.

ㄴ. 우리는 **합리적** 사고를 해야 한다.

(168ㄱ)의 '합리적'은 서술격 조사 '-이-'와 결합한 것을 통해서 명사라는 것을 확인할 수 있다. 격조사와 결합할 수 있는 품사는 원칙적으로 체언(명사, 대명사, 수사)이기 때문이다. 반면 (168ㄴ)의 '합리적'은 명사 '사고'를 수식한다는 사실에서 관형사라는 것을 확인할 수 있다. 단어 중에서 명사를 수식하는 것은 관형사이다.

(169)의 '내일' 역시 품사 통용어이다.

(169)

ㄱ. 내일이 며칠이야?

ㄴ. 우리는 내일 떠난다.

(169ㄱ)의 '내일'은 서술어 '며칠이야'의 주어로 쓰였고, 또한 주격 조사 '-이'가 결합한 것을 통해 명사라는 것을 확인할 수 있다. 이에 비해 (169ㄴ)의 '내일'은 동사 '떠난다'를 수식하고 있으므로 부사이다. 이처럼 '내일' 역시 명사, 부사 2가지 품사로 쓰이므로 품사 통용어이다.

품사 통용어의 경우 서로 다른 두 품사의 의미가 같다고 할 수 있느냐가 문제가 된다. 의미가 다르다면 별개의 단어, 즉 동음이의어로 볼 수도 있기 때문이다. 품사가 다르다는 것은 기능이 다르다는 것이고, 기능이 다르다는 것은 서로 다른 단어라고 보는 것이다. 반면 기능이 다르지만 실질적인 의미가 같다고 보면, 하나의 단어 안에서의 차이로 볼 수 있다. 품사 통용이 바로 이러한 관점이다. 학교문법도 품사 통용의 관점을 취하고 있다.

참고로 품사 통용어에 대한 사전에서의 처리를 보면, 하나의 표제어 안에서 두 개의 품사로 뜻풀이하고 있다. (170) ~ (171)은 『표준국어대사전』에서의 처리 방식이다.

(170)

크다

[I] 형용사

「1」 사람이나 사물의 외형적 길이, 넓이, 높이, 부피 따위가 보통
　　정도를 넘다.

　　　　⋮

[II] 동사

「1」 동식물이 몸의 길이가 자라다.

　　　　⋮

(171)

합리적

[I] 명사

　이론이나 이치에 합당한 것.

[II] 관형사

　이론이나 이치에 합당한.

　품사 통용어와 관련하여 한 가지 주의할 점이 있다. 형태가 같으면
서 두 가지 이상의 품사로 쓰인다고 해서 바로 품사 통용어라고 섣불
리 판단해서는 안 된다.

(172)

ㄱ. 새가 **높이** 날았다.

ㄴ. 담이 낮으니까 **높이**를 더 높이자.

(172ㄱ)의 '높이'는 서술어 '날았다'를 수식하고 있으니까 부사이고, (172ㄴ)의 '높이'는 목적격 조사와 결합하여 서술어 '높이자'의 목적어로 쓰이고 있으므로 명사이다. 그러나 '높이'는 품사 통용어가 아니다. 왜냐하면 (172ㄱ)의 '높이'는 '높-'에 부사 파생 접미사 '-이'가 결합하여 만들어진 부사이고, (172ㄴ)의 '높이'는 '높-'에 명사 파생 접미사 '-이'가 결합하여 만들어진 명사이기 때문이다. 즉 형태는 같은 '높이'이지만, (172ㄱ)의 '높이'의 접미사 '-이'와, (172ㄴ)의 '높이'의 접미사 '-이'는 다른 형태소이다.[30] '높-'과 결합한 '-이'가 다른 형태소이므로, 파생된 두 파생어 (172ㄱ)의 '높이'와 (172ㄴ)의 '높이'는 당연히 다른 단어이다. 단지 두 접미사의 형태가 우연히 같아서, 부사 '높이'의 형태와 명사 '높이'의 형태가 우연히 같은 것일 뿐이다.

'읽다'의 피동사도 '읽히다'이고, 사동사도 '읽히다'인데, 이 역시 품사 통용어가 아니다. 피동사 '읽히-'는 동사 '읽-'에 피동 파생 접미사 '-히-'가 결합하여 만들어진 파생어이고, 사동사 '읽히-'는 동사 '읽-'에 사동 파생 접미사 '-히-'가 결합하여 만들어진 파생어이기 때문이다. 즉 두 '-히-'가 다른 접미사인데 우연히 그 형태가 같아서, 파생된 파생어의 형태도 우연히 같은 것일 뿐이다.

하나의 단어가 자동사로도 쓰이고 타동사로도 쓰이는 동사, 즉 능격 동사도 품사 통용어는 아니다.[31]

---

30 형태가 같으면서 의미가 다른 두 단어를 동음이의어라고 한다. 이에 견주어 표현하면, 형태가 같으면서 의미가 다른 형태소이니까 동음이의 형태소라고 할 수 있다.

31 능격 동사에 대해서는 '3.3.2.1.3.3. 능격 동사(자타 양용 동사)'에 자세히 설명되어 있다.

(173)

	자동사	타동사
ㄱ	차가 멈추었다.	아버지가 차를 멈추었다.
ㄴ	불빛이 반짝인다.	지아가 불빛을 반짝인다.

품사 통용어는 품사가 다르다는 것을 전제하는데, 자동사, 타동사
모두 품사는 동사로 같기 때문에 품사 통용어가 아니다.

제4장.
통사론

통사론은 문장을 다루는 문법 영역이다. 문장은 아무렇게나 만들어지는 것이 아니라, 일정한 규칙에 의해 구조적으로 만들어진다. 문장을 조직하는 통사 규칙과 이러한 통사 규칙에 의해 조직된 문장의 구조를 분석하고 설명하는 것이 통사론에서 하는 일이다.

4.1. 문장과 절

4.1.1. 문장의 정의

문장이 되기 위해서는 서술어가 있어야 한다. 그러니까 문장이라고 하면 서술어가 있어야 하고, 서술어가 없으면 문장이 아니다. 그리고 모든 서술어는 주어 하나를, 반드시 하나를 가져야 한다고 가정한다.

> **문장의 정의: 서술어가 있어야 하고, 그 서술어는 반드시 주어 하나를 가진다.**

그러면 국어에서 서술어가 될 수 있는 것에는 어떤 것이 있는가? 국어에서 서술어로 기능할 수 있는 것은 세 가지이다.

서술어가 될 수 있는 세 가지

ⓐ 동사

ⓑ 형용사

ⓒ NP+-이-

(1)은 ⓐ ~ ⓒ가 각각 서술어로 쓰인 문장이다.

(1)

ㄱ. 별이 빛나다.

　　동생이 책을 읽는다.

ㄴ. 날씨가 맑다.

ㄷ. 성수는 대학생이다.

(1ㄱ)은 서술어가 동사인 문장이고, (1ㄴ)은 서술어가 형용사인 문장, (1ㄷ)은 서술어가 'NP+-이-'인 문장이다.

문장의 개수는 서술어의 개수와 같다. 다시 말해 문장의 개수는 동사, 형용사, 'NP+-이-'의 개수와 같다.

(2)

ㄱ. 바람이 **불었다**.

ㄴ. [꽃이 [(꽃이) **예쁘게**] **피었다**].

ㄷ. [이곳은 [[(꽃이) **예쁜**] 꽃이 **피는**] **동산이다**].

(2ㄱ)은 동사 '불-' 하나만 있으니까 홑문장이고, (2ㄴ)은 형용사 '예쁘-'와 동사 '피-' 2개가 있으므로 겹문장이다. (2ㄷ)은 형용사 '예

쁘-’, 동사 ‘피-’, ‘NP+-이-(동산—이)’ 이렇게 3개가 있는 겹문장이다.

4.1.2. 절과 문장

구조적으로 보면, 절(clause)과 문장(sentence)은 차이가 없다. 절 역시 문장과 마찬가지로 서술어가 있고, 그 서술어가 요구하는 주어 하나가 있는 구성이다. 이처럼 구조적으로는 절과 문장이 다르지 않다. 그럼에도 군이 절과 문장을 구분한다면, 그것은 서술어의 어말어미가 종결어미이냐 아니냐로 구분할 수는 있다. 어말어미에는 종결어미, 전성어미, 연결어미가 있다. 서술어의 어말어미가 종결어미이면 문장이고, 서술어의 어말어미가 종결어미가 아닌 전성어미나 연결어미이면 절이다. 이처럼 절과 문장을 군이 구분하는 것은 서술어에 결합한 어말어미의 종류에 따른 구분 이상의 의미는 없다. 그래서 절과 문장을 군이 구분할 필요가 없다고 보기도 한다.

용어상으로도 절과 문장은 현재 혼용되어 쓰이고 있다. 학교문법은 기본적으로 ‘안긴문장’, ‘안은문장’, ‘이어진문장’처럼 ‘문장’을 채택하고 있는데, 그러면서 또 ‘명사절’, ‘관형사절’, ‘부사절’에서는 ‘절’을 사용하고 있다. ‘관형사절로 안긴 안긴문장’이라는 표현에서 이미 동일한 대상을 두고 한 번은 ‘절’, 한 번은 ‘문장’으로 표현하고 있음을 확인할 수 있다.

전성어미가 결합한 서술어가 있는 절은 안긴문장(내포문)이고, 연결어미가 결합한 서술어가 있는 절은 이어진문장(접속문)이다.

(3)

ㄱ. 어머니는 내가 시험에 합격하기를 바라신다.

ㄴ. 나는 마음이 진실한 사람을 좋아한다.

ㄷ. 그는 눈이 아프도록 책을 읽었다.

(4)

ㄱ. 비도 오고, 바람도 불었다.

ㄴ. 눈이 오니까, 기분이 좋아진다.

(3)은 전성어미가 결합한 서술어가 있으므로 안긴문장이다. (3ㄱ)의 '합격하—기'에서 명사형 전성어미 '-기', (3ㄴ)의 '진실하—(으)ㄴ'에서 관형사형 전성어미 '-(으)ㄴ', (3ㄷ)의 '아프—도록'에서 부사형 전성어미 '-도록'을 확인할 수 있다. 이에 비해 (4)는 연결어미가 결합한 서술어가 있으므로 이어진문장이다. (4ㄱ)의 '오—고'에서 대등적 연결어미 '-고', (4ㄴ)의 '오—(으)니까'에서 종속적 연결어미 '-(으)니까'를 확인할 수 있다.

(3), (4)를 구조적으로 분석하면 (3′), (4′)와 같다.

(3′)

ㄱ. [어머니는 [내가 시험에 합격하기]를 바라신다].

ㄴ. [나는 [마음이 진실한] 사람을 좋아한다].

ㄷ. [그 [눈이 아프도록] 책을 읽었다].

(4′)

ㄱ. [비도 오고], [바람도 불었다].

ㄴ. [눈이 오니까], [기분이 좋아진다].

(3′ㄱ)에서 [내가 시험에 합격하기]가 명사절이고, (3′ㄴ)에서 [마음이 진실한]이 관형사절, (3′ㄷ)에서 [눈이 아프도록]이 부사절이다. 명사절, 관형사절, 부사절은 '[[ ]]'처럼 문장 안에 문장이 안겨 있는 구조이다. 그래서 안긴문장(내포문 또는 내포절)이라고 한다. 안긴문장 밖의 문장, 즉 안긴문장을 안고 있는 문장이 안은문장(모문)이다. 그리고 (4′ㄱ)에서 [비도 오고]는 대등적으로 이어진 문장이고, (4′ㄴ)에서 [눈이 오니까]는 종속적으로 이어진 문장이다. 이어진문장은 '[ ] [ ]' 처럼 문장이 나란히 연결된 구조이다.

■안긴문장의 구조:
[　 [　안긴문장(내포문) 　]안은문장(모문)

■이어진문장의 구조:
[　이어진문장(선행절) 　] [　이어진문장(후행절)]

안긴문장은 안은문장의 존재를 전제한다. 그 역도 마찬가지이다. 즉 안은문장은 안긴문장의 존재를 전제한다. 안긴문장이 있다는 것은 그 안긴문장을 안은 안은문장이 있어야 한다. 그래서 안긴문장이 있다는 것은 그 문장이 겹문장이라는 것을 이미 내포하고 있다.

이어진문장은 용어 자체에서 이미 그 문장이 겹문장임을 내포하고 있다. 이어진문장은 이어진 두 문장의 의미 관계에 따라 대등적으로 이어진 문장, 종속적으로 이어진 문장으로 구분한다. 그러나 대등적으로 이어졌든 종속적으로 이어졌든 그 구조는 동일하게 '[ ] [ ]'이다.

4.2. 문장 성분과 논항

통사론은 문장을 다루는 분야이고, 문장을 구성하는 단위는 '어(語)'—주어, 서술어, 목적어, 부사어, 관형어 …—이다. 그러니까 통사론의 기본 단위는 문장이고, 문장을 구성하는 기본 단위는 '어(語)'이다.

단어(單語)의 '어(語)' 때문에 '주어, 서술어, 목적어, 부사어, 관형어 …'의 '어(語)'가 단어라고 잘못 이해하는 경우가 없지 않은데, '어'가 단어인 경우도 있지만 단어보다 큰 단위인 구나 절이 어인 경우도 많다.

(5)

ㄱ. <u>하늘이</u> 푸르다.
　　주어

ㄴ. <u>저 하늘이</u> 푸르다.
　　　주어

ㄷ. <u>하늘이 푸르기가</u> 바다와 같다.
　　　　주어

ㄹ. <u>내가 본 하늘이</u> 푸르다.
　　　　주어

(5ㄱ)에서 서술어 '푸르다'의 주어는 명사 '하늘이'이다. 그런데 (5
ㄴ) '저 하늘이 푸르다.'에서 서술어 '푸르다'의 주어는 명사구 '저 하늘
이'이다. 주어 '저 하늘이'에서 '저'는 명사 '하늘'을 수식하는 관형어인
데, '저'는 관형사가 관형어로 쓰인 경우이다.

(5′)

　　ㄴ. [{저 하늘이}주어 푸르다].
　　　　　관형어

(5ㄷ)의 '하늘이 푸르기가 바다와 같다.'에서 서술어 '같다'의 주어는
[하늘이 푸르기]라는 절, 즉 명사절이다. 명사절 [하늘이 푸르기]에서
는 '푸르기'가 서술어이고, 서술어 '푸르기'의 주어는 '하늘이'이다.

(5′)

　　ㄷ. [[하늘이 푸르기]주어가　바다와　　같다].
　　　　　주어　　서술어　　　필수 부사어　서술어

(5ㄹ)의 '내가 본 하늘이 푸르다.'에서 서술어 '푸르다'의 주어는 '관
형사절+피수식 명사'인 {[내가 본] 하늘}이다. 주어 {[내가 본] 하늘}에
서 [내가 본]은 '하늘'을 수식하는 관형어인데, 관형사절이 관형어로
쓰인 경우이다. 관형어인 관형사절 [내가 본]에서 서술어는 동사 '본'
이고, 주어는 '내가', 그리고 목적어는 피수식 명사 '하늘'이다. 관형사
절 서술어인 동사 '보-'의 목적어 '하늘'은 피수식 명사 '하늘'과 같아
서 관형사절에서는 생략되었다.

(5')

ㄹ. [{ [내가 (하늘) 본]관형어 하늘이 } 주어 푸르다].
　　　주어　목적어 서술어　　　　　　　　서술어

이상에서 살펴본 것처럼 '어'를 이루는 단위는 가장 작게는 단어에서부터 구, 절, '절+피수식어'까지 다양하다. 그래서 문장의 구조를 분석하고 이해하기 위해서는 단어도 어가 되지만, 단어보다 큰 구성도 어가 된다는 사실을 이해하는 것이 중요하다.

맞춤법의 띄어쓰기에 맞게 문장이 쓰였다는 전제 하에서, 각 띄어쓰기 단위는 문장에서 하나의 어로 기능한다. 이 각각의 어를 '문장 성분'이라고 한다. 문장 성분에는 주어, 목적어, 서술어, 보충어(학교문법의 보어, 필수 부사어), 관형어, 부사어, 독립어가 있다. 이 가운데 주어, 서술어, 목적어, 보충어를 주성분이라고 한다. 주성분은 어떤 문장이 적격한 문장이 되기 위해서 반드시 있어야 하는 문장 성분이다. 이에 비해 관형어, 부사어는 문장의 적격성에는 영향을 주지 않는 문장성분이다. 그래서 관형어, 부사어를 부속 성분이라고 한다. 부속 성분은 문장의 의미를 풍성하게 해 주는 역할을 한다. 독립어는 서술어가지배하는 영역 밖의 성분으로, 독립어 역시 문장의 적격성에는 영향을주지 않는다.

앞서 문장이 성립하려면 반드시 서술어가 있어야 하고, 그 서술어는 반드시 주어 하나를 가져야 한다고 하였다. 그리고 서술어로 기능하는 것에는 동사, 형용사, 'NP+-이-' 세 가지가 있다고 하였다. 그런데 동사 중에는 (6)처럼 주어와 함께 반드시 목적어를 요구하는 동사도 있고, (7)처럼 주어, 목적어에 더하여 또 하나의 문장 성분—'친구에게'—을 요구하는 동사도 있다. 또한 (8)처럼 목적어는 아니지만, 주

어에 더하여 또 하나의 문장 성분―'얼음이', '새가', '저것과'―을 요
구하는 동사나 형용사도 있다.

(6) 동생이 책을 읽는다.

(7) 나는 친구에게 선물을 주었다.

(8)
ㄱ. 물이 얼음이 되었다.
　　억새는 새가 아니다.
ㄴ. 이것은 저것과 다르다.

　주어, 목적어는 아니지만 (7)의 '친구에게', (8ㄱ)의 '얼음이', '새가'
그리고 (8ㄴ)의 '저것과'는 적격한 문장이 되기 위해서 서술어가 필수
적으로 필요로 한다는 점에서 주어나 목적어와 그 성격이 같다. 이처
럼 주어나 목적어는 아니지만, 적격한 문장이 되기 위해서 필수적으로
요구되는 문장 성분을 보충어(complement)라고 한다.
　다만 학교문법에서는 보충어를 다시 구분한다. 그래서 보충어 중에
서 (8ㄱ)처럼 '되-', '아니-' 앞에 '-이/가'가 결합한 보충어는 '보어'로,
나머지 보충어는 '필수 부사어'로 구분한다. 이러한 구분에 의해 학교
문법에서 (8ㄴ)의 보충어 '저것과'는 필수 부사어로 분류된다.
　필수 부사어는 서술어가 이끄는 문장이 적격한 문장이 되기 위해서
반드시 요구되는 문장 성분, 즉 보충어라는 점에서 일반 부사어와는
그 성격이 전혀 다르다. '필수 부사어'라는 명칭에 부사어라는 용어가
포함되어 있다고 해서 부사어와 유사하다고 생각하면 안 된다. 문장에

서 부사어는 있든 없든 서술어가 이끄는 문장의 적격성에는 영향을 주지 않는다. 즉 부사어가 없어도 그 문장은 적격한 문장이다. 하지만 필수 부사어가 문장에서 실현되지 않으면 그 문장은 비문이 된다.

주어, 목적어, 보충어(학교문법의 보어 및 필수 부사어)처럼 서술어로 쓰인 동사, 형용사, 'NP+-이-'가 이끄는 문장이 적격한 문장이 되기 위해서 필수적으로 요구되는 문장 성분을 '논항(argument)'이라고 한다. 서술어를 '한 자리 서술어', '두 자리 서술어', '세 자리 서술어'로 구분하기도 하는데, 이때 '자리'에 해당하는 것이 논항과 평행한 개념이다. 서술어로 쓰인 동사, 형용사, 'NP+-이-'가 요구하는 논항은 반드시 실현되어야만 그 서술어가 이끄는 문장이 적격하게 된다. 그래서 논항인 주어, 목적어, 보충어를 문장의 주성분이라고 한다. 주성분을 달리 필수 성분이라고도 한다.

관형어와 부사어는 서술어가 반드시 요구하는 문장 성분은 아니다. 다시 말해 논항이 아니다. 그래서 관형어, 부사어를 부속 성분이라고 한다. 관형어, 부사어는 다른 성분을 수식하는 성분으로 문장의 의미를 전체적으로 풍성하게 해 준다. 그래서 관형어, 부사어가 있을 때 문장의 의미가 더 명료해지고 정보의 양도 늘어나게 된다.

독립어는 서술어가 지배하는 문장의 영역 밖에 있는 요소이다. 그러니까 독립어는 문장의 적격성을 따질 때 아예 논외로 한다. 그래서 독립어를 문장과 독립되어 있다는 의미로 독립 성분이라고 한다.

(9)

주성분 (필수 성분)	서술어
	주어
	목적어
	보충어 (학교문법의 보어 및 필수 부사어)
부속 성분	관형어
	부사어
독립 성분	독립어

논항과 『표준국어대사전』의 문형 정보

『표준국어대사전』은 다른 사전들과 달리 문형 정보라는 것이 제시되어 있다.
아래는 『표준국어대사전』의 내용을 발췌한 것이다.

가다[1]
[Ⅰ] 「동사」
1 【…에/에게】【 …으로】【 …을】
　　산에 가다.
　　친구에게 가다.
　　산으로 가다.
　　산을 가다.

위에서 '【…에/에게】', '【 …으로】', '【 …을】'이 문형 정보이다. 이 문형 정보는 동
사 '가-'가 '–에/에게'나 '–으로', '–을'이 결합한 성분과 함께 쓰인다는 것을 나타
낸 것이다. 이처럼 『표준국어대사전』의 문형 정보는 동사나 형용사가 이러이러한

4.2.1. 주성분(서술어, 주어, 목적어, 보충어(보어, 필수 부사어))

문장은 서술어가 지배하는 영역이니까 반드시 서술어가 있어야 하고, 서술어는 주어 하나를 반드시 요구한다. 그리고 서술어에 따라서는 목적어를 요구하거나 보충어를 요구하기도 한다. 서술어와, 서술어가 요구하는 논항인 주어, 목적어, 보충어는 문장의 적격성에 직접적으로 영향을 미친다. 그래서 서술어, 주어, 목적어, 보충어를 주성분이라고 한다.

(10)

- 서술어: 동사, 형용사, NP+-이-
- 주어: '누가/무엇이'에 해당하는 문장 성분

- 목적어: '누구를/무엇을'에 해당하는 성분
- 보충어: '누가/무엇이', '누구를/무엇을'에 해당하는 성분은 아니지만 그것이 없으면 비문이 되는 문장 성분

모든 서술어는 주어 하나를 반드시 요구하므로 문장에는 주어가 있어야 한다. 그리고 서술어가 타동사일 때는 목적어를 요구하므로 목적어가 반드시 있어야 한다. 그리고 보충어를 요구하는 서술어일 때는 반드시 보충어가 있어야 한다. 서술어가 요구하는 논항 중 하나라도 실현되지 않으면 비문이다.

(11)

ㄱ. *달을 품었다.

ㄴ. *영이가 읽었다.

ㄷ. *별이가 선물을 주었다.

ㄹ. *사랑은 다르다.

※ 통사론에서 '*'는 적격하지 않은 문장임을 나타냄.

(11ㄱ)은 '누가/무엇이'에 해당하는 성분, 즉 주어 논항이 실현되지 않아서 비문이고, (11ㄴ)은 '누구를/무엇을'에 해당하는 성분, 즉 목적어 논항이 실현되지 않아서 비문이다. (11ㄷ)은 주어도 실현되었고 목적어도 실현되었지만, 동사 '주-'가 요구하는 또 하나의 논항, 즉 '누구에게'에 해당하는 보충어—학교문법에서는 필수 부사어—가 실현되지 않아서 비문이다. (11ㄹ) 역시 '무엇과'에 해당하는 보충어—학교문법에서는 필수 부사어—가 실현되지 않아서 비문이다. 이들이 온전히 실현된 (12)는 적격한 문장이다.

(12)

ㄱ. **바다가** 달을 품었다.

ㄴ. 영이가 **책을** 읽었다.

ㄷ. 별이가 **친구에게** 선물을 주었다.

ㄹ. 사랑은 **우정과** 다르다.

학교문법에서의 문장 성분에 대한 해석은 그 문장 성분이 문장에서 하는 기능보다, 해당 문장 성분에 결합한 격조사가 무엇이냐를 중심으로 하게 되어 있다. 그래서 (13ㄱ)의 '엄마', (13ㄴ)의 '엄마'가 동사 '닮-'이 요구하는 보충어 논항이라는 점에서 그 기능이 같음에도, 이에 대한 해석이 달라지게 된다.

(13)

ㄱ. <u>아기가</u>　<u>엄마와</u>　<u>닮았다.</u>
　　주어　　필수 부사어　서술어

ㄴ. <u>아기가</u>　<u>엄마를</u>　<u>닮았다.</u>
　　주어　　목적어　　서술어

학교문법에 따르면 (13ㄱ)의 '엄마와'는 필수 부사어이고, (13ㄴ)의 '엄마를'은 목적어이다. 그 이유는 격조사 '-와'와 '-를'의 차이에 기인한다. (13ㄱ)의 '엄마'는 부사격 조사 '-와'와 결합했기 때문에 부사어이기는 한데, 동사 '닮-'이 필수적으로 요구하는 논항이기 때문에 '필수 부사어'로 해석하는 것이다. 이에 비해 (13ㄴ)의 '엄마'는 목적격 조사 '-를'과 결합했기 때문에 목적어이다.

(14ㄱ)의 '얼음'과 (14ㄴ)의 '얼음' 역시 마찬가지이다.

(14)

  ㄱ. <u>물이</u> <u>얼음이</u> <u>되었다.</u>
      주어   보어   서술어

  ㄴ. <u>물이</u> <u>얼음으로</u> <u>되었다.</u>
      주어 필수 부사어 서술어

(14ㄱ)의 '얼음'은 동사 '되-' 앞에서 보격 조사 '-이'와 결합했기 때문에 보어이다. 이에 비해 (14ㄴ)의 '얼음'은 부사격 조사 '-으로'와 결합했기 때문에 부사어이기는 한데, 동사 '되-'가 필수적으로 요구하는 논항이기 때문에 필수 부사어이다.

(15) 역시 평행하게 해석된다. (15ㄱ)의 '학교'는 부사격 조사 '-에'가 결합하였으므로 부사어이다. 그런데 (13)의 '엄마와', (14)의 '얼음으로'와 달리 '학교에'는 동사 '가-'가 요구하는 논항이 아니기 때문에 그냥 부사어이다. 반면 (15ㄴ)의 '학교'는 목적격 조사 '-를'이 결합하였으므로 목적어로 해석하게 된다.

(15)

  ㄱ. 영이가 <u>학교에</u> 갔다.
          부사어

  ㄴ. 영이가 <u>학교를</u> 갔다.
          목적어

그런데 학교문법처럼 해석하는 관점에서는 (15ㄱ)의 '가-'와 (15ㄴ)

의 '가-'를 같은 동사로 볼 수 없다. 왜냐하면 (15ㄱ)의 '가-'는 목적어를 요구하지 않으니까 자동사라고 해야 하고, (15ㄴ)의 '가-'는 목적어를 요구하므로 타동사라고 해야 하기 때문이다. 마찬가지로 (13)의 경우에도 (13ㄱ)의 '닮-'은 자동사가 되고 (13ㄴ)의 '닮-'은 타동사가 되어, 같은 동사라고 할 수 없다.

그런데 (13ㄱ)의 '엄마와'와 (13ㄴ)의 '엄마를'의 문장에서의 기능이 같다고 보는 관점에서는 (13ㄱ)의 '닮-'과 (13ㄴ)의 '닮-' 역시 같은 동사이다. 이 관점에서는 (13ㄱ)의 '엄마와', (13ㄴ)의 '엄마를' 모두 동사 '닮-'이 요구하는 보충어 논항이다. 마찬가지로 (14ㄱ)의 '얼음이'와 (14ㄴ)의 '얼음으로'의 경우에도 결합된 격조사의 종류와 상관없이 둘 다 동사 '되-'가 요구하는 보충어 논항이다. 그리고 (15)의 경우, (15ㄴ)의 '학교를'이 비록 목적격 조사 '-를'과 결합하긴 하였지만, 문장에서의 기능은 (15ㄱ)의 '학교에'와 같다고 보아서 '학교에'와 같은 부사어로 해석한다. 이렇게 해석하는 근거는 격조사의 형태와 그 기능이 항상 1:1로 대응하지는 않는다는 사실 때문이다.

(16)

ㄱ. 영이가 오늘 그 모임에 가고 싶지가 않다.

ㄴ. 영이가 오늘 그 모임에 가고 싶지를 않다.

(16ㄱ)에서 '-이/가'는 '영이'에도 결합하였고, '싶지'에도 결합하였다. '-이/가'와 결합한 '영이가'가 주어인 것은 맞지만, '싶지가'가 주어는 아니다. 만일 '-이/가'가 주격 조사이므로 '-이/가'가 결합한 성분은 주어라는 관점을 취하게 되면, '싶지가' 역시 주어라고 해야 한다. 당연히 '싶지가'는 주어가 아니다.[1] 심지어 (16ㄴ)에서 '싶지'는 목적

격 조사 '-을/를'과 결합하였는데, 이는 '싶지'가 '-이/가'와 결합했다는 사실만으로 주어라고 할 수 없음을 다시 한 번 확인해 준다. (16)은 주격 조사가 결합했다고 해서 반드시 주어임을, 그리고 목적격 조사가 결합했다고 해서 반드시 목적어임을 보장하지는 않는다는 것을 보여 준다.

그래서 주어를 찾을 때 주격 조사와 결합한 성분을 찾는다거나, 목적어를 찾을 때 목적격 조사와 결합한 성분을 찾는 것은 올바른 방법이 아니다. 그렇게 되면 주어, 목적어를 제대로 찾을 수 없는 경우가 생긴다. 주어, 목적어는 (10)에서 제시한 방법으로 찾아야 한다.

(17) 별이는 만화책도 읽는다.

(17)에는 주격 조사와 결합한 성분도, 목적격 조사와 결합한 성분도 없다. 하지만 '누가' 읽느냐 하면 '별이'이다. 그래서 '누가'에 해당하는 성분인 '별이는'이 주어이다. 그리고 '무엇을' 읽느냐 하면 '만화책'을 읽는다. 그래서 '무엇을'에 해당하는 성분인 '만화책도'가 목적어이다.[2]

---

1 '~ 싶지가 않다'의 '-가'는 '~ 싶지도 않다', '~ 싶지는 않다'의 보조사 '-도', '-만'과 계열 관계를 이루는 것으로, 형태는 주격 조사 '-가'이지만 그 기능은 보조사와 같은 기능을 하고 있다.

2 주어, 목적어를 말할 때 조사가 결합한 형태로 말하기도 하고, 조사를 빼고 말하기도 한다. 그래서 (17)에서 주어를 언급할 때 '별이는'이라고 하든 '별이'라고 하든 상관은 없다. 목적어 역시 '만화책도'라고 하든, '만화책'이라고 하든 상관이 없다. 다만 문장 성분을 말할 때는 일반적으로 어 단위로 말을 한다. 그래서 주어가 주격 조사와 결합한 형태이면 조사가 결합한 형태로 말하는 것이 더 낫다. 목적어 역시 마찬가지이다. 참고로 맞춤법에서 띄어쓰기도 어 단위로 하게 되어 있다.

4.2.2. 부속 성분(관형어, 부사어)

부속 성분은 그것이 없더라도 문장의 적격성에는 영향을 주지 않는 문장 성분으로 관형어, 부사어가 이에 해당한다. 부속 성분은 문장의 의미를 풍성하게 해 주는 역할을 한다.

(18)

　ㄱ. 보람이가 옷을 샀다.

　ㄴ. 보람이가 시장에서 새 옷을 샀다.

(18ㄱ)과 (18ㄴ)을 비교해 보면, (18ㄴ)이 정보가 더 많다. (18ㄱ)에 비해 '어디에서'에 해당하는 '시장에서'라는 정보도 있고, '어떤'에 해당하는 '새 옷'의 '새'라는 정보도 있기 때문이다. 이러한 정보가 없는 (18ㄱ)에 비해 (18ㄴ)의 의미가 훨씬 더 풍성하다. (18ㄴ)에서 '시장에서'가 부사어이고, '새'가 관형어이다.

관형어는 문장에서 체언을 수식한다. 그러니까 문장에서 체언을 수식하는 문장 성분은 관형어이다. 관형사가 문장에 쓰이면 항상 관형어로 기능한다. 하지만 관형어가 곧 관형사는 아니다. 관형어에는 관형사뿐만 아니라 다른 것들도 관형어로 기능하기 때문이다.

(19)

　ㄱ. 하늘이가 **새** 친구를 사귀었다.

　ㄴ. **바람의** 노래를 들어 보아라.

　ㄷ. **세상** 일이 늘 뜻대로 되지는 않는다.

　ㄹ. 하늘이는 [**마음이 따뜻한**] 친구이다.

(19ㄱ)에서는 관형사 '새'가 '친구'를 수식하는 관형어이고, (19ㄴ)에서는 '명사+관형격 조사'인 '바람의'가 '노래'를 수식하는 관형어이고, (19ㄷ)에서는 명사 '세상'이 관형격 조사 없이 '일'을 수식하는 관형어이다. 그리고 (19ㄹ)에서는 관형사절 [마음이 따뜻한]이 '친구'를 수식하는 관형어이다.

부사어는 (20ㄱ)에서처럼 일반적으로 동사, 형용사를 수식한다. 문장에서 동사, 형용사는 서술어로 쓰이니까, 동사, 형용사가 서술어인 서술어를 수식한다고 말할 수 있다.

(20)

ㄱ. 기차가 **빨리 달린다**.

　　하늘이 **매우 예쁘다**.

ㄴ. 우리 집 고양이는 사료를 **너무 많이** 먹는다.

ㄷ. 그는 예의가 **아주 바른** 사람이다.

부사는 동사, 형용사 외에 또 다른 부사나 관형사를 수식하기도 한다. 부사가 문장에 쓰이면 부사어이고 관형사가 문장에 쓰이면 관형어이다. 그러니까 이를 달리 표현하면 부사어가 또 다른 부사어니 관형어를 수식한다고 말할 수 있다. (20ㄴ)에서 부사어 '너무'는 또 다른 부사어 '많이'를 수식하고 있고, (20ㄷ)에서는 부사어 '아주'가 관형어 '바른'을 수식하고 있다.

부사가 문장에 쓰이면 부사어로 기능한다. 그렇지만 부사어가 곧 부사는 아니다. 부사어는 부사 외에 다른 것들도 부사어로 기능하기 때문이다.

(21)

ㄱ. 시간이 **아주** 빠르다.

ㄴ. **설악산에** 눈이 내렸다.

ㄷ. 꽃이 [(꽃) **예쁘게**] 피었다.

(21ㄱ)에서는 부사 '아주'가 형용사 서술어 '빠르다'를 수식하는 부사어이고, (21ㄴ)에서는 '명사+부사격 조사'인 '설악산에'가 동사 서술어 '내렸다'를 수식하는 부사어이다. 그리고 (21ㄷ)에서는 부사절 [(꽃) 예쁘게]가 동사 서술어 '피었다'를 수식하는 부사어이다. 문장에서 '언제', '어디서', '왜', '어떻게'에 해당하는 성분은 모두 부사어이다.

관형어의 경우 관형사절이 관형어인 예가 많은데, 부사어의 경우에도 부사절이 부사어인 예가 꽤 있다.

(22)

ㄱ. 흰 눈이 내린다.

ㄴ. 소쩍새가 슬프게 운다.

(22ㄱ)에서 '흰'은 명사 '눈'을 수식하고, (22ㄴ)에서 '슬프게'는 동사 서술어 '운다'를 수식한다. '흰'과 '슬프게'의 품사는 형용사인데, 형용사는 문장에서 서술어로 쓰인다. 따라서 '흰'과 '슬프게'는 각각 또 하나의 문장을 이끄는 서술어이다. 즉 (22ㄱ)의 '흰'은 피수식어 '눈'을 주어로 가진 서술어이고, (22ㄴ)의 '슬프게'는 '소쩍새'를 주어로 가진 서술어이다. 생략된 주어를 복원한 문장의 구조는 (22′)와 같다.

(22′)

ㄱ. [[(눈) 흰] 눈이 내린다].

ㄴ. [소쩍새가 [(소쩍새) 슬프게] 운다].

(22′ㄱ)에서 서술어 '희-'의 주어는 피수식어 '눈'과 같기 때문에 생략되었고, (22′ㄴ)에서 서술어 '슬프-'의 주어는 안은문장의 서술어 '운다'의 주어 '소쩍새'와 같기 때문에 생략되었다.

서술어로 쓰이는 것 중에는 '지민이는 학생이다.'의 'NP+-이-'도 있다. 'NP+-이-'가 서술어로 쓰인다는 점에서는 용언과 같다. 하지만 용언은 일반적으로 부사어의 수식을 받는데 비해, 'NP+-이-'의 경우에는 (23ㄱ)처럼 'NP+-이-' 전체가 부사어의 수식을 받기도 하지만, (23ㄹ)처럼 'NP+-이-'의 NP가 관형어의 수식을 받는 경우도 많다.

(23)

ㄱ. 지아는 <u>진짜로</u> 학생이다.

ㄴ. ?지아는 <u>매우</u> 학생이다.

ㄷ. *?지아는 <u>순수하게</u> 사람이다.

ㄹ. 지아는 [<u>마음이 순수한</u>] 사람이다.

　　* '?'는 적격한지 적격하지 않은지 애매한 문장임을 나타냄.

(23ㄱ)에서 '학생이다'는 부사어 '진짜로'의 수식을 받는다. 그런데 부사어의 수식을 받을 경우 (23ㄴ)처럼 어색하거나 (23ㄷ)처럼 적격하지 않은 경우도 있다. 서술어로 쓰인 'NP+-이-'가 수식을 받을 때는 (23ㄹ)처럼 관형어의 수식을 받는 경우가 많다. 이때 관형어의 수식을 받는 것은 'NP+-이-' 전체가 아니라, 'NP+-이-'의 'NP'이다. 즉 (23

ㄹ)에서 관형어 [마음이 순수한]의 수식을 받는 것은 서술어 '사람이
다'가 아니라, '사람이다'의 '사람'이다.

관형어와 관형어의 수식을 받는 체언은 분리될 수 없다는 '수식어-
피수식어 제약'을 고려하면, (23ㄹ)에서 서술격 조사 '-이-'는 체언이
아니라 체언보다 큰 구성에 결합했다고 보아야 한다. 즉 수식어 [마음
이 순수한]과 피수식어 '사람'이 분리될 수 없다면, 서술격 조사 '-이-'
는 '사람'이 아니라 '{[마음이 순수한] 사람}'에 결합했다고 보아야 한
다. 이에 대한 자세한 설명은 '3.3.2.4. 조사'의 [한 걸음 더]에 가서 보
기 바란다.

4.2.3. 독립 성분(독립어)

독립 성분은 말 그대로 문장에서 독립된 성분이다. 다시 말해 독립
성분은 서술어가 지배하는 영역 밖의 요소이다. 그렇기 때문에 문장의
적격성에는 전혀 영향을 미치지 않는다. 감탄사는 문장에서 독립어가
된다. 감탄사 외에도 체언에 호격 조사 '-아/야'가 결합한 것도 독립어
이다.

(24)

ㄱ. **아!** 어느덧 봄이 다 지나가는구나.

ㄴ. **별이야**, 이제 공부해야 할 시간이다.

(24)에서 '아', '별이야'가 독립어이다. 참고로 〈한글맞춤법〉에서 독
립 성분 뒤에는 느낌표나 쉼표를 쓰게 되어 있는데, 이는 독립어가 서

술어가 지배하는 영역 밖의 요소임을 시각적으로 나타내 주는 것이다.

4.3. 문장의 유형

　문장의 유형을 결정하는 것은 어말어미 중에서 종결어미이다. 즉 문장이 종결어미 '-다'로 끝나면 평서문이고, 종결어미 '-니'나 '-냐'로 끝나면 의문문, 종결어미 '-아/어라'로 끝나면 명령문, 종결어미 '-자'로 끝나면 청유문, 종결어미 '-구나'로 끝나면 감탄문이다. 이처럼 문장의 유형은 종결어미의 종류에 의해 결정된다.

　종결어미는 또한 상대 높임(청자 높임)을 나타내는 기능도 한다. '합니다', '먹습니다'의 종결어미 '-ㅂ니다/습니다'는 '하십시오체'를, '잡으오'의 종결어미 '-(으)오'는 '하오체'를, '잡게'의 종결어미 '-게'는 '하게체'를, '잡아라'의 종결어미 '-아/어라'는 '해라체'를 나타낸다. 이처럼 종결어미 중에는, 즉 종결어미 중에서 격식체 종결어미는 상대 높임을 니티내는 기능도 한다.[3]

3　비격식체 종결어미는 상대 높임의 기능을 나타내지 않는다. 종결어미가 '먹어'의 '-어'처럼 비격식체 종결어미일 때 상대 높임의 의미를 나타낼 때는 '먹어요'처럼 보조사 '-요'를 결합시킨다.

4.3.1. 종결어미와 문장의 유형

국어의 문장 유형은 5가지 정도로 구분한다. 여기에 약속문을 따로 설정하기도 하는데, 그렇게 되면 6가지가 된다. 국어의 문장 유형이 몇 가지이냐에 대해서는 여전히 논란이 있지만, 개론 수준이나 학교문법 수준에서는 일반적으로 평서문, 의문문, 명령문, 청유문, 감탄문 5가지 유형으로 분류한다.

(25)

ㄱ. 날씨가 따뜻하**다**.

ㄴ. 너는 어제 뭐 했**니**?

　　얘가 네 동생이**냐**?

ㄷ. 지수야, 밥 먹**어라**.

ㄹ. 우리 같이 여행 가**자**.

ㅁ. 여기가 정말 아름답**구나**!

ㅂ. 다음번에는 꼭 약속을 지키**마**.

(25ㄱ)은 평서문, (25ㄴ)은 의문문, (25ㄷ)은 명령문, (25ㄹ)은 청유문, (25ㅁ)은 감탄문이다. 그리고 약속문을 별도로 설정한다면, (25ㅂ)이 약속문이다. 약속문을 따로 설정하지 않을 경우, (2ㅂ)은 평서문으로 분류된다. (25)에서 문장의 유형을 결정하는 것은 종결어미이다. (25ㄱ)이 평서문이라는 것은 문장이 종결어미 '-다'로 끝났기 때문이다. 즉 종결어미 '-다'로 끝난 문장은 평서문이다. 마찬가지로 (25ㄴ)이 의문문인 이유는 문장이 종결어미 '-니?', '-냐?'로 끝났기 때문이고, (25ㄷ)이 명령문인 이유는 문장이 종결어미 '-아/어라'로 끝났기

때문이고, (25ㄹ)이 청유문인 이유는 문장이 종결어미 '-자'로 끝났기 때문이고, (25ㅁ)이 감탄문인 이유는 문장이 종결어미 '-구나'로 끝났기 때문이다. 이처럼 어미의 형태만으로 문장의 유형을 판단할 수 있는 종결어미를 격식체 종결어미라고 한다. (25ㅂ)을 약속문으로 분류할 경우, 약속문을 나타내는 격식체 종결어미는 '-마'이다. 비격식체 종결어미 중에서는 '-(으)ㄹ게'가 약속을 나타낼 때 주로 쓰인다.

(26)

문장의 유형	종결어미
평서문	-다
의문문	-니? -냐?
명령문	-아/어라
청유문	-자
감탄문	-구나!
약속문	-(으)마

4.3.2. 격식체 종결어미와 비격식체 종결어미

격식체와 비격식체의 차이를 간단히 설명하면, 종결어미의 형태로 문장의 유형을 판단할 수 있으면 격식체이고 종결어미의 형태로 문장의 유형을 판단할 수 없으면 비격식체이다. 즉 종결어미의 형태로 그 문장이 평서문인지, 의문문인지 등을 알 수 있으면 그 문장은 격식체이고, 그 종결어미는 격식체 종결어미이다. 이에 비해 종결어미의 형태만으로는 문장의 유형을 알 수 없으면 그 문장은 비격식체이고, 그 종결어미는 비격식체 종결어미이다.

(25)의 종결어미는 모두 종결어미로 문장의 유형을 알 수 있으므로 격식체 종결어미이다. 반면 (27)의 '-어', (28)의 '-지'는 비격식체 종결어미이다.

(27)

ㄱ. 밥 먹어. → (평서문)

ㄴ. 밥 먹어? ↗ (의문문)

ㄷ. 밥 먹어. ↘ (명령문)

(28)

ㄱ. 밥 먹지. → (평서문)

ㄴ. 밥 먹지? ↗ (의문문)

ㄷ. 밥 먹지. ↘ (명령문)

(27)에서 종결어미는 '-어'이고, (28)에서 종결어미는 '-지'이다. 그런데 (27) ～ (28)에서 보듯이 종결어미 '-어'나 '-지'로 끝난 문장은 평서문일 수도 있고, 의문문일 수도 있고, 명령문일 수도 있다. 즉 종결어미의 형태만으로는 문장의 유형을 알 수 없다. 따라서 '-어', '-지'는 비격식체 종결어미이다.

비격식체 종결어미가 쓰인 문장의 경우, 그 문장이 평서문인지, 의문문인지, 명령문인지는 (27) ～ (28)에서 표시된 것처럼 발화상에서의 문말 억양을 통해 판단할 수 있다. 일반적으로 문말 억양이 평평하면(→) 평서문이고, 상승조(↗)이면 의문문이고, 하강조(↘)이면 명령문이다.

격식체 종결어미인지 비격식체 종결어미인지를 판단하는 또 하나의 방법은 보조사 '-요'를 결합시켜 보는 것이다. 보조사 '-요'가 결합할 수 없는 종결어미이면 격식체 종결어미이고, 보조사 '-요'가 결합할 수 있는 종결어미이면 비격식체 종결어미이다. 비격식체 종결어미 '-어', '-지'의 경우에는 '밥 먹어요', '밥 먹지요'처럼 '-요'의 결합이 자유롭다. 약속을 나타내는 '-(으)ㄹ게' 역시 '제가 할게요'처럼 보조사 '-요'의 결합이 자연스럽다.

격식체 종결어미는 비격식체 종결어미와 달리 (29)에서 보듯이 '-요'의 결합이 불가능하다.

(29)

ㄱ. *밥을 먹는다요.

　　*밥을 먹습니다요.

ㄴ. *밥 먹니요?

　　*밥 먹습니까요?

ㄷ. *밥 먹어라요.

　　*밥 먹으십시오요.

ㄹ. *밥 먹자요.

ㅁ. *참 아름답구나요.

(29)에서 보듯이 격식체 종결어미 뒤에는 '-요'가 결합할 수 없다.[4]

---

[4] 젊은 세대에서 '먹는다요'처럼 말하는 경우가 있기는 하다. 그런데 상대가 높임의 대상일 때 '먹는다요'라고 말하지는 않는다. 이는 '먹는다요'가 일상적인 표현이 아님을 말해 준다. 실제 '먹는다요'라고 말하는 경우는 대체로 장난스럽거나 언어 유희적인 상황이다. 그렇기에 '먹는다요'를 일반적으로 허용 가능한 표현이라고 할 수 없다.

4.4. 문장의 확장

문장이 확장되는 방식은 두 가지이다. 하나는 안긴문장으로 확장되는 것이고, 다른 하나는 이어진문장으로 확장되는 것이다. 안긴문장과 이어진문장은 구조적으로 차이가 있다.

    (30) 안긴문장의 구조

        [[안긴문장]]안은문장

    (31) 이어진문장의 구조

        [선행절] [후행절]

(30)에서 보듯이 문장의 처음과 끝을 괄호로 매길 때 안긴문장은 괄호 안에 괄호가 있는 구조이다. 이에 비해 이어진문장은 (31)에서 보듯이 괄호가 나란히 있는 구조이다. 안긴문장은 안은문장의 존재를 전제하고, 안은문장 역시 안긴문장의 존재를 전제한다.

안긴문장을 달리 표현하면, 어말어미 중에서 전성어미가 결합한 문장이다. 다시 말해 전성어미가 결합한 서술어가 이끄는 문장이 안긴문장이다. 그래서 안긴문장의 종류는 전성어미에 의해 결정된다. 즉 명사형 전성어미 '-(으)ㅁ', '-기'로 끝나면 명사절이고, 관형사형 전성어미 '-(으)ㄴ', '-(으)ㄹ', '-는', '-던'으로 끝나면 관형사절, 부사형 전성어미 '-게', '-도록'으로 끝나면 부사절이다. 이처럼 전성어미의 종류에 의해 절의 유형이 결정된다.

이어진문장은 연결어미가 결합한 문장이다. 다시 말해 연결어미가 결합한 서술어가 이끄는 문장이 이어진문장이다. 연결어미가 결합한 서술어가 있는 문장을 선행절이라고 하고, 그 뒤에 오는 문장을 후행절이라고 한다. 후행절은 종결어미로 끝난다. 이어진문장은 선후행절의 의미 관계에 따라 다시 대등적으로 이어진 문장, 종속적으로 이어진 문장으로 구분한다.

구체적으로 실제 문장을 통해 확인해 보자. (32)는 안긴문장을 포함하고 있는 겹문장(안은문장)이고, (33)은 이어진문장으로 연결된 겹문장이다.

(32)

ㄱ. [나는 [네가 행복하기]를 바란다].

ㄴ. [나는 [엄마가 읽던] 책을 읽었다].

ㄷ. [하늘이 [눈이 시리게] 푸르다]

(33)

ㄱ. [산은 산이고], [물은 물이다].

ㄴ. [비가 와서] [땅이 질다].

(32ㄱ)의 안긴문장은 명사절이고, (32ㄴ)의 안긴문장은 관형사절, (32ㄷ)의 안긴문장은 부사절이다. 안긴문장의 종류와 상관없이 안긴문장은 모두 '[[ ]]'의 구조로 이루어져 있다. 그리고 (33ㄱ)은 대등적으로 이어진 문장이고, (33ㄴ)은 종속적으로 이어진 문장이다. 이어진문장의 종류와 상관없이 이어진문장은 모두 '[ ] [ ]'의 구조로 이루어져 있다.

참고로 이어진문장의 경우 〈한글맞춤법〉에서 앞 문장과 뒤 문장 사이에 쉼표(',')를 넣도록 하고 있지만, 반드시 쉼표를 넣어야 하는 것은 아니다. 그러니까 쉼표의 유무로 이어진문장인지 아닌지를 판단해서 는 안 된다.

4.4.1. 문장의 구조와 구-구조 분석

문장은 단어가 모여 만들어진다. 그런데 단어들이 모두 동등한 자 격으로 한꺼번에 결합해서 문장을 만드는 것은 아니다. 문장을 이루 는 단어들 간에는 결합 순서가 있다. 이는 문장이 단순히 단어들이 선 적으로 나열된 구성이 아니라, 계층적 구조로 결합되어 있는 구성임을 의미한다. (34)는 문장 '보람이가 서점에서 문법 교재를 샀다.'의 구조 이다.

(34)

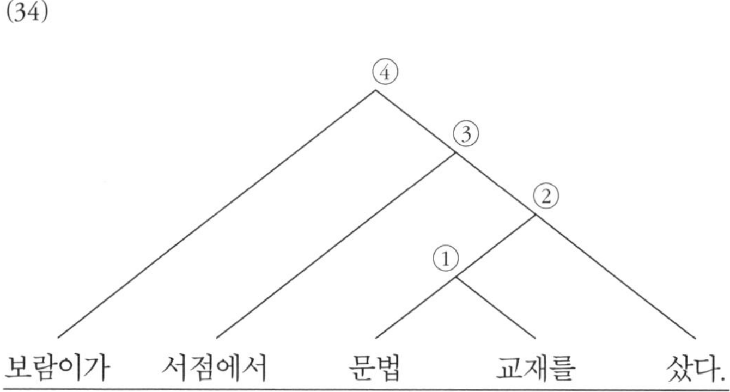

(34)에서 보듯이 먼저 '문법'과 '교재'가 결합한다. 그러고 나서 '문법 교재를'이 서술어인 동사 '샀다'와 결합하고, 이렇게 결합된 '문법 교재 를 샀다'에 부사어인 '서점에서'가 결합하여 '서점에서 문법 교재를 샀

다'가 되고, 마지막으로 '서점에서 문법 교재를 샀다'에 '보람이가'가 결합하여 [보람이가 서점에서 문법 교재를 샀다]는 문장이 만들어진다. 이처럼 단어들이 결합할 때에 아무렇게나 무작위로 결합하는 것이 아니라 국어의 문장 형성 규칙, 즉 국어의 통사 규칙에 따라 계층적으로 결합한다.

문장의 구조를 분석하는 방법 중의 하나가 '구-구조 규칙(phrase-structure rule)'이다.[5] 구-구조 규칙은 문장을 분석하는 방법이면서 동시에 문장을 형성하는 규칙이기도 하다. 그러니까 우리는 무작위로 문장을 만드는 것이 아니라 일정한 규칙에 따라 문장을 만드는데, 이를 형식화한 것이 구-구조 규칙이다. 그래서 구-구조 규칙을 이해하면, 문장이 계층적으로 구성되어 있다는 것을 한눈에 파악할 수 있다.

다음은 구-구조 규칙에 대한 설명이다. 기호를 사용하지 않고 말로 풀어서 설명할 수도 있으나, 그럴 경우 설명이 산만해져서 오히려 이해하기가 더 어려울 수 있다. 기호가 몇 개 되지 않으니까 기호로 이해하는 것이 더 간명하고 명료하다.

먼저 모든 문장은 NP(주어) 하나와 VP(서술어) 하나로 이루어져 있다.

(35)

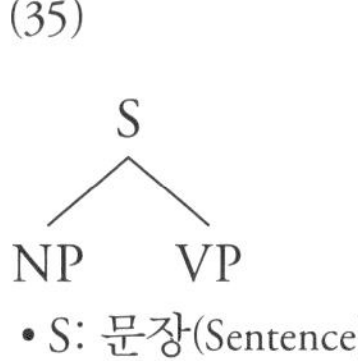

• S: 문장(Sentence)

---

5 'phrase-structure rule'을 '구-구조 규칙'으로 번역하기도 하고, '구절-구조 규칙'으로 번역하기도 한다.

- NP: 명사구(Noun Phrase)

- VP: 동사구(Verb Phrase)

VP를 직역하면 동사구인데, 실제는 서술어를 이른다. 그래서 VP 자리에는 동사, 형용사, 'NP+-이-'가 온다.

(36)

ㄱ. <u>바람이</u> <u>분다.</u>
　　NP　　VP
　　　　　　|
　　　　V(동사)

ㄴ. <u>하늘이</u> <u>푸르다.</u>
　　NP　　VP
　　　　　　|
　　　　Adj(형용사)

ㄷ. <u>영이가</u> <u>학생이다.</u>
　　NP　　VP
　　　　　　⋀
　　　　NP　-이-

(36ㄱ)은 VP 자리에 동사(V)가 온 경우이고, (36ㄴ)은 VP 자리에 형용사(Adjectiv), (36ㄷ)은 VP 자리에 'NP+-이-'가 온 경우이다.

VP 자리에 동사가 온 경우, VP는 (36ㄱ) 외에도 (37ㄱ~ㄷ)의 3가지 유형이 더 있다.

(37)

ㄱ. 영이가 책을 읽는다.

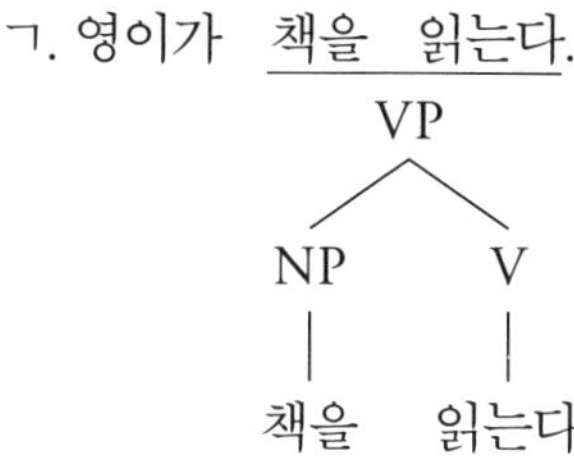

ㄴ. 영이가 엄마와 닮았다.

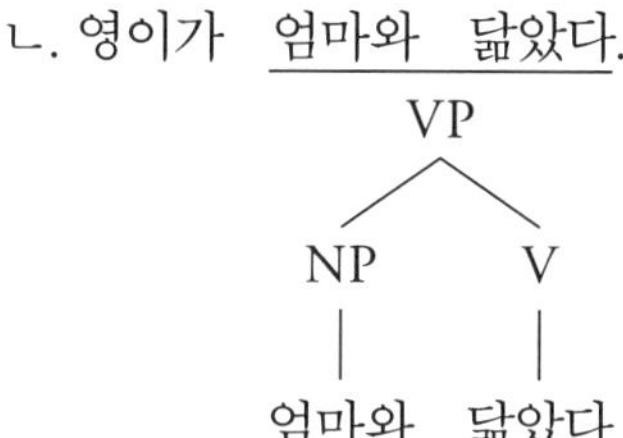

ㄷ. 나는 산을 친구로 삼았다.

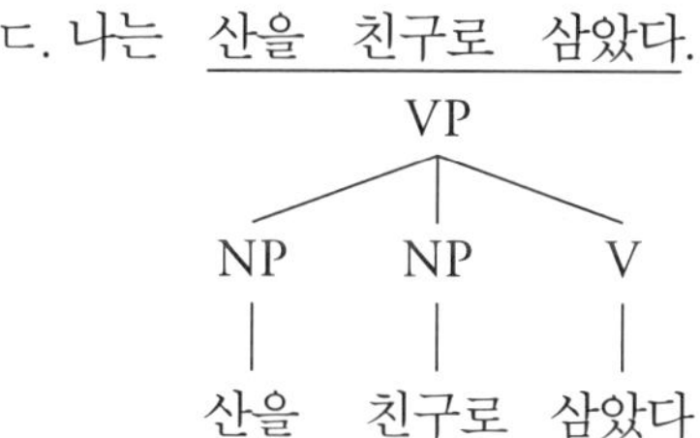

(37ㄱ)의 VP 자리에는 타동사가 온 경우인데, 타동사는 목적어 논항을 요구하므로 VP가 다시 'NP+V'로 귀환된다. 그래서 'S → NP+VP'의 NP는 주어이고, 'VP → NP+V'의 NP는 목적어이다. (37ㄴ)에서도 VP가 'NP+V'로 귀환되는데, 이때 NP는 목적어가 아니라 보충어(필수 부사어)이다. 마지막으로 (37ㄷ)의 '삼-'처럼 주어 논항, 목적어 논항 외에 보충어 논항을 요구하는 동사인 경우에는 VP가

'NP+NP+V'로 귀환되기도 한다.

　NP 자리 역시 (38ㄱ)처럼 명사 하나만 올 수도 있고, (38ㄴ)처럼 '관형어(Detp)+명사(N)'가 올 수도 있다.

(38)

ㄱ. 하늘이　푸르다.

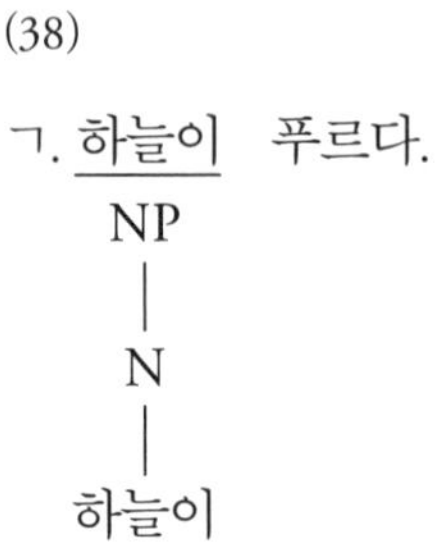

ㄴ. 저　하늘이　푸르다.

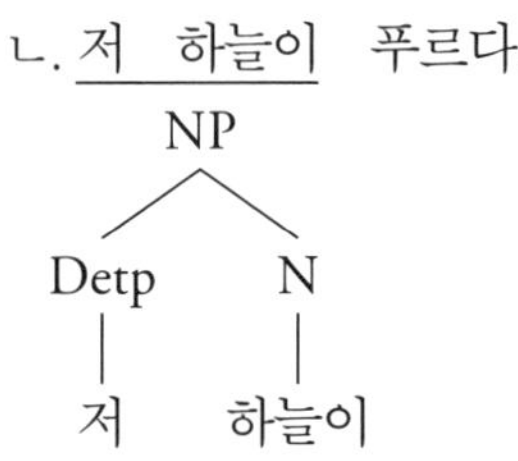

　• Detp: 관형어

　NP의 N은 명사가 아니라 체언이다. 체언은 관형어의 수식을 받는다. 그래서 NP는 (38ㄱ)처럼 N 단독으로 이루어져 있을 수도 있고, (38ㄴ)처럼 'Detp+N'으로 이루어져 있을 수도 있다.

　용언은 부사어(Advp)의 수식을 받는다. 이를 구-구조규칙으로 나타내면 (39)와 같다.

(39)

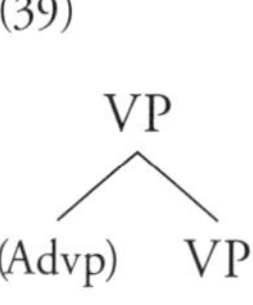

- Advp   부사어(Adverb phrase)

부사어는 논항이 아니어서 없더라도 문장의 적격성에는 영향을 주지 않는다. 'VP → (Advp)+VP'에서 Advp에 괄호가 있는 것은 없더라도 문제가 되지 않는다는 의미이다. (40)은 부사어가 포함된 '하늘이 매우 푸르다.'의 문장 구조이다.

(40)

하늘이　매우　푸르다.

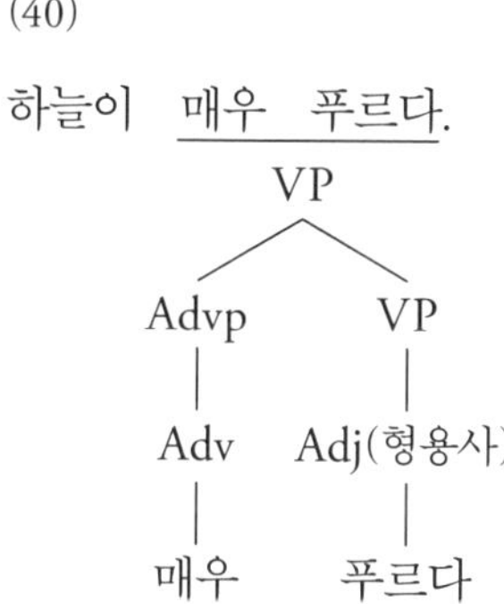

4.4.2. 안긴문장의 종류와 구조

안긴문장은 전성어미가 결합한 서술어가 이끄는 문장이다. 전성어미의 종류에 따라 명사형 전성어미가 결합한 문장은 명사절로 안긴 문장이고, 관형사형 전성어미가 결합한 문장은 관형사절로 안긴 문장,

부사형 전성어미가 결합한 문장은 부사절로 안긴 문장이다.

(41) 전성어미의 종류

ㄱ. 명사형 전성어미: -(으)ㅁ, -기

ㄴ. 관형사형 전성어미: -(으)ㄴ, -(으)ㄹ, -는, -던

ㄷ. 부사형 전성어미: -게, -도록

(42) 안긴문장의 종류

ㄱ	명사절	명사형 전성어미가 결합한 서술어가 이끄는 문장
ㄴ	관형사절	관형사형 전성어미가 결합한 서술어가 이끄는 문장
ㄷ	부사절	부사형 전성어미가 결합한 서술어가 이끄는 문장

실제 문장을 통해 확인해 보자. (43ㄱ)에서 [ ] 부분이 명사절로 안긴 문장이고, (43ㄴ)에서 [ ] 부분이 관형사절로 안긴 문장, (43ㄷ)에서 [ ] 부분이 부사절로 안긴 문장이다.

(43)

ㄱ. [어머니는 [지아가 시험에 합격하기]를 바란다].

ㄴ. [지아는 [머리가 맑아지는] 기분을 느꼈다].

ㄷ. [가을 하늘이 [눈이 부시게] 푸르다].

단어 차원에서는 (43)의 안긴문장의 전성어미 '-기', '-는', '-게'가 용언에 결합한 것이 맞다. 그런데 통사적으로는 (43′)처럼 용언이 이끄는 절 전체에 '-기', '-는', '-게'가 결합한 것으로 보아야 한다.

(43′)

ㄱ. [어머니는 [지아가 시험에 합격하―기]를 바란다].

ㄴ. [지아는 [머리가 맑아지―는] 기분을 느꼈다].

ㄷ. [가을 하늘이 [눈이 부시―게] 푸르다].

즉 통사적으로는 명사형 전성어미 '-기'가 (43′ㄱ)처럼 '합격하-'가 이끄는 절 전체, 즉 '지아가 시험에 합격하-'에 결합한 것이다. (43ㄴ, ㄷ) 역시 마찬가지이다. 관형사형 전성어미 '-는'이 '맑아지-'에 결합한 것이 아니라, (43′ㄴ)처럼 '맑아지-'가 이끄는 절 '머리가 맑아지-'에 결합한 것이다. 부사형 전성어미 '-게' 역시 '부시-'에 결합한 것이 아니라, (43′ㄷ)처럼 '부시-'가 이끄는 절 '눈이 부시-'에 결합한 것이다.

그러니까 명사형 전성어미는 단순히 용언을 명사처럼 기능하게 해 주는 것이 아니라, 용언에 결합하여 그 용언이 이끄는 절을 명사처럼 기능하게 해 준다. 그래서 명사형 전성어미가 결합한 용언이 이끄는 절을 명사절이라고 한다. 관형사형 전성어미 역시 용언을 관형사처럼 기능하게 해 주는 것이 아니라, 용언에 결합하여 그 용언이 이끄는 절을 관형어로 기능하게 해 준다. 그래서 관형사형 전성어미가 결합한 용언이 이끄는 절을 관형사절이라고 한다. 부사형 전성어미 역시 평행하다. 부사형 전성어미가 용언을 부사처럼 기능하게 해 주는 것이 아니라, 용언에 결합하여 그 용언이 이끄는 절을 부사어로 기능하게 해 준다. 그래서 부사형 전성어미가 결합한 용언이 이끄는 절을 부사절이라고 한다.

안긴문장은 그 종류가 무엇이든, 즉 명사절이든 관형사절이든 부사절이든 그 구조는 (44)의 구조로 동일하다.

(44) [　[　　　안긴문장]　　　]안은문장

　　안긴문장은 구-구조 규칙으로 분석할 때 보다 체계적이고 간명하게
이해할 수 있다. 구-구조 규칙에서 XP(NP, Detp, Advp)는 다시 S(문장)
로 귀환될 수 있다. 이때 NP가 S로 귀환된 것이 명사절이고, Detp가 S
로 귀환된 것이 관형사절, Advp가 S로 귀환된 것이 부사절이다. 하나
씩 살펴보자.
　　먼저 (45)는 명사절을 안은 문장의 구조이다.

(45)

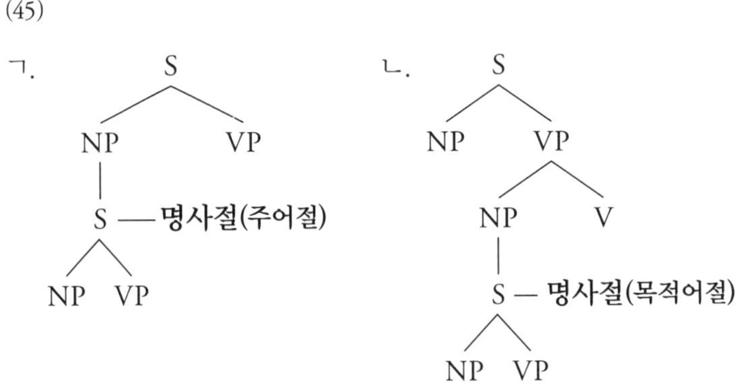

　　(45ㄱ)은 S 아래 있는 NP가 S로 귀환된 명사절인데, 주어 NP가 명
사절로 귀환된 것이어서 주어절이라고 한다. (45ㄴ)은 VP 아래에 있
는 목적어 NP가 S로 귀환된 것이어서 목적어절이라고 한다. (45ㄱ,ㄴ)
의 구조에 해당하는 문장이 (46ㄱ,ㄴ)이다.

(46)

　ㄱ. [[부자가 빈자를 돕기]는 어렵다].
　ㄴ. [어머니는 [지아가 성공하기]를 바란다].

다음으로 (47)은 관형사절을 안은 문장의 구조이다. 그리고 (48)은 (47)의 구조에 해당하는 예문이다.

(47)

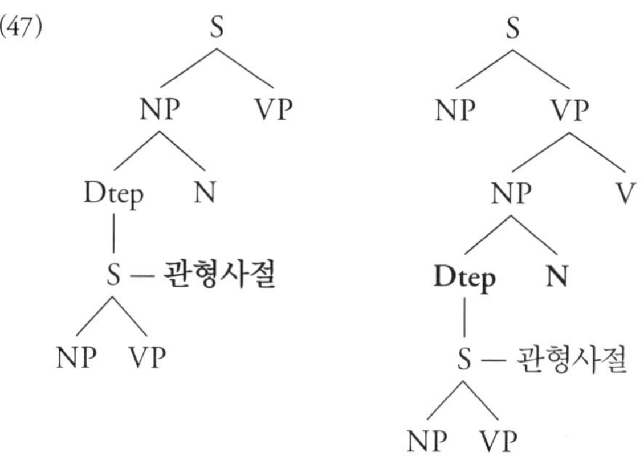

(48)

ㄱ. [[(새) 하늘을 나는] 새가 부럽다].

ㄴ. [지아는 [머리가 맑아지는] 기분을 느꼈다].

마지막으로 (49)는 부사절을 안은 문장의 구조이다. 그리고 (50)은 (49)의 구조에 해당하는 예문이다.

(49)

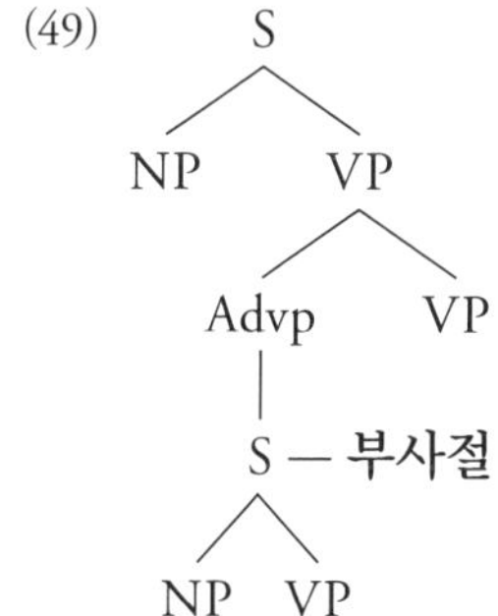

(50)

ㄱ. [하늘이 [눈이 부시게] 푸르다].

ㄴ. [지아는 [숨이 차도록] 뛰었다].

　지금부터는 명사절, 관형사절, 부사절 각각에 대해 자세히 살펴볼 것이다. 더불어 위에서는 다루지 않았지만, 또 다른 유형의 안긴문장으로 해석되는 인용절과 서술절에 대해서도 간략히 살펴볼 것이다.

4.4.2.1. 명사절

　명사절은 명사형 전성어미 '-(으)ㅁ'이나 '-기'로 끝난 문장이다.

(51)

ㄱ. [[그가 그 일을 했음]이 드러났다].

ㄴ. [나는 [소현이가 시험에 합격하기]를 기원했다].

　(51ㄱ)은 (45ㄱ)의 구조, 즉 주어 NP가 S로 귀환된 명사절이고, (51ㄴ)은 (45ㄴ)의 구조인 목적어 NP가 S로 귀환된 명사절이다. 명사절은 문장에서 명사와 마찬가지로 주어나 목적어로 기능한다. (51ㄱ)에서 서술어 '드러났다'의 주어는 명사절 '[그가 그 일을 했음]'이고, (51ㄴ)에서 서술어 '기원했다'의 목적어는 명사절 '[지수가 시험에 합격하기]'이다.

　명사절을 만드는 두 전성어미 '-(으)ㅁ'과 '-기'는 의미상 차이가 있다. '-(으)ㅁ'은 일반적으로 이미 일어나서 알고 있는 사태, 즉 기지적 사태를 나타낼 때 주로 쓰인다. 반면 '-기'는 아직 일어나지 않은 사태,

즉 미지적 사태를 나타낼 때 주로 쓰인다. (51ㄱ)에서 [그가 그 일을 했음]은 이미 일어난 과거의 사건이고, (51ㄴ)에서 [지수가 시험에 합격하기]는 아직 일어나지 않은 미래의 사건이다.

그래서 '-(으)ㅁ'은 과거 시제 선어말어미 '-았/었-'과의 결합이 자연스럽다. '-기' 역시 [나는 [그가 잘 도착했기]를 기도했다]처럼 과거 시제 선어말어미 '-았/었-'과의 결합이 불가능하지는 않다. 그러나 그 경우에도 의미적으로는 아직 확인되지 않은 미지적 사건일 때가 많다. [나는 [그가 잘 도착했기]를 기도했다]에서도 [그가 잘 도착했기]는 아직 확인되지 않은 미지적 사건이다.

4.4.2.2. 관형사절

관형사절은 관형사형 전성어미 '-(으)ㄴ', '-는', '-(으)ㄹ', '-던'으로 끝난 문장이다.

(52)

ㄱ. [[내가 읽은] 책이 없어졌다].

ㄴ. [[지수가 문법을 공부하는] 시간이 많아졌다].

ㄷ. [지수는 [방학이 시작될] 날을 기다린다].

ㄹ. [지수는 [엄마가 다디던] 학교에 다닌다].

관형사절은 (47)의 구조, 즉 NP 아래에 있는 Detp(관형어)가 S로 귀환된 구조이다. (52ㄱ)은 관형사형 전성어미 '-(으)ㄴ'이, (52ㄴ)은 '-는'이, (52ㄷ)은 '-(으)ㄹ'이, (52ㄹ)은 '-던'이 결합한 관형사절이다. 그리고 (52ㄱ,ㄴ)은 주어 NP의 Detp가 S로 귀환된 관형사절이고, (52ㄷ)

은 VP 아래 목적어 NP의 Detp가 S로 귀환된 관형사절이다. (52ㄹ)은
'NP+부사격 조사', 즉 부사격 조사와 결합한 NP의 Detp가 S로 귀환된
관형사절이다.

관형사절은 다시 두 가지 종류로 구분된다. 하나는 (53)처럼 관형사
절 안에 생략된 문장 성분이 있는 경우이고, 또 다른 하나는 (54)처럼
관형사절 안에 생략된 문장 성분이 없는 경우이다.

(53)

ㄱ. [그는 [자신을 떠난] 그녀를 기다렸다].

　　→ [그는 [(그녀) 자신을 떠난] 그녀를 기다렸다].

ㄴ. [[내가 읽은] 책이 없어졌다].

　　→ [[내가 (책) 읽은] 책이 없어졌다].

(54)

ㄱ. [나는 [친구가 여행을 떠난] 사실을 몰랐다].

ㄴ. [나는 [눈이 오는] 날을 좋아한다].

(53)과 같은 구조의 관형사절을 관계 관형사절이라고 하고, (54)와
같은 구조의 관형사절을 동격 관형사절이라고 한다. 관계 관형사절,
동격 관형사절은 달리 각각 '관계화', 'NP 보문'[6]이라고도 한다. 즉 '관
계 관형사절 = 관계화', '동격 관형사절 = NP 보문'이다.

---

6 'NP 보문'은 NP의 의미를 보완해 주는 문장이라는 의미이다. 관계 관형사절이 수식
하는 NP의 의미를 한정하는 것이라면, 동격 관형사절은 수식하는 NP의 의미를 보
완해 주는 의미를 가지고 있다. 그런 의미에서 동격 관형사절을 'NP 보문'으로 명명
하기도 한다.

관계 관형사절, 즉 관형사절 안에 생략된 문장 성분이 있는 (53)의 경우, 관형사절이 수식하는 피수식어가 바로 관형사절 안에서 생략된 문장 성분이다. 피수식어와 관형사절 안에 생략된 문장 성분이 같기 때문에 관형사절 안의 문장 성분이 생략될 수 있다. (53ㄱ)은 관형사절의 주어가 피수식어와 같기 때문에 관형사절 서술어의 주어가 생략되었고, (53ㄴ)은 관형사절의 목적어가 피수식어와 같기 때문에 관형사절 서술어의 목적어가 생략되었다.

동격 관형사절은 (54)에서 보듯이 관형사절 안에 생략된 문장 성분이 없다. (54ㄱ)에서 관형사절의 서술어 '떠난'의 동사 '떠나-'는 주어 논항과 목적어 논항을 요구하는데, 관형사절 내에 주어 '친구가'와 목적어 '여행을'이 모두 실현되어 있다. (54ㄴ)에서 관형사절의 서술어 '오는'의 동사 '오-'는 주어 논항 하나를 요구하는데, 주어 '눈이'가 문장 안에 실현되어 있다.

(54ㄱ)과 (54ㄴ)은 관형사절 안에 생략된 문장 성분이 없다는 점에서 구조적으로 동일하다. 다만 관형사절과 관형사절의 수식을 받는 피수식어 간의 의미 관계는 차이가 있다. (54ㄱ)의 경우 피수식어 '사실'의 내용이 관형사절 '친구가 여행을 떠난'이다. 그래서 의미상 동격이라고 한다. 이에 비해 (54ㄴ)의 경우에는 '날'의 내용이 '눈이 오는'은 아니다. 즉 피수식어 '날'과 관형사절 [눈이 오는]이 의미상 동격은 아니다.

(55)

ㄱ. [나는 [친구가 여행을 떠난] 사실을 몰랐다].

   → 친구가 여행을 떠남 = 사실

ㄴ. [나는 [눈이 오는] 날을 좋아한다].

   → 눈이 옴 ≠ 날

이처럼 관형사절과 관형사절의 수식을 받는 피수식어 간의 의미 관계에 따라 (55ㄱ)과 (55ㄴ)을 구분하는 경우도 없지는 않다. 하지만 구조적으로 동일하기 때문에 통사적으로는 굳이 (54ㄱ)과 (54ㄴ)을 구분해야 할 이유가 없다.

관형사형 전성어미 '-는'과 '-던'에 대한 해석

관형사형 전성어미 '-는'과 '-던'의 경우, 분석적 관점에서 각각 '-느+-(으)ㄴ', '-더+-(으)ㄴ'으로 분석할 수 있다. 그런데 '-는'을 '-느+-(으)ㄴ'으로 분석할 경우에는 '-느-'의 정체성이 문제가 된다. 그리고 '-던'을 '-더+-(으)ㄴ'으로 분석할 경우에는 원래의 '-더-', 즉 '-더-' 단독으로 쓰인 선어말어미 '-더-'와의 동일성이 문제가 된다.

(가)

	-느-
ⓐ	밥을 먹었느냐?
ⓑ	그는 학생이었느냐?

(나)

	-는
ⓐ	*[먹었는] 밥
ⓑ	*[학생이었는] 그

(가ⓐ)에서 보듯이 '-느-'는 과거 시제 선어말어미 '-았/었-'과 결합할 수 있고, (가ⓑ)에서 보듯이 'NP+-이-'하고도 결합할 수도 있다.[7] 하지만 '-는'은 (나ⓐ)에서 보듯이 과거시제 선어말어미 '-았/었-'과 결합할 수 없고, (나ⓑ)에서 보듯이

'NP+−이−'하고 결합할 수 없다. 이는 '−는'을 '−느−+−(으)ㄴ'으로 분석했을 때 '−는'의 구성 요소 '−느−'가 (가)의 '−느−'와 같지 않다는 것을 말해 준다. 그래서 '−는'을 '−느−+−(으)ㄴ'으로 분석하지 않고, '−는' 자체를 하나의 어미로 본다.

'−던'의 경우도 평행하다.

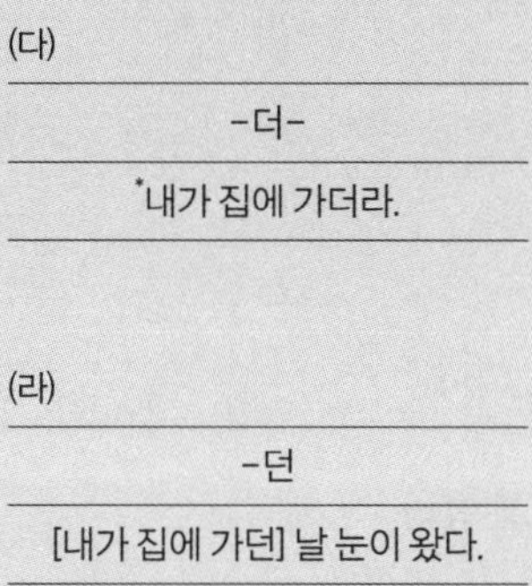

(다)에서 보듯이 '−더−'는 1인칭 주어와 함께 나타나지 못하는 제약이 있다. 물론 예외적으로 "어젯밤 꿈에 나는 고향 집에 있더라."의 경우에는 1인칭 대명사 '나'가 나타나기는 하는데, 이때의 '나'는 객관화된 '나'여서 실제로는 1인칭이 아니라 3인칭이다. 그래서 '−더−'가 쓰일 수 있다. 그런데 (라)의 '−던'의 경우에는 1인칭 주어 제약이 없다. 만일 '−던'을 '−더−+−(으)ㄴ'으로 분석한다면, 이때의 '−더−'는 (다)의 선어말어미 '−더−'와 같아야 한다. 하지만 위에서 보듯이 '−던'을 '−더−+−(으)ㄴ'으로 분석했을 때 '−던'의 구성 요소 '−더−'는 원래의 선어말어미 '−더−'와 같은 행동을 보이지 않는다. 그래서 '−던'을 더 이상 분석하지 않고 하나의 어미로 본다.

---

7 현재는 잘 쓰이지 않는 의고적인 표현이어서 젊은 세대에서는 어색하게 느껴질 수 있다.

4.4.2.3. 부사절

부사절은 부사형 전성어미 '-게', '-도록'으로 끝난 문장이다. (56ㄱ)에서는 부사어 '많이'가 있는 자리에 [나무가 흔들리게]라는 절이 실현되었고, (56ㄴ)에서는 부사 '열심히'가 있는 자리에 [날이 새도록]이라는 절이 실현되었다.

(56)

ㄱ. 바람이 **많이** 불었다.

|

바람이 [**나무가 흔들리게**] **불었다.**

ㄴ. 지수는 **열심히** 공부를 하였다.

|

지수는 [**날이 새도록**] 공부를 하였다.

(56)처럼 부사어 자리에 절이 실현되었으므로, 이 절은 부사어로 기능하는 부사절이다. 부사절은 (49)의 구조, 즉 Advp가 S로 귀환된 것이다.

부사절은 종속적으로 이어진 문장과 명확히 구별되지 않는다.

(57)

ㄱ. [나무가 흔들리게] [바람이 불었다].

ㄴ. [날이 새도록] [지수는 공부했다].

(58)

ㄱ. [바람이 [나무가 흔들리게] 불었다].

ㄴ. [지수는 [밤이 새도록] 공부했다].

구조로 보면 (57)은 '[ ] [ ]'이니까 이어진문장이고, (58)은 '[[ ]]'이니까 부사절로 안긴 문장이다. 그래서 (57) ~ (58)에서 동일하게 '-게', '-도록'이 있지만, 구조로 보면 (57)의 '-게', '-도록'과 (58)의 '-게', '-도록'을 같은 것으로 해석할 수 없게 된다. (58)의 '-게', '-도록'을 부사형 전성어미라고 하는 데는 문제가 없다. 하지만 (57)은 구조상 이어진문장이기 때문에 (57)의 '-게', '-도록'을 부사형 전성어미라고 하는 데는 문제가 생긴다.

반대로 이어진문장 역시 부사절로 안긴 문장과 구별이 안 될 때가 많다. (59)의 이어진문장이 (60)처럼 문장 안으로 이동하기도 하기 때문이다.

(59) [배가 고파서] [지수는 편의점에 갔다].

(60) [지수는 [배가 고파서] 편의점에 갔다].

(59)는 이어진문장이므로 (59)의 '-아서'를 연결어미라고 하는 것은 문제가 없다. 그러나 (60)에서 [배가 고파서]는 문장 안에 내포되어 있으므로 부사절로 안긴 문장이라고 해야 한다. (60)에서 [배가 고파서]가 안긴문장이라는 것과, '-아서/어서'가 연결어미라고 하는 것은 정합적이지 않다. (60)에서 '-아서/어서'는 부사형 어미라고 해야 하는 상황이다.

(57) ~ (58), 그리고 (59) ~ (60)에서 확인할 수 있듯이 부사절과 종속적으로 이어진 문장을 엄격하게 구분하기는 어려운 면이 있다. 그리고 그렇기 때문에 엄격히 이 어미는 부사형 전성어미이고, 저 어미는 종속적 연결어미라고 명확히 구분하기도 쉽지 않다. 이러한 이유로 종속적으로 이어진 문장과 부사절을 구분하지 않기도 한다. 굳이 구분할 경우에는 표면적으로 드러난 구조에 따라서 구분한다. 즉 (57)과 (59)의 구조이면 종속적으로 이어진 문장으로, (58)과 (60)의 구조이면 부사절로 보는 것이다.

'비가 소리도 없이 내린다.'에서 '소리도 없이'는 부사절인가?

문장에 나타난 성분은 모두 해석이 되어야만 한다. 해석되지 않고 남아 있는 성분이 있으면 그 문장에 대한 분석은 잘못된 것으로 본다. 이러한 전제 하에서 '비가 소리도 없이 내린다.'를 분석할 때, 문제가 되는 것은 '소리도'이다. '내린다'는 서술어이고, '비가'는 서술어 '내린다'의 주어이고, '없이'는 부사이므로 부사어이다. 그러면 '소리도'의 문장 성분은? 즉 '소리도'가 해석되지 못한 채 남아 있게 된다.

그런데 만일 '없이'가 형용사 '없–'의 활용형이라면, '소리도'가 형용사 서술어 '없이'의 주어로 해석될 수 있기 때문에 문제가 없어진다. 이렇게 볼 경우 [소리도 없이]는 아래에서처럼 부사절로 안긴 문장으로 해석된다.

[비가 [소리도 없이] 내린다].

하지만 이러한 해석에도 문제가 있다. 이러한 해석이 가능하려면 '없이'가 형용사 '없–'의 활용형이라는 것을 증명해야 한다. 이에 앞서 '없이'가 형용사 '없–'의 활용형이라고 하려면, '없 — 이'의 '–이'가 어미, 즉 부사형 전성어미라는 것부터 증명해야 한다. 그러나 문제는 '–이'를 어미라고 하기에는 다른 어미들과 너무나 다른 행동을 보인다는 것이다. 대표적으로 부사형 어미 '–게', '–도록'과의 행동 양상을 비교해 보자.

–이	–게	–도록
없이	없게	없도록
*작이	작게	작도록
*보이	보게	보도록
*읽이	읽게	읽도록
*닫이	닫게	닫도록

위 표에서 보듯이 어미 '–게', '–도록'은 자신과 결합하는 어간에 제약이 거의 없다. 반면 '–이'는 '없–' 외에는 다른 용언과 결합하지 못하고 오로지 '없–'하고만 결합할 수 있다. 만일 '–이'를 어미라고 한다면, '–이'는 '없–'이라는 형용사하고만 결합하는 특수한 어미라고 해야 한다. '없이' 하나만을 설명하기 위해서 '–이'가 어미라는 것이 증명되지도 않은 상태에서 국어의 어미 목록에 '–이'를 추가하는 것은 설명을 위한 설명일 수밖에 없다.

'없이'의 '–이'가 어미가 아니라면 '없이'가 활용형일 수 없고, '없이'가 활용형이 아니라면 '소리도'를 주어로 가질 수 없다. 그래서 결과적으로 '소리도'는 해석되지 않은 채 남게 되어, '비가 소리도 없이 내린다.'는 여전히 문제가 된다.

개론 수준에서 '없–이'의 '–이'는 부사 파생 접미사로 다루는 것이 일반적이나. 그러니까 '없이'는 파생 부사이다. 부사는 주어를 가질 수 없다. '없이'가 부사인 한에는 '소리도'가 해석되지 않은 채 남게 되고, '비가 소리도 없이 내린다.'는 문제가 된다.

그러면 어떻게 설명해야 하느냐고 불평하는 사람이 있을 듯하다. 하지만 설명할 수 없는 것을 억지로 어떤 설명에 끼워 맞춘다고 해서 설명이 되는 것은 아니다. 이와 관련하여 해야 하는 공부는 '비가 소리도 없이 내린다.'는 문장이 왜 문제가 되는지, 그 문제의 내용을 파악하고 이해하는 것이다.

4.4.2.4. 인용절

  인용절은 말 그대로 인용되는 절이다. 인용절은 직접 인용절과 간접 인용절로 나뉜다. 직접 인용절은 '-라고'로, 간접 인용절은 '-고'로 실현된다. 이때 '-라고', '-고'의 처리가 문제가 되는데, 인용격이라는 격을 인정할 경우에는 격조사로 본다. 인용격이라는 격을 인정하지 않을 경우에는, 어말어미 뒤에 결합하므로 일단 어미일 수는 없다. 어말어미가 서술어의 마지막 어미인데, 그 뒤에 다른 어미가 결합할 수는 없기 때문이다. 어말어미 뒤에 결합할 수 있는 성격을 가진 것은 보조사이다. 그래서 '-라고', '-고'를 보조사로 보게 된다.

  (61)은 직접 인용이고, (62)는 간접 인용이다. 직접 인용일 때와 간접 인용일 때 어말어미가 어떻게 다른지 비교해 보라.

(61)

ㄱ. 보람이가 "문법이 쉽다."―라고 하더라.

ㄴ. 그녀가 "넌 산이 왜 좋니?"―라고 물었다.

ㄷ. 동생에게 "밥 먹어."―라고 말했다.

ㄹ. 지아가 "내 동생은 학생이다."―라고 말했다.

   지아가 "내 동생은 학생이 아니다."―라고 말했다.

(62)

ㄱ. 보람이는 [문법이 쉽다]―고 말하더라.

ㄴ. 그녀가 나에게 [산이 왜 좋으냐]―고 물었다.

ㄷ. 동생에게 [(동생) 밥 먹으라]―고 말했다.

ㄹ. 지아가 [자기 동생이 학생이라]—고 말했다.

　　지아가 [자기 동생이 학생이 아니라]—고 말했다.

　(61) ～ (62)에서 보듯이 직접 인용일 때는 '-라고'가 쓰이고, 간접 인용일 때는 '-고'가 쓰인다. 그런데 직접 인용일 때와 달리 간접 인용일 때는 '-고'와 결합하는 어말어미에 제약이 있다. 먼저 (62ㄷ)처럼 명령문을 간접 인용할 때는 명령형 어미 '-아/어라'로 실현되지 않고, '-(으)라'로 실현된다. 그리고 (62ㄹ)에서 보듯이 'NP+-이-'가 간접 인용될 때는 '학생—이—라'처럼 '-이-' 뒤에 어말어미가 '-다'가 아니라 '-라'로 나타난다. '아니다' 역시 간접 인용될 때는 '아니라'처럼 어말어미가 '-다'가 아니라 '-라'로 나타난다.

　간접 인용절에서 '학생—이—라', '아니—라'처럼 어말어미가 '-다'가 아니라 '-라'로 나타나는 것은 중세국어의 화석이다. 중세국어에서는 '나는 션싱이라.', '이는 사른미 아니라.'처럼 서술격 조사 '-이-'와 형용사 '아니-' 뒤에서는 어말어미 '-다'가 '-라'로 실현되었다. 이 현상은 현대국어로 오면서 소멸되었다. 그래서 현대국어에서는 '나는 선생이다.', '이는 사람이 아니다.'처럼 '-다'로 실현된다. 그렇지만 (62ㄹ)처럼 간접 인용절에서는 여전히 '-다'가 아니라 '-라'로 나타나는데, 이는 중세국어의 흔적이다. 그러니까 (62ㄹ)에서 '학생이라', '아니라'의 '-라'는 현대국어에서 공시적으로 '-다 → -라'로 바뀐 것이 아니다.

　인용절의 경우 인용절이 명사절인지 부사절인지가 논란이 된다. 명사절로 볼 수 있는 맥락도 있고, 부사절로 볼 수 있는 맥락도 있다. 먼저 명사절로 보는 논거는 (63)이다.

(63)

ㄱ. 보람이는 [문법이 쉽다고] 말하더라.

ㄴ. 그녀가 나에게 [산이 왜 좋으냐고] 물었다.

(63ㄱ)에서 서술어 '말하더라'의 동사 '말하-'는 주어 논항 하나와 목적어 논항 하나를 요구하는 동사인데, '보람이는'이 주어이니까, [문법이 쉽다고]는 목적어라고 해야 동사 '말하-'가 필요로 하는 논항이 모두 충족된다. 목적어 자리에 올 수 있는 것은 명사절이니까 인용절은 명사절이라는 것이다. (63ㄴ)에서도 서술어 '물었다'의 동사 '묻-'은 '누가 누구에게 무엇을 묻다'처럼 주어 논항, 목적어 논항에 더하여 보충어 논항을 요구하는 동사이다. 주어 논항은 '그녀가'이고, 보충어 논항은 '나에게'로 실현되었다. 남은 것은 목적어 논항인데, 인용절 [산이 왜 좋으냐]가 서술어 '물었다'의 목적어 논항이라고 해야, 동사 '묻-'이 필요로 하는 논항이 모두 실현되었다고 할 수 있다. 목적어 자리에 올 수 있는 절은 명사절이므로 인용절 [산이 왜 좋으냐고]를 명사절로 보아야 한다는 것이다.

반면 인용절을 부사절로 보는 논거는 (64)이다.

(64)

ㄱ. 보람이는 [문법이 쉽다고] 말하더라.

　　→ 민지도 **그렇게** 말하더라.

ㄴ. 그녀가 나에게 [산이 왜 좋으냐고] 물었다.

　　→ 아빠도 나에게 **그렇게** 물었다.

(64ㄱ)에서 '그렇게'에 대응되는 것은 [문법이 쉽다고]이고, (64ㄴ)

에서 '그렇게'에 대응되는 것은 [산이 왜 좋으냐고]이다. 문장에서 '그렇게'의 문장 성분은 부사어이다. 따라서 인용절이 부사어 '그렇게'와 대응되므로 인용절 역시 부사어, 즉 부사절이라는 것이다.

4.4.2.5. 서술절

앞서 문장을 정의할 때 서술어가 있어야 하고, 그 서술어는 주어 하나를 반드시 하나를 가져야 한다고 설명한 바 있다. 그런데 (65)처럼 표면적으로 주어가 2개인 것처럼 보이는 문장이 있다.

(65) 토끼가 귀가 길다.

서술어는 '길다'이고, 서술어 '길다'의 주어는 '귀가'이다. 그러면 '토끼가'의 문장 성분은? 이처럼 '토끼가'가 해석되지 않고 남아 있게 된다. 문장에서 해석되지 않고 남아 있는 성분이 있으면 그 문장에 대한 분석은 잘못된 것으로 본다.

그래서 이 문제를 해결하기 위한 설명 방법 중의 하나가 서술절을 설정하는 것이다. 서술절을 설정한다는 것은 (65)의 구조를 (65′)처럼 분석하는 것이다.

(65′) [토끼가 [귀가 길다]]

해석되지 않고 남아 있는 성분이 '토끼가'였는데, (65′)는 '토끼가'를 [귀가 길다]의 주어로 해석하는 것이다. 이때 [귀가 길다]가 서술절이다. 현재 학교문법은 서술절로 설명하는 방식을 채택하고 있다.

그러나 여전히 문제는 남는다. 국어에서 서술어로 쓰일 수 있는 것은 동사, 형용사 그리고 'NP+-이-' 3개인데, 여기에 더하여 절도 서술어로 쓰일 수 있다는 예외적인 조항을 하나 더 추가해야 한다. 뿐만 아니라 절이 주어를 가진다는 매우 특이한 단서까지 달아야 한다.

또 다른 설명 방법으로 이중 주어문으로 해석하는 관점이 있다. 즉 국어는 다른 언어와 달리 주어가 2개인 문장이 있다고 보는 것이다. 이 관점에서는 '토끼가'를 대주어로, '귀가'를 소주어로 설명한다. 그러나 이 관점도 문장은 주어 하나를 가진다는 일반언어학적인 정의를 위배하는 문제가 있다.

이 외에도 변형으로 보는 설명 방법도 있다. 변형으로 보는 경우는 원래 문장은 '토끼의 귀가 길다'인데, 변형이 일어나 '토끼가 귀가 길다'가 되었다고 설명하는 것이다(토끼의 귀가 길다 → 토끼가 귀가 길다). 이에 따르면 '토끼가'가 원래는 관형어였으므로 해석되지 않고 남아 있는 성분이 아니게 된다. 이 역시 문제는 있다. '토끼가 귀가 길다'가 '토끼의 귀가 길다'에서 변형이 일어난 문장임이 증명되어야 하고, 또한 '토끼의 귀가 길다'와 '토끼가 귀가 길다' 두 문장의 의미가 같다는 것도 증명되어야 한다.

4.4.3. 이어진문장

연결어미는 문장과 문장을 이어 주는 어미를 이른다. 연결어미에는 의미적으로 선행 문장과 후행 문장을 대등하게 이어 주는 대등적 연결어미, 선행 문장을 후행 문장에 종속적으로 이어 주는 종속적 연결어미가 있다. 또 다른 연결어미로 본용언과 보조용언을 이어 주는 보조적 연결어미가 있다.

연결어미의 종류

•대등적 연결어미: -고, -(으)며, -지마는(-지만), ……

•종속적 연결어미: -아서/어서, -(으)니, -(으)면, ……

•보조적 연결어미: -아/어, -게, -지, -고

대등적 연결어미와 종속적 연결어미의 구분은 의미 기준에 의한 것이다. 구조적으로는 선행절과 후행절을 나란히 이어 준다는 점에서 다르지 않다. 그래서 구조적으로는 (66ㄱ)의 대등적으로 이어진 문장이든 (66ㄴ)의 종속적으로 이어진 문장이든 둘 다 두 문장이 나란히 이어진 (67)의 구조를 갖는다.

(66)

ㄱ. [산은 높고] [물은 맑다].

ㄴ. [산이 높아서] [골도 깊다].

(67) [선행절]   [후행절]

선행절과 후행절의 의미 관계가 대등적이면, 선행절의 어말어미는 대등적 연결어미이다. 반면 선행절과 후행절의 의미 관계가 종속적이면, 선행절의 어말어미는 종속적 연결어미이다. 그런데 이렇게 대등적 연결어미와 종속적 연결어미의 목록이 확정되고 나면, 역으로 대등적 연결어미로 이어진 문장은 대등적으로 이어진 문장이고, 종속적 연결어미로 이어진 문장은 종속적으로 이어진 문장이라고 판단해도 무방하다.

연결어미로 분류되기는 하지만, 보조적 연결어미는 다른 두 연결어미—대등적 연결어미, 종속적 연결어미—와는 성격이 다르다. 보조적 연결어미는 본용언과 보조용언을 이어 주는 어미이다.

(68)

ㄱ. 별이가 두리안을 먹—**어** 보았다.

ㄴ. 지민이가 별이에게 두리안을 먹—**게** 하였다.

ㄷ. 별이가 두리안을 먹—**지** 않았다.

ㄹ. 별이가 두리안을 먹—**고** 있다.

(68)은 '본용언+보조용언' 구성인데, 이때 본용언에 결합한 '-아/어', '-게', '-지', '-고'가 보조적 연결어미이다. 여기서 주의할 것은 '-아/어', '-게', '-지', '-고'가 보조적 연결어미로 해석되는 경우는, (68)처럼 '본용언+보조용언' 구성에서 본용언에 결합된 경우에 한해서라는 사실이다.

(69)에서 보듯이 '-아/어', '-게', '-지', '-고'가 대등적 연결어미로 쓰인 경우도 있고, 종속적 연결어미로 쓰인 경우도 있다. 즉 (69ㄱ~ㄹ)의 구성에 쓰인 '-아/어', '-게', '-지', '-고'는 보조적 연결어미가 아니다.

(69)

ㄱ. [간호사가 환자를 안-아] [(간호사가) (환자를) 일으켰다].

ㄴ. [동생이 공부하-게] [너는 나가 있어라].

ㄷ. [고래는 짐승이-지] [물고기가 아니다].

ㄴ. [비가 오-고] [눈도 온다].

'본용언+보조용언' 구성에 대한 자세한 설명은 '4.4.3.3. '본용언+보조용언' 구성의 문장'으로 가서 보기 바란다.

4.4.3.1. 대등적으로 이어진 문장

대등적으로 이어진 문장은 이어진 두 문장이 의미적으로 대등한 관계이다. 의미적으로 대등하게 이어주는 연결어미가 대등적 연결어미인데, 이미 대등적 연결어미의 목록을 안다면 연결어미를 통해서 두 문장이 대등적으로 이어졌다는 것을 확인할 수 있다. (70)은 대등적으로 이어진 문장이다.

(70)
ㄱ. [산은 산이고] [물은 물이다].
ㄴ. [현진이는 밥을 먹으며] [(현진이) 책을 읽는다].
ㄷ. [비가 그쳤지만], [지수는 밖으로 나가지 않았다].

(70ㄴ)에서 후행절의 주어는 선행절의 주어 '현진이'와 같기 때문에 생략된 것이다. 이처럼 이어진문장에서 선후행절의 주어가 같을 때는 일반적으로 후행절의 주어가 생략되는데, 이는 (71)에서 보듯이 종속적으로 이어진 문장의 경우에도 마찬가지이다.

(71) [성민이가 운동을 열심히 해서] [(성민이) 건강해졌다].

그런데 선후행절의 주어가 같을 때 반드시 후행절의 주어가 생략되는 것은 아니다. (72)에서 보듯이 선행절의 주어가 생략되기도 한다.

(72)

ㄱ. [(현진이) 밥을 먹으며] [현진이는 책을 읽는다].

ㄴ. [(성민이) 운동을 열심히 해서] [성민이가 건강해졌다].

4.4.3.2. 종속적으로 이어진 문장

종속적으로 이어진 문장은 의미적으로 선행절이 후행절에 종속되어 있다. 종속적 연결어미의 목록을 이미 알고 있을 경우에는, 선행절이 종속적 연결어미로 끝났을 때 종속적으로 이어진 문장이라고 판단해도 된다.

앞서 '4.4.2.3. 부사절'에서 부사절과 종속적으로 이어진 문장을 명확히 구분하기가 쉽지 않다는 것을 확인하였다. 그 이유는 (73)에서 보듯이 종속적으로 이어진 문장에서 선행절이 후행절 안으로 이동할 수 있기 때문이다.

(73)

ㄱ. [배가 고파서] [지수는 편의점에 갔다].

↓

ㄱ'. [지수는 [배가 고파서] 편의점에 갔다].

ㄴ. [배가 고프면] [나는 집중력이 떨어진다].

↓

ㄴ'. [나는 [배가 고프면] 집중력이 떨어진다].

(73ㄱ', ㄴ') 문장의 구조는 이어진문장이 아니라 안긴문장의 구조이

다. 그렇기에 (73ㄱ′)의 [배가 고파서], (73ㄴ′)의 [배가 고프면]이 안
은문장의 서술어를 수식하는 부사절로 해석될 수 있다. 그런데 이렇게
되면 어미 '-아서/어서', '-(으)면'의 해석도 문제가 된다. 부사절을 만
드는 어미는 연결어미가 아니라 부사형 전성어미라고 해야 하기 때문
이다. 이러한 문제로 인해 부사절과 종속적으로 이어진 문장을 구분하
지 않기도 한다. 이 관점에서는 부사형 전성어미와 종속적 연결어미
또한 구분하지 않게 된다.

국어는 문장에서 각 성분의 이동이 비교적 자유롭다. 즉 (74)에서
보듯이 문장의 각 어가 비교적 자유롭게 이동하여 어순이 재배치될 수
있다.

(74) 지우가 어제 백화점에서 옷을 샀다.
ㄱ. → 지우가 백화점에서 어제 옷을 샀다.
ㄴ. → 백화점에서 어제 지우가 옷을 샀다.
ㄷ. → 옷을 지우가 어제 백화점에서 샀다.

이러한 특성으로 인해 (73ㄱ′, ㄴ′)처럼 이어진문장의 선행절이 후행
절로 이동하여 부사어처럼 기능하기도 하고, (75)처럼 부사절이 안은
문장 밖으로 이동하여 이어진문장처럼 기능하기도 한다.

(75) [하늘이 [눈이 부시게] 푸르다].

↓

[눈이 부시게] [하늘이 푸르다]

어순 재배치와 관련하여 한 가지 주의할 점은 관형어의 이동이다.

어순 재배치에서 관형어는 '수식어-피수식어 제약'으로 인해 어 단위로 이동하지 못한다. 즉 관형어는 관형어가 수식하는 피수식어와 반드시 묶여서 이동한다. 다시 말해 '관형어+피수식어' 단위로만 이동할 수 있다.

(76) 지우가 백화점에서 [새 옷을] 샀다.
ㄱ. → 지우가 [새 옷을] 백화점에서 샀다.
ㄴ. → *지우가 **새** 백화점에서 **옷을** 샀다.
ㄷ. → *지우가 **옷을** 백화점에서 **새** 샀다.

(76ㄱ)에서 보듯이 '관형어 + 피수식어' 구성인 '새 옷'은 [새 옷] 단위로만 이동할 수 있다. '새 옷'이 분리되어서 이동하면 비문이 된다. 즉 (76ㄴ, ㄷ)에서 보듯이 '새 옷'에서 '새'만 따로 이동한다거나, '옷'만 따로 이동할 수 없다.

4.4.3.3. '본용언+보조용언' 구성의 문장

문장을 정의할 때 문장의 개수는 서술어의 개수와 일치한다고 하였는데, 이에 대한 예외가 없지는 않다. 즉 서술어가 2개임에도 하나의 문장으로 해석하는 경우가 있다. 바로 '본용언+보조용언' 구성이다. '본용언+보조용언' 구성은 두 종류인데, (77)과 (78)이 그것이다.

(77)

ㄱ	V(본용언) — **아/어** V(보조용언)	별이가 책을 다 **읽어 간다.**
ㄴ	V(본용언) — **게** V(보조용언)	나는 엄마를 **기쁘게 하였다.**
ㄷ	V(본용언) — **지** V(보조용언)	비가 **오지 않는다.**
ㄹ	V(본용언) — **고** V(보조용언)	나는 꿈을 **이루고 싶다.**

(78)

ㄱ. 눈이 **올 듯하다.**

ㄴ. 이제는 내 뜻대로 **될 성싶다.**

ㄷ. 영화가 **볼 만하였다.**

ㄹ. 그는 **잘난 체한다.**

ㅁ. 그녀가 나를 **아는 척했다.**

(77)은 보조적 연결어미 '-아/어', '-게', '-지', '-고'에 의해 연결된 '본용언+보조용언' 구성이다. 이러한 '본용언+보조용언' 구성은 용언이 두 개이지만, '본용언+보조용언' 구성 전체를 하나의 서술어로 본다. 즉 (77ㄱ~ㄹ)의 '읽어 간다', '기쁘게 하였다', '오지 않느다', '이루고 싶다'가 2개의 용언으로 이루어진 구성이지만, 통사적으로 하나의 서술어로 재구조화(restructuring)되었다고 해석한다. 그래서 (77ㄱ~ㄹ)은 모두 서술어가 하나인 홑문장이다.

(78)은 문장의 마지막 용언이 보조용언이어서 '본용언+보조용언' 구성으로 해석하는 경우이다. (78ㄱ~ㅁ)의 '듯하-', '성싶-', '만하-', '체하-', '척하-'는 홀로 쓰이지 못하는 용언이다. 홀로 쓰이지 못한다는 말은 용언 단독으로는 문장을 이루지 못한다는 뜻이다. 이러한 성격의

용언을 보조용언이라고 한다. '듯하-', '성싶-', '만하-'는 보조형용사
이고, '체하-', '척하-'는 보조동사이다.

이들 보조용언은 (78)처럼 관형사형 어미—(으)ㄴ, -(으)ㄹ, -는, -
던—가 결합한 용언의 활용형과 함께 나타난다. 이러한 구성, 즉 (78)
에서 진하게 밑줄 친 부분—올 듯하다, 될 성싶다, 볼 만하였다, 잘난
체한다, 아는 척하다—도 '본용언+보조용언' 구성으로 해석한다. '본
용언+보조용언' 구성은 용언이 2개이지만 하나의 서술어로 본다고 하
였으므로 (78ㄱ~ㅁ) 역시 홑문장이다.

주의할 것은 'V—아/게/지/고+V' 구성이라고 해서 무조건 '본용
언+보조용언' 구성은 아니라는 사실이다. 동일한 구성이지만 '본용
언—본용언' 연쇄일 수도 있다. 그래서 표면적으로 'V—아/게/지/고
+V' 구성일 때, 그것이 '본용언+보조용언' 구성인지, '본용언—본용
언' 연쇄인지를 판별하는 것이 중요하다. 후행하는 용언이 본용언인
지 보조용언인지를 판단하는 기준은 후행하는 용언이 요구하는 논항
이 문장에서 모두 확인이 되는지 아닌지를 분석하면 된다. 요구하는
논항이 하나라도 확인이 되지 않으면 보조용언이고, 논항이 모두 확인
이 되면 본용언이다. 동사 '가-', '주-'를 통해 확인해 보자. 동사 '가-',
'주-'는 경우에 따라서 보조용언으로도 쓰이는 동사인데, (79)가 보조
용언으로 쓰인 예이고, (80)이 본용언으로 쓰인 예이다.

(79)

ㄱ. 별이가 책을 다 읽어 간다.

ㄴ. 엄마는 내 말을 늘 믿어 주었다.

(80)

　　ㄱ. 아버지는 퇴근 후 시장에서 고등어를 사 가셨다.

　　ㄴ. 나는 동생에게 생일 선물을 사 주었다.

동사 '가-'는 주어 논항 하나를 요구하는데, (79ㄱ)의 '간다'의 경우 주어 논항이 확인되지 않는다. 주어일 가능성이 있는 것은 '별이'인데, 의미상 '별이'가 '간다'의 주어일 수 없다. 그리고 동사 '주-'는 주어 논항과 목적어 논항, 그리고 '-에게'에 해당하는 보충어 논항 이렇게 3개의 논항을 요구하는데, (79ㄴ)의 '주었다'의 경우 주어 논항도, 목적어 논항도, 보충어 논항도 확인되지 않는다. 의미상 '엄마는'이 '주었다'의 주어일 수 없고, '내 말을'이 '주었다'의 목적어일 수 없으며, '-에게'에 해당하는 보충어도 확인되지 않는다. 동사나 형용사가 이끄는 문장이 적격한 문장이 되기 위해서는 그 동사나 형용사가 요구하는 논항이 모두 실현되어야 하는데, (79)의 '간다', '주었다'는 각각 동사 '가-', '주-'가 요구하는 논항이 실현되지 않았음에도 적격한 문장이다. 그래서 (79)의 '간다', '주었다'가 본용언일 수 없다. 본용언일 수 없으므로 보조용언이다.

반면 (80ㄱ)에서 '가셨다'의 주어 논항은 '아버지'이다. 그리고 (80ㄴ)에서는 '주었다'의 주어 논항 '나', 목적어 논항 '생일 선물', 보충어 논항 '동생에게'가 모두 확인된다. 그래서 (80ㄱ)의 '가-', (80ㄴ)의 '주-'는 본용언임을 확인할 수 있다.

논항이 온전히 실현되지 않았다는 것은 해당 용언이 원래의 의미로 쓰이지 않았다는 것을 의미한다. 원래의 의미로 쓰이려면 필요로 하는 논항이 온전히 실현되어야 한다. 그래서 부차적으로 원래의 의미로 쓰였는지 아닌지를 통해서도 본용언인지 보조용언인지를 판별할 수 있다. 보조용언으로 쓰인 (79)의 '가-', '주-'는 원래의 의미로 쓰이지 않았다. 다시 말해 본동사로 쓰인 '가-', '주-'의 의미로 쓰이지 않았다.

'눈이 올 듯하다' 유형의 '본용언+보조용언' 구성에 내재된 통시적 사실

학교문법에서 (78)은 '본용언+보조용언' 구성으로 설명한다. 개론 수준에서도 공시적으로는 일반적으로 '본용언+ 보조용언' 구성으로 설명한다. 그런데 통시적으로 (78)은 원래 관형사절을 안은 문장이었다. 대표적으로 '눈이 올 듯하다'를 보자. 통시적으로 '눈이 올 듯하다.'의 원래 구조는 아래와 같다.

[[눈이 올] 듯 하다].

위에서 보듯이 '듯'은 의존명사이고, [눈이 올]은 의존명사 '듯'을 수식하는 관형사절이다. 즉 원래는 [소현이는 그 일을 할] 수 있다]'와 같은 구조였다. 그런데 '의존명사∨하-'의 통사적 구성인 '듯∨하다'를 언중이 하나의 용언 '듯하-'로 인식하면서 '듯하-'가 단어가 되었다. '듯하-'가 단어가 되고 나니까 관형사절 [눈이 올]의 해석이 문제가 된다. 관형어인 관형사절이 용언 '듯하다'를 수식한다고 할 수는 없기 때문이다. 그래서 '올 듯하다'를 '본용언+보조용언' 구성으로 보고, '올 듯하다' 전체를 하나의 서술어로 해석하는 것이다. 그러니까 이는 해석의 문제이지, 사실의 문제는 아니다. 사실이 '본용언+보조용언' 구성인지 아닌지는 확증할 수 없다.

4.5. 높임 표현

국어의 높임 표현에는 주체를 높이는 주체 높임, 상대(청자)를 높이는 상대 높임, 객체를 높이는 객체 높임 이렇게 3가지가 있다. 여기서 '높다/높지 않다'를 판단하는 기준은 화자이다. 즉 화자가 판단하기에 주체가 화자인 자신보다 높다고 판단하면 주체를 높이고, 상대가 화자 자신보다 높다고 판단하면 상대를 높이고, 객체가 화자 자신보다 높다고 판단하면 객체를 높이는 것이다. 다시 말해 높임의 유무를 판단하는 주체는 화자이다.

주체 높임은 선어말어미 '-(으)시-'로 나타내고, 상대 높임은 '-ㅂ니다/습니다', '-(으)오'와 같은 종결어미로 나타낸다. 객체 높임을 나타내는 문법 형태소는 따로 없다. 다만 '드리-', '여쭈-', '뵙-' 등 특정 어휘를 통해 객체 높임을 나타낸다.

- 주체 높임: 선어말어미 '-(으)시-'
- 상대 높임: '-ㅂ니다/습니다', '-(으)오' 등의 종결어미
- 객체 높임: '드리-', '여쭈-', '뵙-' 등의 특정 어휘

'-ㅂ니다/습니다'는 통시적으로는 '-숳ㅡㄴㆍㅡ니ㅡ이ㅡ다'가 융합된 형태, 즉 융합형(fused form)이다. 즉 객체 높임 선어말 어미 '-숳ㅡ에 현재 시제 선어말 어미 '-ㄴㆍ-', 확인의 의미를 나타내는 선어말 어미 '-니-', 상대 높임 선어말 어미 '-이-'의 결합형인 '-숳ㄴㆍ니이-'에 종결어미 '-다'가 결합한 것이다. '-숳ㅡㄴㆍㅡ니ㅡ이ㅡ다'의 어미 결합체가 음운론적인 변화를 겪으면서 하나로 융합되어 더 이상 개

별 형태소로 분석할 수 없게 된 것이 현대국어의 '-ㅂ니다/습니다'이다. 그래서 현대 국어에서는 '-ㅂ니다/습니다'를 하나의 어미처럼, 즉 하나의 종결어미처럼 다루게 된다.[8]

한 걸음 더

융합형

사전에서 '-습니다'는 하나의 표제어로 올라 있고, 문법 정보도 '어미'로 기술되어 있다. 실제 현대국어에서 '-습니다'는 학교문법뿐만 아니라 개론 수준의 책에서도 하나의 어미로 다루는 경우가 많다. 그런데 하나의 어미라는 것과 하나의 형태소라는 것은 전혀 다른 개념이다. '-습니다'는 하나의 어미로 보기는 하지만, 그렇다고 하나의 형태소는 아니다.

'-습니다'는 중세국어 '-ᄉᆞᆸ—ᄂᆞ—니—이—다'에서 음운 변화 및 문법 형태소의 기능 변화에 의해 그 형태가 변한 것이다.

-ᄉᆞᆸ—ᄂᆞ—니—이—다〉-습니다

- -ᄉᆞᆸ- : 객체 존대 선어말어미
- -ᄂᆞ- : 현재 시제 선어말어미
- -니- : 양태 선어말어미[9]
- -이- : 상대 높임 선어말어미
- -다　 : 종결어미

8　'-ㅂ니다/습니다'를 하나의 어미로 보지 않고, '-ㅂ니-+-다/-습니-+-다'로 분석하여 '-ㅂ니-/-습니-'를 선어말어미로 분석하기도 한다.

9　중세국어에서 선어말어미 '-니-'는 '어떤 동작이나 상태를 객관적으로 확인하여 말할 경우'에 쓰이는 것으로 보기도 하는데, 그 정확한 의미를 규정하기가 쉽지는 않다. 중세국어에서 '-니-'는 '됴ᄒᆞ니라', '됴ᄒᆞ리라'에서 보듯이 '-리-'와 계열 관계를 보인다.

‘-습니다’처럼 둘 또는 둘 이상의 형태소가 음운 변화나 탈락, 축약과 같은 과정을 거치면서 형태가 변하여 공시적으로 더 이상 분석할 수 없게 된 것을 융합형(fused form)이라고 한다. 융합형은 융합형이 되기 전과 비교했을 때 문법적 기능이나 의미에 변화가 생긴다. 융합형의 특징을 정리하면 다음과 같다.

> 첫째, 기원적으로 둘 이상의 형태소가 결합된 형태.
> 둘째, 음운 변화 및 축약, 탈락 등에 의해 그 형태가 융합되어 변함. 그래서 공시적으로 원래의 형태소들로 분석 불가능.
> 셋째, 융합되는 과정을 음운론적으로 설명할 수 없는 경우가 많음.
> 넷째, 의미가 융합되기 전의 형태소들의 의미의 합과 다름.
> 다섯째, 하나의 형태소는 아니지만 하나의 형태소처럼 다룸.

융합형의 예를 몇 개만 더 들면 다음과 같다.

㉮ 융합형	㉯ 원래의 구성
-는	-느-+-(으)ㄴ
-(으)세요	-(으)시-+-어+-요
-다니까	-다고 하니까

‘-는’, ‘-(으)세요’, ‘-다니까’가 융합형이라는 사실은, 공시적으로는 이를 융합되기 전의 ㉯로 분석할 수 없다는 것을 말해 준다. ㉯는 단지 융합되기 전의 형태소 결합 구성이 이러했다는 것을 보여 주는 것이다.

4.5.1. 주체 높임

주체 높임은 화자가 자신보다 주체가 높다고 판단할 때 주체를 높이는 것이다. 주체를 높이는 방법은 선어말어미 ‘-(으)시-’를 넣는 것이다.

(81ㄱ)과 달리 (81ㄴ)에서 '-(으)시-'가 사용된 이유를 찾아보자.

(81)

ㄱ. 동생이 책을 읽는다.

ㄴ. 할아버지께서 책을 읽으신다.

(81ㄱ)과 (81ㄴ)의 차이는 '읽-'의 주체가 (81ㄱ)에서는 '동생'이고, (81ㄴ)에서는 '할아버지'로 다르다는 것이다. 동생과 달리 할아버지는 높임의 대상이다. (81ㄴ)에서 (81ㄱ)에 없는 '-(으)시-'가 들어가게 된 이유가 바로 이 때문이다. 즉 (81ㄴ)에서는 '읽-'의 주체인 '할아버지'가 화자보다 높기 때문에 '-(으)시-'를 통해 할아버지를 높였다. '-(으)시-'로 주체를 높일 때는 주격 조사도 '-이/가'가 아니라 '-께서'가 쓰인다. 즉 '-(으)시-'가 쓰이면 주격 조사도 '-께서'이고, 주격 조사가 '-께서'이면 '-(으)시-'가 쓰인다. 그래서 '-께서 ~ -(으)시-'를 일치 관계라고 한다.

'-(으)시-'와 '-께서'가 일치 관계를 이루기는 하지만, 반드시 그래야만 하는 것은 아니다. 즉 '-(으)시-'와 '-께서'가 일치하지 않더라도 비문이라고 하기 어렵다. 최근에는 '할아버지가 책을 읽으신다.'처럼 '-(으)시-'로 높이면서도 '-께서'를 쓰지 않는 사용 예들이 늘어나고 있다.

4.5.1.1. 간접 높임

'-(으)시-'는 주체가 화자보다 높을 때 주체를 높이기 위한 문법적인 장치이다. 그런데 주체가 사람이 아닐 때도 '-(으)시-'를 쓸 때가 있다.

(82)

ㄱ. 아버지는 눈이 크시다.

ㄴ. 할아버지는 돈이 많으시다.

(82ㄱ)에서 '크-'의 주어는 '눈'이고, (82ㄴ)에서 '많-'의 주어는 '돈'이다. '눈', '돈' 자체는 사람이 아니므로 높임의 대상이 아니다. 그럼에도 (82ㄱ~ㄴ)의 서술어에는 '-(으)시-'가 쓰였다.

(82ㄱ)에서 '눈' 자체는 높임의 대상이 아니다. 그런데 그 '눈'이 높임의 대상인 '아버지'의 '눈'이다. 그래서 '-(으)시-'로 간접적으로 높였다. (82ㄴ)에서도 '돈' 자체는 높임의 대상이 아니지만, 그 돈이 높임의 대상인 '할아버지'의 '돈'이다. 그래서 '-(으)시-'로 간접적으로 높였다.

(82)처럼 주체가 사람이 아닌 사물이지만, 그 사물이 높임의 대상과 관련되어 있을 때 '-(으)시-'로 높이는 것을 간접 높임이라고 한다. 이에 상대하여 (81ㄴ)처럼 주체를 직접 높이는 것은 '직접 높임'이라고 한다.

4.5.1.2. 주체 높임의 압존(壓尊)

주체가 화자보다 높음에도 불구하고 '-(으)시-'를 쓰지 않는 경우도 있다. 이때 주체를 높이지 않게 되는 변인은 청자이다. 즉 주체가 화자보다 높지만, 그 주체가 청자보다 높지 않을 때는 청자를 고려해서 주체를 높이지 않는다. 높여야 할 상황에서 높이지 않는다고 하여, 이를 존대를 누른다는 의미의 압존(壓尊)이라고 한다.

(83) 할아버지, 아버지는 지금 밭에서 일하고 있습니다.

(83)에서 주체인 아버지는 화자보다 높은 사람이므로 '-(으)시-'로 높여야 한다. 하지만 청자인 할아버지가 주체인 아버지보다 높다. 그래서 청자인 할아버지를 고려하여 주체인 아버지를 '-(으)시-'로 높이지 않았다.

최근에는 압존이 잘 지켜지지 않고 있다. 그러니까 청자가 주체보다 높더라도 청자와 상관없이 주체가 화자보다 높다고 판단되면 '-(으)시-'로 주체를 높이는 경향이 크다. 표준 화법에서도 직장에서는 압존 상황에서도 압존하지 않도록 하고 있다.

4.5.2. 상대 높임(청자 높임)

상대 높임은 격식체와 비격식체로 구분한다. 앞서 격식체와 비격식체에 대해서는 '4.3.2. 격식체 종결어미와 비격식체 종결어미'에서 설명한 바 있다. 즉 종결어미로 문장의 유형을 알 수 있으면 격식체이고, 종결어미만으로 문장의 유형을 판단할 수 없으면 비격식체이다.

격식체 상대 높임은 '하십시오체―하오체―하게체―해라체' 4종류로 구분하고, 비격식체 상대 높임은 '해요체―해체' 2종류로 구분한다. 격식체 상대 높임은 격식체 종결어미에 의해 실현된다. 이에 비해 비격식체 상대 높임은 비격식체 종결어미 뒤에 '-요'의 결합 유무에 의해 실현된다. 즉 비격식체 종결어미 뒤에 보조사 '-요'를 붙이면 '해요체'이고, 비격식체 종결어미만으로 종결되면 '해체'이다.

4.5.2.1. 격식체 상대 높임

격식체 상대 높임의 종류를 나타내는 명명 '하십시오체—하오체—하게체—해라체'는 명령형의 종결어미를 기준으로 한 것이다.

(84)

	평서형	의문형	명령형	청유형
하십시오체	잡습니다 합니다	잡습니까 합니까	잡으십시오 하십시오	
하오체	잡으오 하오	잡으오 하오	잡으오 하오	잡읍시다 합시다
하게체	잡게 하게	잡는가 하는가	잡게 하게	잡으세 하세
해라체	잡는다 한다	잡느냐/잡니 하느냐/하니	잡아라 해라	잡자 하자

(84)에서 보듯이 격식체 상대 높임은 네 종류이다. 그런데 격식체 상대 높임이 네 종류라고 해서, 우리가 사람을 네 등급으로 나누어 네 딘게 중 어느 딘게 정도의 높임의 대상인지를 구분한다는 의미는 아니다. 다시 말하지만 '하십시오체—하오체—하게체—해라체'는 상대의 높임의 정도를 네 등급으로 구분한 인식을 나타낸 것이 아니다. 사람을 네 등급으로 구분할 수도 없거니와 그렇게 해서도 안 된다.

'하십시오체'와 '하오체'는 상대(청자)가 화자보다 높거나, 또는 화자와 비슷한 위계일 때 사용한다. 상대가 화자 자신보다 높다고 판단하여 상대를 높일 때는 '하십시오체'를 사용한다. 이에 비해 '하오체'는 상대가 화자 자신과 비슷하거나 같은 위계인 경우 그 상대를 대우하여 말할 때 사용한다. '하오체'는 동년배이거나 위아래를 명확하게 구분하지 않는 관계의 어르신들 사이에서 주로 사용되는 높임법이다. 젊은 세대는 '하오체'를 거의 쓰지 않기 때문에, 현대국어에서 '하오체'는 사용하는 맥락 자체가 매우 제한적이다.

'하게체'와 '해라체'는 상대가 화자보다 낮거나, 화자와 비슷한 위계일 때 사용한다. 상대가 화자보다 낮지만 그 상대를 대우해서 말할 때 '하게체'를 사용한다. 그리고 상대가 화자와 비슷하거나 같은 위계인 경우 그 상대를 높이지 않을 때 '해라체'를 사용한다. '하게체'가 사용되는 맥락은 주로 '선생님이 제자에게 말할 때', '장인이나 장모가 사위에게 말할 때', '상사가 부하 직원에게 말할 때' 정도인데, 이러한 사용 상황을 고려하면 상대가 화자보다 낮지만 그 상대를 대우할 때 '하게체'를 사용한다는 것을 이해할 수 있다.

4.5.2.2. 비격식체 상대 높임

비격식체 상대 높임은 단순하다. 상대가 화자보다 높으면 '해요체'를 쓰고, 상대가 화자보다 높지 않으면 '해체'를 쓴다.

(85)

	해체	해요체
ㄱ	손 잡아. 집에 가.	손 잡아—요. 집에 가—요.
ㄴ	손 잡지. 집에 가지.	손 잡지—요. 집에 가지—요.

(85)에서 보듯이 '해요체'는 '해체'로 끝난 문장에 '-요'를 결합시키는 방식으로 이루어진다. 이때 '-요'는 보조사로 본다. '잡아'가 이미 종결어미 '-아'로 끝난 문장인데, 종결어미 뒤에 다시 어미가 결합할 수 없다. 그래서 '-요'가 어미일 수는 없다. 현재로서는 종결어미 뒤에 결합할 수 있는 문법 형태소로 보조사 외에 다른 것을 상정할 수 없다. 그래서 '잡아—요'의 '-요'를 보조사로 해석한다.

'가세요'는 상대 높임의 어디에 해당할까?

'가세요'와 같은 높임 표현은 일상적으로 들을 수 있고, 또한 일상적으로 쓰기도 한다. 우선 '-(으)세요'의 높임 표현이 격식체인지 비격식체인지부터 정할 필요가 있다. '-(으)세요'는 '-(으)시어요'의 준말이다. '-(으)시어요'에서 '-(으)시-'는 주체 높임 선어말어미이고, '-어'는 '먹어'에서의 '-어'와 같은 종결어미이다. '-어'가 종결어미이니까 '-(으)시어요'에서 '-요'는 보조사일 수밖에 없다. 이는 '-(으)세요'를 일단 격식체라고 할 수는 없다는 것을 말해 준다.

그러면 높임의 정도는 어떤가? '-(으)세요'는 비격식체 상대 높임의 '해요체'보다 높임의 뜻이 더 강하다.

ⓐ 집에 가.
ⓑ 집에 가요.
ⓒ 집에 가세요.

ⓐ ~ ⓒ 중에서 가장 높은 표현은 ⓒ의 '가세요.'이다. 비격식체 상대 높임 '해요체'의 ⓑ의 '가요'보다 ⓒ의 '가세요'가 더 높다고 판단하게 되는 이유는 '-(으)세요'에 주체 높임 선어말어미 '-(으)시-'가 포함되어 있기 때문이다. 즉 '가-'의 주체가 곧 상대이기도 한데, '-요'를 통해 상대로도 높이고, '-(으)시-'를 통해 주체

로도 높여 높임의 의미가 중첩되기 때문이다.

그러면 비격식체 상대 높임을 세 단계로 구분해야 할까? 분류와 구분은 필요에 의해 이루어지는 행위이다. 그래서 필요하다면 세 단계로 할 수도 있을 것이다. 그러나 현재 학교문법이나 개론 수준에서는 비격식체 상대 높임에 굳이 '-(으)세요'를 위한 등급 하나를 별도로 두지는 않고 있다.

격식체 상대 높임 중에서 '하게체'의 경우, '하게'보다 조금 더 높은 의미를 드러내고자 할 때는 '-(으)시-'를 넣어 '하시게'라고도 한다. '하시게'는 '하게'보다 높임의 의미가 더 강하다. 그렇다고 '하게체'와 '하오체' 사이에 '하시게'체를 더 두어야 하느냐 하는 것은 다른 차원의 문제이다.

학교문법에서 그리고 일부 개론서에서 '하십시오체―하오체―하게체―해라체'를 '아주 높임―예사 높임―예사 낮춤―아주 낮춤'으로 나타내기도 한다. 그런데 아주 높이는 것과 예사 높이는 것은 어떤 차이가 있는지, 또한 예사로 낮추는 것과 아주 낮추는 것은 어떤 차이가 있는지를 명확하게 설명하기는 어렵다. 이처럼 '아주', '예사'와 같이 주관적이고 모호한 표현의 사용을 적절하다고 할 수는 없다. 하지만 높임의 정도라는 게 주관적인 느낌이어서 어쩔 수 없는 측면도 있다.

4.5.3. 객체 높임

현대국어에서 객체 높임을 나타내는 문법 형태소는 따로 없다. 다시 말해 객체 높임은 문법 형태소에 의해 실현되지 않는다. 현대국어에서 객체 높임은 특정 어휘에 의해 실현된다.

(86)

	가. 높이지 않음.	나. 높임
ㄱ	늘이가 **보람이**에게 책을 **주었다.**	늘이가 **선생님**께 책을 **드렸다.**
ㄴ	나는 오늘 **친구를 만났다.**	나는 오늘 **은사님**을 **뵈었다.**
ㄷ	그는 **친구**에게 답을 **물었다.**	그는 **선생님**께 답을 **여쭈었다.**

(86ㄱ)에서 '주-' 대신 '드리-'를 사용되게 된 것은 객체인 '선생님' 때문이다. 즉 객체인 '선생님'이 높임의 대상이기 때문에 '주-' 대신 '드리-'로 선생님을 높였다. 객체가 높임의 대상이 아닌 '보람이'일 때는 '주-'를 사용하였다. (86ㄴ)의 '만나- : 뵈-', (86ㄷ)의 '묻- : 여쭈-' 역시 객체가 변인이 된 것이다. 객체가 높임의 대상이 아닐 때는 '만나-', '묻-'을 사용하고, 객체가 높임의 대상일 때는 '뵈-', '여쭈-'로 객체를 높였다. 그래서 이를 객체 높임이라고 한다. 주체 높임이나 상대 높임은 어미―선어말어미, 종결어미―라는 문법 형태소에 의해 실현되는데 비해, 객체 높임은 특정 어휘에 의해 실현된다. 그래서 객체 높임을 어휘적 높임이라고도 한다.

앞서 높임의 기준은 화자라고 하였다. 주체 높임은 화자에 비해 주체가 높을 때 그 주체를 높이는 것이고, 상대 높임은 화자에 비해 상대가 높을 때 그 상대를 높이는 것이다. 객체 높임도 마찬가지로 화자보다 객체가 높을 때 그 객체를 높인다. 다만 객체 높임의 경우에는 그 객체가 화자보다도 높으면서 또한 주체보다도 높아야 한다는 조건이 추가된다. 그래서 객체가 화자보다 높지만 주체보다 낮을 때는 객체 높임이 저지된다. 다시 말해 객체 높임이 압존된다.

(87) 오늘 할아버지께서 아버지를 만나셨어.

- 주체: 할아버지
- 객체: 아버지
- 화자: 나

(87)의 경우 객체인 '아버지'가 화자인 '나'보다 높은 높임의 대상이다. 하지만 '아버지'가 주체인 '할아버지'보다 높지 않다. 그래서 '뵈-'로 객체를 높이지 않고 '만나-'를 사용하였다. '만나—시—었—어'에서 '-(으)시-'는 주체인 할아버지가 화자보다 높기 때문에 할아버지를 높인 것이다.

(87)은 높여야 할 대상을 높이지 않았으므로 압존법이다. (83)에서 주체 높임을 압존하는 변인은 청자였는데, (87)에서 객체 높임을 압존하는 변인은 주체이다.

4.6. 시제와 동작상

4.6.1. 시제

시제는 어떠한 상황 즉, 행위나 사건, 상태의 시간상의 위치를 나타내 주는 문법 범주(grammatical category)이다.[10] 어떤 물건의 위치가 앞인지 뒤인지는 기준점이 무엇이냐에 의해 결정된다. 시간상의 위치 역시 시간적으로 선행하는지 후행하는지를 말하려면 기준점이 있어야 한다. 시간상의 위치, 즉 시제를 판단하는 기준점이 되는 시간을 '기준시'라고 하는데, 기준시는 발화를 하고 있는 시간, 즉 '발화시'이다. 그리고 어떠한 상황(행위, 사건, 상태)이 일어난 시간을 '사건시'라고 한다.

시제는 과거, 현재, 미래를 말하는데, 과거 시제인지 현재 시제인지 미래 시제인지에 대한 판단은 기준시인 발화시를 기준으로 사건이 일어난 시간의 위치가 어디인지에 의해 결정된다. 사건시가 발화시보다 앞서면 과거이고, 사건시가 발화시보다 뒤이면 미래, 사건시가 발화시와 동시이면 현재이다.

(88)

시제	발화시 기준으로 사건시의 위치
과거	사건시 〉 발화시

10 격(case), 시제(tense), 인칭(person), 서법(mood), 성(gender), 양태(modality) 등 문법적인 의미가 형태소와 같은 일정한 언어적 장치로 실현된 것을 문법 범주라고 한다. 문법 범주가 없다고 해서 그러한 인식이 없는 것은 아니다. 예컨대 국어에는 '성'을 나타내는 문법적인 장치가 없다. 즉 국어에서 '성'은 문법 범주가 아니다. 그렇다고 성에 대한 구분 인식이 없는 것은 아니다. 다른 예로 국어에서는 '높임'의 의미를 나타내는 문법적인 장치로 '-(으)시-', '-ㅂ니다/습니다', '-요' 등이 있다. 즉 국어에서 '높임'은 문법 범주이다. 그러나 영어에서는 이러한 문법적인 장치가 없기 때문에 '높임'이 문법 범주가 아니다. 하지만 그렇다고 영어권에서 높임에 대한 구분 인식이 없는 것은 아니다.

현재	사건시 = 발화시
미래	사건시 < 발화시

국어에서 시제는 선어말 어미를 통해서 나타낸다. 다만 미래 시제의 경우 통사적 구성인 '-(으)ㄹ 것이다'로도 나타낸다.

(89)

시제	문법적인 장치		예
과거 시제	동사	-았/었-~-였-	별이가 손을 **잡았다**. 별이가 학교에 **갔다**(←가았다). 별이가 목걸이를 **하였다**.
	형용사		책이 **비쌌다**(←비싸았다). 날씨가 **좋았다**.
현재 시제	동사	-는-~-ㄴ-	별이가 손을 **잡는다**. 별이가 학교에 **간다**.
	형용사	Ø	책이 비싸다. / 날씨가 좋다 *책이 비싼다. / *날씨가 좋는다.
미래 시제	동사	-겠- -(으)ㄹ 것이다	별이가 학교에 **가겠다**. 별이가 책을 **읽을 것이다**.
	형용사		책이 **비싸겠다**. 날씨가 **좋을 것이다**.

과거 시제와 미래 시제의 경우에는 시제를 나타내는 방식에서 동사와 형용사가 차이가 없다. 하지만 현재 시제를 나타내는 방식에서는 동사와 형용사가 다르다. 동사의 현재 시제는 선어말 어미 '-는-~-ㄴ-'으로 나타내는데 반해, 형용사의 현재 시제는 아무 것도 결합하지

않은 상태 즉, 어간 그대로가 현재 시제이다. 형용사는 현재 시제 선어
말어미 '-는-~-ㄴ-'이 결합할 수 없다. 그래서 '-는-~-ㄴ-'이 결합
하지 않은 상태가 현재이다.

4.6.1.1. 과거 시제

과거 시제는 선어말어미는 '-았/었-~-였-'으로 나타낸다. '-였-'
은 동사 '하-' 그리고 접미사 '-하-'가 결합하여 만들어진 파생어(공부
하-, 생각하-, 기뻐하- …) 뒤에서만 나타나는 '-았/었-'의 이형태이다.
'-았-'과 '-었-'은 모음조화에 의한 것으로 이 역시 엄밀히 말하면 그
형태가 다른 것이지만, 별개의 이형태로 보지 않고 '-았/었-'처럼 하
나로 기술하는 것이 일반적이다. 그리고 '갔다(가—ㅆ—다)'의 '-ㅆ-'
은 '가—았—다'에서 동일모음 탈락이 적용된 것이다. 즉 '갔다'의 '-
ㅆ-'은 공시적인 음운 변동의 결과이다.

'-았았/었었-'을 '-았/었-'과 구분하여 '대과거'로 해석하는 견해도
있다.

(90)

ㄱ. 예전에 네가 나를 좋아한다고 말했다.

ㄴ. 예전에 네가 나를 좋아한다고 말했었다.

(90ㄱ)과 (90ㄴ)을 비교해 보면, '말했다'보다 '말했었다'가 심리적
으로 더 먼 시간을 표현한 것처럼 느껴지기도 한다. 또한 의미적으로
도 현재와 '단절'된 의미가 나타난다. 그래서 과거보다 더 과거라는 의
미의 '대과거'로 설명한 경우도 있다.

그러나 시제의 정의가 발화시를 기준으로 사건이 일어난 시간의 위치를 나타내는 것이므로, 대과거를 시제로 보는 것은 적절하지 않다. 사건이 일어난 시간의 위치가 발화시보다 바로 앞서든, 많이 앞서든 즉, 시간의 거리가 어느 정도이냐와 상관없이 '사건시 〉 발화시'이면 과거이다. 그래서 대과거를 상정한다 하더라도 그것은 시제로서가 아니라, 의미적인 구분 정도로 이해하는 것이 바람직하다.

4.6.1.2. 현재 시제

현재 시제는 선어말 어미 '-는-~-ㄴ-'으로 나타낸다. '-는- ~-ㄴ-'은 선행하는 어간의 음운론적 조건에 따른 이형태이다.

(91)

ㄱ. 지수는 지금 집에서 밥을 먹는다.

ㄴ. 그는 하루에 한 번씩 하늘을 본다.

(91)에서 보듯이 선행하는 어간이 '먹-'처럼 자음으로 끝나면 '-는-'이 결합하고, 선행하는 어간이 '보-'처럼 모음으로 끝나면 '-ㄴ-'이 결합하여 '-는-'과 '-ㄴ-'이 상보적 분포를 보인다.

현재 시제 선어말어미와 유사한 형태로 '-느-'가 있는데, 기원적으로는 '-느-'가 현재 시제 선어말어미와 관련이 있다. 그러나 현재 '-느-'는 '-는-~-ㄴ-'과 관련이 없는 별개의 형태소이다. 통시적으로 형태 '-느-'는 중세국어의 현재 시제 선어말어미 '-ᄂ-'의 후대형이다. 그러나 현대국어의 '-느-'는 현재 시제 선어말어미가 아니다.

(92)

　ㄱ. 지민이가 웃느냐?

　　지민이가 가느냐?

　ㄴ. 지민이가 웃었느냐?

　ㄷ. 지민이가 예뻤느냐?

　ㄹ. 지민이가 학생이었느냐?

　‘-느-’는 분포상으로 (92ㄱ)에서 보듯이 선행하는 어간이 자음으로 끝나든 모음으로 끝나든 상관없이 항상 ‘-느-’로 실현된다. 이는 ‘-느-’의 분포가 ‘-는-~-ㄴ-’과 상보적이지 않음을 말해 준다. 분포가 상보적이지 않다는 사실에서 이미 ‘-느-’가 ‘-는-~-ㄴ-’과 이형태 관계일 수 없다는 것을 확인할 수 있다. 그리고 (92ㄴ)에서 보듯이 ‘-느-’는 과거 시제 선어말 어미 ‘-았/었-’과도 결합할 수 있고, (92ㄷ)에서 보듯이 형용사하고도 결합할 수 있으며, (92ㄹ)에서 보듯이 ‘NP+-이-’하고도 결합할 수 있다. 이는 현재 시제 선어말어미 ‘-는-~-ㄴ-’과는 다른 특성으로, ‘-느-’가 현재 시제 선어말어미 ‘-는-~-ㄴ-과 다르다는 것을 말해 준다. 결론적으로 ‘-느-’는 ‘-는-~-ㄴ-’과 분포도 상보적이지 않고, 그 의미도 다르고, 결합 관계 역시 다르므로 ‘-는-~-ㄴ-’과는 다른, 별개의 형태소이다.

4.6.1.3. 미래 시제

　미래 시제는 선어말어미 ‘-겠-’과 ‘-리-’ 그리고 통사적 구성인 ‘-(으)ㄹ 것이다’로 나타낸다. (93ㄱ)은 선어말어미 ‘-겠-’의 예이고, (93ㄴ)은 선어말어미 ‘-(으)리-’의 예이다.

(93)

ㄱ. 내일은 비가 오겠다.

봄이 오면, 나에게 좋은 일이 생기겠다.

ㄴ. 내일은 그 일을 마무리하리라.

나에게도 기회가 다시 오리라.

현대국어에서 '-(으)리-'는 구어에서는 잘 쓰이지 않고, 의고적이거나 문어적인 표현에서 주로 쓰인다.

(94)는 통사적 구성인 '-(으)ㄹ 것이다'의 예이다.

(94)

ㄱ. 내일은 비가 올 것이다.

ㄴ. 봄이 오면, 꽃이 필 것이다.

그런데 관점에 따라서는 '-겠-, -(으)리-, -(으)ㄹ 것이다'가 미래 시제와 직접적으로 관련이 없다고 보기도 한다. 이 관점에서는 '-겠-, -(으)리-, -(으)ㄹ 것이다'가 미래 시제가 아니라 '추측', '의지', '가능'과 같은 양태 의미를 나타내는 것으로 본다.

'-겠-, -(으)리-, -(으)ㄹ 것이다'가 '내일', '모레', '다음에', '언젠가' 등 미래를 나타내는 시간 부사(어)와 함께 쓰인다는 것은 사실이다. 이 사실을 중시하여 '-겠-, -(으)리-, -(으)ㄹ 것이다'를 미래 시제로 보는 관점에서는, '추측', '의지', '가능'과 같은 양태 의미를 미래 시제가 가지는 부차적인 의미로 본다. 반면 '-겠-, -(으)리-, -(으)ㄹ 것이다'를 양태로 보는 관점에서는, 미래 시제의 의미를 '추측', '가능', '의지'와 같은 양태 의미가 가지는 부차적인 의미로 본다.

시제 선어말어미의 양태적 기능에 대한 자세한 설명은 아래 '4.6.1.5. 시제 선어말어미의 양태 의미'으로 가서 보기 바란다.

4.6.1.4. 회상 시제

회상 시제는 선어말어미 '-더-'로 나타낸다. 시제(과거, 현재, 미래)는 발화시를 기준으로 사건시의 위치를 따지는 것이다. 그런데 '-더-'는 발화시를 기준으로 사건시의 위치가 아니라, 발화시를 기준으로 사건을 인식한 시간, 즉 인식시의 위치를 따지는 것이다. 즉 '-더-'는 발화시 기준으로 인식시가 발화시보다 먼저임을 나타낸다. 인식한 시간이 발화시보다 먼저임을 나타내기 때문에 발화시 기준에서 보면, 사건을 회상하는 의미를 가진다. 그래서 '-더-'가 나타내는 시제를 회상 시제라고 한다.

(95)

ㄱ. 늘이는 도서관에서 공부하더라.

ㄴ. 일기 예보를 들으니 내일은 비가 그치겠더라.

(95ㄱ)에서 '-더-'는 늘이가 도서관에서 공부하는 것을 인식한 시간이 발화시보다 먼저임을 나타낸다. '-더-'는 사건시와 직접적인 관련이 없기 때문에, (95ㄴ)처럼 사건시가 미래일 때도 나타날 수 있다. 즉 사건시가 발화시보다 나중인 미래 시제이지만, 미래에 일어날 사건을 인식한 시간이 발화시보다 먼저이면 '-더-'가 쓰인다. (95ㄴ)의 경우, 비가 그치는 사건이 일어나는 사건시는 발화시보다 나중인 미래이다. 하지만 내일은 비가 그치겠다고 인식한 인식시는 발화시보다 먼저이

다. 그래서 '-더-'가 쓰였다. 그러니까 (95ㄴ)에서 '-겠-'은 발화시보
다 사건시가 뒤인 미래 시제를 나타내고, '-더-'는 발화시보다 인식시
가 먼저임을 나타낸다.

'-더-'는 1인칭 주어와 함께 나타날 수 없는 제약이 있다.

(96)

　ㄱ. *나는 어제 도서관에서 문법을 공부하고 있더라.

　ㄴ. 너는 어제 도서관에서 문법을 공부하고 있더라.

　ㄷ. 그는 어제 도서관에서 문법을 공부하고 있더라.

(96ㄱ)에서 보듯이 주어가 1인칭일 때는 '-더-'가 쓰일 수 없다. (96
ㄴ)처럼 주어가 2인칭이거나, (96ㄷ)처럼 주어가 3인칭일 때는 '-더-'
가 쓰일 수 있다.

다만 주어가 1인칭이더라도 (97)처럼 객관화된 '나'일 때는 '-더-'가
나타날 수 있다. 객관화된 '나'는 1인칭이 아니라 3인칭이기 때문이다.

(97)

　ㄱ. 어제 꿈에 나는 그녀와 여행을 가더라.

　ㄴ. 거울 속에 비친 나는 왼손잡이더라.

어제 꿈의 '나', 거울 속의 '나'는 실제 '나'가 아니라 객관화된 3인칭
의 '나'이다. 그래서 1인칭 주어와 함께 나타날 수 없는 제약의 적용을
받지 않는다.

관형사절에 쓰인 (98)의 '-던'을 분석적인 관점에서 '-더-+-(으)ㄴ'
으로 볼 수도 있다. 이 관점에서는 '-더-'의 1인칭 주어 제약이 관형사

절에서는 적용되지 않는다고 설명한다.

(98) [[내가 계획하던] 일을 이제서야 하게 되었다].

그런데 관형사절의 '-던'을 '-더-+-(으)ㄴ'으로 분석할 수 없다고 보기도 한다. 즉 '-던' 자체를 관형사형 어미로 보는 것이다. '-던'이 '-더-+-(으)ㄴ'의 결합형이라면, '-더-'가 1인칭 주어와 결합할 수 없는 제약의 적용을 받아야 한다. 하지만 (98)에서 '-던'은 1인칭 주어와 함께 쓰였다. (98)의 1인칭 주어 '내'는 객관화된 '내'가 아니므로 실제 1인칭이다. 그럼에도 1인칭 주어와 함께 나타날 수 없는 제약의 적용을 받지 않는다. 이 사실은 '-던'의 구성 요소 중의 하나인 '-더-'가 원래의 '-더-'와 같은 '-더-'가 아님을 말해 준다. 그래서 '-던'이 '-더-'와 '-(으)ㄴ'이 결합된 형태인 것은 맞지만, 분석하지 않은 형태 그대로, 즉 '-던' 자체를 관형사형 어미로 본다.

4.6.1.5. 시제 선어말어미의 양태 의미

시제 선어말어미가 시제가 아닌, 양태[11]의 의미를 나타내기도 한다. (99) ~ (100)에서 '-겠-'은 '추측', '의지', '가능'의 양태 의미를 나타낸다.

(99) 넌 내일 죽었다.

---

[11] 이 책에서 '양태'는 화자의 심리적인 태도 또는 정신적인 태도를 나타내는 문법 범주로 본다.

(100) 이제 난 큰일 났다.

(99)에서 문장의 시제는 부사 '내일'의 시제인 미래 시제이고, (100)에서 문장의 시제는 부사 '이제'의 시제인 현재 시제이다. 그렇기에 (99) ~ (100)에서 '-았/었-'은 과거 시제를 나타낼 수 없다. 만일 그렇다면, 시간 부사의 시제와 '-았/었-'의 시제가 충돌하여 비문이 될 것이다. (99) ~ (100)은 적격한 문장인데, (99) ~ (100)이 적격한 문장이라는 것은 (99) ~ (100)에서 '-았/었-'이 과거 시제를 나타내지 않는다는 것을 증언한다. 바로 아래 '4.6.1.6. 시간 부사의 시제와 선어말어미의 시제'에서 다시 설명하겠지만, 시간 부사의 시제와 시제 선어말어미의 시제가 충돌할 때는 시간 부사의 시제가 그 문장의 시제이다. 이때 시제 선어말어미는 시제의 기능을 하지 않는다. 그렇기에 (99) ~ (100)에서 '-았/었-'은 과거 시제가 아니라 '확신'의 양태 의미를 나타낸다.

(99), (100)에서 보았듯이 시제 선어말어미가 양태 의미도 나타낸다. 그러나 이러한 양태 의미는 시제 선어말어미가 가진 부차적인 기능으로 보는 것이 일반적이다. 미래의 시간은 아직 오지 않은 시간으로 불확실성의 세계이다. 그래서 부차적으로 '추측, 의지, 가능'과 같은 양태 의미를 가질 수 있다. 그리고 과거의 시간은 이미 지나간, 확인이 가능한 시간으로 확실성의 세계이다. 그래서 부차적으로 '확신'의 양태 의미를 가질 수 있다.

개론 수준에서는 일반적으로 '-았/었-', '-는-~-ㄴ-', '-겠-'을 시제 선어말어미로 본다. 그래서 국어의 시제를 '과거 시제—현재 시제—미래 시제'의 3분 체계로 설명한다. 학교문법 역시 이러한 관점을 수용하여 시제를 '과거 시제—현재 시제—미래 시제'의 3분 체계로 설명한다.

'-는-~-ㄴ-'이 현재 시제를 나타내지 않는 경우

'-는-~-ㄴ-'이 현재 시제를 나타내지 않는 경우가 있다.

ⓐ 상범이는 매일 학교에 늦는다.
ⓑ 아빠는 10년 동안 카페를 운영하신다.

ⓐ에서 학교에 늦는 사건의 시간, ⓑ에서 카페를 운영하는 사건의 시간은 발화시 기준으로 사건시가 동시라고 할 수 없다. ⓐ, ⓑ 모두 과거로부터 지금까지 이어져 온 사건이고, 또한 미래에도 이어질 가능성이 있는 사건이기 때문이다. 그래서 ⓐ, ⓑ의 '-는-~-ㄴ-'이 현재 시제를 나타낸다고 볼 수 없다.

그러면 어떤 기능을 하고 있는가? 현재로서는 ⓐ, ⓑ에서 '-는-~-ㄴ-'이 현재 시제를 나타내지 않는다고 기술하는 선에서 더 이상 나아가지 못한다. 명확히 어떤 기능이라고 단정적으로 말하기가 어렵기 때문이다.

4.6.1.6. 시간 부사의 시제와 선어말어미의 시제

일반적으로 시제 선어말어미의 시제는 시간 부사(어)가 나타내는 시제와 일치한다.

(101)

ㄱ. 별이는 지금(/오늘/이제) 책을 읽는다.

ㄴ. 늘이는 어제(/그제/예전에) 그 책을 읽었다.

ㄷ. 내일(/모레)은 비가 오겠다.

(101ㄱ)에서 시간 부사 '지금/오늘/이제'가 나타내는 시제도 현재이고, 시제 선어말어미 '-는-'이 나타내는 시제도 현재이다. (101ㄴ)에서는 시간 부사 '어제/그제/예전에'가 나타내는 시제도 과거이고, 시제 선어말 '-았/었-'이 나타내는 시제도 과거이다. (101ㄷ)에서도 시간 부사 '내일/모레'가 나타내는 시제도 미래이고, 시제 선어말어미 '-겠-'이 나타내는 시제도 미래이다. 이처럼 시간 부사의 시제와 시제 선어말어미의 시제가 일치하는 것이 자연스럽고 일반적이다. 그래서 (102)처럼 시간 부사의 시제와 시제 선어말어미의 시제가 일치하지 않을 때는 적격하지 않은 문장이 된다.

(102)
ㄱ. *별이는 어제 온다.
ㄴ. *늘이는 내일 영화를 봤다.
ㄷ. *조금 전에 비가 오겠다.

그런데 시간 부사의 시제와 시제 선어말어미의 시제가 일치하지 않음에도 문장이 적격한 경우가 있다.

(103)
ㄱ. 나는 내일 죽었다.
ㄴ. 어제는 도저히 너를 못 이기겠더라.

(103ㄱ)에서 시간 부사 '내일'의 시제는 미래인데, 선어말어미는 과

거 시제 선어말어미 '-었-'이 쓰였다. (103ㄴ) 역시 시간 부사 '어제'의 시제는 과거인데, 선어말어미는 미래 시제 선어말어미 '-겠-'이 쓰였다. 즉 (103)은 시간 부사의 시제와 시제 선어말어미의 시제가 일치하지 않는다. 이처럼 시간 부사의 시제와 시제 선어말어미의 시제가 일치하지 않을 때는 시간 부사의 시제가 그 문장의 시제이다. 그러니까 (103ㄱ)의 시제는 미래이고, (103ㄴ)의 시제는 과거이다. 시간 부사는 어휘인데, 어휘의 의미는 고정적이기 때문에 맥락에 따라 바뀌지 않는다. 그래서 시간 부사가 나타내는 시간은 고정적이다.

그러면 시간 부사의 시제와 시제 선어말어미의 시제가 다름에도 여전히 적격한 문장일 수 있는 이유는 무엇일까? 그것은 이 경우 시제 선어말어미가 시제의 기능을 하지 않기 때문이다. 즉 형식은 그대로 시제 선어말어미이지만, 그 내용은 시제가 아닌 양태이다. (103ㄱ)에서 '-었-'은 과거 시제가 아닌 '확신'의 양태 의미를 나타내고, (103ㄴ)에서 '-겠-'은 미래 시제가 아닌 '추측'의 양태 의미를 나타낸다.[12] (103)에서 시제 선어말어미가 시제의 기능을 하지 않기 때문에, 결과적으로 (103)은 시간 부사의 시제와 시제 선어말어미의 시제가 충돌하지 않는다.

논리적으로 서로 다른 두 시제가 중첩되어 실현될 수는 없다. 즉 과거이면서 현재이거나, 과거이면서 미래일 수 없다. 그것은 물리적인 시간을 위배하는 것이므로 현실 세계에 존재할 수 없는 시간 개념이다. 그렇기에 (104)처럼 서로 다른 시제를 나타내는 선어말어미 '-었-'과 '-겠-'이 중첩되어 나타나는 경우에도 두 선어말어미 중 하나

---

12 참고로 (103ㄴ)에서 '-더-'는 '어제는 도저히 너를 못 이기겠다'고 인식한 인식시가 발화시보다 먼저임을 나타낸다.

는 시제의 기능을 하지 않는다.

(104) 별이는 벌써 밥을 다 먹었겠다.

(104)는 (103)과 평행하게 해석한다. 즉 두 개의 시제 선어말어미 중 하나는 시제를 나타내지 않고, 양태 의미를 나타낸다. 그래서 결과적으로 서로 다른 두 시제가 중첩된 것이 아니다. (104)에서 시간 부사 '벌써'의 시제가 과거이므로 문장의 시제는 과거이고, 시간 부사의 시제와 일치하는 시제 선어말어미는 과거 시제의 '-었-'이다. 따라서 또 하나의 선어말어미 '-겠-'은 시제를 나타내지 않고 '추측'의 양태 의미를 나타낸다.

4.6.1.7. 상대 시제

발화시를 기준시로 해서 사건시의 시간상의 선후 위치를 판단할 때 문제가 되는 경우가 있다. (105) ~ (106)처럼 겹문장(복문)의 경우, 즉 안은문장 안의 안긴문장의 시제 그리고 이어진문장의 선행절의 시제가 그렇다.

(105)
ㄱ. [[사랑하는 사람을 떠나보내는] 마음이 너무 아프다].
ㄴ. [[사랑하는 사람을 떠나보내는] 마음이 너무 아팠다].

(106)
ㄱ. [[사랑하는 사람을 떠나보낸] 마음이 너무 아프다].

ㄴ. [[사랑하는 사람을 떠나보낸] 마음이 너무 아팠다].

(105)에서 발화시를 기준으로 하면, 안긴문장 [사랑하는 사람을 떠나보내는]의 시제는 (105ㄱ)에서는 현재이고, (105ㄴ)에서는 과거이다. 왜냐하면 안은문장의 시제가 (105ㄱ)은 현재이고, (105ㄴ)은 과거이기 때문이다. 마찬가지로 (106)에서 안긴문장 [사랑하는 사람을 떠나보낸]의 시제는 발화시를 기준으로 할 때, (106ㄱ)은 현재이고, (106ㄴ)은 과거이다.

그런데 이처럼 발화시를 기준으로, 즉 안은문장의 시제로 안긴문장의 시제까지 결정하게 되면, 관형사형 어미의 시제와 충돌하는 문제가 생긴다. 동사에 결합한 관형사형 어미 '-는'은 현재 시제를, '-(으)ㄴ'은 과거 시제를 나타낸다. 이에 따르면 (105)에서 [사랑하는 사람을 떠나보내는]은 현재 시제이고, (106)에서 [사랑하는 사람을 떠나보낸]은 과거 시제이다. 그런데 안은문장의 시제에 따라 안긴문장의 시제를 해석하게 되면 (105ㄴ)의 [사랑하는 사람을 떠나보내는]은 '-는'이 현재 시제를 나타냄에도 과거 시제가 되고, (106ㄱ)의 [사랑하는 사람을 떠나보낸]은 '-(으)ㄴ'이 과거 시제를 나타냄에도 현재 시제가 된다.

이어진문장의 경우에도 평행한 문제가 발생한다.

(107)
ㄱ. [맑은 하늘을 보니까] [기분이 좋아진다].
ㄴ. [맑은 하늘을 보니까] [기분이 좋아졌다].

발화시를 기준시로 하게 되면 [맑은 하늘을 보니까]의 시제는 (107ㄱ)에서는 현재이고, (107ㄴ)에서는 과거이다. [맑은 하늘을 보니까]

자체는 (107ㄱ)과 (107ㄴ)에서 동일한데, 동일한 문장의 시제가 (107
ㄱ)에서는 현재로 해석되고 (107ㄴ)에서는 과거로 해석되는 문제가
생긴다.

이러한 문제를 해소하기 위해 제안된 것이 상대 시제이다. 보통 시
제라고 하면 발화시를 기준시로 한 시제를 말하고, 발화시를 기준시로
한 시제를 절대 시제라고 한다. 이에 비해 상대 시제는 기준시가 발화
시처럼 고정되어 있지 않은 시제이다. 상대 시제의 기준시는 발화시가
아니라, 안은문장에서는 안은문장(모문)의 시제가 기준시이고, 이어진
문장에서는 후행절의 시제가 기준시이다. 이러한 상대 시제를 도입하
면 안은문장—이어진문장에서는 후행절—의 시제와 상관없이 동일
한 안긴문장은 동일한 시제로 해석할 수 있는 장점이 있다. 이어진문
장의 경우에도 후행절의 시제와 상관없이 동일한 선행절을 동일한 시
제로 해석할 수 있게 된다.

상대 시제의 개념을 적용하면 (105)의 동일한 안긴문장 [사랑하는
사람을 떠나보내는]의 시제는 (105ㄱ,ㄴ)에서 동일하게 현재 시제로
해석된다.

(105′)

ㄱ	[마음이 너무 아프다]를 기준시로	[사랑하는 사람을 떠나보내는]의 시제는 현재
ㄴ	[마음이 너무 아팠다]를 기준시로	[사랑하는 사람을 떠나보내는]의 시제는 현재

(105′ㄱ)에서 [사랑하는 사람을 떠나보내는]은 모문의 [마음이 너무
아프다]를 기준시로 현재이고, (105′ㄴ)에서 [사랑하는 사람을 떠나보

내는]은 모문의 [마음이 너무 아팠다]를 기준시로 현재이다.

그리고 (106)의 동일한 안긴문장 [사랑하는 사람을 떠나보낸]의 시제 역시 (106ㄱ, ㄴ)에서 동일하게 과거 시제로 해석된다.

(106′)

ㄱ	[마음이 너무 아프다]를 기준시로	[사랑하는 사람을 떠나보낸]의 시제는 과거
ㄴ	[마음이 너무 아팠다]를 기준시로	[사랑하는 사람을 떠나보낸]의 시제는 과거

(106′ㄱ)에서 [사랑하는 사람을 떠나보낸]은 모문의 [마음이 너무 아프다]를 기준시로 과거이고, (106′ㄴ)에서 [사랑하는 사람을 떠나보낸]은 모문의 [마음이 너무 아팠다]를 기준시로 과거이다.

(107)의 이어진문장의 경우에도 상대 시제를 적용할 경우 (107ㄱ, ㄴ)에서 동일한 선행절 [맑은 하늘을 보니까]가 동일하게 현재로 해석된다.

(107′)

ㄱ	[기분이 좋아진다]를 기준시로	[맑은 하늘을 보니까]의 시제는 현재
ㄴ	[기분이 좋아졌다]를 기준시로	[맑은 하늘을 보니까]의 시제는 현재

선행절 [맑은 하늘을 보니까]는 (107′ㄱ)에서는 후행절 [기분이 좋아진다]를 기준시로 현재이고, (107′ㄴ)에서는 후행절 [기분이 좋아졌다]를 기준시로 현재이다.

이상에서 살펴본 것처럼 상대 시제를 도입할 경우, 모문의 시제가 기준시이기 때문에 모문의 절대 시제와 상관없이 안긴문장의 시제는 안긴문장 그 자체에서 해석할 수 있는 장점이 있다. 이어진문장의 선행절의 시제 역시 후행절의 시제가 기준시이기 때문에 후행절의 절대 시제와 상관없이 이어진문장의 시제를 이어진문장 그 자체에서 해석할 수 있게 된다.

4.6.1.8. 관형사절의 시제

관형사형 어미는 그 자체에 시제의 의미를 가지고 있다. 먼저 '-(으)ㄴ', '-는'부터 살펴보자.

(108)

ㄱ. [우리는 [눈이 온] 날 만났다].

　　[그는 [내가 잡은] 손을 놓지 않을 것이다].

ㄴ. [[비가 내리는] 소리가 들린다].

　　[우리는 [함께 걷는] 시간을 좋아했다].

서술어가 동사일 때 관형사형 어미 '-(으)ㄴ'은 과거 시제를 나타내고, '-는'은 현재 시제를 나타낸다. 그래서 (108ㄱ)의 '온(오-+-(으)ㄴ)', '잡은(잡-+-(으)ㄴ)'은 과거 시제이고, (108ㄴ)의 '내리는(내리-+-는)', '걷는(걷-+-는)'은 현재 시제이다.

'-(으)ㄴ'은 (108ㄱ)처럼 서술어가 동사일 때는 과거 시제를 나타내지만, (109)처럼 서술어가 형용사일 때는 현재 시제를 나타낸다.

(109)

ㄱ. [[커피 값이 비싼] 카페가 많아졌다].

ㄴ. [나는 [마당이 넓은] 집에 살고 싶다].

(109ㄱ)의 경우 안은문장의 시제가 과거이므로 절대 시제로 해석할 경우에는 안긴문장 [커피 값이 비싼]의 시제 역시 과거이다. [커피 값이 비싼]에서 관형사형 어미 '-(으)ㄴ'의 시제가 현재라고 한 것은 절대 시제가 아니라 상대 시제로 해석할 때 현재라는 것이다.

형용사와 결합한 '-(으)ㄴ'이 현재 시제를 나타내는 것은 (109´)에서 보듯이 '-는'이 형용사와 결합할 수 없다는 사실과 관련이 있다.

(109´)

ㄱ. [*[커피 값이 *비싸—는] 카페가 많아졌다].

ㄴ. [나는 *[마당이 *넓—는] 집에 살고 싶다].

즉 형용사는 '-는'과 결합할 수 없기 때문에, 동사에서 과거 시제를 나타내던 '-(으)ㄴ'이 형용사에서는 현재 시제를 나타내게 된다.

관형사형 어미 '-(으)ㄹ'은 미래 시제의 의미를 나타낸다.

(110)

ㄱ. [[네가 앞으로 할] 일의 목록을 만들어 봐].

ㄴ. [[우리에게는 이제 행복할] 일만 남았다].

미래라는 시간의 특성 때문에 '-(으)ㄹ'이 추측의 양태 의미를 더 강하게 나타낼 때도 있다. 예컨대 '[[그가 나쁜 사람일] 리가 없다]'는 시제보다는 추측의 의미가 더 강하다.

4.6.2. 동작상

상(Aspect)은 사태의 내적 시간의 구조를 나타내는 것으로 시제와는 층위가 다른 개념이다.[13] 상에는 진행상과 완료상, 반복상, 지속상, 달성상 등이 있다. 상은 시제와 관련된 범주인데, 어휘 자체에 상의 의미가 들어 있기도 하다. 전자를 문법상, 후자를 어휘상이라고 하는데, 문법상을 동작상이라고도 한다. 여기서는 시제의 연장선에서 시제와 관련된 동작상에 대해서만 살펴보는데, 동작상 중에서도 진행상과 완료상에 대해서만 살펴본다.[14] 국어에서 동작상은 주로 통사적 구성으로 나타내는데, 어미를 통해서도 나타낸다.

동작상은 시제와는 다른 층위의 개념이라고 하였는데, 시제가 발화시를 기준으로 사건시의 위치와 관련된 개념인데 비해, 동작상은 시간의 내적 구성, 즉 시간의 폭과 관련된 개념이다. 시제는 '발화시'라는 기준 축이 있지만, 동작상에는 이러한 기준 축이 없다. 그래서 동작상을 비지시적 범주(non-deictic category)라고 한다. 기준이 되는 축이 없기 때문에 (111) ～ (112)에서 보듯이 진행상과 완료상은 과거 시제, 현재 시제, 미래 시제 모두에 걸쳐 나타날 수 있다. (111)은 진행상의 예이고, (112)는 완료상의 예이다.

---

13   'Aspect'는 일반적으로 '상(相)'으로 번역한다.

14   개론 수준에서 상을 체계적으로 다루기에는 아직 상에 대한 국어학계의 논의가 일반화되어 있지 않은 면이 있다. 그래서 비교적 이견이 적은 진행상과 완료상에 대해서만 다룬다.

(111)

	시제	동작상
어제는 이곳에 비가 오고 있었다.	과거	진행상
지금은 이곳에 비가 오고 있다.	현재	진행상
내일은 이곳에 비가 오고 있겠다.	미래	진행상

(112)

	시제	동작상
어제 그녀는 여기에 앉아 있었다.	과거	완료상
지금 그녀는 여기에 앉아 있다.	현재	완료상
내일 그녀는 여기에 앉아 있겠다.	미래	완료상

진행상은 동작이 진행되는 과정에 있는 동작의 양상이다. 진행상을 나타내는 방식은 (113)과 같다.

(113)

ㄱ	**-고 있다**	비가 오고 있다.
ㄴ	**-아/어 가다**	꽃이 점점 시들어 간다.
ㄷ	**-는 중이다**	비가 오는 중이다.
ㄹ	**-(으)면서** **-(으)며**	그는 음악을 들으면서 공부한다. 동생은 밥을 먹으며 TV를 본다.

(113ㄱ~ㄷ)은 통사적 구성으로 진행상을 나타내고 있고, (113ㄹ)은 어미로 진행상을 나타내고 있다.

완료상은 동작이 끝나서 그 결과가 남아 있는 동작의 양상이다. 완료상을 나타내는 방식은 (114)와 같다.

(114)

ㄱ	**-아/어 있다**	그녀는 의자에 앉아 있다.
ㄴ	**-아/어 버리다**	동생이 밥을 다 먹어 버렸다.
ㄷ	**-고서**	나는 외투를 입고서 길을 나섰다.

(114ㄱ,ㄴ)은 통사적 구성으로 완료상을 나타내고 있고, (114ㄷ)은 어미로 완료상을 나타내고 있다.

진행상을 나타내는 '-고 있다'는 동사와만 결합한다. 형용사는 '-고 있다'와 결합할 수 없다. 진행은 과정이 있어야 하는데, 형용사는 기본적으로 상태의 의미를 가지고 있어서 과정을 상정할 수 없기 때문이다. 상태는 진행되는 것이 아니라 지속되는 것이다.

'-고 있다'는 진행상의 의미도 있고, 동작이 완료된 결과가 지속된다는 의미도 있어서 중의적이다. (115)는 (116)처럼 두 가지 의미를 가진다.

(115) 넥타이를 매고 있다.

(116)

ㄱ. 넥타이를 매고 있다.(← 와이셔츠를 다 입고 나서)

ㄴ. 넥타이를 매고 있다.(← 하루 종일 풀지 않고)

(116ㄱ)은 동작이 진행되고 있다는 의미, 즉 진행상의 의미를 나타 낸다. 이에 비해 (116ㄴ)은 동작이 완료된 결과가 지속된다는 의미를 나타낸다. 이처럼 '-고 있다'는 의미적으로 중의성을 가진다.

4.7. 피동과 사동

피동(passive)의 대응 개념은 능동이고, 사동의 대응 개념은 주동이 다. 의미적으로 피동은 주어가 어떤 일을 당하는 의미가 있고, 사동은 사동주가 피사동주에게 어떤 일을 하게 만드는 의미가 있다. 능동과 주동은 그 자체로는 정의될 수 없다. 즉 능동은 피동에 대응될 때 성립 하는 개념이고, 주동은 사동에 대응될 때 성립하는 개념이다. 피동의 의미가 있는 문장이 피동문이고, 사동의 의미가 있는 문장이 사동문이 다. 피동문은 피동사, 그리고 통사적 구성인 '-아/어지다', '-게 되다' 에 의해 실현된다. 사동문은 사동사, 그리고 통사적 구성인 '-게 하다' 에 의해 실현된다.

그런데 피동사가 쓰였음에도 피동의 의미가 불분명한 경우, 사동사 가 쓰였음에도 사동의 의미가 불분명한 경우가 있다. 하지만 통사적으 로는 피동사가 쓰인 (117)은 피동문으로, 그리고 사동사가 쓰인 (118) 은 사동문으로 다룬다.

(117)은 피동사가 쓰인 문장이지만 주어가 어떤 행위를 당하는 의미 가 거의 없다.

(117)

ㄱ. 날씨가 풀렸다.

ㄴ. 그 사람이 자꾸 눈에 밟힌다.

(118)은 사동사가 쓰였음에도 사동의 의미가 불분명한 경우이다.

(118)

ㄱ. 관청에서 봇둑을 높였다.

ㄴ. 엄마가 내 간식을 줄였다.

(118)에서 사동주는 '관청', '엄마'이다. 하지만 사동주가 피사동주에 어떤 행위를 시킨다는 의미가 나타나지 않는다. 또한 피사동주로 상정될 수 있는 '봇둑', '내 간식'이 피사동주라고 할 수 있는지도 의문스럽다.

4.7.1. 피동 표현

어떤 사태를 기술할 때 우리는 행위를 하는 주체를 중심으로 기술할 수도 있고, 행위를 당하는 대상을 중심으로 기술할 수도 있다. 후자의 경우가 피동(passive)이다.

(119)

ㄱ. 경찰이 도둑을 잡았다.

ㄴ. 도둑이 경찰에게 잡혔다.

(119ㄱ)과 (119ㄴ)이 서술하는 사태의 내용은 동일하다. 단지 (119
ㄱ)은 잡은 주체인 경찰을 중심으로 사태를 기술하였고, (119ㄴ)은 잡
힌 대상인 도둑을 중심으로 사태를 기술하였다. 이처럼 우리는 하나
의 동일한 사태를 (119ㄱ)처럼 행위의 주체를 중심으로 기술할 수도
있고, (119ㄴ)처럼 행위를 당하는 대상을 중심으로 기술할 수도 있다.
(119ㄴ)과 같이 기술한 문장을 피동문이라고 하고, 피동문 (119ㄴ)에
대응되는 (119ㄱ)을 능동문이라고 한다. 능동문으로 기술하든 피동문
으로 기술하든, 기술하는 사태의 내용이 다른 것은 아니기 때문에 의
미적으로 능동문과 피동문은 유의문으로 본다.

표면적으로 보면, (120)처럼 능동문의 목적어가 피동문에서는 주어
로, 능동문의 주어가 피동문에서 '-에게'와 결합하여 나타나는 경우가
많다. 물론 피동문의 서술어는 피동사이다.

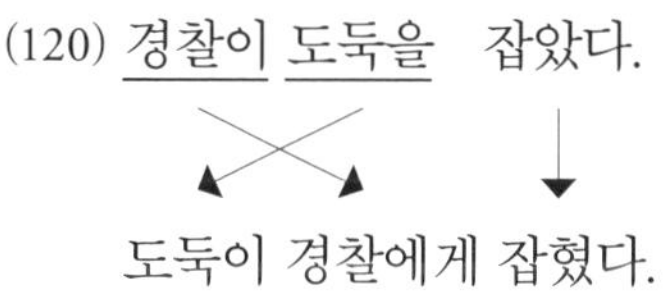

하지만 (121)에서 보듯이 능동문의 주어가 '-에게'와 결합하면 비문
이 되거나 어색한 문장이 되는 경우도 있다.

(121)

ㄱ. 별이가 리모컨 버튼을 눌렀다.

 *리모컨 버튼이 별이에게 눌렸다.

ㄴ. 별이가 이삿짐을 트럭에 실었다.

 *이삿짐이 별이에게 트럭에 실렸다.

능동문과 피동문이 의미적으로 유의문이고, 그래서 서로 관련이 깊은 것은 사실이다. 하지만 그렇다고 능동문과 피동문이 통사적으로 관련되어 있다고 보지는 않는 것이 일반적이다. 다시 말해 통사적인 절차에 의해 능동문에서 피동문이 만들어진다고 보지는 않는다는 말이다. 피동사 '잡히-'는 피동 파생에 의해 만들어진 단어이다. 이는 피동사 '잡히-'가 어휘부에 저장되어 있다는 것을 의미한다. '잡히-'가 이미 어휘부에 저장되어 있는 단어이므로 통사적인 절차에 의해 '잡았다'가 '잡혔다'가 된다고 할 수 없다. 그러니까 '경찰이 도둑을 잡았다.'는 동사 '잡-'이 이끄는 문장이고, '도둑이 경찰에게 잡혔다.'는 동사 '잡히-'가 이끄는 문장이다. 이처럼 피동문은 피동사가 서술어인 문장이다. 다시 말해 (119ㄴ)의 피동문이 (119ㄱ)에서 통사적인 변형을 통해 만들어진 문장은 아니다.

피동문이라고 할 때 피동문에는 세 가지 유형이 있다. 첫째, 어휘적 피동문, 둘째, 피동사에 의한 피동문, 셋째, 통사적 구성에 의한 피동문이 그것이다.

첫째, 어휘적 피동문은 어휘 자체가 피동의 의미를 가지고 있어서 피동문으로 분류되는 경우이다.

(122)

　ㄱ. 나는 오늘 황당한 일을 당하였다.

　ㄴ. 나는 이제 어른이 되었다.

'당하-', '되-'는 어휘 자체가 피동의 의미를 가지고 있다. 그래서 (122)가 피동문으로 분류될 수 있다.

둘째, 피동사에 의한 피동문으로, 이를 파생적 피동문이라고 한다.

피동사라고 할 때 피동사는 동사 어간에 피동 접미사 '-이/히/기/리-'
가 결합해서 만들어진 파생 동사를 말한다. 피동사 자체가 피동의 의
미를 가지고 있기 때문에 피동사가 서술어로 쓰인 문장은 당연히 피동
문이다. 통사적 피동문에 비해 문장의 길이가 짧아서 단형 피동문이라
고도 한다.

(123)

ㄱ. 도둑이 경찰에게 잡혔다.

ㄴ. 아기가 엄마에게 안겼다.

ㄷ. 손이 떨린다.

피동사 '잡히-'는 '잡-'에 피동 접미사 '-히-'가 결합한 파생 동사이
고, 피동사 '안기-'는 '안-'에 피동 접미사 '-기-'가, 피동사 '떨리-'는
'떨-'에 피동 접미사 '-리-'가 결합한 파생 동사이다.[15] 참고로 피동 파
생에 참여하는 어근은 타동사라는 공통점이 있다. '잡-', '안-', '떨-'
모두 타동사이다.

셋째, 통사적 구성인 '-어지다', '-게 되다'가 결합해서 만들어진 피
동문이다. '-어지디', ' 게 되디'기 결합하는 것은 동사부에서의 통사
적 과정이기 때문에 이를 통사적 피동문이라고 한다. 피동사에 의한

15　피동의 의미를 더하는 접미사 중에는 '-당하-'도 있다. '배신당하-', '거절당하-', '무
시당하-' 등이 접미사 '-당하-'에 의해 만들어진 파생어이다. 접미사 '-당하-'에 피
동의 의미가 있기 때문에, 이들 파생어 역시 피동사로 분류될 수 있다. 그런데 'X당
하-'류의 피동사는 일반적으로 대부분의 개론서에서 피동 접미사 '-이/히/기/리-'
가 결합하여 만들어진 피동사와 구분해서 다룬다. 그래서 피동사에 의한 피동이라
고 할 때는 '-이/히/기/리-' 접미사가 결합하여 형성된 피동사에 의한 피동만을 가
리키는 경우가 많다.

피동문에 비해 문장의 길이가 길기 때문에 장형 피동문이라고도 한다. 파생적/통사적 피동문의 구분은 문법적인 성격에 따른 것이고, 단형/장형 피동문의 구분은 문장의 길이에 따른 것이다.

(124)

ㄱ. 종이가 잘 접혀진다.

ㄴ. 나는 사실을 알게 되었다.

(125)

ㄱ. [종이가 잘 접히-]+-어진다. → 종이가 잘 접혀진다.[16]

ㄴ. [나는 사실을 알-]+ -게 되었다. → 나는 사실을 알게 되었다.

'V—어지다', 'V—게 되다'는 모두 '본용언+보조용언'의 통사적 구성이다. 그래서 통사적 피동문이라고 한다. 그런데 'V—어지다' 구성의 경우, 현재 『표준국어대사전』에서 이미 단어로 등재된 것들이 많다. '예뻐지-, 슬퍼지-, 높아지-, 맑아지-, 붉어지-' 등 원래는 'V-어지다'의 통사적 구성이었던 것들인데, 이들이 단어로 사전에 등재되어 있다. 반면 'V—게 되다' 구성이 단어로 등재된 것은 찾기 어렵다.

'-어지다'에 의해 만들어진 피동문과, '-게 되다'에 의해 만들어진

---

16 '접혀지다'는 이중 피동으로 국립국어원에서 적절하지 않다고 말하는 예이기는 하다. 그러나 일상에서 이러한 이중 피동 표현은 흔하게 들을 수 있다. 문법은 규범에 맞는지 아닌지를 따지는 것이 아니라, 사람들이 그렇게 사용하면 왜 그렇게 사용하는지를 설명하는 분야이다. '접히-'가 이미 피동사이지만, '-어지다'가 통사적으로 피동문을 만들기 때문에, 이미 피동사가 쓰인 문장에 다시 '-어지다'가 결합하여 피동문을 만드는 것은 문법적으로 자연스러운 일이다.

피동문은 구조적으로 차이가 있다.[17] (126)에서 보듯이 타동사 뒤에 '-어지다'가 결합한 '타동사—어지다' 구문에서는 목적어가 나타나지 않는다. '지우-', '만들-'은 타동사이지만, '지워지다', '만들어지다'가 서술어인 (126)에서 목적어가 나타나지 않는다.

(126)

ㄱ. 옛 사랑의 기억이 지워졌다.

ㄴ. 이 제품은 장인에 의해 만들어졌다.

'-어지다'가 접사는 아니지만, (126)에서 '-어지다'는 피동 파생 접미사와 비슷한 행동을 보인다. 즉 타동사에 피동 파생 접미사 결합한 피동사는 목적어를 요구하지 않는 자동사로 동사의 특성이 바뀌는데, '-어지다'에 의한 통사적 피동도 이와 비슷한 양상을 보인다.

반면 '-게 되다'에 의해 만들어진 피동문은 '-게 되다'에 선행하는 본용언의 논항이 그대로 유지된다. 다시 말해 본용언이 타동사일 때는 타동사 문장이 그대로 유지된 상태에 '-게 되다'가 결합한다. 그래서 본용언이 타동사일 때는 목적어가 나타난다.

(127)

ㄱ. [그는 옛 사랑의 기억을 지우]—게 되었다.

ㄴ. [장인이 이 제품을 만들]—게 되었다.

---

17 'V—어지다', 'V—게 되다' 둘 다 동일한 통사적 구성이지만, 〈한글맞춤법〉에서 'V어지다' 구성은 붙여 쓰고, 'V게∨되다' 구성은 띄어 쓰게 규정해 놓았다. 여기에 특별히 어떤 문법적인 이유가 있는 것은 아니고, 그냥 그렇게 규정해 놓은 것이다.

(127ㄱ,ㄴ)에서 타동사 '지우-', '만들-'의 목적어 논항이 그대로 실현된 것을 확인할 수 있다. 이처럼 '-어지다'와 달리 '-게 되다'에 의한 통사적 피동문은 '-게 되다'가 결합하기 전의 문장 구조가 그대로 유지된 채 '-게 되다'가 결합한다.

'-게 되다' 구문의 경우, 피동사에 의한 피동문이나 '-어지다'에 의한 피동문에 비해 상대적으로 피동의 의미가 약하다. 그래서 '-게 되다' 구문을 피동문이라고 할 수 있느냐에 대해 논란이 있다. 예컨대 '-게 되다' 구문을 피동문이라고 할 경우, '약효가 나타나게 되다.'는 피동문이다. 그리고 이에 대응되는 '약효가 나타나다.'는 능동문이다. 그런데 '약효가 나타나게 되다.'에는 피동의 의미가 분명하지 않다.

피동사에 의한 피동문, 즉 파생적 피동문의 경우 피동문과 능동문이 구조상으로 상당히 관련이 있다. 그렇기는 하지만 피동문이 능동문에서 통사적으로 변형을 거쳐 형성된 것으로 볼 수는 없다. 그 이유는 다음과 같다.

첫째, 동사 중에는 대응되는 피동사가 없는 동사들이 있다. 예컨대 '사다, 줍다, 만들다 …'는 대응되는 피동사가 없다. 대응되는 피동사가 없는데, 통사적으로 능동문에서 변형을 거쳐 피동문이 만들어질 수 없다.

둘째, 대응되는 피동사가 있는 경우에도 피동문이 성립하지 않는 경우가 있다.

(128) 하늘이가 자기 머리카락을 쥐어뜯었다.

　　→ *자기 머리카락이 하늘이에게 쥐어뜯겼다.

'쥐어뜯기-'는 '쥐어뜯-'의 피동사이다. 하지만 (128)에서 보듯이 대응되는 피동문을 상정할 수 없다.

(128)과 반대가 되는 경우도 있다.

(129) 그 사람이 눈에 밟힌다.
→ *눈이 그 사람을 밟는다.

(129)는 피동문은 있지만, 피동문에 대응되는 능동문을 상정할 수 없다.

셋째, 통사적 변형은 변형 전과 변형 후의 문장의 의미가 같아야 함을 전제로 하는데, 능동문과 피동문의 의미가 서로 다른 경우가 있다.

(130)
ㄱ. 포수 열 명이 토끼 한 마리를 잡았다.
ㄴ. 토끼 한 마리가 포수 열 명에게 잡혔다.

(130ㄱ)에서는 '포수 열 명이 각각 토끼 한 마리를 잡았다.'는 의미와, '포수 열 명이서 한 마리의 토끼를 잡았다.'는 의미 둘 다 가능하다. 하지만 (130ㄴ)에서는 '포수 열 명이서 한 마리의 토끼를 잡았다.'는 의미만 나온다. 따라서 능동문인 (130ㄱ)의 의미와 피동문인 (130ㄴ)의 의미가 같다고 볼 수 없다. 이는 통사적 변형은 의미를 변화시키지 않는다는 기본적인 전제를 위반한다.

'예뻐지-'는 파생어인가, 아닌가?

'-어지다'가 결합한 구성 중에는 아래 예처럼 이미 단어가 된 것들이 꽤 있다.

- 예뻐지다
- 슬퍼지다
- 나빠지다
- 좋아지다

⋮

이들은 'X(형용사)—어지-'의 통사적 구성이 굳어져서 단어가 된 것으로, 결과된 단어의 품사는 동사이다. 이미 단어가 되었다는 사실과, 이런 단어의 수가 꽤 된다는 사실을 통해 '-어지-'를 접사처럼 볼 여지가 없지는 않다.

하지만 접사 '-어지-'의 존재를 아직은 공식적으로 인정하고 있지는 않다. 사전에도 '-어지-'가 등재되어 있지 않다. 접미사 '-어지-'의 존재를 인정하지 않는데, '예뻐지-, 슬퍼지- …'를 파생어로 해석할 수는 없다.

아무튼 '예뻐지-, 슬퍼지- …'는 이미 단어가 되어 어휘부에 저장되어 있는 어휘이다. 이는 '그녀는 얼굴이 예뻐졌다.'의 경우, '그녀는 얼굴이 예뻤다.'에서 통사적 절차에 의해 피동문 '그녀는 얼굴이 예뻐졌다.'가 된 것으로 볼 수 없음을 말해 준다. '그녀는 얼굴이 예뻐졌다.'는 처음부터 동사 '예뻐지-'가 서술어인 문장이다.

4.7.2. 사동 표현

사동(causative)은 누군가에게 무엇을 시킨다는 의미이다. 그래서 사동문에는 시키는 주체인 사동주와, 그러한 시킴을 당하는 사람, 다시 말해 사동주에 의해 어떠한 행위를 할 것을 요구받는 대상인 피사동 주가 상정된다. 이러한 사동문에는 피동문과 평행하게 세 가지 종류가 있다. 첫째, 어휘적 사동문, 둘째, 사동사에 의한 사동문, 셋째, 통사적 구성에 의한 사동문이 그것이다.

첫째, 어휘적 사동문의 경우로, 이는 어휘 자체가 사동의 의미를 가 지고 있기 때문에 사동문으로 분류된다.

(131) 나는 동생에게 그 일을 시켰다.

(131)에서 사동주는 '나'이고, 사동주인 '나'에 의해 어떠한 행위 를 할 것을 요구받는 피사동주는 '동생'으로, 전형적인 사동문의 구조 이다. 타동사 '시키-'는 3개의 논항—주어, 목적어, 보충어(필수 부사 어)—을 요구하는 동사인데, 그중 주어 논항이 사동주이고, 보충어(필 수 부사어) 논항이 피사동주이다.

둘째, 사동사에 의한 사동문으로 이를 파생적 사동문이라고 한다.

(132)

ㄱ. 엄마가 고양이에게 물을 먹였다.

ㄴ. 지수가 동생에게 책을 읽혔다.

ㄷ. 엄마가 아빠에게 아기를 안겼다.

사동사는 용언 어간에 사동 접미사 '-이/히/기/리/우/구/추-'가 결 합하여 만들어진 파생 동사로, 이들 사동사가 사동의 의미를 가지고 있기 때문에 사동문이다. 통사적 사동문에 비해 문장의 길이가 짧아서 단형 사동문이라고도 한다.[18]

셋째, 통사적 구성인 '-게 하다'가 결합해서 사동문이 되는 경우이다. '-게 하다'가 결합하는 것이 통사적 과정이기 때문에 통사적 사동문이라고 한다. 통사적 사동문은 파생적 사동문에 비해 문장의 길이가 길어서 장형 사동문이라고도 한다.

(133)

ㄱ. [선생님께서 영호에게 노래를 부르]―게 하였다.

ㄴ. [조련사가 코끼리에게 공을 굴리]―게 하였다.

ㄴ. [물이 다시 흐르]―게 하였다.

(133)에서 보듯이 이미 만들어진 문장에 통사적으로 '-게 하다'가 결합하여 사동문이 된다.

의미적으로 파생적 사동문과 '-게 하다'에 의한 통사적 사동문은 차이가 있다고 본다. 파생적 사동문은 사동의 의미가 직접적으로 해석되기도 하고 간접적으로 해석되기도 하는데 비해, 통사적 사동문은 사동의 의미가 간접적으로만 해석된다.

(134) 지수가 동생에게 책을 읽혔다.

(135) 지수가 동생에게 책을 읽게 하였다.

18 사동사를 만드는 접미사에는 '교육시키다, 오염시키다…'의 접미사 '-시키-'도 추가된다. 그러니까 (131)처럼 동사 '시키-'도 있고, 접미사 '-시키-'도 있다. 파생적 사동문을 다룰 때, 접미사 '-시키-'가 결합하여 만들어진 사동사에 의한 사동문에 대해서는 언급하지 않는 경우가 많지만, 정의상 이들 사동사가 서술어인 문장도 파생적 사동문이다.

(134)에서는 사동주인 지수가 직접 동생이 책을 읽게 시켰다는 의미로도 해석되고, 지수가 누군가를 통해 간접적으로 동생이 책을 읽게 했다는 의미로도 해석된다. 반면 (135)에서는 사동주인 지수가 누군가를 통해 간접적으로 동생이 책을 읽도록 했다는 의미로만 해석된다.

통사적 사동문은 통사적 절차에 의한 것이기 때문에 사동문을 만드는 데 제약을 거의 받지 않는다.

(136)

파생적 사동문 :　영수가 친구들에게 그 사실을 알렸다.

↓

통사적 사동문 :　영수가 친구들에게 그 사실을 알리게 하였다.

(137)

파생적 피동문 :　깃발이 바람에 흔들렸다.

↓

통사적 사동문 :　깃발이 바람에 흔들리게 하였다.

(136)처럼 파생적 사동뮤에 다시 '-게 하다'를 결합하여 사동문을 만들기도 하고, 심지어 (137)처럼 피동문에 '-게 하다'를 결합하여 사동문을 만들 수도 있다.

사동문에 대응하는 것이 주동문이다. 그런데 주동문은 사동문의 존재가 전제될 때에만 성립하는 개념이다. 사동문이 전제되지 않으면 주동문이라는 개념도 성립하지 않는다. 이는 주동사가 그 자체로 존재하는 것이 아니라, 사동사가 존재할 때 그 사동사에 대응되는 개념인 것과 평행하다. 예컨대 (138ㄱ)처럼 '동생이 책을 읽었다.'는 문장이 홀로 있을 때는 주동문인지 아닌지를 말할 수 없다. (138ㄴ)처럼 사동문 '지수가 동생에게 책을 읽혔다.'가 전제될 때 비로소 이에 대응되는 '동생이 책을 읽었다.'가 주동문이라고 말할 수 있다.

(138)

　ㄱ. 동생이 책을 읽었다. → 주동문인지 아닌지 말할 수 없음.

　ㄴ. 지수가 동생에게 책을 읽혔다. : 동생이 책을 읽었다.

　　　　　사동문　　　　　　　　주동문

사동문과 주동문의 관계 역시 피동문과 능동문의 관계와 마찬가지로 통사적으로는 관련이 없다. 즉 사동문이 주동문에서 통사적인 변형을 통해 만들어진 것이 아니다. 사동문과 주동문을 단순 비교하면, 사동문에는 주동문에 없는 사동주가 있다. (138ㄴ)에서 보듯이 사동문 '지수가 동생에게 책을 읽혔다.'에는 주동문 '동생이 책을 읽었다.'에는 없는 사동주 '지수가'가 더 있다. 만일 주동문에서 통사적 변형을 거쳐 사동문이 만들어졌다고 할 경우에는 주동문에 없는 사동문의 사동주가 통사적 변형 과정에서 어떻게 새로이 생성되었는지 설명할 수 없다.

통사적으로 사동문이 주동문에서 변형을 거쳐 생성되었다고 볼 수 없는 또 다른 이유는 (139)처럼 대응하는 주동문을 아예 상정할 수 없는 사동문도 있다.

(139)

　ㄱ. 그녀는 나에게 아픔을 숨겼다.

　ㄴ. 그가 나에게 희망을 안겼다.

(139)의 경우에는 대응하는 주동문을 상정하는 것 자체가 불가능하다. 대응하는 주동문이 상정되지 않는다는 것은 사동문과 주동문이 통사적으로 관련이 없음을 말해 준다.

4.8. 부정 표현

부정문은 부정의 의미를 가진 부사 '안/아니'가 포함된 문장, 그리고 통사적 구성인 '-지 않다/-지 아니하다'에 의한 문장을 이른다. 부정의 의미를 가진 부사 '안/아니'에 의한 부정문을 어휘적 부정문이라고 하고, '-지 않다/-지 아니하다'에 의한 부정문을 통사적 부정문이라고 한다.

(140)

　　　　　　나는 그를 만났다.
　　　　　　　　↓
어휘적 부정 :　나는 그를 안 만났디.
통사적 부정 :　나는 그를 만나지 않았다/아니하였다.

어휘적 부정문은 통사적 부정문에 비해 문장의 길이가 짧기 때문에 단형 부정문이라고도 한다. 상대적으로 문장의 길이가 긴 통사적 부정문은 장형 부정문이라고 한다.

부정문이라고 할 때는 (141)처럼 '못'이나 '-지 못하다' 구문도 부정문의 한 유형으로 본다.

(141)

나는 그를 만났다.

↓

어휘적 부정 : 나는 그를 못 만났다.

통사적 부정 : 나는 그를 만나지 못했다.

(140)의 '안'이나 '-지 않다/-지 아니하다'에 의한 부정을 '단순 부정'이라고 하는데 비해, (141)의 '못'이나 '-지 못하다'에 의한 부정은 '능력 부정'이라고 하여 둘을 구별한다.

어휘적 부정문은 통사적 부정문에 비해 제약이 강하다. 그래서 용언에 따라서는 '안'에 의한 어휘적 부정이 제약되는 경우가 있다. 통사적 부정문은 주어진 문장에 통사적으로 '-지 않다/-지 아니하다'를 결합시켜 만들기 때문에 상대적으로 제약이 거의 없다.

(142)

ㄱ. 그는 학생답다.

↓

?*그는 안 학생답다.　　← 어휘적 부정

그는 학생답지 않다.　　← 통사적 부정

ㄴ. 지아는 문법을 공부하였다.

↓

?*지아는 문법을 안 공부하였다.　　← 어휘적 부정

지아는 문법을 공부하지 않았다.　　← 통사적 부정

(142)에서 보듯이 '안'에 의한 어휘적 부정은 매우 어색하거나 적격하지 않은데 반해, '-지 않다/-지 아니하다'에 의한 통사적 부정은 자연스럽다.

'못' 부정 역시 '-지 못하다'에 의한 부정에 비해 제약이 강하다.

(143)

지아는 기분이 좋았다.

↓

*지아는 기분이 못 좋았다.　　　← 어휘적 부정

　지아는 기분이 좋지 못했다.　　← 통사적 부정

(143)에서 보듯이 '못'에 의한 부정은 적격하지 않은데 반해, '-지 못하다'에 의한 부정은 자연스럽다.

명령문의 부정은 '-지 마/-지 마라' 또는, '-지 말라'로 실현된다. (144)에서 보듯이 명령문의 부정은 부정 부사 '안'이나 '못'에 의한 부정이 불가능하고, '-지 않아라', '-지 못하라'에 의한 부정도 불가능하다.

(144)

너는 내일 그를 만나라.

↓

너는 내일 그를 만나지 마/마라/말라.

*너는 내일 그를 안 만나라.

*너는 내일 그를 만나지 않아라.

*너는 내일 그를 못 만나라.

*너는 내일 그를 만나지 못하라.

'-지 마/-지 마라', '-지 말라'는 부정이라기보다는 금지에 해당한다. 그래서 이를 '금지 부정'이라고 한다.

청유문의 부정은 '-지 말자'이다.

(145)

내일 여행을 떠나자.

↓

내일 여행을 떠나지 말자.

'그것은 비생산적이다/불가능하다.'는 부정문인가, 아닌가?

'비생산적, 비물질적, 비전문적 …' 그리고 '불가능, 불공정, 부도덕, 부정확 …' 처럼 부정의 의미를 가진 한자어 접두사 '비(非)-', '불/부(不)-'가 결합한 파생어들이 있다. 이들 파생어는 부정적인 의미를 가지고 있다. 그러나 그렇다고 해서 이들 파생어가 쓰인 문장을 부정문이라고 하지는 않는다. 왜냐하면 '안'이나 '-지 않다/-지 아니하다'에 의한 부정문과, 이들 한자어 어휘가 쓰인 문장이 통사적으로 같지 않기 때문이다.

부정문은 아래 ㉮에서 보듯이 부정 극어와의 결합이 제약되지 않는다. 부정 극어는 '전혀, 절대, 결코' 등과 같은 부사, 그리고 단어는 아니지만 '하나도, 아무도, 추호도' 등과 같은 표현을 이른다. 이러한 부정 극어는 긍정문에서는 쓰이지 못하고, 부정문에서만 쓰이는 특징이 있다.

㉮

ⓐ 그곳은 볕이 전혀/하나도 안 든다.
ⓑ 그곳은 볕이 전혀/하나도 들지 않는다.

그런데 ㉮와 달리 부정 접두사 '비-', '불/부-'가 결합한 파생어들의 경우는 ㉯에서 보듯이 부정 극어와 결합하지 못한다.

㉯

ⓐ *그것은 전혀/하나도 비생산적이다.
ⓑ *그것은 전혀/하나도 불공정하다.

㉮와 ㉯에서 보듯이 '안', '-지 않다/-지 아니하다'에 의한 부정문과, 비-', '불/부-'가 결합한 파생어가 쓰인 문장은 차이가 있다. 그래서 '그것은 비생산적이다.', '그것은 불공정하다.'처럼 부정 접두사 '비-', '불/부-'가 결합한 파생어가 쓰인 문장은 부정의 의미가 있기는 하지만, 부정문으로 다루지는 않는다.

제5장

의미론(/화용론)

의미론(semantics)은 언어의 의미(meaning)를 연구하는 분야이다. 음운론의 기본 단위는 음소이고, 형태론의 기본 단위는 형태소, 통사론의 기본 단위는 문장인 것처럼 의미론에서도 기본 단위가 설정되어야 하는데, 의미론의 기본 단위는 의미이다. 그런데 이 의미의 '의미'를 정의하는 것이 쉽지가 않다. 언어학에서 의미론이 다른 영역(음운론, 형태론, 통사론)에 비해 늦게, 거의 20세기 중반에 들어서야 어느 정도 모습을 갖추기 시작한 것은 바로 이 때문이다. 음운론 연구가 이루어지기 위해서는 먼저 음운이 정의되어야 하고, 형태론 연구가 이루어지기 위해서는 먼저 형태소가 정의되어야 하고, 통사론 연구가 이루어지기 위해서는 먼저 문장이 정의되어야 하듯이 의미론 연구가 이루어지기 위해서는 먼저 의미가 정의되어야 한다. 그런데 의미를 정의하기가 쉽지 않기 때문에 그만큼 출발도 늦어지게 된 것이다.

의미론은 '의미'를 다루는 분야이다. 그런데 의미를 가진 단위는 형태소에서부터 단어, 구, 절, 문장, 담화에 이르기까지 다양하다. 의미를 가진 단위 중에서 최소의 단위가 형태소이니까, 일단 의미론의 가장 작은 단위는 형태소라고 할 수 있다. 그리고 문장보다 큰 의미 단위가 있지만, 의미론에서 다루는 언어 단위의 최대 크기는 일반적으로 문장을 넘어서지는 않는다.

의미론은 크게 어휘의 의미를 다루는 어휘 의미론과, 문장의 의미를 다루는 문장 의미론으로 나뉜다. 전통적으로 의미론이라고 할 때는 어휘 의미론을 가리키는데, 이는 의미론이 어휘의 의미를 연구하는 데서 출발했다는 사실과 관련이 있다. 유의어, 반의어, 상위어/하위어 등이 모두 어휘 의미론의 영역이다. 문장 의미론은 문장의 의미를 연구하는 분야이다. 문장은 의미를 가지고 있는 단위이므로 통사론에서 문장을 분석할 때 의미를 배제한 채 할 수는 없다. 그래서 통사론과 문장 의미론은 서로 밀접하게 관련되어 있다.

의미론에서 다루는 문장의 의미는 문장을 구성하는 구성 요소들의 의미의 총합으로서의 의미이다. 이를 넘어서는, 즉 맥락에 따라 동일한 문장이 다른 의미를 가지는 것은 의미론에서 다루지 않는다. 이는 따로 화용론의 영역이다. 예컨대 '날씨가 좋네.'라는 문장은 실제 날씨가 좋다는 의미 외에도 상황이나 맥락에 따라서는 '놀러 가자.'는 의미를 가질 수도 있고, '기분이 좋다.'는 의미를 가질 수도 있고, '날씨가 좋으면 안 되는데'의 반어적 의미를 가질 수도 있다. 이처럼 상황이나 맥락까지 반영한 의미를 다루는 분야를 화용론이라고 한다.

의미론과 화용론의 차이를 정리하면 (1)과 같다.

(1) 의미론과 화용론의 대비[1]

	의미론	화용론
연구 대상	어휘와 문장의 의미	발화의 의미
	맥락 비의존적 의미	맥락 의존적 의미
발화 맥락	배제	고려
연구 내용	언어 내적 구조 또는 체계	언어 사용자, 발화 상황, 발화 시 공간 등 발화 맥락
	언어 능력	언어 사용
	의미 사이의 논리적 관계	맥락에 의해 결정되는 언어 사용의 조건

이 책에서는 어휘 의미론을 중심으로 다루면서, 문장 의미론의 기본

---

1 신승용·이정훈·오경숙 공저(2013), 『국어학 개론』, p.273에서 인용.

적인 내용을 소개하는 선에서 다룬다. 여기에 더하여 의미론과 화용론의 경계 지점쯤에 있다고 할 수 있는 함축에 대해서 간단히 설명할 것이다.

5.1. 의미의 정의

의미의 '의미'가 무엇일까? 언어가 '내용+형식'의 결합으로 이루어져 있다고 할 때, 내용에 해당하는 것이 의미이다. 그런데 이것은 의미에 대한 이해에 도움이 되지 않는다. 왜냐하면 그러면 다시 '내용은 무엇인가?'라는 질문에 부딪히게 되는데, 이는 결국 원래의 질문 '의미가 무엇인가?'로 되돌아가는 상황이기 때문이다.

의미의 '의미'는 무엇인가? 개론 수준에서 '의미'라고 할 때의 의미는 오그덴&리차즈(Ogden&Richards, 1923)의 의미의 정의를 토대로 하고 있다. (2)가 오그덴&리차즈(1923)의 의미의 정의인데, 이를 '의미 삼각도'라고 부른다.

(2)

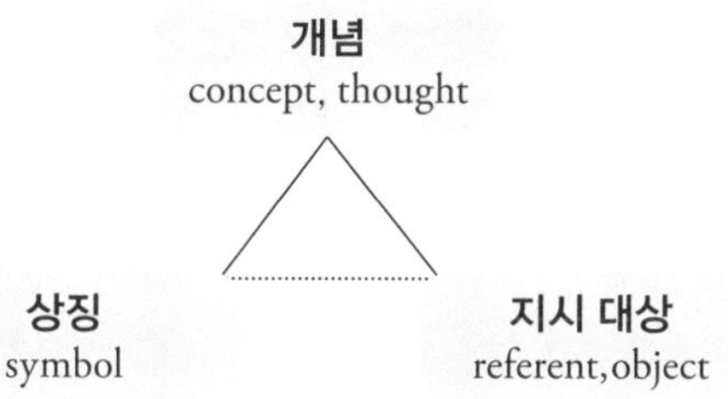

　'상징'은 언어 기호 자체를 말하는 것으로 음성 언어, 문자 언어 둘 다 상징에 해당한다. 그리고 '지시 대상'은 실재하는 것일 수도 있고, 실재하지 않는 추상적인 것일 수도 있다. 우리는 지시 대상을 보면 지시 대상에 대한 개념을 떠올리고, 그 개념이 지시 대상을 가리키는 상징과 연결된다. 역으로 어떤 상징을 보거나 들으면 그 상징에 연결된 개념을 떠올리고, 그 개념이 지시 대상과 연결된다. 이때 '개념'이 바로 의미이다. 이러한 의미의 정의를 '개념설'이라고 하다. (2)의 도식에서 보면 상징과 지시 대상이 직선으로 연결되어 있지 않고 점선으로 연결되어 있는데, 이는 상징과 지시 대상이 관계가 있지만 그 관계가 직접적으로 연결된 것은 아님을 의미한다. 상징과 지시 대상은 개념을 거쳐서 서로 연결되므로 직접적이지 않다.

　이와 달리 지시 대상이 곧 의미라고 보는 견해도 있다. 이를 지시설이라고 한다. 지시설에서는 상징과 지시 대상이 직접 연결되어 있으므로, (2)처럼 점선이 아니라 실선으로 표현된다. 지시설에 따르면 '나무'의 의미는 지시 대상인 나무 그 자체이다. 그런데 개념설에 따르면 '나무'의 의미는 지시 대상인 나무 그 자체가 아니라 머릿속에 저장되어 있는 개념으로서의 나무이다. 지시 대상이 곧 의미라고 보는 관점에서는 추상적 개념을 나타내는 말이나, 지시 대상 자체를 상정할 수 없는 동사나 형용사, 부사와 같은 말들의 의미를 정의하기가 어려운 점이 있다.

　이밖에도 의미를 정의한 논의들이 많다. 블룸필드(Bloomfield,1933)는 자극에 대한 반응이 곧 의미라고 보았고(자극-반응설), 비트겐슈타인(Wittgenstein,1953)은 단어가 사용되는 구체적인 맥락에서의 용법이 의미라고 보았다(용법설). 의미의 정의가 이처럼 여전히 여러 가지 설이 있고, 하나로 단일화되지 못하는 것에는 그만큼 의미를 정의하기 쉽지 않기 때문이다.

　이러한 의미의 정의들 중에서 개론 수준에서 그리고 학교문법에서는 일반적으로 개념설에 기반한 의미의 정의를 바탕으로 하고 있다. 그렇지만 개념설 역시 지시 대상과 분리된 '개념'이라는 추상적인 층위가 실제로 존재하는지, 그리고 의미와 개념이 과연 동일한 것인지에 대해서는 비판의 여지가 있다.

5.2.　의미의 종류

　의미의 종류와 관련하여는 리치(Leech, 1974)의 의미 분류를 주로 참고한다. 리치는 의미를 개념적 의미, 연상 의미, 주제적 의미(의도 의미) 세 가지로 나누었다. 그리고 연상 의미는 다시 내포적 의미, 사회적 의미, 정서적 의미, 반사적 의미, 연어적 의미 이렇게 다섯 가지로 하위 구분하였다.

　(3) 의미의 종류

　가. 개념적 의미

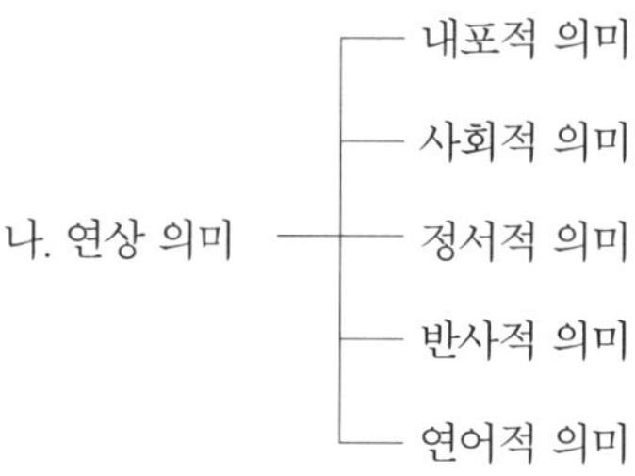

　다. 주제적 의미

5.2.1. 개념적 의미

　의미 중에서 가장 중심적이고 핵심이 되는 의미가 개념적 의미 (conceptual meaning)이다. 연상 의미와 주제적 의미는 개념적 의미를 기반으로, 개념적 의미에 덧붙여진 부가적인 의미이다. 그러니까 개념적 의미가 기반이 되지 않은 연상 의미나 주제적 의미를 생각할 수 없다. 그래서 개념적 의미를 일차적 의미, 연상 의미와 주제적 의미를 주변적 의미라고 한다.

　개념적 의미는 달리 사전적 의미라고도 한다. 개념적 의미는 사회적으로 약속이 이루어진, 다시 말해 언어 공동체에 의해 공유된 의미이다. 그래서 의미가 고정되어 있고,[2] 또한 객관적이다. 의미가 고정되어 있다는 것은 화자에 따라, 또는 지역에 따라 주관적으로 해석되지 않는다는 것을 뜻한다. 그래서 객관적이다. 만일 맥락에 따라 또는 화자에 따라 개념적 의미가 다르다면, 우리는 제대로 된 의사소통을 할 수 없을 것이다. 뒤에서 다시 설명하겠지만, 우리가 반의어, 유의어라고 하는 것도 이러한 개념적 의미가 서로 대립되는지, 비슷한지를 따지는 것이다. 반의어, 유의어를 따질 때 연상 의미나 주제적 의미는 고려하지 않는다.

　개념적 의미와 달리 연상 의미와 주제적 의미는 객관적 의미가 아니다. 물론 어느 정도 사회적인 약속이 이루어진 경우도 있지만, 기본적으로는 객관적이지 않은 의미이다. 그래서 개인에 따라, 사회적 집단의 구성에 따라 연상 의미와 주제적 의미는 가변적이다. 가변적이라는

2　언어가 변화하기 때문에 시간이 지나면 의미가 바뀌기도 하지만, 한 공시태 내에서 개념적 의미는 고정적이다.

것은 고정되어 있지 않다는 것을 뜻한다. 고정되어 있지 않기 때문에 객관적이지 않고, 동일한 형식에 또 다른 의미가 부가되는 것에 대해 개방적이다.

예컨대 '선생님'과 '샘'은 동일한 지시 대상을 나타내는 어휘이므로 개념적 의미가 같은 유의어이다. 그러나 '선생님'의 연상 의미와 '샘'의 연상 의미는 차이가 있다. 일반적으로 '선생님'에 비해 '샘'이 정서적으로 더 친근한 느낌을 주는 것으로 알려져 있다. 그러나 사람에 따라서는 '샘'이 친근한 느낌보다 비격식적이어서 불편한 느낌의 의미를 가질 수도 있다.

(4) 개념적 의미와 연상 의미의 차이[3]

개념적 의미	연상 의미
• 언어 공동체에 의하여 공유된 공통적 체계의 일부 • 고정적이고 객관적인 의미	• 개인의 경험에 따라 변하는 불안정한 의미 • 가변적이고 개방적인 의미

의미론에서 어휘의 의미나 문장의 의미를 다룰 때는 기본적으로 개념적 의미를 기반으로 한다. 예컨대 '아버지'와 '부친'은 지시 대상이 같으므로 개념적 의미가 같다. 그렇지만 '아버지'와 '부친'의 연상 의미가 같지는 않다. 그럼에도 '아버지'와 '부친'은 유의어이다. 그러니까 유의어, 반의어를 다룰 때는 개념적 의미만을 대상으로 하고, 연상 의미나 주제적 의미는 고려하지 않는다.

---

3 신승용·이정훈·오경숙 공저(2013),『국어학 개론』, p.281에서 인용.

5.2.2. 연상 의미의 종류

연상 의미에는 내포적 의미, 사회적 의미, 정서적 의미, 반사적 의미, 연어적 의미 이렇게 다섯 가지가 있다. 하나씩 살펴보자.

㉮ 내포적 의미

내포적 의미(connotative meaning)는 개념적 의미에 부가되어 어떤 표현이 지시함으로써 갖게 되는 전달 가치를 말한다. 함축적 의미라고도 한다.

예컨대 '여성'이라는 단어는 [+인간, −남성, +성숙]의 개념적 의미를 갖는다. 이러한 개념적 의미에 더하여 경우에 따라서는 '부드럽고 섬세하다'는 의미가 덧붙여지기도 한다. 이러한 의미가 바로 내포적 의미이다. 내포적 의미는 개인이나 사회 집단, 문화적 배경, 시대에 따라 다르게 나타날 수 있다. 그래서 '여성'에 대한 연상 의미가 조선시대와 현대가 다르고, 또 모계 사회에서와 부계 사회에서 다르다.

㉯ 사회적 의미

사회적 의미(social meaning)는 언어를 사용하는 사람의 사회적 환경과 관련하여 전달되는 의미를 이른다. 달리 문체적(stylistic meaning) 의미라고도 한다. 사회적 의미는 언어를 사용할 때 사회적 환경이 다르다는 것을 깨달을 때 나타난다. 동일 언어권 내의 화·청자 간에 사회적 차원이 다를 때, 이들 양자 간에 언어 사용의 간격이 생긴다. 이 간격을 사회적 의미라고 한다.

사회적 의미는 특정 단어의 사용이나, 말투, 억양, 등을 통해서 전달된다. 예컨대 우리는 어떤 사람의 말을 듣고 그 사람의 고향을 추론해 낼 수 있고, 그 사람의 사회적인 위치도 추론해 낼 수 있다. 또한 "엄동 시절에 가내 두루 평안하신지요?"라고 말하는 화자와, "추운 날씨에 잘 지내시죠?"라고 말하는 화자가 있을 때, 우리는 두 화자가 세대도 다르고 사회적인 환경 등도 다르다는 것을 추론해 낼 수 있다. 이렇게 추론되는 의미가 바로 사회적인 의미이다.

㉓ 정서적 의미

정서적 의미(affective meaning)는 화자가 지니는 기본 감정에 의해, 그리고 청자에 대한 화자의 태도에 의해 발생하는 의미를 이른다. 사회적 의미와 비슷하게 주로 특정 어휘의 사용이나 말투, 문체를 통해서 표현하고 전달된다.

예컨대 "잘 가."라고 하지 않고, "그만 꺼져."라고 말할 때는 화자가 화가 났다는 자신의 정서적 의미를 전달한 것이다. 그리고 "선생님!"이라고 부르지 않고 "샘!"이라고 부를 때는 화자가 청자를 친근하게 생각하는 정서적 의미를 표현한 것이다. 또한 "잘 한다."를 "잘:~ 한다"처럼 '잘'을 길게 늘여서 말함으로써 비꼼의 정서적 의미를 표현하기도 한다. 이렇게 전달되는 의미가 정서적 의미이다.

㉔ 반사적 의미

반사적 의미(reflected meaning)는 어떤 말이 그 개념적 의미와 무관하게 특정한 반응을 불러일으키는 경우가 있는데, 그럴 때 파악되는 의미가 반사적 의미이다.

예컨대 원래 '친구'를 뜻하는 고유어는 '동무'인데, '동무'가 주로 북한에서 쓰이는 말로 규정되면서 일정 정도 금기시되는 단어가 되었다. 그래서 '동무'라는 말을 듣고 '동무'의 개념적 의미와 아무런 관련이 없는 북한을 떠올리게 될 때, 그 의미가 바로 반사적 의미이다. 또 다른 예로 '초등학교'를 들 수 있다. 예전에는 '초등학교'를 '국민학교'라고 불렀는데, '국민학교'를 '초등학교'로 명칭을 바꾸게 된 이유는 '국민학교'라고 했을 때 느껴지는 '일제'라는 부정적인 이미지 때문이다. 이처럼 '국민학교'를 들었을 때 떠올리게 되는 '일제'라는 의미가 바로 반사적 의미이다.

마 연어적 의미

연어적 의미(collocative meaning)는 하나의 단어가 다른 단어와 함께 배열될 때, 그 배열된 환경에 의해 획득되는 의미이다. 주로 단어들의 결합이 일상성을 벗어났을 때 연어적 의미가 발생한다.

예컨대 '귀여운'이 '소녀, 강아지, 고양이' 등을 수식할 때는 자연스럽다. 반면 '귀여운 악어', '귀여운 할아버지'는 왠지 어색하거나 자연스럽지 않다. 그런데 그렇기 때문에 '귀여운 악어', '귀여운 할아버지'는 원래 '귀여운'의 의미와는 다른, 그리고 원래 '악어', '할아버지'와 다른 어떤 의미를 가지게 되는데, 그 의미가 연어적 의미이다. 이처럼 주로 두 단어의 연쇄가 자연스러운 배열이 아닐 때 부가적으로 생기는 의미가 연어적 의미이다.

5.2.3. 주제적 의미(thematic meaning)

주제적 의미는 발화 당시 화자가 특정 단어를 통해서 꼭 전달하고자 하는 의미로, 특정 상황에서만 잠정적으로 나타나는 의미이다. 어순을 재배치한다거나 초점이나 강조 등을 통해서 드러낸다. 화자의 의해 의

도된 의미이기 때문에 '의도 의미(intended meaning)'라고도 한다.

예컨대 '나는 절대로 울지 않는다.'에서 '절대로'를 화자가 강조하고
자 할 때는 '절대로'를 강하게 또는 크게 말함으로써 그 의도를 나타낸
다. 또는 '절대로 나는 울지 않는다.', '나는 울지 않는다, 절대로.'처럼
문장에서 '절대로'의 위치를 도치시킴으로써 그러한 의도를 드러내기
도 한다. 이러한 의미를 주제적 의미라고 한다.

5.3. 의미의 변화

5.3.1. 의미의 확장

의미가 확장되는 방식은 크게 두 가지이다. 하나는 사용 맥락이 늘
어나면서 의미가 확장되는 경우이고, 다른 하나는 은유와 환유에 의해
서 의미가 확장되는 경우이다.

가. 사용 맥락의 확대에 따른 의미 확장

한 어휘의 기본 의미가 여러 맥락에서 사용되면서, 그 맥락에서의
용법에 의해 또 다른 의미가 생긴다. 비트겐슈타인(1953)은 의미를 '낱
말이 사용되는 구체적인 맥락에서의 용법'이라고 정의하였는데, 이처
럼 어떤 어휘가 새로운 사용 맥락에 사용됨으로서 그 사용 맥락에 의
해 의미가 확장된다.

(5) 보다: 눈으로 대상의 존재나 형태적 특징을 알다.

- 영화를 보다　　→　　감상하다
- 환자를 보다　　→　　치료하다
- 미래를 보다　　→　　예측하다
- 책을 보다　　→　　읽다

⋮

(5)에서 보듯이 '보다'가 사용되는 맥락에 따라, 기본 의미에서 그 의미가 '감상하다, 치료하다, 예측하다, 읽다 …'로 확장되었다.

나. 은유와 환유에 의한 의미 확장

의미가 확장되는 또 하나의 중요한 방식 중의 하나가 은유(metaphor)와 환유(metonymy)이다. 은유는 의미의 유사성(similarity)에 기반하고 있다. 이에 비해 환유[4]는 의미의 인접성(contiguity)에 기반하고 있다.

먼저 은유는 익숙하지 않은 개념인 목표 영역(target domain)을 익숙한 개념인 근원 영역(source domain)을 통해 이해하는 인지적 책략이다. 예컨대 '연애는 운전이다.'는 은유의 경우, 잘 알지 못하는 '연애'의 개념을 잘 알고 익숙한 '운전'이라는 개념을 통하여 이해하는 것이다.

4　수사학에서는 '제유법'과 '환유법'을 구분하는데, 인지언어학에서 제유는 환유의 하나로 본다.

(6) '연애는 운전이다'의 은유 기제[5]

연애는	운전이다
목표 영역	근원 영역
추상적	구체적
낯선 개념(새로움)	익숙한 개념(진부함)

다음으로 환유는 서로 인접한 두 대상 사이에서 일어난다. 이때 확대 지칭을 하는 경우와 축소 지칭을 하는 경우가 있다. 확대 지칭의 예로는 '그는 나의 오른팔이다.'의 '오른팔'이 이에 해당한다. 이는 오른팔이라는 인체의 한 부분으로 사람이라는 전체를 확대하여 가리킨다. 축소 지칭의 예로는 '도시락을 먹다'에서 '도시락'이 이에 해당한다. 여기서 '도시락'은 단지 도시락에 담긴 내용물만을 가리킨다.

(7ㄱ)은 은유에 의한 의미 확장의 예이고, (7ㄴ)은 환유에 의한 의미 확장의 예이다.

(7)

ㄱ. 물리학계의 **별**이 지다.

↓ ― 은유에 의한 의미 확장

뛰어난 업적을 남긴 사람

---

5   신승용·이정훈·오경숙(202), 『국어학개론』(개정판), p.300에서 인용.

ㄴ. 그는 우리 조직의 **두뇌**이다.

↓ ─ 환유에 의한 의미 확장

뛰어난 사람

(7ㄱ)은 '뛰어난 업적을 남긴 사람.'을 '별'에 빗대어 표현함으로써 '별'의 의미가 확장된 경우이다. '별 = 뛰어난 사람'은 유사성에 기반한 것이므로 은유에 의한 확장이다. (7ㄴ)에서는 신체의 일부인 '두뇌'가 '뛰어난 사람'의 뜻을 가지게 된 것인데, 이는 환유에 의한 의미 확장이다. 환유의 유형 중에서는 확대 지칭이다.

5.3.2. 의미 변화

5.3.2.1. 의미 변화의 원인

언어는 고정불변의 것이 아니라 변화한다. 당연히 단어의 의미 역시 변화한다. 이러한 변화의 원인에는 수많은 것들이 있겠지만, 그러한 원인을 몇 가지로 구분하면 다음과 같다.

첫째, 언어적 원인에 의한 의미 변화이다. 이는 두 단어가 많은 문맥에 함께 나타남으로 인해 한 단어의 뜻이 또 다른 단어에 전이되는 것을 말한다. 이러한 현상을 전염(contagion)이라고 한다. '주책'이 이에 해당한다.

(8) 그 사람은 주책없다. = 그 사람은 주책이다.

원래 '주책'은 '일정하게 자리가 잡힌 주장이나 판단력'이란 의미로 긍정적인 의미이다. 그런데 '주책'이 주로 부정적 의미를 가진 형용사 '없다'와 함께 쓰이면서, '없다'의 부정적 의미가 '주책'에 전염되어 '주책'이 그 자체로 부정적인 의미를 가지게 되었다. 그래서 '주책이다'가 '주책없다'와 같은 의미로 쓰이게 된 것이다.

'별로' 역시 부정적인 의미의 단어와 많이 쓰이면서, '별로' 자체가 부정적인 의미를 가지게 되었다.

(9)

ㄱ. 할 말이 별로 없다.

ㄴ. 그 영화는 별로 안 좋았어.

(10) 그 영화는 별로였어.

'별로'는 "이렇다 하게 따로"의 의미를 가진 단어로, '별로' 자체가 부정적인 의미를 가지고 있지는 않다. 그런데 (9)에서 보듯이 '별로'가 부정적인 의미를 가진 형용사 '없-'이나 부정 부사 '안' 등과 주로 쓰이면서, (10)에서처럼 '별로' 자체가 부정적인 의미를 가지게 되었다.

둘째, 역사적 원인에 의한 의미 변화이다. 형식은 그대로 존속되지만, 그 형식에 결합된 내용(의미)이 시대에 따라 바뀜으로써 의미가 변한 경우이다. 즉 물건, 제도, 관념 등은 시대에 따라 변화하는데, 이와 결합된 형식은 그대로 유지되면서 형식에 새로운 내용(의미)이 결합한 경우이다.

(11) 선비, 장인(匠人), 집현전, 성균관

‘선비’는 조선시대에는 “학식은 있으나 벼슬하지 않은 양반을 이르던 말”이었다. 하지만 신분 사회가 무너진 오늘날 ‘선비’는 “학식이 있고 예절이 바르며 의리와 원칙을 지키는 인품을 지닌 사람”을 이르는 말로 변화하였다. 즉 형식 ‘선비’는 그대로이지만, ‘선비’에 결합된 내용(의미)이 바뀌었다. ‘장인’은 예전에 ‘손으로 물건을 만드는 일을 직업으로 하는 사람’을 이르던 말이었는데, 오늘날은 ‘예술가’를 두루 이르는 말로 그 의미가 변하였다. ‘집현전’, ‘성균관’은 이미 사라져 현대에는 존재하지 않는 기관이지만, ‘집현전’, ‘성균관’이라는 형식은 그대로 남아 있으므로 인해 다른 의미로 사용되는 예이다.

셋째, 사회적 원인에 의한 의미 변화이다. 어떤 단어가 일반적으로 쓰이다가 특수한 영역에서만 쓰일 때 보다 제한된 뜻을 가지게 된다. 반대로 어떤 특수한 영역에서 쓰이던 단어가 일반적으로 쓰이게 되면서 그 의미가 확대되기도 한다. 전자를 의미의 특수화, 후자를 의미의 일반화라고 하는데, 이러한 경우에 의미의 변화가 수반된다.

전자에 해당하는, 즉 의미의 특수화에 해당하는 예로는 ‘음료수, 벌초, 공양’ 등이 있다. 의미가 특수화된다는 것은 의미 변화 양상 중에서 그 외연이 작아지는 ‘의미 축소’ 변화에 해당한다. ‘음료수’는 원래 마실 수 있는 물을 의미했는데, 상업적으로 만들어 판매되는 음료에 국한된 것으로 그 외연이 좁아졌다. ‘벌초’는 풀을 베는 일을 의미했는데, 무덤에서 풀을 베는 일로 그 외연이 좁아졌다. ‘공양’ 역시 “웃어른을 모셔 음식 대접을 하는 일”을 뜻하는 말이었는데, 불교에서 죽은 이에게 꽃이나 음식 등을 바치는 일로 그 외연이 좁아졌다.

후자에 해당하는, 즉 의미의 일반화에 해당하는 예로는 ‘양반, 선생님, 사장님’ 등이 있다. 의미가 일반화된다는 것은 그 외연이 커지는 것이어서 의미 변화 양상 중에서 ‘의미 확대’ 변화에 해당한다. ‘영감’은 원래 정이품과 종삼품의 벼슬아치를 이르던 말이었는데, 사용이 확대되어 지금은 나이가 많이 든 사람을 이르는 말로 그 외연이 확대되었다. '선생님'도 원래는 가르치는 사람을 가리키는 말이었는데, 지금은 상대방을 높여 이르는 말로 그 외연이 확대되었고, '사장님' 역시 원래는 회사의 책임자를 이르던 말에서 일반적으로 상대방을 높여 이르는 말로 그 외연이 확대되었다.

넷째, 심리적 원인에 의한 의미 변화이다. 심리적 원인에는 다시 감정적 원인에 의한 변화와 금기에 의한 변화가 있다. 감정적 원인은 어떤 주제에 관심이 있는 경우, 직유나 은유를 통해 의미를 확장하거나 의미를 견인하는 경우를 말한다.

(12) 곰, 냄비, 형광등

'곰'은 원래 동물을 나타내는 말이었지만, '그 사람은 곰같다.', '그는 곰이다.'처럼 은유적으로 쓰이면서 곰이 가지고 있는 속성 '우직하면서 행동이 느린'의 감정적 의미가 사회적 약속을 획득하게 되었다. '냄비', '형광등' 역시 은유에 의해 '냄비'나 '형광등'이 가지고 있는 속성에 대한 감정적 의미가 사회적 약속을 획득한 경우이다.

금기(taboo)에 의한 변화는 금기된 단어의 쓰임이 축소되면서, 대용어가 그 간극을 메우기 위해 도입된다. 그러면서 금기된 단어의 의미가 변화하게 된다. (13)의 대응 쌍에서 왼쪽이 금기어이고, 오른쪽이 완곡법에 의해 도입된 대용어이다.

(13)

금기어	완곡어
봉사, 맹인	시각 장애인
귀머거리	청각 장애인
병신	장애인
살색	살구색, 연주황색
뚱뚱하다	건강하다

다섯째, 외국어나 외래어의 영향으로 의미가 변화하기도 한다. 예컨대 영어의 '스타(star)'가 높은 인기를 얻고 있는 연예인이나 운동선수를 가리키는 의미가 있는데, 이러한 영어의 '스타'에 대응하는 국어의 '별'에도 같은 의미가 더해졌다. 즉 외래어 '스타'로 인해 국어의 '별'의 의미가 확장되는 변화가 일어났다. '다방'도 외래어로 인해 의미가 변한 예이다. '다방'은 차를 마시던 공간이라는 중립적인 의미의 단어였는데, 외래어 '커피숍'이 차용되면서 차를 마시는 공간이기는 하지만 건전하지 못한 공간이라는 의미가 더해졌다.

5.3.2.2. 의미 확대·축소·전이 변화

의미 변화의 결과 의미가 축소되기도 하고, 확대되기도 한다. 이때 축소는 외연의 크기가 작아지는 변화이고, 확대는 외연의 크기가 커지는 변화이다. 외연의 크기를 말할 수 없는 동사나 형용사의 경우에는 '전이'라고 한다.

(14)는 의미 축소의 예이다. 의미 축소는 의미가 특수화되는 변화에

해당한다.

　　(14) 얼굴, 미인, 음료수, 벌초, 공양

　원래 '얼굴'은 사람의 외모를 가리키던 말이었으나, 지금은 머리의 앞부분만 가리킨다. 즉 '얼굴'이 가리키는 외연이 작아졌다. '미인'은 남녀 구분 없이 재주나 덕이 뛰어난 사람을 가리키던 말이었는데, 현재는 주로 외모가 뛰어난 여성을 가리키는 말로 그 외연이 작아졌다.

　(15)는 의미 확대의 예이다. 의미 확대 변화는 의미가 일반화되는 변화에 해당한다.

　　(15) 약주, 식구, 지프, 양반, 선생님, 사장님

　'약주'는 약으로 마시는 술을 가리키는 말이었는데, 현재는 술을 통칭하는 말로 그 외연이 커졌다. '식구'는 주로 한 가족의 구성원을 가리키던 말이었는데, 현재는 조직의 구성원을 가리키는 말로 그 외연이 커졌다. '지프'는 특정 자동차 회사의 상품을 가리키던 말이었는데, 현재는 4륜 구동 에스유브이(SUV) 자동차를 통칭하는 말로 그 외연이 커졌다.

　(16)은 의미 전이의 예이다. (16)의 예는 의미가 변화하였지만, 변화하기 전과 후의 외연의 크기에 대해 말할 수 없는 경우이다. 이처럼 외연의 크기를 말할 수 없는 의미 변화를 '전이'라고 한다. 동사나 형용사는 체언과 달리 외연의 크기를 말하기 어렵다. 그래서 전이의 예는 대부분 동사나 형용사이다.

(16)

　　ㄱ. **어리다**: 어리석다 〉 나이가 적다

　　ㄴ. **어엿브다**: 불쌍하다 〉 예쁘다

중세 국어에서 '어리다'는 '어리석다'의 의미였는데, 지금은 '나이가 적다'는 의미로 그 의미가 변화하였다. '어엿브다' 역시 중세 국어에서는 '불쌍하다, 가엾다'의 의미였는데, 지금은 '예쁘다'로 그 의미가 변화하였다.

5.4. 어휘 의미

5.4.1. 의미 분석

5.4.1.1. 의미장

개별 단어는 그 자체로 하나의 의미를 가지는데, 의미상으로 공통성이 있는 한 무리의 단어들은 그 상위에 공통의 어떤 의미로 묶일 수 있다. 이때 개별 단어들은 이러한 상위 의미의 보다 작은 의미 구조체가 된다. 이때 공통의 의미를 갖고 있는 단어들의 상위의 의미를 '장(場)'이라고 한다. 하나의 장은 다시 그 하위에 부분 장과 연결되어 있는데, 이를 의미장(semantic field)이라고 한다. 달리 어휘장이라고도 한다. 어휘장을 고유어로 풀어 쓴 용어가 '낱말밭'이다.

의미장을 쉽게 풀어서 설명하면, 공통의 의미로 묶이는 단어들의 집합이다. 예컨대 '벚나무, 향나무, 느티나무, 버드나무 …'는 '나무'라는 공통의 의미를 가진 단어들의 집합, 즉 '나무'라는 의미장을 이룬다. '춥다, 덥다, 시원하다, 따뜻하다 …'는 '날씨'라는 의미장을 이룬다. 의미장의 크기는 상대적이다. 즉 하나의 의미장은 보다 상위의 의미장의 부분 장이면서, 또한 보다 하위의 의미장의 상위의 의미장일 수 있다.

(17)

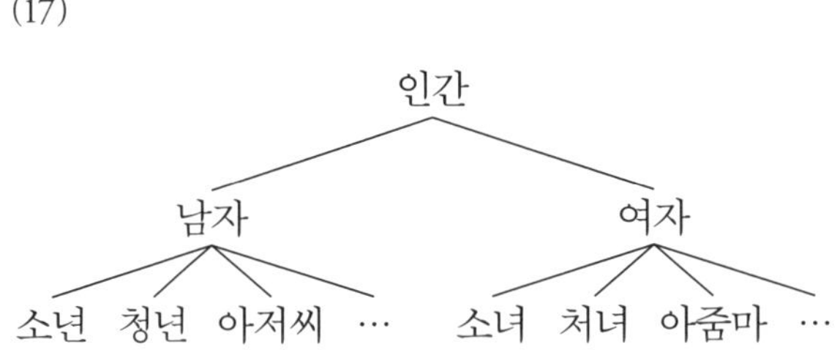

(17)에서 '남자'의 의미장은 '소년, 총각, 아저씨…'의 상위의 의미장이면서, 동시에 '인간'이라는 상위 의미장의 부분 장이다. '여자'의 의미장 역시 '소녀, 처녀, 아줌마 …'의 상위의 의미장이면서, 동시에 '인간'이라는 상위 의미장의 부분 장이다. 이처럼 의미장의 크기는 상대적이다.

의미장은 '5.4.2.3. 상하 관계'에서 살펴볼 상하 관계와 직접적으로 관련되어 있다. 상위어는 하위어들의 상위 의미장에 해당한다. 그리고 하위어들은 상위어, 즉 상위 의미장의 구성 요소에 해당한다.

의미장의 크기와 구조는 언어마다 다르다. 예컨대 친족 관계를 나타내는 말의 경우 언어마다 큰 차이가 있다. 대표적으로 국어와 영어를 비교해 보자.

(18)

국어	영어
형/오빠	brother
누나/언니	sister
작은아버지/큰아버지/외삼촌/고모부/이모부/당숙	uncle

(18)에서 보듯이 국어는 동일한 대상이지만 부르는 사람의 성(性)에 따라, 부르는 사람이 남자일 때는 '형/누나', 여자일 때는 '오빠/언니'로 분화되어 있다. 하지만 영어에서는 부르는 사람의 성에 상관없이 남자이면 'brother', 여자이면 'sister'이다. 또한 국어에서는 '작은아버지, 큰아버지, 외삼촌, 고모부, 이모부, 당숙'을 각각 구분하지만, 영어에서는 이들 모두를 'uncle'로 통칭한다. 이는 언어에 따라 의미장의 크기와 구조가 서로 다름을 보여 주는 전형적인 한 예이다.

5.4.1.2. 성분 분석

성분 분석(componential analysis)은 의미를 구성하는 성분 즉, 의미 자질을 통해 의미를 분석하는 것이다. 이는 물질을 원자와 분자로 분해할 수 있는 것과 마찬가지로, 의미도 의미 성분으로 분해할 수 있다고 보는 관점에서 출발한다. 음운론에서 음운을 정의하는 것 중의 하나가 변별적 자질의 묶음이다. 이는 음소가 그 자체로 최소의 단위가 아니라, 더 작은 단위인 변별적 자질들의 묶음으로 보는 것이다. 이와 평행하게 의미 역시 의미를 구성하는 기본적인 의미 성분, 즉 의미 자질(semantic feature)들이 있고, 이러한 의미 자질들의 묶음이 단어의 의미라고 보는 것이 성분 분석이다. 이처럼 성분 분석은 단어의 의미를 구성하고 있는 보다 작은 의미 자질들을 통해 단어의 의미를 분석하는 것이다.

  (19) 아버지　：　[+인간, +기혼, −여성]
　　　어머니　：　[+인간, +기혼, +여성]

  (19)에서 [인간], [기혼], [여성]은 단어가 아니라 단어의 의미를 구성하는 의미 자질이다. 의미 자질은 [ ] 안에 넣어서 표시하고, 각각 '±' 값으로 나타낸다. 그래서 [+여성]은 [여성]이라는 의미 자질을 갖고 있다는 뜻이고, [−여성]은 [여성]라는 의미 자질을 갖고 있지 않다는 뜻이다. '아버지'와 '어머니'는 [+인간, +기혼]의 자질을 공통적으로 갖고 있으면서 [여성] 자질의 ± 값에서 차이를 보인다. 이때 [+인간], [+기혼]은 '아버지'와 '어머니'가 공유하는 공통 자질이고, [여성]은 변별 자질이다.

  이러한 성분 분석은 한 단어의 의미를 체계적으로 파악할 수 있게 하는 장점이 있다. 예컨대 반의어는 공통의 특성을 공유하면서 어느 한 가지 특성만이 서로 대립되는 관계인데, 성분 분석은 이러한 반의어의 정의를 명시적으로 보여 줄 수 있다. (19)에서 '아버지'와 '어머니'가 반의어인 이유는 [+인간, +기혼]이라는 공통의 특성을 공유하면서 [여성]이라는 한 가지 특성이 서로 대립되기 때문이라고 명시적으로 설명할 수 있다.

  그러나 성분 분석은 다음의 문제점으로 인해 한계도 있다.

  첫째, 의미 자질의 정의와 관련된 것이다. 예컨대 '아버지'의 의미가 [+인간, +기혼, −여성]이라고 할 때, 그러면 단어 '인간'의 의미에도 [인간]이라는 자질을 사용할 수 있는지가 문제가 된다. 그러니까 자질로서의 [인간]과 단어 '인간'이 어떻게 다른지를 설명할 수 있어야 하는데, 이 문제를 명료하게 설명하지 못한다.

둘째, 의미를 설명하기 위해 필요한 의미 자질의 개수를 확정하지 못하는 문제가 있다. '소년'과 '아저씨'를 구분하기 위해서는 [±인간], [±기혼], [±여성] 외에 나이의 많고 적음과 관련된 의미 자질이 하나 더 필요하다. 그런데 이런 식으로 의미 자질이 필요할 때마다 의미 자질을 늘리는 것이 문제이다. 만일 그럴 경우 극단적으로 의미 자질의 수가 단어의 수만큼 생길 수도 있기 때문이다.

셋째, 성분 분석으로 분석할 수 없는 단어들의 존재이다. 특히 개념어의 경우가 그렇다. 예컨대 '아름답다', '예쁘다', '곱다'의 경우 의미 자질을 설정하는 것 자체가 어렵다. 설령 의미 자질을 설정한다 하더라도 의미 자질로 이들의 의미를 구분할 수 있는지도 의문이다.

5.4.2. 의미 관계

의미 관계는 어휘들 간의 의미 관계를 이른다. 이러한 의미 관계에는 반의 관계, 유의 관계, 상하 관계가 있다. 반의 관계를 이루는 두 단어를 반의어라고 하고, 유의 관계의 이루는 두 단어를 유의어, 그리고 상하 관계를 이루는 두 단어를 각각 상위어/하위어라고 한다.

5.4.2.1. 반의 관계

5.4.2.1.1. 반의어의 정의

반의어를 이루는 두 단어는 공통의 특성을 공유하면서 하나의 특성,

오직 하나의 특성만이 서로 대립된다. 만일 공유하는 공통의 특성이 없거나, 대립되는 특성이 둘 이상인 경우에는 반의어를 이루지 못한다. 그래서 (20)은 반의어가 아니다.

(20)
ㄱ. 친구 : 바다
ㄴ. 소년 : 할머니

(20ㄱ)은 공유하는 공통의 특성이 없기 때문에 반의어를 이루지 못한다. '친구'와 '바다'가 공유하는 공통된 특성 자체를 상정하기 어렵기 때문이다. 이에 비해 (20ㄴ)은 대립되는 특성이 둘 이상이어서 반의어를 이루지 못한다. '소년'과 '할머니'는 남성과 여성으로 '성'에 있어서도 대립되고, 또한 나이도 달라서 '나이'에 의해서도 대립되기 때문이다.

반의어의 이러한 정의는 성분 분석으로 나타낼 때 명료하게 드러난다. 반의어를 이루는 두 단어가 서로 공통의 의미 자질을 공유하면서, 단지 하나의 의미 자질이 대립됨을 명시적으로 보여 줄 수 있다.

(21)

아버지	어머니
[+인간, +기혼, −여성]	[+인간, +기혼, +여성]

(21)에서 보듯이 '아버지'와 '어머니'는 공통의 의미 자질 [+인간, +기혼]을 공유하면서, 하나의 의미 자질 [여성]의 ± 값에서 서로 대립된다. 그래서 '아버지'와 '어머니'는 반의어이다.

반면 '소년'과 '할머니'는 공유하는 공통의 의미 자질이 있기는 하지만, 대립되는 의미 자질이 둘 이상이어서 반의어를 이루지 못한다.

(22)

소년	할머니
[+인간, -여성, -성숙]	[+인간, +여성, +성숙]

(22)에서 보듯이 '소년'과 '할머니'는 의미 자질 [+인간]을 공유하고, 대립되는 의미 자질도 있다. 하지만 대립되는 의미 자질이 하나가 아니라 [여성]과 [성숙] 두 개의 의미 자질에서 서로 대립된다. 그래서 반의어의 정의에 부합하지 않는다.

반의어를 이루는 두 단어 x, y가 다의어일 때는 x의 의미 전체가 y의 의미 전체와 반의어를 이루는 것이 아니다. x의 의미 중 어느 의미가 y의 의미 중 어느 의미와 반의어를 이룬다. 반의어를 달리 반의 관계라고 하는 것은 이러한 점을 고려한 것이다. 이는 유의어의 경우에도 마찬가지이다. 즉 x와 y가 유의어이고 둘 다 다의어일 때, x의 의미 전체와 y의 의미 전체가 유의어가 아니라, x의 의미 중 어느 것이 y의 의미 중 어느 것과 유의 관계를 이룬다.

(23) '서다'의 반의어와 유의어

	반의어	유의어
서다「1」 어떤 곳에서 다른 곳으로 가던 대상이 어느 한 곳에서 멈추다.	가다 한 곳에서 다른 곳으로 장소를 이동하다.	멈추다 사물의 움직임이나 동작이 그치다.
서다「2」 사람이나 동물이 발을 땅에 대고 다리를 쭉 뻗으며 몸을 곧게 하다.	앉다 사람이나 동물이 윗몸을 바로 한 상태에서 엉덩이에 몸무게를 실어 다른 물건이나 바닥에 몸을 올려놓다.	×
서다「3」 어떤 모양이나 현상이 이루어져 나타나다.	×	생기다 없던 것이 새로 있게 되다.

(23)에서 '서다'의 의미 「1」은 '가다'와 반의어를 이루는데, 정확히는 '가다'의 의미 중 "한곳에서 다른 곳으로 장소를 이동하다."의 의미와 반의 관계를 이룬다. 이에 비해 '서다'의 의미 「2」는 '앉다'와 반의어를 이루는데, 정확히는 '앉다'의 의미 중 "사람이나 동물이 윗몸을 바로 한 상태에서 엉덩이에 몸무게를 실어 다른 물건이나 바닥에 몸을 올려놓다."의 의미와 반의 관계를 이룬다. '서다'의 의미 「3」에 대응하는 반의어는 없다.

그리고 '서다'의 의미 「1」은 '멈추다'와 유의어를 이루는데, 정확히는 '멈추다'의 의미 중 "사물의 움직임이나 동작이 그치다."의 의미와 유의 관계를 이룬다. 또한 '서다'의 의미 「3」은 '생기다'의 의미 중 "없던 것이 새로 있게 되다."의 의미와 유의 관계를 이룬다. '서다'의 의미 「2」는 대응하는 유의어가 없다.

참고로 반의어를 이루는 두 단어, 그리고 유의어를 이루는 두 단어
는 반드시 그 품사가 같다. 품사가 다른 두 단어가 반의 관계를 이룰
수 없다. 또한 품사가 다른 두 단어가 유의 관계를 이룰 수 없다. 그래
서 '다르다'의 품사가 무엇인지 모를 때, '다르다'의 반의어가 '같다'이
고 '같다'의 품사가 형용사라는 것을 안다면, '다르다'의 품사가 형용사
라고 판단해도 된다. 또한 '서다'의 유의어 '멈추다'의 품사가 무엇인지
모를 때, '서다'의 품사를 알면 '멈추다'의 품사도 알 수 있다. '서다'가
동사이면, 그 유의어인 '멈추다' 역시 동사이다.

또 다른 예로 '크다'는 동사로도 쓰이고 형용사로도 쓰이는 품사 통
용어이다. 그래서 '크다'만 제시된 상태에서는 '크다'의 품사가 동사인
지 형용사인지 알 수 없는 불확정 상태이다. 그런데 '작다'의 반의어로
서의 '크다'의 품사는 형용사라고 확정할 수 있다. '작다'가 형용사이기
때문에 '작다'의 반의어 '크다'의 품사는 형용사일 수밖에 없기 때문이
다. 동사 '크다'는 '작다'와 품사가 다르기 때문에 '작다'의 반의어가 될
수 없다.

5.4.2.1.2. 반의 관계의 양상

반의 관계의 양상에는 크게 상보적 반의, 등급적 반의가 있다. 여기
에 더하여 방향 대립을 따로 설정하기도 한다. 반의 관계의 양상을 더
세분하기도 하는데, 여기서는 개론 수준임을 고려하여 3가지 정도만
설명한다.

5.4.2.1.2.1. 상보적 반의어

상보적 반의어는 개념적 영역을 상호 배타적인 두 구역으로 양분하
는 반의어이다. 다시 말해 x와 y가 서로 반의어일 때, x가 아니면 y이

고 또한 y가 아니면 x인 관계가 상보적 반의어이다. 그렇기 때문에 상
보적 반의어 x와 y의 경우, x도 아니고 y도 아닌 중간 지대가 상정되지
않는다. 상보적 반의어는 달리 유무 대립어라고도 한다. 반의어 '남자:
여자'의 예를 보자.

(24) 남자 : 여자

'남자'가 아니면 '여자'이고, '여자'가 아니면 '남자'이다. 그리고 '남
자'와 '여자'의 중간 지대, 즉 남자도 아니고 여자도 아닌 존재가 일반
적으로는 상정되지 않는다.[6] 그래서 '남자:여자'는 상보적 반의어이다.
(25) 역시 상보적 반의어의 예이다.

(25)
ㄱ. 참 : 거짓
ㄴ. 살다 : 죽다

(25ㄱ)의 '참'과 '거짓'의 경우, '참'이 아니라는 말은 '거짓'이고, '거
짓'이 아니라는 말은 '참'이다. '참'과 '거짓' 사이에 중간 지대의 진리
치 값은 없다. 그래서 '참:거짓'은 상보적 반의어이다. (25ㄴ)의 '살다'
와 '죽다'의 관계 역시 마찬가지이다. 살아 있지 않다는 것은 죽은 것

6　상보적 반의어, 등급적 반의어를 따지는 작업은 일반적인 상황을 전제한 상태에서
이루어진다. 상보적 반의어, 등급적 반의어를 구분하는 작업이 과학적인 사실을 따
지는 작업은 아니기 때문에 특수하고 예외적인 상황까지 고려하지는 않는다는 말
이다. 예컨대 태어날 때부터 남자와 여자 두 성징을 모두 가지고 태어나는 아기도 있
지만, 이러한 사례가 '남자:여자'를 상보적 반의어로 분류하는 데 고려되지는 않는다.
(25)의 '참 : 거짓', '살다 : 죽다'의 경우도 마찬가지이다.

이고, 죽지 않았다는 것은 살아 있다는 것이다. 일반적으로 사는 것과 죽은 것 사이에 중간 지대가 존재하지 않는다고 보기 때문이다.

5.4.2.1.2.2. 등급적 반의어

등급적 반의어는 반의 관계를 이루는 두 단어가 정도성의 양 극단에 위치하기 때문에 반의어가 되는 경우이다. 그래서 정도성의 스펙트럼 양 극단 사이에 중간 지대가 존재한다. 등급적 반의어를 달리 정도 대립어라고도 한다.

(26) **춥다** --- 중간 지대 --- **덥다**

'춥다'의 반의어는 '덥다'인데, 춥지 않다고 해서 더운 것은 아니다. 마찬가지로 덥지 않다고 해서 추운 것도 아니다. 즉 반의어 '춥다'와 '덥다'의 의미는 상보적이지 않다. 춥지 않다는 것은 더울 수도 있지만 따뜻할 수도 있고, 또한 덥지 않다는 것은 추울 수도 있지만 시원할 수도 있다.

(27) **춥다** -- 서늘하다 -- 시원하다 -- 따뜻하다 -- **덥다**

(27)에서 보듯이 반의어 '춥다'와 '덥다'는 정도성의 스펙트럼 양 극단에 있고, 그 사이에 중간 지대가 존재한다. 그래서 '춥다'와 '덥다'는 등급적 반의어이다. (28) 역시 등급적 반의어의 예이다.

(28)
ㄱ. **짧다** --- 중간 지대 --- **길다**

ㄴ. **많다** --- 중간 지대 --- **적다**

짧지 않다고 해서 길다는 것을 의미하지 않고, 길지 않다고 해서 짧다는 것을 의미하지 않는다. 즉 '짧다'와 '길다'는 정도성의 양 극단에 있고, 그 사이에 중간 지대가 존재한다. '많다'와 '적다' 역시 마찬가지이다. 많지 않다고 해서 적다는 것을 의미하지 않고, 적지 않다고 해서 많다는 것을 의미하지 않는다.

5.4.2.1.2.3. 상보적/등급적 반의어의 구분

반의 관계를 이루는 두 단어가 상보적 반의어인지 등급적 반의어인지 어떻게 알 수 있는가? 이를 검증하는 방법은 세 가지이다.

첫째, 상보적 반의어는 한쪽의 단언이 다른 한쪽의 부정을 함의하고, 그 역 또한 성립한다. 다시 말해 단언과 부정에 대한 쌍방 함의가 성립하면 상보적 반의어이다. '함의'에 대한 자세한 설명은 '5.5.1.1. 전제와 함의'로 가서 보기 바란다.

(29)

- 지수가 남자이다.　　　→　지수기 여지기 아니다.(○)
- 지수가 남자이다.(○)　←　지수가 여자가 아니다.

(29)에서 보듯이 '지수가 남자이다'는 '지수가 여자가 아니다'를 함의하면서, 동시에 '지수가 여자가 아니다'는 '지수가 남자이다'를 함의한다. 이처럼 상방 함의가 성립하므로 '남자 : 여자'는 상보적 반의어이다.

반면 등급적 반의어는 한쪽의 단언이 다른 한쪽의 부정을 함의하지만, 그 역은 성립하지 않는다. 이처럼 단언과 부정에 대한 일방 함의만 성립하면 등급적 반의어이다.

(30)

- X는 길다.　　→　X는 짧지 않다.(○)
- X는 길다.(×)　←　X는 짧지 않다.

(30)에서 보듯이 'X는 길다'는 'X는 짧지 않다'를 함의한다. 하지만 'X는 짧지 않다'가 'X는 길다'를 함의하지는 못한다. '길다'와 '짧다' 사이에는 중간 지대가 존재한다. 그래서 X가 길다는 것이 X가 짧지 않다는 것을 함의하지만, X가 짧지 않다고 해서 X가 길다는 것을 함의하지는 못한다. 그래서 '길다 : 짧다'는 등급적 반의어이다.

둘째, 반의 관계에 있는 두 어휘를 동시에 부정했을 때 모순이 되면 상보적 반의어이다.

(31) 철수는 남자도 아니고 여자도 아니다.(×)

상보적 반의어는 대립되는 자질을 배타적으로 가지고 있기 때문에, 두 어휘 중 하나는 대립되는 자질을 반드시 가지고 있어야 한다. 그런데 두 어휘를 동시에 부정한다는 것은 두 어휘 모두 대립되는 자질을 가지고 있지 않다는 것이므로, 상보적 반의어의 정의와 정합적이지 않게 된다. 그래서 상보적 반의어는 (31)처럼 동시 부정이 성립하지 않는다.

반면 등급적 반의어는 대립되는 자질을 배타적으로 가지고 있지 않기 때문에 동시 부정을 해도 모순되지 않는다.

(32) X는 길지도 않고 짧지도 않다.(○)

대립되는 자질을 배타적으로 가지고 있지 않는 이유는 중간 지대의 존재 때문이다. 중간 지대가 존재하기 때문에 동시 부정이 성립하고, 동시 부정의 결과는 중간 지대를 의미한다.

셋째, 대립되는 자질을 배타적으로 가지고 있다는 것과 정도성은 양립할 수 없다. 그래서 상보적 반의어는 정도어에 의한 수식이 불가능하다. 정도성이 없기 때문에 비교 표현도 불가능하다.

(33)

ㄱ. 철수는 매우/조금 남자이다.(×)

ㄴ. 철수는 영수보다 더 남자이다.(×)

반면 등급적 반의어는 정도성의 양 극단 사이에 중간 지대가 존재하기 때문에 정도어에 의한 수식이 가능하다. 정도어에 의한 수식이 가능하다는 것은 비교 표현이 가능하다는 것을 내포하고 있다.

(34)

ㄱ. X는 조금 길다.(○)

ㄴ. X는 Y보다 더 길다.(○)

5.4.2.1.2.4. 방향 대립어

방향 대립어는 어떤 기준점을 기준으로 서로 반대의 방향에 위치함으로써 반의어가 되는 경우이다.

(35)

ㄱ. 위 : 아래

　　왼쪽 : 오른쪽

　　남 : 북

ㄴ. 가다 : 오다

　　오르다 : 내리다

ㄷ. 아침 : 저녁

　　과거 : 미래

(35ㄱ)은 공간의 방향이 서로 반대여서 반의어인 경우이고, (35ㄴ)은 이동 방향이 서로 반대여서 반의어인 경우, 그리고 (35ㄷ)은 시간의 방향이 서로 반대여서 반의어인 경우이다.

5.4.2.2.　유의 관계

서로 의미가 같은 두 단어, 또는 둘 이상의 단어를 유의어라고 한다. 이때 의미가 같다고 할 때의 의미는 개념적 의미만을 이른다. 즉 유의어이냐 아니냐를 판정할 때 연상 의미나 주제적 의미는 고려하지 않는다. 다시 말해 유의어는 개념적 의미가 서로 같은 단어이다. (36ㄱ~ㄹ)은 우리가 일상적으로 알고 있는 유의어의 예이다.

(36)

ㄱ. 산울림 — 메아리

ㄴ. 달걀 — 계란

ㄷ. 얼굴 — 낯

ㄹ. 머리 — 대가리

ㅁ. 고맙다 — 감사하다

　어떤 두 단어의 의미가 완전히 같다는 것은 개념적 의미에 더하여 연상 의미 — 내포적 의미, 사회적 의미, 정서적 의미, 반사적 의미, 연어적 의미 — 등도 같다는 것을 의미한다. 이처럼 개념적 의미뿐만 아니라 연상 의미까지 같은 동의어를 절대적 동의어로, 개념적 의미만 같은 동의어를 상대적 동의어로 구분하기도 한다. 그러나 일반적으로 유의어라고 할 때의 유의어는 상대적 동의어를 이른다.

　　　　　　　┌─ 절대적 동의어
　동의어 ┤
　　　　　　　└─ 상대적 동의어 = 유의어

　절대적 동의어, 즉 개념적 의미에 더하여 연상 의미까지 같다는 것은 모든 문맥에서 두 단어가 대치 가능하다는 것을 뜻한다. 하지만 연상 의미는 (4)에서 살펴본 것처럼 고정된 의미가 아니다. 즉 의미가 가변적일 수 있기 때문에 모든 문맥에서 그 의미가 같을 수 없다. 예컨대 유의어인 '머리'와 '대가리'를 보자.

(37)

	머리	대가리
ㄱ	아기 머리	?아기 대가리
ㄴ	머리가 아프다	*?대가리가 아프다

| ㄷ | ?닭 머리 | 닭대가리 |
| ㄹ | ?북어 머리 | 북어 대가리 |

(37ㄱ,ㄴ)에서는 '머리'가 쓰인 문맥에 '대가리'를 대치하면 왠지 어색하거나 적절하지 않다. 반대로 (37ㄷ,ㄹ)에서는 '대가리'가 쓰인 문맥에 '머리'를 대치하면 왠지 어색하거나 적절하지 않다. (37)과 같은 결과가 나오는 이유는 '머리'의 개념적 의미와 '대가리'의 개념적 의미는 같지만, 연상 의미까지 같지는 않기 때문이다. 대치했을 때 직관적으로 왠지 어색하거나 적절하지 않다고 느끼는 것은 바로 연상 의미가 서로 다르기 때문이다.

유의어라고 할 때는 개념적 의미가 같은지 다른지만 따지고, 연상 의미는 고려하지 않는다. 유의어는 다양한 양상으로 나타나는데, 그중 몇 가지만 제시하면 (38)과 같다.

(38)

ㄱ	표준어와 방언	질경이=길짱구, 부추=정구지
ㄴ	고유어와 한자어	낱말=단어, 손발=수족, 달걀=계란
ㄷ	일반어와 전문어	소금=염화나트륨, 칼=메스
ㄹ	금기어와 완곡어	변소=화장실, 동무=친구
ㅁ	고유어와 외래어	열쇠=키, 별=스타
ㅂ	높임말	밥=진지, 나이=연세, 주다=드리다

이 밖에도 '홈페이지=누리집', '국민학교=초등학교'처럼 인위적으로

순화한 말도 순화되기 전의 말과 개념적 의미가 같기 때문에 유의어이다.

유의어인지 아닌지를 검증하는 가장 쉽고 단순한 방법은 대치이다. 대치했을 때 그 의미가 달라지지 않으면 유의어이다.

(39) 그가　　**죽었다**

　　　　　　숨졌다

　　　　　　사망했다

(40) **달걀**　　한 판

　　　계란

(39)에서 '죽다'를 '숨지다, 사망하다'로 대치해도 의미가 달라지지 않는다. 그러므로 '죽다'와 '숨지다', '사망하다'는 유의어이다. (40)에서도 '달걀'을 '계란'으로 대치해도 의미가 달라지지 않으므로 '달걀'과 '계란'은 유의어이다.

이처럼 대치 검증은 두 단어 또는 둘 이상의 단어가 유의어인지 아닌지를 판단하는 가장 쉬우면서도 직접적인 방법이다. 앞서 반의어를 설명하면서, 다의어의 경우 반의어를 이루는 두 단어 x, y의 의미 전체가 서로 반의어인 것이 아니라, x의 의미 중 어느 것이 y의 의미 중 어느 것과 서로 반의 관계를 이룬다고 설명한 바 있다. 이는 유의어 역시 마찬가지이다. 즉 유의어를 이루는 두 단어 x, y가 다의어일 때, x의 의미 전체가 y의 의미 전체와 유의어가 아니라, x의 의미 중 어느 것이 y의 의미 중 어느 것과 서로 유의 관계이다.

(41)

서다	유의어
「1」 어떤 곳에서 다른 곳으로 가던 대상이 어느 한 곳에서 멈추다.	**멈추다**
「2」 사람이나 동물이 발을 땅에 대고 다리를 쭉 뻗으며 몸을 곧게 하다.	×
「3」 어떤 모양이나 현상이 이루어져 나타나다.	**생기다**
⋮	

'서다'의 의미 「1」은 '멈추다'와 유의어이고, '서다'의 의미 「3」은 '생기다'와 유의어이다. 더 정확히 말하면 '멈추다', '생기다' 역시 다의어이므로, '서다'의 의미 「1」은 '멈추다'의 의미 중 "사물의 움직임이나 동작이 그치다."의 의미와 유의 관계이고, '서다'의 의미 「3」은 '생기다'의 의미 중 "없던 것이 새로 있게 되다."의 의미와 유의 관계이다. '서다'의 의미 「2」는 유의어가 없다.

5.4.2.3. 상하 관계

유의어나 반의어가 단어들의 관계를 횡적으로 비교한 것이라면, 상위어/하위어는 단어들의 관계를 종적으로 비교한 것이다. 즉 상위어/하위어는 단어들의 의미에 대한 계층적 구조로서, 한쪽이 의미상 다른 쪽을 포함하거나 다른 쪽에 포함되는 관계를 말한다.

(42)

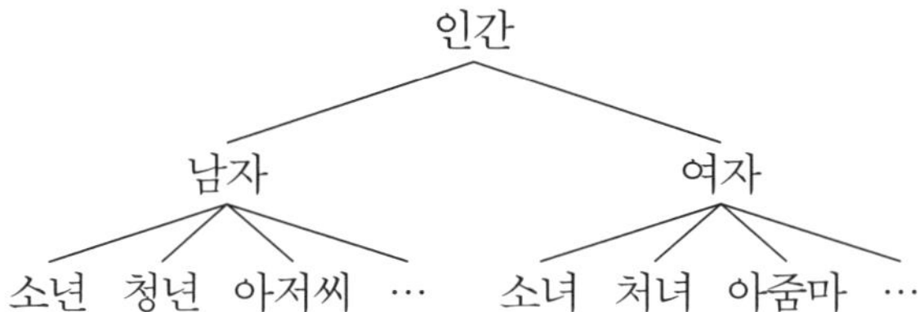

상위어/하위어의 상하 관계는 상대적이다. 즉 (42)에서 '남자'는 '소년'의 상위어이면서 동시에 '인간'의 하위어이다. '상위어/하위어'는 달리 '상의어/하의어'라고도 한다.

상하 관계에서 보다 높은 층위의 상위어일수록 의미 영역이 더 포괄적이고 일반적이며, 보다 낮은 층위의 하위어일수록 의미 영역이 보다 한정적이고 특수화된다. 그래서 논리적으로 하위어는 상위어를 함의한다. 반면 그 역은 성립하지 않는다. 즉 상위어는 하위어를 함의하지 못한다.

(43) 인간

　　↓

　남자　　ㄱ. 남자는 인간이다.(○)

　　↓　　ㄴ. 소년은 인간이다.(○)

　소년　　ㄷ. 소년은 남자이다.(○)

(43ㄷ)에서 보듯이 하위어 '소년'은 상위어 '남자'를 함의한다. '남자' 역시 (43ㄱ)에서 보듯이 상위어 '인간'을 함의한다. 하위어가 상위어를 함의한다고 할 때 바로 위의 상위어만 함의하는 것이 아니라, 더 상위의 상위어 역시 함의한다. 그래서 (43ㄴ)에서 보듯이 하위어 '소

년'은 최상위 상위어인 '인간' 역시 함의한다.

하지만 (44)에서 보듯이 상위어는 하위어를 함의하지 못한다.

(44) 인간
    ↓
    남자　　ㄱ. 인간은 남자이다.(×)
    ↓　　　ㄴ. 남자는 소년이다.(×)
    소년　　ㄷ. 인간은 소년이다.(×)

(44ㄴ)에서 보듯이 '남자'는 '소년'을 함의하지 못한다. '남자'에는 '소년'도 있지만, '청년'도 있고, '아저씨', '할아버지'도 있기 때문이다. 마찬가지로 (44ㄱ)에서 보듯이 '인간' 역시 하위어 '남자'를 함의하지 못한다. '인간'에는 '남자'도 있지만 '여자'도 있기 때문에, 인간이 곧 남자는 아니다. 그리고 '인간'이 바로 아래 하위어 '남자'를 함의하지 못하므로, (44ㄷ)에서 보듯이 그보다 하위어인 '소년' 역시 함의하지 못한다.

하위어가 단지 둘밖에 없을 때, 그 두 하위어는 서로 반의어이다. 왜냐하면 이 경우 상위어를 공통의 기반으로 공유하면서, 하나의 자질이 서로 대립되는 관계가 되기 때문이다.

(45)

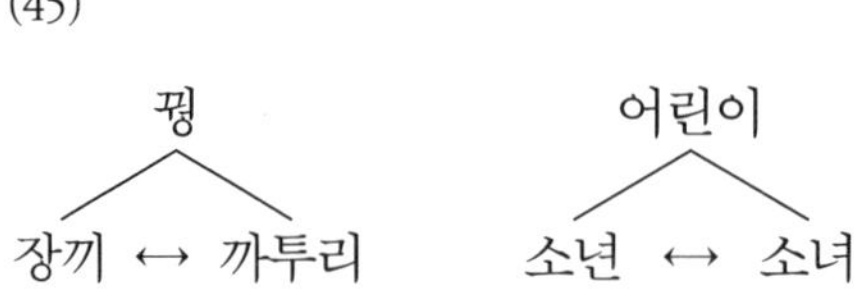

'꿩'의 두 하위어 '장끼'와 '까투리'는 상위어 '꿩'을 공통의 기반으로

하면서 [±여성]이라는 자질이 서로 대립되는 관계이다.[7] 그래서 '장
끼'와 '까투리'는 반의어이다. 마찬가지로 '소년'과 '소녀'도 상위어 '어
린이'를 공통의 기반으로 하면서 [±여성]이라는 자질이 서로 대립되
기 때문에 반의어이다.

5.4.2.4. 다의어와 동음이의어, 품사 통용어

가. 다의어

한 단어가 여러 가지 의미를 가지고 있을 때 그 단어를 다의어라고
한다. 사실 많은 단어는 하나 이상의 의미를 가지고 있는 다의어이다.
예컨대 단어 '발'의『표준국어대사전』뜻풀이를 보자.

(46) **발**[1] 「명사」
  「1」 사람이나 동물의 다리 맨 끝 부분.
  「2」 가구 따위의 밑을 받쳐 균형을 잡고 있는, 짧게 도드라진
     부분.
  「3」 '걸음'을 비유적으로 이르는 말.
  「4」 한시(漢詩)의 시구 끝에 다는 운자(韻字).
  「5」 한자의 아랫부분을 이루는 부수를 통틀어 이르는 말.
  「6」 (수량을 나타내는 말 뒤에 쓰여) 걸음을 세는 단위.

(46)에서 보듯이『표준국어대사전』에서 '발[1]'은[8] 여섯 가지의 의미

---

7 사람이 아니라 동물이라는 점에서 [여성] 자질 대신 [암컷] 자질로 나타내기도 한다.

를 가지고 있는 다의어로 뜻풀이되어 있다. 이처럼 의미가 둘 이상인
단어를 다의어라고 한다.

나. 동음이의어

‘발’이라는 소리(형식)를 가진 단어는 (46)의 ‘발¹’ 외에도 (47)에서
보듯이 많다. (47)에서 ‘발¹~발⁴’는 모두 그 소리(형식)는 같지만 의미
가 다른 동음이의어이다.

(47)
발² 「명사」 나무 나이테의 굵기.

발³ 「명사」 가늘고 긴 대를 줄로 엮거나, 줄 따위를 여러 개 나란
히 늘어뜨려 만든 물건.

발⁴ 「명사」 실이나 국수 따위의 가늘고 긴 물체의 가락.

다의어는 하나의 단어가 둘 이상의 다른 의미를 가진 것인데 비해,
동음이의어는 다른 의미를 가진 다른 단어이다. 단지 우연히 그 형식
이 같을 뿐이다. 그래서 사전에서 다의어는 하나의 표제어이지만, 동
음이의어는 ‘발¹, 발², …’처럼 별개의 표제어이다.
참고로 동음이의어의 경우, 철자법까지 고려하여 (48)처럼 발음과

---

8 사전에서 위첨자로 표시된 어깨번호 ‘1, 2, …’는 소리(형식)는 같지만 내용(의미)은
다른 단어, 즉 동음이의어를 나타낸 것이다.

철자가 모든 같은 동철동음어, (49)처럼 발음은 같지만 철자가 다른
이철동음어로 구분하기도 한다.

(48)

ㄱ. (먹는) 배

(타는) 배

ㄴ. (모자를) 쓰다

(돈을) 쓰다

(49)

ㄱ. 낮[낟]

낯[낟]

낫[낟]

ㄴ. 반드시[반드시]

반듯이[반드시]

ㄷ. 붙이다[부치다]

부치다[부치다]

그런데 다의어인지 동음이의어인지를 어떻게 구별하는가? 다의어
인지 동음이의어인지를 구분하는 기준은 크게 두 가지이다. 첫째는 의
미의 유사성이고, 둘째는 어원이다. 다만 두 기준 모두 원론적인 기준
이다. 무슨 말이냐 하면, 실제 이 두 기준을 적용해서 다의어인지 동음
이의어인지를 객관적으로 구별할 수 있는 것은 아니라는 뜻이다.

먼저 의미의 유사성을 보자. '발'의 의미 중에서 「1」과 「2」는 의미상
유사하고, 「3」 역시 비유적으로 확장된 의미이므로 「1」, 「2」와 유사하

다고 할 수 있다. 이처럼 의미적으로 유사한 경우에는 다의어로 본다. 하지만 '발¹'과 '발²'의 의미 간에는 어떤 유사성을 말하기가 어렵다. '발²'와 '발³'의 관계 역시 마찬가지이다. 그래서 '발¹', 발², '발³' …'은 동음이의어로 본다. 그런데 문제는 의미의 유사성이라는 것이 정도성의 기준이라는 것이다. 그래서 어느 정도이면 유사성이 있고 어느 정도이면 유사성이 없는지를 말하기 어렵다. 즉 의미의 유사성은 객관적인 기준이 될 수 없다. 그래서 의미의 유사성으로 다의어인지 동음이의어인지를 판정하기 어렵다.

다의어와 동음이의어를 구분하는 또 하나의 기준은 어원이다. 어원이 같으면 비록 의미의 유사성이 멀어졌더라도 다의어로 보는 것이 일반적이다. 그런데 어원이 밝혀진 예가 많지 않고, 또한 어원을 밝힐 수 있는 경우도 많지 않다는 것이 문제이다. 그리고 비록 어원이 같다고 할지라도 언어가 변하여 의미의 유사성이 현격히 멀어진 경우, 그럼에도 다의어로 보아야 하는지도 논란이 된다.

다. 품사 통용어

품사 통용은 하나의 단어가 둘 이상의 품사로 기능하는 경우를 이른다. 그러니까 품사 통용도 다의어처럼 하나의 단어 안에서의 일이다. 이런 점에서 품사 통용은 동음이의어보다는 다의어에 조금 더 가깝다고 할 수 있다. 품사 통용의 경우 두 가지 이상의 품사로 쓰이더라도 그 의미는 기본적으로 다르지 않다고 본다.

(50)

ㄱ. 어디 가지 말고, 집에 있어라.

ㄴ. 아무리 바빠도 차 한 잔의 여유는 있다.

(50ㄱ)의 '있-'은 동사이고, (50ㄴ)의 '있-'은 형용사이다. 이처럼 '있-'은 동사로도 쓰이고 형용사로도 쓰이기 때문에 품사 통용어이다. (50ㄱ)의 '있-'이 동사인 근거는 명령형 어미 '-어라'와 결합했기 때문이고, (50ㄴ)이 형용사인 근거는 (50ㄴ)의 '있-'의 반의어가 형용사 '없-'이기 때문이다. 반의어를 이루는 두 단어의 품사는 반드시 같으므로 형용사 '없-'의 반의어로서의 '있-'은 형용사이다.

품사 통용과 관련하여 한 가지 주의할 점은 품사 통용 자체가 언어적 사실은 아니라는 점이다. 다시 말해 품사 통용은 (50)의 사실을 설명하는 여러 방법 중의 하나일 뿐이다. 그러니까 '있-'이 품사 통용어이기 때문에 (50ㄱ,ㄴ)처럼 두 가지 품사로 쓰이는 것이 아니라, (50ㄱ, ㄴ)처럼 두 가지 품사로 쓰이는 '있-'을 설명하는 하나의 방법이 품사 통용이다.

그래서 (50)에서 '있-'이 보여 주는 사실을 품사 통용이 아닌, 다른 관점으로 설명할 수도 있다. 예컨대 (50ㄱ)의 '있-'과 (50ㄴ)의 '있-'을 별개의 단어로 해석할 수도 있다. 이렇게 보게 되면 (50ㄱ)의 '있-'과 (50ㄴ)의 '있-'은 동음이의어가 될 것이다.

5.5. 문장의 의미

구성의 의미는 구성 요소들의 의미의 총합이다. 이를 '합성성의 원리(principle of compositionality)'라고 한다. 문장도 구성의 하나이므로 문장의 의미는 문장을 구성하는 구성 요소들의 의미의 총합이다. 문장을 구성하는 구성 요소에는 서술어, 주어, 목적어, 보충어(학교문법의 보어, 필수 부사어), 부사어, 관형어 등이 있다. 따라서 문장의 의미는 이들 구성 요소 ― 서술어, 주어, 목적어, 보충어, 부사어, 관형어 ― 들의 의미의 총합이다.

다만 예외도 있다. 바로 관용 표현이다. 관용 표현은 구성 요소들의 총합으로 그 의미를 예측하기 어렵다. 그러니까 관용 표현은 합성성의 원리를 따르지 않는다.

(51)

ㄱ. 그는 손이 크다.

ㄴ. 그는 드디어 게임에서 발을 뺐다.

(51ㄱ)에서 '손이 크다'의 의미는 '손'과 '크다'의 의미의 합이 아니다. (51ㄴ)의 '발을 뺐다' 역시 '발'과 '뺐다'의 의미의 합으로 그 의미를 파악할 수 없다. 이처럼 관용 표현의 경우에는 합성성의 원리가 작동하지 않는다. 그래서 관용 표현은 서술어가 있는 문장의 형식을 띠고 있지만, 하나의 단어처럼 최소의 자립 형식으로 보기도 한다. 관용 표현은 그 내부에 제3의 요소가 개입될 수 없기 때문이다. 그런데 관용 표현이 항상 관용적인 의미로만 쓰이는 것은 아니다. '손이 크다', '발

을 빼다'가 관용적인 의미로 쓰이지 않은 경우 '손이 크다', '발을 빼다' 의 의미는 구성 요소의 합이다.

문장을 구성하는 구성 요소들은 아무렇게나 결합하는 것이 아니다. 또한 단순히 선적인 순서대로 결합하는 것도 아니다. 이들 구성 요소 들은 특정한 순서로, 그리고 특정한 구조로 결합한다. 그래서 구성 요 소들이 어떤 구조로 결합되었느냐가 문장의 의미에 관여적이다. 예컨 대 '착한 영이의 동생'의 경우 [착한 [영이의 동생]]의 구조로 결합되 었을 때와, [[착한 영이]의 동생]의 구조로 결합되었을 때 그 의미가 다르다. 이처럼 문장의 의미는 문장을 구성하는 구성 요소들의 의미 와, 이들 구성 요소들이 결합한 구조에 대한 분석을 통해 해석해 낼 수 있다.

5.5.1. 문장의 의미 관계

5.5.1.1. 전제와 함의

어휘들 간의 의미가 유사하면 유의어이고, 의미가 대립되면 반의어 이듯이 문장들 간의 의미 역시 서로 관계를 맺는다. 이러한 문장들 간 의 의미 관계 중의 하나가 전제와 함의이다. 전제와 함의는 사실 명제 를 대상으로 원 명제와, 원 명제가 내포하고 있는 내포 명제의 진리치 에 의해 구분된다. 원 명제가 참이든 거짓이든 상관없이 내포 명제가 항상 참이면 전제이다. 이에 비해 원 명제가 참일 때는 내포 명제 역시 참이지만, 원 명제가 거짓일 때는 내포 명제의 참/거짓을 알 수 없다면 함의이다.

가. 전제

전제(presupposition)는 원 명제가 참이든 거짓이든 상관없이 내포 명제가 항상 참인 문장의 관계이다. 즉 두 문장 X와 Y가 있을 때, X가 참(T)이든 거짓(F)이든 Y가 항상 참(T)인 관계이다. 예컨대 "영이는 지난주에 산 옷을 입었다."는 명제(문장)는 "영이가 지난주에 옷을 샀다."는 명제를 내포하고 있다. 이때 영이가 지난주에 옷을 산 것은, 영이가 지난주에 산 옷을 입었든 입지 않았든 사실이다. 이를 X와 Y의 참/거짓 값으로 나타내면 (52)와 같다.

(52)

X(원 명제)		Y(내포 명제)
영이가 지난주에 산 옷을 입었다.		**영이가 지난주에 옷을 샀다.**
참(T)	→	참(T)
거짓(F)	→	참(T)

(52)에서 보듯이 원 명제 "영이가 지난주에 산 옷을 입었다."가 참이든 거짓이든 내포 명제 "영이가 지난주에 옷을 샀다."는 참이다. 그러므로 "영이가 지난주에 산 옷을 입었다."는 "영이가 지난주에 옷을 샀다."를 전제하고 있다.

하나만 더 살펴보자. "율도국의 왕은 홍길동이다."는 "율도국에 왕이 있다."는 것을 내포하고 있다. 이때 "율도국의 왕은 홍길동이다."가 참이면 당연히 "율도국에 왕이 있다."도 참이고, "율도국의 왕은 홍길동이다."가 거짓이어도 여전히 "율도국에 왕이 있다."는 참이다. 그래서

“율도국의 왕은 홍길동이다.”는 “율도국에 왕이 있다.”를 전제하고 있다.

(53)

원 명제		내포 명제
율도국의 왕은 홍길동이다.		**율도국에 왕이 있다.**
참	→	참
거짓	→	참

나. 함의

함의(entailment)는 원 명제가 참일 때만 내포 명제도 참이고, 원 명제가 거짓이면 내포 명제의 참/거짓을 알 수 없는 관계이다. 즉 두 문장 X, Y가 있을 때, X가 참이면 Y도 참이지만, X가 거짓일 때는 Y가 참인지 거짓인지 알 수 없는 관계이다. 예컨대 “철수가 유리창을 깼다.”는 “유리창이 깨졌다.”를 내포하고 있다. 이때 철수가 유리창을 깬 것이 사실이면 유리창이 깨진 것도 사실이다. 하지만 철수가 유리창을 깬 것이 거짓이면 유리창이 깨진 것인지 아닌지 알 수 없다. 그래서 “철수가 유리창을 깼다.‘는 ”유리창이 깨졌다.’를 함의하고 있다.

(54)

원 명제		내포 명제
철수가 유리창을 깼다.		**유리창이 깨졌다.**
참	→	참
거짓	→	참/거짓 알 수 없음

　하나만 더 살펴보자. "영호는 독신이다."는 "영호는 결혼을 하지 않았다."를 내포하고 있다. 이때 "영호는 독신이다."가 참이면 "영호는 결혼을 하지 않았다."도 참이다. 하지만 "영호는 독신이다."가 거짓이면 "영호는 결혼을 하지 않았다."의 참/거짓을 알 수 없다. 그래서 "영호는 독신이다."는 "영호는 결혼을 하지 않았다."를 함의하고 있다.

(55)

원 명제		내포 명제
영호는 독신이다.		**영호는 결혼을 하지 않았다.**
참	→	참
거짓	→	참/거짓 알 수 없음

　앞서 '5.4.2.3. 상하 관계'에서 하위어는 상위어를 함의하며, 그 역은 성립하지 않는다고 하였다. 여기서 이를 다시 한 번 확인해 보자. 상위어 '꿩'과 하위어 '장끼'를 예로 들어 살펴보자.

(56)

원 명제		내포 명제
X가 장끼이다.		**X는 꿩이다.**
참	→	참
거짓	→	참/거짓 알 수 없음

(56)에서 보듯이 X가 장끼이면 X는 꿩이지만, X가 장끼가 아니면 X가 꿩인지 아닌지 알 수 없다. 그래서 하위어 '장끼'는 상위어 '꿩'을 함의한다. 그러니까 '장끼'가 '꿩'을 전제하지는 않는다.

그리고 (57)에서 보듯이 상위어가 하위어를 함의하지는 않는다. 즉 상위어 '꿩'은 하위어 '장끼'를 함의하지 않는다.

(57)

원 명제		내포 명제
X는 꿩이다.		**X는 장끼이다.**
참	→	참/거짓 알 수 없음
거짓	→	참/거짓 알 수 없음

(57)에서 보듯이 X가 꿩이라고 해서 X가 장끼라는 것은 알 수 없다. 꿩에는 장끼만 있는 것이 아니라 까투리도 있기 때문이다. 그래서 상위어 '꿩'이 하위어 '장끼'를 함의하지 못한다. 당연히 전제하지도 못한다.

5.5.1.2. 동치

두 문장의 의미가 같을 때 이를 동치(equivalence)라고 한다. (58)은 동치 관계인 문장의 유형이다.

(58)

ㄱ. 나는 겨울이 좋다. = 나는 눈이 오는 계절이 좋다.

ㄴ. 어제는 비가 오지 않았다. = 어제는 비가 안 왔다.

ㄷ. 원숭이와 침팬지는 닮았다. = 침팬지와 원숭이는 닮았다.

ㄹ. 포수가 참새를 잡았다. = 참새가 포수에게 잡혔다.

(58ㄱ)에서 '눈이 오는 계절'은 '겨울'을 풀어쓰기(paraphrase)한 것이다. 이처럼 풀어쓰기를 하기 전 문장과 풀어쓰기를 한 문장은 서로 동치이다. (58ㄴ)처럼 장형 부정문('-지 않다' 부정문)과 단형 부정문('안' 부정문)도 동치이다. (58ㄷ)은 '원숭이와 침팬지'에서 그 순서를 '침팬지와 원숭이'로 바꾼 것인데, 이처럼 어순이나 문장의 위치를 단순히 바꾼 경우에도 동치이다. 마지막 (58ㄹ)은 능동문과 피동문의 관계인데, 이 역시 동치로 해석한다.

동치 역시 절대적 동치를 상정하기는 어렵다. 이는 단어들 간의 관계에서 개념적 의미가 같은 것에 더하여 연상 의미나 주제적 의미까지 같은 절대적 동의어를 상정하기 어려운 것과 마찬가지이다. 그래서 두 문장이 동치 관계라고 할 때의 두 문장은 절대적 동치가 아니라 상대적 동치이다.

예컨대 동치 관계의 하나인 능동문과 피동문의 경우를 생각해 보자. (58ㄹ)에서 능동문 "포수가 참새를 잡았다."는 행위자인 포수를 중심으로 사태를 기술한 것이고, 피동문 "참새가 포수에게 잡혔다."는 동일한 사태를 행위를 당하는 대상인 참새를 중심으로 기술한 것이다. '행위자인 주체를 중심으로', '행위를 당하는 대상을 중심으로'라는 말 자체에서 이미 사태를 기술하는 화자의 의도, 즉 주제적 의미가 다르다는 것을 알 수 있다. 하지만 기술하고 있는 사태 자체는 능동문으로 나타내든, 피동문으로 나타내든 다르지 않다. 그래서 능동문과 피동문을 동치로 본다.

5.5.2. 중의성

하나의 문장이 두 가지 이상의 의미를 나타내는 것을 중의성이라고 한다. 중의성이 발생하는 원인은 어휘에 의한 것도 있고, 구조에 의한 것도 있고, 작용역(semantic scope)에 의한 것도 있다.

5.5.2.1. 어휘적 중의성

어휘적 중의성은 중의성의 원인이 어휘 자체에 기인한 경우이다. 어떤 어휘가 다의어일 때 다의 중 어느 의미로 해석되느냐에 따라 중의성이 생긴다. 또한 동음이의어일 때도 동음이의어 중 어느 단어로 해석되느냐 따라 중의성이 생긴다. 먼저 (59)는 다의어의 다의에 의한 중의성의 예이다.

(59) 그는 스승의 뒤를 **따랐다**.

(59)의 문장은 그가 스승이 간 길을 존경하여 좇았다는 의미로 해석
되기도 하고, 스승이 가는 대로 같이 갔다는 의미로 해석되기도 한다.
(59)의 중의성은 문장에 쓰인 동사 '따르-'가 다의어이기 때문에 생긴
것이다. '따르-'는 "좋아하거나 존경하여 가까이 좇다."의 의미도 있고,
"다른 사람의 뒤에서 그가 가는 대로 같이 가다."의 의미도 있다. '따
르-'가 전자의 의미로 쓰였을 수도 있고, 후자의 의미로 쓰였을 수도
있기 때문에 중의성이 생긴다.

(60)은 동음이의어에 의한 중의성의 예이다.

(60)
ㄱ. 달이 차다.
ㄴ. 은행을 털다.

(60ㄱ)의 '달이 차다'는 '만월(滿月)이다', '달빛이 차갑다', '만기가
되다', '만삭이 되다' 등 여러 의미로 해석될 수 있다. 이러한 중의성은
우선 '차-'가 동음이의어이기 때문에 생긴다. 여기에 더하여 '달' 또한
다의어이기 때문에도 중의성이 생긴다. (60ㄴ)의 경우 역시 동음이의
어 '은행'으로 인해 중의성이 생기는데, 여기에 더하여 '털-' 또한 다의
어이기 때문에도 중의성이 생긴다.

'본용언+보조용언' 구성의 '-고 있다' 역시 중의성을 유발한다.

(61) 지수는 스카프를 매고 있다.

(61)의 경우 스카프를 매고 있는 동작이 진행되고 있다는 의미로 해
석될 수도 있고, 스카프를 맨 동작이 완료되어 그 결과가 지속된다는

의미로 해석될 수도 있다. 이는 '-고 있다' 자체가 '진행상'의 의미와 '결과 지속' 두 가지 의미를 가지고 있기 때문이다.

5.5.2.2. 구조적 중의성

구조적 중의성에는 수식의 범위에 따른 중의성, 접속 구문의 중의성, 비교 구문의 중의성이 있다.

첫째, 수식의 범위에 따른 중의성이다.

(62)
　ㄱ. 착한 영이의 동생

　　[착한 영이]의 동생

　　착한 [영이의 동생]

　ㄴ. 예쁜 지민이와 별이

　　[예쁜 지민이]와 별이

　　예쁜 [지민이와 별이]

(62ㄱ)은 수식어 '착한'의 수식 범위가 '영이'이냐 '영이의 동생'이냐에 따른 중의성이다. (62ㄴ) 역시 수식어 '예쁜'의 수식 범위가 '지민이'만이냐 '지민이와 별이'이냐에 따른 중의성이다.

둘째, 접속 구문의 중의성이다.

(63) 나는 형과 아우를 만났다.

　　[나는 형]과 아우를 만났다.

　　나는 [형과 아우]를 만났다.

(63)은 '형과'가 주어 '나'와 접속되느냐, 목적어 '아우'와 접속되느냐에 따른 중의성이다. 이처럼 접속 조사 '-와/과'나 '-하고'로 접속된 경우 구조적으로 중의성이 생길 수 있다. '형'이 주어와 접속된 경우에는 '형과 나는 아우를 만났다.'처럼 '형과'를 주어 앞으로 이동시킴으로써 중의성을 해소할 수 있다.

셋째, 비교 구문의 중의성이다. 'A보다 B' 구조의 비교 구문의 경우, 비교 대상이 체언과 체언일 수도 있고, 문장과 문장일 수도 있다. 그래서 중의성이 발생한다.

(64) 한결이는 친구보다 산을 더 좋아한다.
- 비교 대상: 친구 ‖ 산
- 비교 대상: 한결이가 산을 좋아하다. ‖ 친구가 산을 좋아하다.

(64)의 경우, 비교 대상이 '친구'와 '산'일 수도 있고, '한결이가 산을 좋아하는 것'과 '친구가 산을 좋아하는 것'일 수도 있어서 중의적이다.

5.5.2.3. 작용역에 의한 중의성

작용역(semantic scope)에 의한 중의성에는 세 가지가 있다.
첫째, 부정의 범위에 의한 중의성이다.

(65) 그는 배드민턴 운동화를 신고 체육관에 가지 않았다.

(65)에서 '-지 않다'는 [그는 배드민턴 운동화를 신고 체육관에

가-]라는 문장을 부정한다. 그런데 '-지 않다'에 의해 부정되는 것이 문장 전체가 아니라, ⓐ'배드민턴 운동화'만일 수도 있고, ⓑ'신다'만일 수도 있고, ⓒ'체육관에'만일 수도 있다. 그래서 (65′)와 같은 중의적인 의미로 해석될 수 있다.

(65′)

ㄱ. 그는 [배드민턴 운동화가 아닌] 슬리퍼를 신고 체육관에 갔다.

ㄴ. 그는 배드민턴 운동화를 [신지 않고] 들고 체육관에 갔다.

ㄷ. 그는 배드민턴 운동화를 신고 [체육관이 아닌] 식당에 갔다.

이처럼 '-지 않다'에 의한 부정의 작용역이 어디이냐에 따라 중의성이 생긴다.

둘째, 양화사의 범위에 의한 중의성이다.

(66) 열 사람이 붕어 한 마리를 잡았다.

(66)은 열 사람이 잡은 붕어의 수가 한 마리로 해석될 수도 있고, 열 마리로 해석될 수도 있다. 이처럼 양화사, 즉 수량을 나타내는 말이 한 문장 안에 두 개 이상 있을 경우 양화사의 작용 범위가 중의적으로 해석된다.

셋째, 전칭 양화사와 부정의 범위에 의한 중의성이다. 전칭 양화사는 '모든, 전부, 다'처럼 영어의 'all'의 의미를 가진 어휘를 이른다.

(67) 모든 사람이 오지 않았다.

(67)의 경우 온 사람이 한 명도 없다는 의미로도 해석되고, 또한 아직 덜 왔다는 부분 부정의 의미로도 해석되어서 중의적이다.

5.6. 직시

5.6.1. 직시의 개념과 유형

직시(deixis)는 가리키는 것, 즉 무엇인가를 지시하는 것을 말한다. 이때 가리키는 대상은 사람일 수도 있고, 사물이나 장소일 수도 있고, 시간일 수도 있고, 사회적 관계일 수도 있다. 직시는 어떠한 발화 맥락 안에서 이루어지기 때문에, 발화 맥락에 의존적이고 가변적이다. 'dexis'를 화시(話示)로 번역하기도 한다.

직시 표현의 의미는 발화 맥락에 따라 달라지기 때문에 기준점이 필요하다. 즉 직시의 중심(deitic center)이 필요하다. 직시의 중심은 '화자', '지금', '여기'이다. 즉 발화자인 '화자', 그리고 시간적으로는 '지금', 공간적으로는 '여기'가 직시적 중심이 된다. 일반적으로 화자는 발화 장면의 모든 것을 자신의 관점으로 이해하고 조직한다. 그래서 발화 맥락의 시·공간적 좌표의 원점에 화자가 위치한다. 화자는 대화 참여자가 번갈아 맡게 된다. 이처럼 화자가 바뀔 수 있기 때문에, 즉 직시의 중심이 바뀔 수 있기 때문에 직시는 가변적이다.

일반적으로 '인칭', '사물 및 장소', '시간', '사회적 관계' 등이 직시 범주로 간주되어 왔다. 그리고 이를 나타내는 언어 형식은, 인칭 지시의 경우 인칭 대명사, 사물 및 장소 지시의 경우 지시 대명사, 그리고 시간 지시의 경우 시제 선어말어미, 사회적 관계 지시의 경우 높임법 어미(선어말어미, 어말어미) 및 보조사 '-요'이다.

(68) 직시의 종류와 해당 범주[9]

종류	범주	예
인칭 지시	인칭 대명사	'나, 너, 우리, 자기' 등
사물 및 장소 지시	지시 표현	'이, 그, 저' 및 '이것, 그것, 저것, 여기, 거기, 저기, 이리, 그리, 저리' 등의 '이, 그, 저' 관련 형식
시간 지시	시제	'-었-' 등
사회적 관계 지시	높임법	'-(으)시-, -습니다, -요' 등

시간 지시의 경우, '지금, 아까, 내일' 등의 시간 부사도 시간의 위치를 가리킨다.

(69)

ㄱ. 지금 비가 온다.

ㄴ. 아까 밥을 먹었는데, 또 배가 고프다.

(69ㄱ)의 '지금'은 사건이 일어난 시간, 즉 사건시가 발화시와 동시(사건시=발화시)라는 시간의 위치를 가리킨다. (69ㄴ)의 '아까'는 사건시가 발화시보다 앞선 위치에 있음(사건시>발화시)을 가리킨다.

사회적 관계 지시의 경우, 높임법 어미(선어말어미, 어말어미) 및 보조

9　신승용·이정훈·오경숙 공저(2022), 『국어학개론』, p.317에서 인용.

사 '-요'가 화자와 주체 간, 화자와 청자 간의 사회적 관계를 가리킨다.

(70)

ㄱ. 할머니는 마실 가시던데.

ㄴ. 그 역할은 제가 하겠습니다.

ㄷ. 이제 집에 가요.

(70ㄱ)에서는 '-(으)시-'가 주체인 '할머니'가 화자보다 더 높다는 것을 가리킨다. 그리고 (70ㄴ)에서는 '-습니다', (70ㄷ)에서는 '-요'가 청자가 화자보다 더 높다는 것을 가리킨다.

5.6.2. 지시 표현의 직시적 기능 및 대용적 기능

지시는 무엇인가를 가리킨다는 의미로, 이러한 의미를 가진 것들을 지시 표현이라고 한다. 지시 표현의 대표적인 것이 '이, 그, 저', '이것, 그것, 저것'과 같은 지시 대명사 및 지시 관형사이다. 이들 지시 표현은 기본적으로 직시적 기능을 한다. 여기에 더해 지시 표현은 대용적 기능도 갖고 있다. 대용(anaphora)은 이미 앞에서 언급된 어떤 것을 다시 가리키는 것을 이른다.

국어의 경우 화자의 위치를 중심으로 발화 공간을 3분하는 체계를 갖고 있다. 그래서 화자에게 가까울 때는 '이/이것/여기'를, 화자에게서 멀 때는 다시 말해 청자에게 가까울 때는 '그/그것/거기'를, 그리고 화자와 청자 모두로부터 멀 때는 '저/저것/저기'를 사용한다.

지시 표현이 직시적 기능으로 사용되는 경우는 직시의 중심인 '화자', '지금', '여기'일 때이다. 그러니까 지시 표현의 직시적 기능은 화자와 청자가 함께 있는 지금, 여기의 장면에 존재하는 무엇인가를 가리킬 때 작동된다. 이에 비해 지시 표현의 대용적 기능은 화자와 청자의 장면 밖에 있는 어떤 것을 가리킬 때 작동된다. 그래서 대용적 기능의 지시 표현이 지시하는 것은 화·청자가 함께 있는 장면 밖에 있는 어떤 것이다. 대용적 기능은 달리 전술언급적 기능이라고도 한다.

(71)은 지시 표현이 직시적 기능으로 사용된 경우이다.

(71)

늘이 : 지민아, 네 옆에 있는 ㉠**그것** 좀 줘.

지민 : ㉡**이것** 말이니?

늘이 : 그래. ㉢**그** 책 좀 줘. 그런데 ㉣**저** 꽃다발은 뭐니?

지민 : 응 ㉤**저것** 말이야. 오늘 선물로 받은 거야.

(71)에서 지시 표현 '그것, 이것, 그, 저, 저것'은 화자와 청자가 대화를 나누는 지금, 여기의 장면에 있는 무엇인가를 가리킨다. (71㉠)의 '그것', (71㉡)의 '이것', (71㉢)의 '그'는 '책'을 가리키고, (71㉣)의 '저', (71㉤)의 '저것'은 '꽃다발'을 가리킨다. 이처럼 화자와 청자가 같은 시·공간적 장면에서 사용하는 지시 표현은 직시적 기능으로 쓰이는 경우가 많다. 하지만 반드시 그렇지는 않다. (72)는 지시 표현이 대용적 기능으로 쓰인 경우이다.

(72)

늘이 : 보람아, 너 어제 뭐했니?

보람 : ㉠**그** 사람이랑 놀러 갔어.

늘이 : 어디에 갔는데?

보람 : 네가 추천해 준 ㉤**거기**에 갔는데, 참 좋았어.

  (72㉠)의 '그', 그리고 (72㉤)의 '거기'는 화자와 청자가 함께 있는 장면에서의 어떤 사람이나 장소를 가리키는 것이 아니다. (72㉠)의 '그'와 (72㉤)의 '거기'는 화자와 청자가 공유하고 있는 기억 속에 있는 어떤 사람과 장소를 가리킨다. 이처럼 지시 표현이 화·청자와 같은 공간에 있는 어떤 대상이 아닌, 화자와 청자가 공유하는 기억 속의 어떤 것을 가리키는 기능을 대용적 기능이라고 한다. 지시 표현이 대용적 기능으로 사용된 경우에는 지시 대상이 화자와 청자가 함께 있는 장면 안에 존재하지 않는다. 화자와 청자가 공유하는 기억 속의 어떤 대상, 또는 지금 화자와 청자가 있는 장면 밖의 어떤 대상을 가리킨다.

  대화 상황이 아닌, 문어에 쓰인 지시 표현은 대용적 기능으로 사용된 것이다.

  (73) 꿈을 간직하고 가꾸는 삶은 중요하다. **그것**이 있음으로 인해
      현실의 삶에 더 충실할 수 있고, 현실의 삶이 더 가치 있고 유
      의미할 수 있다. 꿈이 없는 삶을 생각해 보라. **그러한** 삶은 살
      기 위해 사는 것에 지나지 않는다.

  (73)에서 지시 표현 '그것'은 앞에 나온 '꿈'을 가리킨다. 그리고 '그러한'은 앞에 나온 '꿈이 없는'이란 문장을 가리킨다. 이처럼 문어에 쓰인 지시 표현은 앞에 나온 어떤 것을 다시 가리키는 대용적 기능을 한다.

5.7. 함축

함축(implicature)은 화자가 언어적으로 표현하지는 않았지만, 청자에게 전달되는 추론적 의미를 이른다. 그러니까 발화를 통해서 전달되는 것에는 언어적 표현으로 '말해진 것'과 언어적 표현에는 없지만 추론적으로 전달되는 '함축된 것'이 있다. 함축에는 '고정 함축(conventional implicature)'과 '대화적 함축(conversational implicature)'이 있다. 함축은 기본적으로 문장에 쓰인 구성 요소들의 의미의 합을 넘어서 추론되는 의미이다. 그래서 함축은 의미론의 영역보다는 화용론의 영역에서 주로 다루게 된다.

다만 고정 함축은 연결어미나 보조사와 같은 특정 언어 형식의 의미에 의해 발생한다. 즉 고정 함축은 맥락에 의해 추론되는 의미는 아니다. 그래서 기본적으로 함축이 화용론의 영역이기는 하지만, 고정 함축은 의미론에서도 다룬다. (74)는 보조사에 의한 고정 함축의 예이다.

(74)

ㄱ. 지수만 도서관에 갔어.

ㄴ. 지수도 도서관에 갔어.

(74ㄱ)은 지수 외에 다른 사람은 도서관에 가지 않았다는 의미가 추론되는데, 그 까닭은 보조사 '-만' 때문이다. (74ㄴ)에서는 지수 외에 다른 사람도 도서관에 갔다는 의미가 추론되는데 이 역시 보조사 '-도' 때문이다.

이에 비해 대화적 함축은 맥락을 통해 추론되는 의미이다. 그래서 대화적 함축은 화용론의 영역이다.

(75)
지수: 어제 소개 받은 사람 잘 생겼어?
보라: 마음씨는 착해.

(75)에서 지수는 보라에게 소개 받은 사람의 외모에 대해서 물었는데, 보라는 외모에 대해서는 대답하지 않고 마음씨에 대해서 대답하였다. 보라가 외모에 대한 물음을 회피한 것을 통해, 소개 받은 사람이 잘 생기지 않았다는 것을 추론할 수 있다. 이는 보라가 대화의 맥락을 고의적으로 어겼기 때문에 추론되는 의미이다.

이처럼 대화적 함축은 일반적으로 따르는 대화의 맥락, 즉 '대화의 원리'를 고의로 어길 때 발생하는 추론적 의미이다. 그래서 맥락 의존적이다. '대화의 원리'는 그라이스(Grice, 1975)가 제안한 '협력의 원리'를 말한다.

(76) 협력의 원리: 대화가 이루어지는 각 단계에서 대화의 목적 및 방향에 부합되도록 말을 해야 한다.

'협력의 원리'의 세부 원칙으로 (77)의 '대화의 격률'을 제시하였다. 대화의 격률은 '질의 격률', '양의 격률', '관련성의 격률', '태도의 격률'로 나뉘어져 있다.

(77) 대화의 격률

㉮ 질의 격률: 진실된 말을 하라. 즉 거짓되거나 근거 없는 말을
하지 말라.

ⓐ 사실이 아니라고 믿는 것을 말하지 말라.

ⓑ 적절한 증거가 없는 것을 말하지 말라.

㉯ 양의 격률: 필요한 만큼 말하라.

ⓐ 대화의 목적에 필요한 만큼 정보를 제공하라.

ⓑ 요구되는 것 이상의 정보를 제공하지 말라.

㉰ 관련성의 격률: 관련성 있게 대화를 하라.

㉱ 태도의 격률:

ⓐ 모호하게 말하지 말라.

ⓑ 중의적인 표현을 피하라.

ⓒ 간결하게 말하라.

ⓓ 순서에 맞게 말하라.

'㉮ 질의 격률'은 사실만 말하고 근거나 증거가 없이 말을 하지 말라는 것이고, '㉯ 양의 격률'은 필요한 만큼만 말하라는 것으로 과유불급을 경계하는 것이다. 넘치면 오히려 모자람만 못할 수 있으므로 필요한 만큼만 말하고, 필요 이상으로 말하지 말라는 것이다. '㉰ 관련성의 격률'은 지금 대화하고 있는 내용과 관련된 것만 말하라는 것으로 대화의 맥락을 이탈하는 말을 하지 말라는 것이다. 마지막으로 '㉱ 태도의 격률'은 명료하고 간결하면서 조리 있게 말하라는 것이다.

우리가 대화를 할 때는 서로가 '㉮ ~ ㉱'의 네 가지 대화의 격률을 지킨다는 전제 하에서 말을 한다. 그런데 어느 한 쪽이 이 격률을 지키지 않을 때 함축 의미가 발생한다. 예컨대 위 (75)의 경우는 관련성의

격률을 어김으로 인해 함축 의미가 발생하였다. 관련성의 격률에 따를 경우 지수의 질문에 대해 보라는 외모에 대해 대답을 해야 하는데, 관련성의 격률을 어기고 맥락을 이탈하여 마음씨에 대해 말함으로써 함축 의미가 발생하였다.

참고 문헌

강범모(2005), 『언어』, 한국문화사.

강신항(1987), 『훈민정음연구』, 성균관대학교출판부.

고영근(2020), 『표준 중세국어 문법론』, 4판, 집문당.

고영근·구본관(2008), 『우리말 문법론』, 집문당.

구본관 외(2025), 『개정판 한국어 문법 총론』 Ⅰ, Ⅱ, 집문당.

권재일(2012), 『한국어 문법론』, 태학사.

김광해 외(1999), 『국어지식탐구』, 박이정.

김광해(1997), 『국어지식교육론』, 서울대학교출판부.

김건희(2015), 「인용절에 대한 재고찰 = 내포절 체계 내의 다른 절과의 비교를 중심으로」, 『한글』 307, 한글학회.

김동소(1998), 『한국어변천사』, 형설출판사.

김방한(1983), 『한국어의 계통』, 민음사.

김완진(1996), 『음운과 문자』, 신구문화사.

김진우(2004), 『언어』, 탑출판사.

김창섭(1996), 『국어의 단어 형성과 단어구조 연구』, 태학사.

남기심 외(2019), 『새로 쓴 표순 국어 문법론』, 한국문화사.

남기심(2001), 『현대국어 통사론』, 태학사.

노대규 외(1991), 『국어학 서설』, 신원문화사.

박소영(2023), 「이른바 '체언 수식 부사'의 통사와 의미」, 『국어학』 105, 국어학회.

박승혁(1997), 『최소주의 문법론』, 한국문화사.

박영순(2007), 『한국어 화용론』, 박이정.

배주채(2013), 『개정판 한국어의 발음』, 삼경문화사.

서정목(1994), 『국어 통사 구조 연구 Ⅰ』, 서강대학교출판부.

서정목(1998), 『문법의 모형과 핵 계층 이론』, 태학사.

서정목(2017), 『한국어의 문장 구조』, 역락.

서정수(1996), 『개정판 국어문법』, 한양대학교출판원.

송철의(1992), 『국어 파생어형성 연구』, 태학사.

신승용(2003), 『음운변화의 원인과 과정』, 태학사.

신승용(2007), 『국어 음절음운론』, 박이정.

신승용(2011), 「문법교육에서 구(句)와 어(語)의 문제」, 『국어교육연구』 49, 국어교육학회.

신승용(2012), 『국어사와 함께 보는 학교문법 산책』, 개정판, 태학사.

신승용(2022), 『쉽게 풀어 쓴 국어사개론』, 집문당

신승용(2024), 『쉽게 풀어 쓴 국어 음운론』, 역락.

신승용·안윤주(2020), 『문법하고 싶은 문법』, 역락.

신승용·안윤주(2021), 『더 문법하고 싶은 문법』, 역락.

신승용·안윤주(2025), 『문법하고 싶은 문법 마지막』, 역락.

신승용·이정훈·오경숙 공저(2013), 『국어학 개론』, 태학사.

신지영 외(2012), 『쉽게 읽는 한국어학의 이해』, 지식과 교양.

심재기 외(1984), 『의미론서설』, 집문당.

심재기(1982), 『국어어휘론』, 집문당.

안명철(1990), 「국어의 융합 현상」, 『국어국문학』 103, 국어국문학회.

안명철(1999), 「보문의 개념과 체계」, 『국어학』 33, 국어학회.

안병희·이광호(1990), 『중세국어 문법론』, 학연사.

윤평현(2008), 『국어 의미론』, 역락.

이광정(1997), 학교문법에서의 품사 분류, 『국어교육』 94, 한국어교육학회.

이광호(2004), 『근대국어 문법론』, 태학사.

이기문(1972b), 『개정 국어사개설』, 탑출판사.

이기문(1991), 『국어어휘사연구』, 동아출판사.

이성범(2019), 『소통의 화용론』, 한국문화사.

이익섭(1992), 『국어표기법연구』, 서울대학교출판부.

이익섭(2011), 『국어학 개설』, 학연사.

이익섭·임홍빈(1983), 『국어문법론』, 학연사.

이정훈(2012), 『발견을 위한 한국어 문법론』, 서강대학교 출판부.

이진호(2005), 『국어 음운론 강의』, 삼경문화사.

이호영(1996), 『국어음성학』, 태학사.

이환묵 외(1988), 『훈민정음의 이해』, 한신문화사.

임지룡 외(2005), 『학교문법과 문법교육』, 박이정.

임지룡(1995), 『국어 의미론』, 탑출판사.

임지룡(2018), 『한국어 의미론』, 한국문화사.

전상범(1995), 『형태론』, 한신문화사.

전상범(2004), 『음운론』, 서울대학교출판부.

정 국(1994), 『생성음운론의 이해』, 한신문화사.

정연찬(1997), 『개정 한국어 음운론』, 한국문화사.

정한데로(2019), 『발견을 위한 한국어 단어형성론』, 서강대학교 출판부.

최전승 외(2008), 『국어학의 이해』, 개정판, 태학사.

최현배(1937), 『우리말본』, 연희전문학교출판부.

허 웅(1975), 『우리 옛말본 — 15세기 형태론』, 샘문화사.

허 웅(1981), 『언어학 — 그 대상과 방법』, 샘문화사.

허 웅(1985), 『국어 음운학』, 샘문화사.

허철구(2015), 「단어 형성 단위로서의 어미」, 『배달말』 56, 배달말학회.

홍윤표(1994), 『근대 국어연구(Ⅰ)』, 태학사.

황화상(2013), 『현대국어 형태론』, 개정판, 지식과 교양.

Antilla, R.(1972), *An Introduction to Historical and Comparative Linguistics*, New York: Macmillan.

Aronoff, M. & K. Fudeman(2005), *What is Morphology?*, Blacwell.

Austin, J. L.(1962), *Zur theorie der Sprechakte*, Stuttgart. [장석진 편, 『오스틴의 화행론』, 서울대출판부.].

Bauer, L.(1983), *English Word-formation*, Cambridge University Press.

Beaugrande, R. & W.U. Dressler(1981), *Einführung in die Textlinguitik, Tübingen*. [김태옥 외 역, 『담화·텍스트언어학 입문』, 한신문화사.].

Bloomfield, L.(1933), *Language*, New York: Holt, Rinehart and Winston.

Brinker, K.(1985), *Linguistische Textanalyse*, Erich Schmidt Verlag GmbH & Co. [이성만 역, 『텍스트언어학의 이해』, 역락.].

Bybee, J.(1985), *Morphology*, Amsterdam: John Benjamins.

Bynon, T.(1977), *Historical Linguistics*, Cambridge University Press.

Chomsky, N. & Halle, M.(1968), *The sound pattern of English*, New York: Harper.

Clement, G. N. & S. J. Keyser (1983), *CV Phonology*, MIT Press.

Grice, H.P.(1975), Logic and Conversation, *Speech Act(Syntax and Semantics 3)*, Academic Press.

Haegeman, L.(1991), *Introduction to Government & Binding Theory*, Blackwell.

Haspelmath, M.(2002), *Understanding Morphology*, London; Amold.

Hockett, Charles F.(1958), *A course in Modern Linguistics*, New York; The Macmillan Company.

Hooper, J. B.(1976), *An Introduction to Natural Generative Phonology*, Academic Press.

Jakobson, R.(1931), *Prinzipien der Historischen Phonologie.* [한문희 옮김(1991), 『음운학 원론』, 民音社.].

Jespersen, O.(1913), *Lehrbuch der Phonetik*, Leipzig und Berlin.

Labov, L.(1994), *Principles of Linguistic Change: Internal Factors*, Blackwell.

Ladefoged, P.(1982), *A Course in Phonetics; second edition*, Harcourt Brace Jovanovich Publishers.

Lass, R.(1984), *Phonology*, Cambridge University Press.

Lass, R.(1997), *Historical Linguistics and Language Change*, Cambridge University Press.

Leech, G. N.(1974), *Semantics*, Harmondsworth: Penguin.

Lyons, J.(1968), *Introduction to Theoretical Linguistics*, Cambridge University Press.

Lyons, J.(1981), *Language and Linguistics*, Cambridge University Press.

Martinet, A.(1970), *Élémnents de Linguistique générale*, Paris:Armand Colin. [『일반 언어학개요』, 김방한 역(1978), 일소사.]

Nida, E. A.(1949), *Morphology; The Descriptive Analysis of Word*, University of Michigan Press.

Ogden, C. K. & I. A. Richards(1923), *The Meaning of Meaning*, London: Routledge and Kegan Paul. [김봉주 역(1986), 『의미의 의미』, 한신문화사.].

Poppe, N.(1965), *Intoduction to Altaic Linguistics*, Wiesbaden: Otoo Harrassowitz.

Ramstedt, G. J.(1928), Remarks on the Korean Language, *Memoires de la Société Finno-Ougrienne* 58.

Sapir, E.(1921), *Language: An Introduction to the Study of Speech*, New York: Harcourt, Brace.

Saussure, F. de.(1916), *Cours de linguistique générale*, Paris: Payot, [최승언 옮김(1990), 『일반언어학 강의』, 민음사.].

Scalise, S.(1984), *Generative Morphology*, Dordrecht: Foris. [전상범 역(1987), 『생성 형태론』, 한신문화사.].

Shane, S. A.(1973), *Generative Phonology*, Prentic-Hall.

Trubetzkoy, N.S.(1939), *Gründzuge der Phonologie*, [한문희 옮김(1991), 『음운학 원론』, 민음사.].

Ullman, S.(1962), Semantics: *An Introduction to the Science of Meaning*, Oxford: Basil Blackwell. [남성우 역(1987), 『의미론: 의미 과학입문』, 탑출판사.].

Wittgenstein, L.(1953), *Philosophical Investigations*, Oxford.

찾아보기